Andreas Wilkens

Der unstete Nachbar

Schriftenreihe der Vierteljahrshefte für Zeitgeschichte Band 60

Im Auftrag des Instituts für Zeitgeschichte

Herausgegeben von Karl Dietrich Bracher und Hans-Peter Schwarz

Redaktion: Norbert Frei und Hans Woller

R. Oldenbourg Verlag München 1990

Der unstete Nachbar

Frankreich, die deutsche Ostpolitik und die Berliner Vier-Mächte-Verhandlungen 1969–1974

Von Andreas Wilkens

R. Oldenbourg Verlag München 1990

Für Elsbeth

CIP-Titelaufnahme der Deutschen Bibliothek
Wilkens, Andreas:
Der unstete Nachbar : Frankreich, die deutsche Ostpolitik und die Berliner Vier-Mächte-Verhandlungen 1969–1974 / von Andreas Wilkens. – München : Oldenbourg, 1990
(Schriftenreihe der Vierteljahrshefte für Zeitgeschichte ; Bd. 60)
ISBN 3-486-64560-9
NE: Vierteljahrshefte für Zeitgeschichte / Schriftenreihe

Gesamtherstellung: Appl, Wemding

ISBN 3-486-64560-9

Inhalt

Einleitung

Die vorliegende Arbeit beschäftigt sich mit den Fragen und Problemen, die die „neue" Ostpolitik der Bundesrepublik Deutschland im Rahmen der deutsch-französischen Beziehungen und insbesondere in der Perspektive Frankreichs aufgeworfen hat. Die „neue deutsche Ostpolitik" wird dabei verstanden als die Phase des Abschlusses der grundlegenden bilateralen Verträge mit der Sowjetunion, Polen und der Tschechoslowakei sowie der DDR, die mit der Regierungsübernahme der SPD-FDP-Koalition im Oktober 1969 unter der Kanzlerschaft Willy Brandts eingeleitet wurde. Als integraler Teil gehört hierzu auch das Abkommen der vier Siegermächte über den Status von Berlin. Die sich in diesen Verträgen niederschlagende Öffnung der Bundesrepublik gegenüber ihren östlichen Nachbarn auf der Grundlage der Akzeptierung des territorialen Status quo und konkret der deutschen Zweistaatlichkeit war das Ergebnis eines wesentlich vom Berliner Mauerbau angestoßenen Prozesses des Überdenkens der deutschen Frage und ihrer Zukunftsperspektiven. Die Suche nach einem tragfähigen „modus vivendi" bildete den spezifisch deutschen Beitrag zum übergreifenden Prozeß der Entspannung zwischen Ost und West, der in dieser Periode Gestalt annahm. Die zeitlichen Grenzen des Untersuchungszeitraums dieser Studie sind diejenigen der Vertragsphase der „neuen deutschen Ostpolitik", d.h. von der unmittelbar auf den Regierungsantritt der sozial-liberalen Koalition folgenden Aufnahme von Gesprächen bzw. Verhandlungen mit der Sowjetunion und Polen Ende des Jahres 1969 bis zur Unterzeichnung des letzten der eigentlichen Ostverträge – demjenigen mit der Tschechoslowakei – im Dezember 1973. Mit einer Differenz von wenigen Monaten koinzidierten in der Zeitspanne von 1969 bis 1974 die Kanzlerschaft Willy Brandts und die Präsidentschaft Georges Pompidous.

Eine Analyse der Position Frankreichs gegenüber dieser weittragenden Neuorientierung in einem wesentlichen Teilbereich der bundesdeutschen Außenpolitik ist einzufügen in eine breitere historische Perspektive. Erst die Berücksichtigung der wesentlichen Determinanten der deutsch-französischen Nachkriegsbeziehungen erlaubt eine angemessene Bewertung der Faktoren, die die französische Haltung bestimmten.

Als „Produkt des kalten Krieges"[1] erlangte die Bundesrepublik Deutschland ihre Souveränität nur unter der Bedingung ihrer festen Verankerung im politischen, militärischen und ökonomischen System des Westens. Wollte sich die Bundesrepublik politisch emanzipieren, so galt es – von anderen Faktoren abgesehen – jeglichen Anklang an eine Zwischenstellung zwischen den Blöcken zu vermeiden, gar an eine Schaukelpolitik, die nach dem Vorbild Bismarcks unter Ausnutzung der europäischen Mittellage Ost und West gegeneinander auszuspielen versucht hätte. Unter den spezifischen Bedingungen der fünfziger und sechziger Jahre suchte sich die Bundesrepublik so vollständig und rei-

[1] Richard Löwenthal, Vom kalten Krieg zur Ostpolitik, in: Ders./Hans-Peter Schwarz (Hrsg.), Die zweite Republik. 25 Jahre Bundesrepublik Deutschland – eine Bilanz, Stuttgart 1974, S. 604.

bungslos wie möglich in die westliche Gemeinschaft zu integrieren, so weit, daß sie zum – nicht zuletzt von französischer Seite ironisierten – „Musterschüler" der atlantischen Allianz aufrückte. Auf dem Feld der europäischen Politik überließ sie wie selbstverständlich die erste politische Rolle dem Nachbarn Frankreich. Die Intensivierung der Beziehungen zum östlichen Europa blieb einer vorherigen Lösung der deutschen Frage im Sinne einer staatlichen Wiedervereinigung untergeordnet, die auch die Gebiete jenseits von Oder und Neiße mit einbeziehen sollte.

Die Verwirklichung einer aktiven Ostpolitik auf der Basis der Anerkennung der entstandenen Realitäten – oftmals verstanden als späte Ergänzung der Adenauerschen Westpolitik – mußte die Bundesrepublik zu einer Neudefinition ihrer Rolle innerhalb des internationalen Systems führen. Die Bonner Deutschlandpolitik der fünfziger und sechziger Jahre, die nach ihrem Selbstverständnis die Möglichkeit einer gesamtdeutschen Wiedervereinigung in absehbarer Zeit offenhielt, setzte Erwartungen in die westlichen Verbündeten, denen diese in immer geringerem Maße zu entsprechen vermochten. Sie mußte wachsende Energien darauf verwenden, bei unbeteiligten und neutralen Staaten Verständnis für die Bonner Position zu wecken, und sie von einer Anerkennung der DDR abhalten. Indem die neue Ostpolitik ab Ende der sechziger Jahre die Regelung der deutschen Frage auf unbestimmte Zeit vertagte, entschärfte die Bundesrepublik, soweit dies möglich schien, den Sonderkonflikt mit ihren östlichen Nachbarn. Die Hinnahme des territorialen Status quo in der Gestalt der Anerkennung der Oder-Neiße-Linie als polnische Westgrenze und der Existenz eines gleichberechtigten zweiten deutschen Staates schuf die Voraussetzung zur Verbesserung der Beziehungen mit dem anderen Teil Deutschlands und zur Aufnahme geregelter Beziehungen mit den osteuropäischen Staaten. Die „Einkapselung" des Problems der deutschen Teilung brachte eine weitgehende Normalisierung des Status der Bundesrepublik in den internationalen Beziehungen mit sich. Der Abstand zwischen dem „wirtschaftlichen Riesen" und dem „politischen Zwerg", der die Bundesrepublik nach einer in den sechziger Jahren häufig verwendeten Formel war, fand sich zumindest der Tendenz nach reduziert.

Es kann nicht überraschen, daß die neue deutsche Ostpolitik mit ihren Rückwirkungen auf die internationale Position der Bundesrepublik in Frankreich lebhaftes Interesse hervorgerufen hat. In der französischen Öffentlichkeit gewann die Überzeugung breiten Raum, die Bundesrepublik habe nun den entscheidenden Schritt zu einer „erwachsenen Nation" gemacht[2]. Dies ließ eine spürbare Modifizierung der hergebrachten Rollen in der deutsch-französischen Partnerschaft erwarten. Nicht erst seit dem deutsch-französischen Vertrag über Zusammenarbeit vom 22. Januar 1963 war für beide Nachbarländer die enge politische und wirtschaftliche Kooperation zu einem Grundelement ihrer auswärtigen Beziehungen geworden. Die Überzeugung, daß beide Länder nur gemeinsam eine Zukunft haben würden, hatte die deutsch-französische Aussöhnung seit den fünfziger Jahren wesentlich getragen. Nachdem beide Länder innerhalb der Europäischen Gemeinschaft zu entscheidenden Partnern geworden waren, hatten die Verflechtung ihrer politischen Interessen sowie die Bedeutung ihres Handelsaustausches im Laufe der sechziger Jahre stetig zugenommen. Diese Entwicklung sowie die rasche und im wesentlichen gleichberechtigte Aufnahme der Bundesrepublik in den Verbund der westlichen Staaten verminderten auf bundesdeutscher Seite das Bewußtsein vom Fortbestehen eines latenten Mißtrauens in den Nachbarländern gegenüber den politischen Bewegungen der

[2] Le Monde vom 21. 9. 1971: La République fédérale est devenue une „nation adulte".

Deutschen[3]. Das enge Gewebe der bilateralen Beziehungen, das sich mit der Zeit gerade zwischen der Bundesrepublik und Frankreich entwickelt hatte, konnte leicht dazu verleiten, das immer noch präsente Gewicht der Vergangenheit zu unterschätzen. Aus dem einen oder anderen Anlaß kam die „Geschichte" zuweilen unvermutet wieder an die Oberfläche und schien anzuzeigen, daß die deutsch-französische Freundschaft auf nicht so sicherem Boden gründete, wie es den Anschein haben mochte. Denn die im ganzen unerwartet positive Entwicklung der deutsch-französischen Nachkriegsbeziehungen hatte keineswegs automatisch alle historisch gewachsenen Vorbehalte ausgeräumt und alle Interessengegensätze beseitigt.

Speziell in der französischen Haltung gegenüber der deutschen Frage spielt die historische Erfahrung mit dem Nachbarn jenseits des Rheins eine außerordentliche Rolle. Drei kriegerische Auseinandersetzungen innerhalb eines dreiviertel Jahrhunderts hinterließen tiefe Spuren. Die staatliche Einheit des Deutschen Reiches wurde gegen Frankreich realisiert, die Gründung des Kaiserreiches als Demütigung Frankreichs im Schloß von Versailles inszeniert. „Plus de Reich centralisé!" mußte auch deshalb die unmittelbare Konsequenz nach dem letzten der Kriege lauten. Die fortwährende Furcht vor einem unberechenbaren, übermächtigen Nachbarn, die sich in der neuen Ära deutsch-französischer Freundschaft aber nur unterschwellig manifestierte, fand in dem häufig zitierten, François Mauriac zugeschriebenen Diktum ihren treffenden Ausdruck: „Ich liebe Deutschland so sehr, daß ich froh bin, daß es zwei davon gibt."[4] Die besondere französische Aufmerksamkeit gegenüber allen Problemen, die den Status Deutschlands, das Verhältnis zwischen den beiden deutschen Staaten, die deutsch-sowjetischen Beziehungen, die Rolle der Bundesrepublik in der Ost-West-Auseinandersetzung betreffen, erklärt sich aus der historisch gewachsenen Einsicht, daß alle nennenswerten Veränderungen in diesen Bereichen sich direkt oder indirekt auch auf die Interessenlage Frankreichs auswirken werden. Die neue deutsche Ostpolitik hatte in diesem Kontext den Stellenwert einer ersten großen selbständig, d.h. unabhängig von den Westmächten durchgeführten diplomatischen Aktion. Da sich Frankreich – wie auch das übrige westliche Ausland – seit der Gründung der Bundesrepublik an eine abwartende, defensive Ost- und Deutschlandpolitik Bonns gewöhnt hatte, mußte die ostpolitische Öffnung der Bundesrepublik einer Bewährungsprobe für das deutsch-französische Verhältnis gleichkommen. Unter diesen Umständen war eine komplexe und vielschichtige französische Reaktion auf die neue deutsche Ostpolitik zu erwarten. Grundsätzlich fiel sie – daran kann kein Zweifel bestehen – sowohl auf offizieller Regierungsseite wie in der öffentlichen Meinung positiv aus. Die augenscheinlich breite Zustimmung zur deutschen Entspannungspolitik schloß jedoch keineswegs zeitweilige Irritationen, partielle Reserven oder auch unterschwellige Befürchtungen aus.

Ein Schwergewicht der vorliegenden Studie liegt auf der Analyse der unterschiedlichen Facetten der französischen Reaktion. Es soll dabei nicht nur die positive oder negative Resonanz registriert werden, die die Ostvertragspolitik gefunden hat. Zu fragen ist vor allen Dingen nach den Spezifika der französischen Perzeption und den darin zum Ausdruck kommenden deutschlandpolitischen Vorstellungen. Die Perzeption ist ja in der

[3] Eberhard Schulz, Die Weiterentwicklung der deutschen Frage, in: Außenpolitische Perspektiven des westdeutschen Staates, Bd. 1, München/Wien 1971, S. 158 f.

[4] Ernst Weisenfeld, Welches Deutschland soll es sein? Frankreich und die deutsche Einheit seit 1945, München 1986, S. 199.

Sicht des anderen die „objektive Realität", es gibt keine „dahinterliegende" Wirklichkeit. Es ist das Bild der Realität, das wiederum in den Prozeß der politischen Willensbildung eingeht[5]. Bestimmung und Bewertung von korrekter Wahrnehmung oder Fehleinschätzung, realitätsgerechte Interpretation oder Reproduzierung von Klischeevorstellungen hängen ihrerseits unvermeidlicherweise auch von der Position des Beobachters ab.

Das besondere Interesse dieser Untersuchung soll durchgehend den folgenden Fragestellungen gelten:

- Welchen Aspekten der Ostpolitik wurde eine besondere Aufmerksamkeit eingeräumt, welche hingegen wurden eher vernachlässigt?
- Stimmten die Bewertungen der Ostpolitik mit den von der Bundesregierung verfolgten Zielen und Absichten überein?
- Welche Bedeutung hatte die Ostpolitik im Hinblick auf die deutsche Frage? Wurde in ihr eher die endgültige Anerkennung der deutschen Teilung gesehen oder umgekehrt der erste Schritt auf einem langen Weg zur Wiedervereinigung?
- In welcher Weise sah man in Frankreich die eigenen Interessen berührt auf politischem, sicherheitspolitischem wie wirtschaftlichem Gebiet?
- Welche Konsequenzen wurden aus französischer Sicht als Folge der deutschen Ostpolitik erwartet, insbesondere hinsichtlich der künftigen Rolle der Bundesrepublik im internationalen System?
- Wurde die deutsche Ostpolitik im Ganzen als Teil des gesamteuropäischen Entspannungsprozesses aufgefaßt oder als von nationalen Erwägungen bestimmte traditionelle Interessenpolitik?

Als direkter Nachbar der Bundesrepublik betrachtete Frankreich die Entwicklung der deutschen Frage mit großer Sensibilität. Ein besonders enger Zusammenhang zwischen den französischen Interessen und der bundesdeutschen Ost- und Deutschlandpolitik bestand auf folgenden Gebieten:

a. Frankreich ist eine der vier Siegermächte, die sich auf Grund der Abkommen aus der Kriegs- und unmittelbaren Nachkriegszeit ein Mitspracherecht in allen die künftige Organisation Deutschlands betreffenden Fragen bewahrt haben. Nach Artikel 2 des „Deutschlandvertrages" vom 23. Oktober 1954 zwischen der Bundesrepublik und den drei westlichen Alliierten behalten die Drei Mächte „die bisher von ihnen ausgeübten oder innegehabten Rechte und Verantwortlichkeiten in bezug auf Berlin und auf Deutschland als Ganzes einschließlich der Wiedervereinigung Deutschlands und einer friedensvertraglichen Regelung". Die Unterzeichnerstaaten erklärten ferner in Artikel 7,1, „daß ein wesentliches Ziel ihrer gemeinsamen Politik eine zwischen Deutschland und seinen ehemaligen Gegnern frei vereinbarte friedensvertragliche Regelung für ganz Deutschland ist, welche die Grundlage für einen dauerhaften Frieden bilden soll". Die „endgültige Festlegung der Grenzen Deutschlands" müsse bis zu dieser Regelung aufgeschoben werden. Ein „wiedervereinigtes Deutschland" bezeichneten die Drei Mächte und die Bundesrepublik als „gemeinsames Ziel" ihrer Politik (Art. 7,2)[6].

[5] Gottfried Niedhart, Perzeption und Politik im Umgang mit der Sowjetunion, in: Ders. (Hrsg.), Der Westen und die Sowjetunion, Paderborn 1983, S. 7–24.

[6] Vertrag über die Beziehungen zwischen der Bundesrepublik Deutschland und den Drei Mächten vom 26. 5. 1952 in der Fassung vom 23. 10. 1954, in: BGBl., Teil II, 31. 3. 1955, S. 305 ff. Siehe auch Jochen Abr. Frowein, Die Rechtslage Deutschlands und der Status Berlins, in: Ernst Benda u. a. (Hrsg.), Handbuch des Verfassungsrechts der Bundesrepublik Deutschland, Berlin/New York 1983, S. 29–58.

Eine von der Bundesregierung betriebene Ost- und Deutschlandpolitik konnte schon ihrer rechtlichen Natur nach die verbliebenen Vier-Mächte-Rechte und -Verantwortlichkeiten nicht berühren oder gar beeinträchtigen[7]. Es liegt dennoch auf der Hand, daß eine Politik, die wie die neue deutsche Ostpolitik eine Regelung der Beziehungen zu den östlichen Nachbarn auf der Basis der Anerkennung des territorialen Status quo anstrebte, die Westmächte hinsichtlich der Wahrung ihrer eigenen Rechte interessieren mußte. Frankreich, das seinen Status als Siegermacht nicht zuletzt aufgrund der Obstination General de Gaulles erreicht hatte, achtete seit jeher mit besonderer Aufmerksamkeit auf die Integrität der Vier-Mächte-Rechte und -Verantwortlichkeiten. Nach französischem Verständnis gehörten diese ebenso zu den unverzichtbaren Attributen einer Großmacht wie der Sitz im Weltsicherheitsrat oder der Status als Atommacht. Der französische Rang als Siegermacht begründete neben der deutsch-französischen Partnerschaft auch die engen Konsultationen zwischen Bonn und Paris auf deutschland- und ostpolitischem Gebiet. Die vorliegende Arbeit geht den verschiedenen Formen und Bedingungen dieser Abstimmung nach und fragt im besonderen nach den in diesem Rahmen zum Ausdruck kommenden französischen Anliegen und Interessen.

b. Durch seinen besonderen Status gegenüber Deutschland ist Frankreich kein bloßer Beobachter der deutschen Ostpolitik gewesen. Als „Mitinhaber" der obersten Gewalt in Berlin nahm Frankreich darüber hinaus direkt teil an den Vier-Mächte-Verhandlungen über Berlin, die – auch ohne unmittelbare deutsche Beteiligung – ein Dreh- und Angelpunkt der Ostpolitik der Bundesregierung waren. Ohne die Unterzeichnung des Moskauer Vertrages (12. August 1970) wäre wohl kein Berlin-Abkommen zustande gekommen, und ohne Berlin-Abkommen hätte der Deutsche Bundestag die Ostverträge nicht ratifiziert. Schon wegen dieses faktischen Junktims waren die drei westlichen Alliierten eng in den Prozeß der deutschen Ostvertragspolitik eingebunden. Da sich die Vier-Mächte-Rechte im Status von Berlin am sichtbarsten manifestieren, diese aber die alliierte Mitsprache bei allen künftigen Regelungen der deutschen Problematik garantieren, liegt es auf der Hand, daß die Berlin-Verhandlungen für die französische Diplomatie einen außerordentlich hohen Stellenwert besaßen. Im Rahmen dieser Arbeit soll – soweit dies die zugänglichen Quellen und Interviews mit beteiligten Akteuren zulassen – die französische Rolle in diesen Verhandlungen untersucht werden.

c. In den sechziger Jahren war es das Frankreich General de Gaulles, das in Westeuropa am intensivsten eine Politik der Öffnung gegenüber dem Osten, namentlich der Sowjetunion, betrieb. Sie war getragen von der Vision eines „Europa vom Atlantik bis zum Ural", das langfristig mit einer Strategie der „détente, entente et coopération" konstruiert werden sollte, und vom „grand dessein" einer europäischen Großmacht, die damit einen unabhängigen, politisch gleichberechtigten Platz neben den beiden Supermächten erstrebte. Die neue Ostpolitik der Bundesrepublik konnte sich freilich nur sehr bedingt an der französischen Entspannungspolitik orientieren. Sie hatte von gänzlich anderen historischen, politischen und psychologischen Voraussetzungen auszugehen und – zumindest in einer ersten Phase – Regelungen für spezifisch deutsche Probleme im Verhältnis zu den östlichen Nachbarn zu suchen. Doch allzu offensichtlich erscheinen auch die Berührungspunkte zwischen de Gaulles Dreischritt „détente-entente-coopération" und Brandts Vorhaben, „über ein geregeltes Nebeneinander zu einem Miteinander"

[7] Eberhard Menzel, Wie souverän ist die Bundesrepublik?, in: Zeitschrift für Rechtspolitik H. 8 (1971), S. 178–189.

zu gelangen, um nicht nach möglichen Beeinflussungen zu fragen. Worin bestand die Funktion der französischen Entspannungspolitik im Vorfeld der deutschen Ostpolitik? Vor allem wäre hier wohl die Rolle Frankreichs als Bürge für die „friedfertigen Absichten" der ostpolitischen Bemühungen der Bundesrepublik zu nennen. Dies war von nicht geringer Bedeutung in einer Zeit, da Bonn von den offiziellen Organen des Ostblocks systematisch des „Revanchismus" geziehen wurde. Im Hinblick auf die öffentliche Meinung in der Bundesrepublik und in Frankreich wäre schließlich zu fragen, inwieweit die Ostpolitik de Gaulles das Terrain präparierte zum einen für die Durchsetzung des Gedankens der Verständigung mit dem Osten, zum anderen für das französische Bewußtsein, die Bonner Regierung folge mit ihren Initiativen weithin dem vom General vorgezeichneten Weg.

d. Eine Studie gerade über die französische Haltung zur neuen deutschen Ostpolitik bekommt ein zusätzliches Interesse aufgrund der gerade in Frankreich großen Zählebigkeit der „Rapallo-Legende". Unter diesem Begriff ist das historisch begründete, unverhältnismäßig leicht zu erregende französische Mißtrauen gegenüber jeder deutsch-sowjetischen Zusammenarbeit zu verstehen, die auf Kosten des Westens gehen könnte. Die Entstehung dieses Phänomens nach dem Abschluß des Rapallo-Vertrages zwischen Deutschland und der Sowjetunion im April 1922 ist ausführlich von Renata Fritsch-Bournazel untersucht worden[8]. Es war ein regelrechter Schock, den dieser Vertrag, der Deutschland die Möglichkeit zu eröffnen schien, die politischen, finanziellen und militärischen Bestimmungen des Versailler Friedensvertrages zu unterlaufen, in der Öffentlichkeit und im politischen Milieu Frankreichs auslöste. Motivation und Folgen des Rapallo-Vertrages zwischen den beiden Parias der damaligen internationalen Gemeinschaft – Frankreich sollte die Sowjetunion erst 1924 diplomatisch anerkennen – wurden dabei von französischer Seite bei weitem überschätzt. Fälschlicherweise wurden etwa auch geheime Absprachen über eine militärische Zusammenarbeit vermutet. Der Schock von Rapallo mußte auch deshalb so tief gehen, da die französisch-sowjetische Zusammenarbeit seit 1891 (Beistandsvertrag von 1893) und bis zur Oktoberrevolution von 1917 auf der gemeinsamen Furcht vor einem Ausgreifen des Deutschen Reiches beruht hatte und die französische Presse von der Vorstellung eines francophilen Rußlands eingenommen war[9]. Für die deutsche historische Forschung besteht kaum ein Zweifel daran, daß mit dem Rapallo-Vertrag wohl der Versuch einer kurzfristigen Erweiterung des diplomatischen Handlungsspielraums unternommen werden sollte, er jedoch keiner weittragenden Strategie entsprang und die Reichsregierung insgesamt wohl in keinem Moment die Illusion hegte, auf diese Weise das System von Versailles sprengen zu können[10]. Der Vertrag war, so meinte Fritz Stern, „eine Improvisation und eine Unterbrechung in Rathenaus

[8] Renata Fritsch-Bournazel, Rapallo: naissance d'un mythe. La politique de la peur dans la France du bloc national, Paris 1974. Dies., Rapallo et son image en France, in: Documents 37 (1982), S. 3–12.

[9] René Girault, Wirklichkeit und Legende in den französisch-sowjetischen Beziehungen 1917–1945, in: Niedhart (Hrsg.), Der Westen und die Sowjetunion, S. 119–133.

[10] Karl Dietrich Erdmann, Deutschland, Rapallo und der Westen, in: VfZ 11 (1963), S. 105–165; Theodor Schieder, Die Entstehungsgeschichte des Rapallo-Vertrages, in: HZ Bd. 204 (1967), S. 545–609; Hermann Graml, Die Rapallo-Politik im Urteil der westdeutschen Forschung, in: VfZ 18 (1970), S. 366–391; Peter Krüger, Die Außenpolitik der Republik von Weimar, Darmstadt 1985, S. 132–183. Die Dokumente, in: ADAP, Serie A, Bd. VI: 1. März bis 31. Dezember 1922, Göttingen 1988.

Hoffnung auf Verständigung mit dem Westen"[11]. Ähnlich lautete auch die Einschätzung von Außenminister Willy Brandt: Die deutsch-russische Verständigung nach dem Ersten Weltkrieg sei ein „ganz natürlicher Vorgang" gewesen; sie habe gerade auch in Rathenaus Verständnis „keineswegs eine sensationelle, einseitige Orientierung der deutschen Außenpolitik" einleiten sollen[12]. Der Hitler-Stalin-Pakt von August 1939 mußte bei der großen Mehrheit der Franzosen die Überzeugung bestätigen – und diesmal sehr verständlicherweise –, daß ein Einvernehmen, mehr noch eine Komplizenschaft zwischen Deutschland und der Sowjetunion katastrophale Folgen für Frankreich und ganz Europa mit sich bringe[13].

Zwanzig Jahre nach dem Ende des Zweiten Weltkrieges war die internationale Konstellation grundlegend anders. Europa war durch Deutschland hindurch in zwei Teile gespalten, die Sowjetunion hatte ihren Machtbereich bis an die Elbe vorgeschoben. Niemand konnte deshalb in der neuen Ostpolitik ernsthaft die Neuauflage einer „Rapallo-Politik" sehen. Dennoch haben die geschichtlichen Präzedenzen gerade im französischen Kollektiv-Bewußtsein Spuren hinterlassen. Zu fragen wäre, inwieweit das französische „Rapallo-Trauma" tatsächlich noch auf die Perzeption der neuen deutschen Ostpolitik eingewirkt hat. Wurden nicht wiederum die Konsequenzen der deutsch-sowjetischen Normalisierung für den diplomatischen wie für den wirtschaftlichen Bereich beträchtlich überschätzt? Aus französischer Sicht jedenfalls waren Konflikt oder Verständigung zwischen der Sowjetunion und Deutschland für das Schicksal Europas im 20. Jahrhundert immer von entscheidender Tragweite[14].

So wie in Frankreich aus verschiedenen Motiv- und Interessenlagen die deutsche Ostpolitik mit Aufmerksamkeit verfolgt wurde, so hatte umgekehrt die Bundesregierung ein fundamentales Interesse daran, sich die Zustimmung der französischen Regierung und Öffentlichkeit zu sichern. Die Verhandlungsposition der Bundesregierung in den osteuropäischen Staaten, insbesondere in Moskau, hing zu einem beträchtlichen Teil von der politischen Unterstützung und dem diplomatischen Rückhalt ab, den die deutsche Position bei den westlichen Verbündeten fand. Auch in den heftigen innenpolitischen Auseinandersetzungen um die deutsche Ostpolitik kam den Reaktionen der westlichen Partnerländer der Bundesrepublik eine besondere Bedeutung zu. Sowohl positive Stellungnahmen wie Anzeichen von Reserven wurden innenpolitisch instrumentalisiert. Die Abstützung der Ostpolitik durch die Westalliierten war für die parlamentarisch bedrängte Bundesregierung von beträchtlichem Wert. Im Extremfall wären die drei Westmächte sogar in der Lage gewesen, den komplexen Prozeß der Ostpolitik etwa durch eine zumindest hinhaltende Taktik bei den Vier-Mächte-Verhandlungen über Berlin zu blokkieren. Auch hinsichtlich der Integration der Ostvertragspolitik in die gesamteuropäischen Entspannungsbemühungen (KSZE, MBFR) war die Bundesregierung auf eine enge und reibungslose Kooperation mit den westlichen Verbündeten angewiesen.

Entsprechend der Vielgestaltigkeit der Fragen und Probleme, die die deutsche Ostpo-

[11] Fritz Stern, Walther Rathenau: Der Weg in die Politik, in: Die Grenzen sprengen. Edzard Reuter zum Sechzigsten, Berlin 1988, S. 335.

[12] Rede zum 100. Geburtstag Rathenaus vom 6. 10. 1967 in Berlin: Deutsche Außenpolitik nach zwei Weltkriegen, in: Bulletin vom 10. 10. 1967, S. 933.

[13] Jean-Paul Brunet, La presse française et le pacte Germano-Soviétique (Août 1939), in: Relations Internationales Nr. 2 (1974), S. 187–212.

[14] Pierre Hassner, Les politiques envers l'Est. Rivalités et convergences, in: Les politiques extérieures européennes dans la crise, Paris 1976, S. 59.

litik im Rahmen der deutsch-französischen Beziehungen stellte, werden in der vorliegenden Studie unterschiedliche Perspektiven zu berücksichtigen sein. Die Studie will über eine Analyse der diplomatischen Vorgänge hinausgehen und auch die historische Dimension, die Rolle der öffentlichen Meinung, psychologische Faktoren und – in einem geringeren Maße – rechtliche und wirtschaftliche Aspekte behandeln. Die Art der für diese Arbeit zur Verfügung stehenden Quellen erlaubt jedoch keine historische Darstellung im klassischen Sinne. Angesichts der vergleichsweise geringen zeitlichen Distanz zu den untersuchten Ereignissen wird man sich auch der Gefahr „nachträglicher politischer Reportage“ oder „voreiliger Geschichtsschreibung“ bewußt sein müssen. Gleichwohl bleibt für die historische Forschung die Aufgabe „vorläufiger Geschichtsdeutung jüngst vergangener Epochen“[15], die oft nur durch den Einsatz des spezifisch zeitgeschichtlichen Instrumentariums mündlicher Informationsgewinnung befriedigend zu lösen ist. Der Abstand von noch nicht zwanzig Jahren scheint hier geradezu ideal zu sein: Zum einen liegen bereits zahlreiche Materialien und Studien vor[16], die eine genügende Gegenkontrolle der mündlich gewonnenen Informationen erlauben. Zum anderen sind viele ehemalige Akteure noch am Leben; ihre Erinnerung ist – so zeigt die Erfahrung – noch frisch, durch spätere Erlebnisse nicht gänzlich verformt und durch die ständige Artikulation nicht vollkommen stereotypisiert und stilisiert. Auch die Motivation, über das eigene Handeln und Erleben zu berichten, ist vielleicht nach etwa zwanzig Jahren stärker als unmittelbar nach den Ereignissen, da vielfach noch Verschwiegenheitsverpflichtungen zu wahren sind, oder nach dreißig oder mehr Jahren.

Als Arbeit zur jüngsten Zeitgeschichte kann diese Untersuchung nicht auf diplomatische Akten und sonstige Quellen aus deutschen oder französischen Archiven rechnen. Die (deutsche) 30-Jahresfrist und die noch längere französische Verschlußzeit werden noch für geraume Zeit den Zugang zu den die deutsche Ostpolitik sowie die deutsch-französischen Beziehungen der sechziger und siebziger Jahre betreffenden Papieren verwehren. Für einige Teile dieser Arbeit – vornehmlich die deutsch-französischen Regierungskonsultationen oder die Berliner Vier-Mächte-Verhandlungen betreffend – wäre dieser Zugang im Interesse einer „endgültigen“ Darstellung natürlich unabdingbar gewesen. Von diesem Anspruch ist die vorliegende Untersuchung in den genannten Bereichen weit entfernt. Andere Teile der Arbeit, insbesondere zur Diskussion der deutschen Ostpolitik in der französischen Öffentlichkeit, erfordern durch ihre Themenstellung eine andere Art von Quellenmaterial. Dieses ist per definitionem frei verfügbar. Doch selbst hinsichtlich des Studiums der Reaktion der französischen Regierung auf die deutsche Ostpolitik ist es erlaubt, sich die Frage zu stellen, was in den Archiven wirklich so viel Neues zu erwarten ist. Abgesehen von den Berliner Vier-Mächte-Verhandlungen war die französische Regierung nur indirekt in die deutsche Ostpolitik involviert. So groß ihr Interesse auch gewesen sein mag, sie stand nicht vor der Notwendigkeit einer Entscheidungsbildung, die sich in den Akten niedergeschlagen hätte. Die offizielle Reaktion der französischen Regierung mit ihren verschiedenen Elementen und Nuancen ist jedoch mit offenen zeitgenössischen Quellen zu analysieren. Außerdem erscheint es zumindest fraglich, ob langfristige Reflexionen, etwaige Reserven, Hintergedanken oder Befürch-

[15] Martin Broszat, Voreilige Geschichtsschreibung? Zu Arnulf Barings „Machtwechsel“, in: Ders., Nach Hitler. Der schwierige Umgang mit unserer Geschichte, München [2]1987, S. 245–248.

[16] Gerhard Kiersch, Frankreichs Reaktion auf die westdeutsche Ostpolitik, in: Egbert Jahn/Volker Rittberger (Hrsg.), Die Ostpolitik der BRD, Opladen 1974, S. 181–206.

tungen ihren Niederschlag etwa in den französischen Kabinettsprotokollen gefunden haben.

Die der Studie zugrundeliegenden schriftlichen Quellen bestehen in erster Linie aus zeitgenössischen Reden und Erklärungen in Pressekonferenzen, Interviews, Kommuniqués etc. In den zurückliegenden 15 bis 20 Jahren ist darüber hinaus eine Reihe von Memoiren und Erinnerungen veröffentlicht worden. Außerdem wurde natürlich die Presseberichterstattung systematisch ausgewertet. Die Berücksichtigung einer Vielzahl unterschiedlicher Publikationen sollte die Verifizierung der berichteten Fakten und Vorgänge sowie eine Einordnung ihrer Bewertungen ermöglichen[17]. Was die Berichterstattung der französischen Presse zur deutschen Ostpolitik betrifft, so stellt sie nicht nur eine Quelle dar, sondern ist als solche auch selbst Objekt der Analyse. In einem eigenen Kapitel wurde deshalb das Bild untersucht, das einige französische Presseorgane ihren Lesern von der deutschen Ostpolitik gaben. Für die Darstellung der französischen Rolle bei den Berliner Vier-Mächte-Verhandlungen konnten einige unveröffentlichte Papiere und Vorlagen von französischer Seite verwendet werden.

Zur Ergänzung dieser unterschiedlichen Quellenmaterialien ist in den vergangenen Jahren eine Vielzahl von Gesprächen und Interviews mit Personen geführt worden, die in unterschiedlichen Positionen mit den deutsch-französischen Beziehungen der sechziger und siebziger Jahre befaßt waren. Es handelt sich dabei um rund 50 Interviews mit Politikern, Diplomaten, Beamten und Journalisten. Der Ertrag der geführten Interviews war von sehr unterschiedlichem Nutzen. Die Erinnerungsfähigkeit an Vorgänge, die 15 bis 20 Jahre zurückliegen, variiert von einer Person zur anderen. Diejenigen, die in der betreffenden Zeit persönliche Aufzeichnungen anfertigten oder später Memoiren veröffentlichten, hatten im allgemeinen ein detaillierteres Gedächtnis als andere. Einigen der Interviewten gelang es sehr leicht, sich in die politische Atmosphäre der sechziger und frühen siebziger Jahre zurückzuversetzen, für andere, insbesondere wenn sie zwischenzeitlich andere wichtige Aufgaben übernommen hatten, gehörte diese Periode eher einer abgeschlossenen Vergangenheit an. Aus naheliegenden Gründen neigten noch aktive Politiker und Diplomaten zu größerer Zurückhaltung in ihren Stellungnahmen als diejenigen, die sich aus der Perspektive des Ruhestandes erinnerten. Am ergiebigsten war häufig die Befragung von Vertretern der gehobenen Ministerialbürokratie.

Selbstverständlich sind Aussagen, die beteiligte Akteure nach geraumer Zeit über die von ihnen miterlebten oder mitgestalteten Vorgänge treffen, nicht als bare Münze zu nehmen. Die gesprächsweise Erinnerung ist stets in der Gefahr, durch eine Reihe intervenierender Elemente verzerrt zu werden, etwa durch den Wunsch, die eigene Handlung in ein vorteilhaftes Licht zu setzen, oder durch das Bestreben, Einschätzungen und Urteile, die sich als unzutreffend erwiesen haben, im nachhinein zu korrigieren. Darüber hinaus ist die mögliche Berücksichtigung von oder die Beeinflussung durch Entwicklungen in Rechnung zu stellen, die sich im Zeitraum zwischen der untersuchten Periode und dem Moment des Interviews vollzogen haben. Diese Störfaktoren können absichtlich wie auch unabsichtlich in die Erinnerung eingehen. Zudem erschwert die Zeitspanne von 15 bis 20 Jahren oft wohl die Erinnerung an Details, andererseits kann aber der Abstand im positiven Sinne auch ein abgeklärteres Urteil aus dem Rückblick fördern. Trotz etwaiger Unzulänglichkeiten sind doch die Möglichkeiten, die planmäßig geführte Interviews bieten, nicht zu unterschätzen. Berichte von Zeitzeugen gehen über das bloß Faktische hin-

[17] Arnulf Baring, Machtwechsel. Die Ära Brandt–Scheel, Stuttgart ^{4}1983, S. 16.

aus und erhellen u. U. Motivationen und Absichten, abweichende Meinungen und Hintergründe. Günstigenfalls setzen sie die Ereignisse in eine neue Perspektive. Insbesondere im Rahmen einer Arbeit, die u. a. nach der Perzeption einer Politik fragt, erscheinen Aussagen von beteiligten Akteuren somit als wertvolle, sogar als unerläßliche Ergänzungen schriftlicher Materialien. Sie konstituieren für sich eine eigene Quellenkategorie. Es versteht sich von selbst, daß sie einer kritischen Würdigung zu unterziehen sind, in der die Plazierung und die Interessen des Befragten berücksichtigt werden. Sie sind aus dem Kontext heraus verständlich zu machen. In dieser Hinsicht jedoch erfordern rückblickende Aussagen von Zeitzeugen keine andere kritische Behandlung als jede andere historische Quelle.

Die vorliegende Studie setzt bewußt nicht mit einer historischen Rückblende auf die Entwicklung des deutsch-französischen Verhältnisses im 19. und 20. Jahrhundert ein. Eine solche Darstellung müßte entweder so summarisch ausfallen, daß sie wenig beitragen würde zur Erhellung des speziellen Untersuchungsgegenstandes, oder sie hätte aufgrund ihrer Länge die Gesamtarbeit überfrachtet[18]. Auch kann natürlich nur ein Ausschnitt des gesamten deutsch-französischen Beziehungsgeflechts ins Blickfeld gerückt werden. Wirtschaftliche Probleme, monetäre Auseinandersetzungen, die gerade Ende der sechziger und Anfang der siebziger Jahre einige Virulenz erreichten, Interessen und Initiativen in der Europapolitik, die innergesellschaftliche Entwicklung in beiden Ländern waren mitbestimmend für das Bild, das man sich von der Bundesrepublik insgesamt machte, und beeinflußten somit indirekt auch die Perzeption der deutschen Ostpolitik. Eine gesonderte Analyse dieser Problemfelder hätte allerdings weit über den gesteckten Rahmen hinausgeführt. Die Arbeit soll sich auf den Kern des gestellten Themas konzentrieren, im Auge behalten wird dabei jedoch immer, daß die Problematik in einen größeren Gesamtzusammenhang eingeflochten ist.

*

Die vorliegende Studie ist die überarbeitete Fassung einer Dissertation, die mit der mündlichen Prüfung am 23. Februar 1989 am Fachbereich Geschichte und Kulturgeschichte des Europäischen Hochschulinstituts, Florenz, angenommen wurde. Mitglieder des Prüfungsausschusses waren Prof. Dr. Alfred Grosser (Institut d'Etudes Politiques, Paris), Prof. Dr. Peter Hertner (EHI, Florenz), Prof. Dr. Henri Ménudier (Paris III/ Sorbonne-Nouvelle), Prof. Dr. Roger Morgan (EHI, Florenz), Prof. Dr. Eberhard Schulz (Deutsche Gesellschaft für Auswärtige Politik/Universität Bonn).

Für ihre finanzielle Unterstützung von der ersten Materialsammlung bis zum Abschluß der Studie möchte ich – in chronologischer Reihenfolge – danken: dem Ministère des Affaires étrangères, dem Deutschen Akademischen Austauschdienst, dem Deutschen Historischen Institut Paris, dem Europäischen Hochschulinstitut (Florenz), der Deutsch-Französischen Kulturstiftung (Bonn).

[18] Vgl. Raymond Poidevin/Jacques Bariéty, Les relations franco-allemandes 1815–1975, Paris 1977; Claus Scharf/Hans-Jürgen Schröder (Hrsg.), Die Deutschlandpolitik Frankreichs und die französische Zone 1945–1949, Wiesbaden 1983; Gilbert Ziebura, Die deutsch-französischen Beziehungen seit 1945. Mythen und Realitäten, Pfullingen 1970.

I. Deutschland- und Ostpolitik im gesamteuropäischen Entspannungskonzept de Gaulles

Die für die Orientierung Frankreichs entscheidenden Weichenstellungen waren bei der Machtübernahme de Gaulles 1958 bereits vollzogen: Aussöhnung mit dem deutschen Nachbarn, Beteiligung am Aufbau der Europäischen Wirtschaftsgemeinschaft, Rückzug aus den überseeischen Kolonien, Entwicklung einer eigenen militärischen Nuklearkapazität. Auf entscheidenden Gebieten konnte de Gaulle an der Politik der IV. Republik anknüpfen. Auch sein gesamteuropäisches Konzept griff traditionelle Ansätze und Anliegen französischer Politik auf, die – zu einem in sich einheitlichen Ganzen geformt – zum spezifisch gaullistischen „grand dessein" der sechziger Jahre werden sollten. In der Deutschland- wie in der Ostpolitik setzte de Gaulle zweifellos Maßstäbe, die für die französische Politik über die Zeit seiner Präsidentschaft hinaus Gültigkeit behielten.

De Gaulles Vision von der künftigen Ordnung der internationalen Beziehungen, wie sie im Laufe der Jahre Gestalt annahm, zielte auf die langfristige Überwindung der bipolaren Nachkriegsordnung[1]. Die Aufteilung der Welt in zwei konkurrierende, aber sich gegenseitig stabilisierende Machtblöcke war in den Augen de Gaulles die Konsequenz der Kriegskonferenz von Jalta, zu der Frankreich nicht eingeladen worden war[2]. Sein Konzept von der „Nation" als dem eigentlichen und unersetzbaren geschichtlichen Akteur versuchte de Gaulle in Einklang zu bringen mit dem Ziel eines langfristigen Zusammenschlusses der europäischen Staaten zu einer Art Konföderation, die die Rolle einer „dritten Kraft", unter Umständen auch „einer der drei Weltmächte" übernehmen könnte. Das entstehende „europäische Europa" sollte die osteuropäischen Staaten in dem Maße mit einbeziehen, wie sich die Systemgegensätze abzubauen begannen. Nur über eine Verständigung mit der Sowjetunion, so die Überzeugung de Gaulles, sei ein Zusammenwachsen der beiden Teile Europas erreichbar. Eine systemübergreifende Zusammenarbeit sollte den Antagonismus der Blöcke überwinden. Gemäß der Wiederaufwertung der Nationalstaaten sollte ein Geflecht von bilateralen Verträgen und Abmachungen, die den nationalen Interessen jedes einzelnen Landes gerecht würden, die Block-Organisationen ersetzen. Der Einfluß der USA, denen aus weltstrategischen Motiven an einer Aufrechterhaltung des Status quo in Europa gelegen sei, sollte zurückgedrängt werden.

[1] Vgl. Alfred Grosser, La politique extérieure de la Ve République, Paris 1965; Roy C. Macridis, De Gaulle. Implacable Ally, New York/London 1966; Wladyslaw Wszebor Kulski, De Gaulle and the World. The Foreign Policy of the Fifth French Republic, Syracuse 1966; Guy de Carmoy, Les politiques étrangères de la France 1944–1966, Paris 1967; Paul-Marie de La Gorce, La France contre les empires, Paris 1969; Wilfrid L. Kohl, French Nuclear Diplomacy, Princeton 1971; Herbert Tint, French Foreign Policy since the Second World War, London 1972; Edward A. Kolodziej, French International Policy under de Gaulle and Pompidou. The Politics of Grandeur, Ithaca/London 1976; Alfred Grosser, Affaires extérieures. La politique de la France 1944–1984, Paris 1984.

[2] Jean Laloy, Yalta – hier, aujourd'hui et demain, Paris 1988; Pierre Milza: La vérité sur Yalta, in: L'Histoire Nr. 75 (1985), S. 34–52; Arthur Conte, Yalta ou le partage du monde, Paris 1964.

Die Sowjetunion im Osten und Frankreich im Westen würden das „Europa der Staaten" ausbalancieren. Frankreich sei wie kein anderes europäisches Land dazu prädestiniert, in dieser historischen Umgestaltung eine bestimmende Rolle zu übernehmen. Frankreich, so de Gaulle, ist nur dann es selbst, wenn es auf dem ersten Rang steht, „la France ne peut être la France sans la grandeur"[3].

Deutschland spielte in der Konzeption de Gaulles eine zentrale Rolle. Dem General lag zum einen an einer engen Zusammenarbeit mit der Bundesrepublik, um sein eigenes politisches Gewicht zu verstärken; diese Kooperation bot zum anderen ein Höchstmaß an langfristiger Sicherheit vor möglichen deutschen Alleingängen. Die Teilung Deutschlands zog zwar deutschen Ambitionen enge Grenzen, war aber auch gleichbedeutend mit der europäischen Teilung, die es zu überwinden galt. In seinen öffentlichen Erklärungen sprach de Gaulle deshalb von der Wiedervereinigung als dem „natürlichen Schicksal der Deutschen"[4], allerdings unter den Prämissen der Anerkennung der Oder-Neiße-Grenze und des dauerhaften Verzichts auf Atomwaffen. De Gaulle dachte dabei sicherlich nicht an die Wiederherstellung eines zentralstaatlichen „Reichs", sondern an eine konföderative Lösung, die er allerdings nicht weiter konkretisierte. Die kontrollierte Vereinigung der beiden deutschen Teilstaaten, eingebettet in einen gesamteuropäischen Rahmen, war die Voraussetzung für die Schaffung des anvisierten „Europa vom Atlantik bis zum Ural".

Die Frage, ob de Gaulle seine Außenpolitik nach einem „Meisterplan" entwickelte oder seine Politik generell stark situationsbedingt gestaltete, wird wohl immer eine Streitfrage bleiben[5]. Doch wie hoch auch immer man den deklamatorischen Gehalt des „grand dessein" de Gaulles ansetzen mag, seine Vorstellungen verwiesen die Bundesregierungen in Bonn auf eine neue Strategie zur Regelung der deutschen Frage. Unter den Bundeskanzlern Adenauer und Erhard galt eindeutig die Reihenfolge: erst Wiedervereinigung, dann politische Zusammenarbeit und Entspannung. In der Erkenntnis, daß das Deutschland-Problem gegen die Sowjetunion nicht befriedigend zu lösen sei, kehrte de Gaulle diese Prioritätenfolge um: Entspannungspolitik als Voraussetzung zur Lösung der deutschen Frage[6].

1. Die Deutschlandpolitik

Nach Kriegsende hatte die französische Regierung die Neubildung eines weitgehend souveränen deutschen Staates zu verhindern versucht. Der Druck des beginnenden Kalten Krieges sorgte aber 1947/48 dafür, daß Frankreich seine Sicherung vor einem erneut erstarkenden Deutschland nicht mehr in dessen allgemeiner Schwächung erblickte, sondern in der Integration der westlichen Zonen in das politische, wirtschaftliche und militä-

[3] Charles de Gaulle, Mémoires de Guerre, Bd. 1: L'appel (1940–1942), Paris 1954, S. 1.

[4] Pressekonferenz vom 25. 3. 1959, in: de Gaulle, Discours et messages, Bd. 3, 1958–1962, Paris 1970, S. 84 f.

[5] Vgl. Pierre Hassner, Une France aux „mains libres", in: Preuves Nr. 204 (1968), S. 48–57; Stanley Hoffmann, De Gaulle et le monde: La scène et la pièce, in: Ders., Essais sur la France: Déclin ou renouveau?, Paris 1974, S. 315–382; Jean-Baptiste Duroselle, Des réussites partielles et des échecs avérés, in: Le Monde diplomatique Nr. 201 (1970), S. 1 f.

[6] Karl Kaiser, Ostpolitik und westliches Bündnis, in: Das Parlament vom 27. 10. 1979, S. 6.

rische System des Westens[7]. Das sowjetische Vordringen nach Mitteleuropa, die geringe Distanz der französischen Grenze vom Eisernen Vorhang, eine Distanz von „nur 500 Kilometern, also kaum die Länge von zwei Etappen der Tour de France"[8], ließ die Sowjetunion anstelle Deutschlands zur hauptsächlichen Gefahr werden. Die Politik des Ausgleichs mit dem westlichen Deutschland, für dessen demokratische Entwicklung sich eine wachsende Zahl von Franzosen mitverantwortlich fühlte[9], blieb angesichts der verschärften Ost-West-Konfrontation ohne wirkliche Alternative. Die mit der Ankündigung des Schuman-Plans am 9. Mai 1950 initiierte Politik der konstruktiven Zusammenarbeit mit der Bundesrepublik – bei Preisgabe von Teilen der eigenen Souveränität – bot die Möglichkeit der Kontrolle des deutschen wirtschaftlichen Potentials, während die politische Führung aufgrund der geschichtlichen Belastung Deutschlands ohne Frage Frankreich zufallen mußte. Die Grundlagen der deutsch-französischen Annäherung wurden somit in den fünfziger Jahren gelegt.

Bei de Gaulles Rückkehr an die Macht wurde die von beiden Seiten für wünschbar erklärte enge Zusammenarbeit auf Regierungsebene erleichtert durch eine „ebenso merkwürdige wie plötzliche Affinität, ja sogar Sympathie", die de Gaulle und Adenauer seit ihrer ersten Begegnung am 14./15. September 1958 in Colombey-les-deux-Eglises füreinander empfanden[10]. Die Möglichkeit eines deutsch-französischen Ausgleichs hatte de Gaulle auch in Zeiten der erbitterten Gegnerschaft immer wieder einmal angedeutet. Auf der gegen seinen Widerstand vollzogenen Westintegration der weitgehend souveränen Bundesrepublik, insbesondere auf der gemeinsamen Mitgliedschaft in der EWG, konnte er nunmehr aufbauen. Die erste Gelegenheit, sich als hartnäckiger Fürsprecher deutscher Interessen zu empfehlen und darüber hinaus Frankreichs Rolle im Konzert der „Großen Vier" zu unterstreichen, bot die Berlin-Krise von 1958–1961. Während der amerikanische Präsident Eisenhower und der britische Premierminister Macmillan nicht gänzlich ausschlossen, über das Chruschtschow-Ultimatum (Beendigung des Vier-Mächte-Systems in Deutschland, Konstituierung West-Berlins als „selbständige politische Einheit", volle Souveränität der DDR) mit der Sowjetunion in Gespräche einzutreten, lehnte der französische Staatspräsident mangels Verhandlungsspielraums jegliche Verhandlungen ab[11].

[7] Vgl. u. a. Alfred Grosser, La Quatrième République et sa politique extérieure, Paris 1961, bes. S. 193–246; Hans-Peter Schwarz, Vom Reich zur Bundesrepublik. Deutschland im Widerstreit der außenpolitischen Konzeptionen in den Jahren der Besatzungsherrschaft 1945–1949, Stuttgart [2]1980, bes. S. 179–199; Klaus Hänsch, Frankreichs Reaktion auf den Ausbruch des Ost-West-Konflikts 1946–1948, Berlin/New York 1972.

[8] Rede in Rennes vom 27. 7. 1947, in: de Gaulle, Discours et messages, Bd. 2: 1946–1958, Paris 1970, S. 102.

[9] Joseph Rovan, L'Allemagne de nos mérites, in: Esprit Nr. 115 (1945), S. 529–540; Emmanuel Mounier, Allemagne, responsabilités France, in: Le Figaro Littéraire vom 21. 8. 1948.

[10] Gilbert Ziebura, Die Entstehung, in: Dokumente, Sonderheft: Die deutsch-französischen Beziehungen seit 1963, Dezember 1978, S. 13; Konrad Adenauer, Erinnerungen, Bd. 3, 1955–1959, Stuttgart 1967, S. 424–436; Charles de Gaulle, Mémoires d'espoir. Le renouveau (1958–1962), Paris 1970, S. 184–192; Charles Bloch, De Gaulle et l'Allemagne, in: Elie Barnavie/Saul Friedländer (Hrsg.), La politique étrangère du Général de Gaulle, Paris 1985, S. 112–136; Jacques Bariéty, Die Rolle der persönlichen Beziehungen zwischen Bundeskanzler Adenauer und General de Gaulle für die deutsch-französische Politik zwischen 1958 und 1963, in: Hans-Peter Schwarz (Hrsg.), Adenauer und Frankreich. Die deutsch-französischen Beziehungen 1958 bis 1969, Bonn 1985, S. 12–27.

[11] Siehe de Gaulles Pressekonferenzen vom 25. 3. 1959, in: de Gaulle, Discours et messages, Bd. 3: 1958–1962, S. 82–87, und vom 23. 4. 1960 in Washington, in: Ebenda, S. 189–196; de Gaulle, Le

Das Scheitern der „Fouchet-Pläne" zur Stärkung der intergouvernementalen Zusammenarbeit zwischen den EWG-Staaten (April 1962) war eine wichtige Bedingung für die nunmehr konzentrierte Hinwendung de Gaulles zur Bundesrepublik. Frankreich und Deutschland, so Außenminister Couve de Murville, mußten gemeinsam das fortsetzen, „was zu sechst nicht hatte unternommen werden können"[12]. Nach den Staatsbesuchen Adenauers in Frankreich und de Gaulles in der Bundesrepublik im Juli bzw. September 1962 war zunächst vorgesehen, die Modalitäten der künftigen Kooperation in einem Protokoll festzulegen. Der deutsche Bundeskanzler bevorzugte aber schließlich die Form eines rechtsgültigen Vertrages, der von de Gaulle und Adenauer am 22. Januar 1963 in Paris unterzeichnet wurde[13]. Der „Vertrag über die deutsch-französische Zusammenarbeit" sah die regelmäßige Zusammenkunft der Regierungschefs und verschiedener Fachminister beider Länder in zwei- bis sechsmonatigen Intervallen sowie die enge Abstimmung in den Bereichen der Außen- und Verteidigungspolitik und in Bildungs- und Jugendfragen vor[14]. Die Intentionen, die Adenauer und de Gaulle mit dem Vertrag verfolgten, waren schwer auf einen Nenner zu bringen. Während es Adenauer in erster Linie darum ging, die deutsch-französische Aussöhnung zu besiegeln, die Integration der Bundesrepublik in den Westen weiter auszubauen und auch eine Verständigung Frankreichs mit der Sowjetunion ohne Beteiligung der Bundesrepublik unmöglich zu machen[15], hatte sich de Gaulle weit mehr als nur eine einvernehmliche Gestaltung gutnachbarschaftlicher Beziehungen vorgenommen[16]. Für ihn bildete der Vertrag den Grundstein einer deutsch-französischen Union, die nicht zuletzt eine von den USA unabhängigere Politik sowie auch eine diplomatische Öffnung gegenüber der Sowjetunion möglich machen sollte. In seinen Augen galt es, die Bundesrepublik tendenziell aus ihren atlantischen Bindungen herauszulösen und Frankreich anstelle der USA als Seniorpartner der Deutschen gerade auch im sicherheitspolitischen Bereich zu etablieren. Zu diesem grundsätzlichen Kurswechsel war in der Bundesrepublik jedoch kaum jemand wirklich bereit[17]. Die am 16. Mai 1963 vom Deutschen Bundestag einstimmig angenommene Präambel zum Ratifikationsgesetz, die u. a. die Festigung der Partnerschaft mit den USA, die Beibehaltung der NATO-Integration und die Einigung Europas unter Einbeziehung Großbritanniens als Ziele der deutschen Politik festschrieb, bedeutete in de Gaulles Augen eine grundsätzliche Entwertung des Vertragswerkes[18].

Allerdings sollten sich trotz der raschen Aufdeckung der divergierenden Intentionen, die von seiten de Gaulles und Adenauers zum Abschluß des Vertrages geführt hatten, die

renouveau (1958–1962), S. 235 f.; Konrad Adenauer: Erinnerungen, Bd. 4, 1959–1963, Stuttgart 1968, S. 23 ff. und S. 42 ff.

[12] Maurice Couve de Murville, Une politique étrangère 1958–1969, Paris 1971, S. 253.

[13] Thomas Jansen, Die Entstehung des deutsch-französischen Vertrages vom 22. Januar 1963, in: Dieter Blumenwitz u. a. (Hrsg.), Konrad Adenauer und seine Zeit. Bd. 2, Stuttgart 1976, S. 249–271.

[14] Vertrag, Vertragsgesetz und gemeinsame Erklärung in: BGBl., Teil II, 26. 6. 1963, Nr. 19, S. 705–710; siehe auch Gilbert Ziebura, Deutsch-französischer Vertrag, in: Staatslexikon, hrsg. von der Görresgesellschaft, Freiburg [6]1969, 9. Bd., 1. Ergänzungsbd., Spalte 428–436.

[15] Adenauer vor der Bundespressekonferenz am 10. 7. 1962, in: Bulletin vom 12. 7. 1962, S. 1082.

[16] Pierre Maillard, De Gaulle et l'Allemagne. Le rêve inachevé, Paris 1990, S. 203 ff.; ders./Ernst Weisenfeld, Was hatte de Gaulle mit Bonn vor ... und was nicht?, in: Dokumente H. 3 (1984), S. 253–259; Ziebura, Die deutsch-französischen Beziehungen seit 1945, S. 94 ff.

[17] Paul Frank, Entschlüsselte Botschaft. Ein Diplomat macht Inventur, Stuttgart [2]1981, S. 89; Hans-Peter Schwarz, Die Ära Adenauer 1957–1963, Stuttgart/Wiesbaden 1983, S. 288–296.

[18] Pressekonferenz vom 28. 10. 1966, in: de Gaulle, Discours et messages, Bd. 5: 1966–1969, Paris 1970, S. 101 f.

verpflichtenden regelmäßigen Konsultationen auf Regierungsebene sowie die Schaffung des Deutsch-Französischen Jugendwerkes zu wesentlichen Elementen der bilateralen Kooperation und Verständigung entwickeln. Der institutionalisierte „Zwang" zur Zusammenarbeit erwies sich besonders nach der Regierungsübernahme durch Bundeskanzler Ludwig Erhard (Oktober 1963) als nützlich, als sich die außenpolitischen Divergenzen mit Paris auf alle wesentlichen Gebiete auszuweiten begannen[19]. Frankreichs strikte Ablehnung des amerikanischen Plans einer Multilateralen Atomstreitmacht (MLF), von der sich die Bundesregierung ein Mitverfügungsrecht über Nuklearwaffen erhoffte, de Gaulles Veto gegen die Erweiterung der EWG, seine Obstruktion gegen das Mehrheitsprinzip in EWG-Entscheidungen und der Austritt Frankreichs aus der NATO-Militärintegration schufen genügend Friktionen, um die deutsch-französischen Regierungsbeziehungen auf einen Tiefpunkt absinken zu lassen. Vor allem vermochte die Regierung Erhard auch nicht de Gaulles deutschland- und ostpolitischen Anstößen zu folgen.

Seine Vorstellungen zur Lösung der deutschen Frage konkretisierte de Gaulle auf den zwei Pressekonferenzen vom 25. März 1959 und 4. Februar 1965. Er meinte, daß die deutsche Wiedervereinigung eines Tages doch kommen werde, unverzichtbar dafür sei aber die Anerkennung der Oder-Neiße-Grenze. Vor dem Hintergrund der Berlin-Krise formulierte de Gaulle dies in den Sätzen: „Die Wiedervereinigung der beiden Teile zu einem geeinten Deutschland, das völlig frei wäre, erscheint uns als das normale Schicksal des deutschen Volkes, vorausgesetzt, daß es seine gegenwärtigen Grenzen im Westen, Osten, Norden und Süden nicht in Frage stellt und gewillt ist, sich eines Tages in eine vertragliche Organisation ganz Europas für Zusammenarbeit, Freiheit und Frieden einzufügen. Aber bis dieses Ideal erreicht werden kann, glauben wir, daß die beiden getrennten Teile des deutschen Volkes die Bindungen und Beziehungen auf allen Gebieten vervielfachen sollten. Das Verkehrs- und Postwesen, die Wirtschaft, die Kunst, die Wissenschaften, das Kommen und Gehen der Menschen usw. könnten Gegenstand von Vereinbarungen sein, die die Deutschen einander näherbringen innerhalb und zugunsten dessen, was ich die ‚deutsche Sache' nennen würde, die im übrigen ihnen allen gemein ist, trotz der unterschiedlichen Regime und Bedingungen."[20]

Aus der Rückschau ist dies die gedankliche Vorwegnahme der „Politik der kleinen Schritte", wie sie nach dem Mauerbau in Berlin gegen den Widerstand derjenigen, die weiter auf maximale Lösungen aus waren, versucht werden sollte. Bis zur Erfüllung des „natürlichen Schicksals" der Deutschen würde es natürlich ein langer Weg sein, und er führte nach de Gaulles Auffassung über die „Europäisierung der deutschen Frage". Bonn dagegen setzte seine Hoffnungen zur Lösung der deutschen Frage noch Mitte der sechziger Jahre auf die fortbestehenden Vier-Mächte-Verantwortlichkeiten. Die sich aus ihnen ergebenden Verpflichtungen könnten keineswegs dem Einverständnis der europäischen Nachbarländer untergeordnet werden.

De Gaulle ließ sich von der deutschen Immobilität nicht beirren. In seiner Neujahrsansprache am 31. Dezember 1963 reihte er „Pankow" gleichrangig unter die Hauptstädte der osteuropäischen Länder ein[21], was leicht als Warnung gegenüber der deutschland-

[19] Alfred Grosser, France and Germany: Divergent Outlooks, in: Foreign Affairs Nr. 1 (1965), S. 26–36; F. Roy Willis, France, Germany, and the New Europe 1945–1967, Stanford/London ²1968, S. 312–365; Klaus Hildebrand, Der provisorische Staat und das ewige Frankreich. Die deutsch-französischen Beziehungen 1963–1969, in: HZ, Bd. 240 (1985), S. 283–311.

[20] Pressekonferenz vom 25. 3. 1959, in: de Gaulle, Discours et messages, Bd. 3: 1958–1962, S. 84 f.

[21] De Gaulle, Discours et messages, Bd. 4: 1962–1965, Paris 1970, S. 155.

und ostpolitischen Unbeweglichkeit der Regierung Erhard einzustufen war[22]. Am 4. Februar 1965, in der aktiven Phase seiner ostpolitischen Öffnung, erklärte de Gaulle die deutsche Frage zum europäischen Problem „par excellence“[23]. Deutschland, so de Gaulle, verspüre eine Angst, manchmal eine Wut, hervorgerufen durch die Unsicherheit hinsichtlich seiner Grenzen, seiner Einheit, seiner Regierungsform, was dem Kontinent um so beunruhigender erscheinen müsse, je länger das deutsche Schicksal unbestimmt bleibe. Für Frankreich gelte es, aus Deutschland künftig ein sicheres Element des Fortschritts und Friedens zu machen und ihm bei seiner Wiedervereinigung zu helfen. Der Gegensatz zwischen Ost und West könne jedoch die politische und territoriale Teilung Deutschlands nur vertiefen. Die Sowjetunion und die USA seien mit ihrem Vorhaben gescheitert, die deutsche Einheit zu realisieren. Zwar könne diese Situation noch lange so andauern, ohne daß es zu einem allgemeinen Konflikt komme, doch sei es klar, daß ein wirklicher Friede, „à fortiori fruchtbare Beziehungen zwischen Ost und West“ solange nicht hergestellt werden können, wie die „deutschen Anomalien“ fortbestünden. Die europäischen Völker sollten die Lösung des deutschen Problems, das essentiell das ihres eigenen Kontinents sei, gemeinsam prüfen und einer einvernehmlichen Lösung zuführen: „Gewiß, das Gelingen eines so umfassenden und auch schwierigen Unternehmens beruht auf vielen Bedingungen. Es muß sich Rußland in einer Weise entwickeln, daß es seine Zukunft nicht mehr im totalitären Zwang erblickt, den es sich und anderen auferlegt, sondern in dem von den Menschen und den freien Völkern gemeinsam erreichten Fortschritt. Es müssen die Nationen, die es zu seinen Satelliten gemacht hat, ihre Rolle in einem erneuerten Europa spielen können. Es muß anerkannt werden, vor allem von Deutschland, daß die Regelung, deren Gegenstand es sein könnte, notwendigerweise auch diejenige seiner Grenzen und seiner Bewaffnung im Einvernehmen mit allen seinen Nachbarn, denen im Osten und denen im Westen, einschlösse (...).“[24]

Dies war das Panorama einer europäischen Entspannungspolitik, die die Überwindung des Status quo zu ihrem Ziel erhoben hatte. Das Denken in großen Zeiträumen, so de Gaulle, entspräche nur dem tatsächlichen Umfang des deutschen Problems. Die Frage, was letztlich den Kern des Interesses ausmachte, das der französische Staatspräsident offensichtlich einer langfristigen deutschen Wiedervereinigung entgegenbrachte bzw. wie wörtlich sein diesbezügliches Bekenntnis zu nehmen war, läßt sich kaum mit Bestimmtheit beantworten. Ihm konnte das Dilemma nicht verborgen geblieben sein, daß die deutsche Teilung zwar gleichzeitig die Teilung Europas bedeutete, die Wiedervereinigung Deutschlands aber – selbst eingebettet in ein gesamteuropäisches System und unter Auflagen – die Führungsrolle Frankreichs in Europa nachdrücklich in Frage stellen würde. Es liegt daher nahe, hinter de Gaulles Postulat einer langfristig anzustrebenden Wiedervereinigung auch taktische Motive zu vermuten[25]. Nur indem er sich dieses Hauptanliegen deutscher Politik zu eigen machte, konnte er auf eine möglichst enge deutsch-französische Kooperation hoffen und die Bundesrepublik an Frankreich zu binden versuchen. Eine offene oder implizite Anerkennung der DDR dagegen hätte ihn in Bonn um jede Sympathie gebracht und die ohnehin geringe Chance zunichte gemacht, die Bindung der Bundesrepublik an die USA zu lockern.

[22] Alfred Grosser, Geschichte Deutschlands seit 1945. Eine Bilanz, München ^{6}1978, S. 448.
[23] Pressekonferenz vom 4. 2. 1965, in: de Gaulle, Discours et messages, Bd. 4: 1962–1965, S. 338–342.
[24] Ebenda, S. 341.
[25] Alfred Grosser, Le Général et l'unité allemande, in: Le Monde vom 19. 7. 1966; Pierre Hassner, Entspannungspolitik à la française, in: Moderne Welt H. 3 (1967), S. 242–257.

De Gaulle ging nach seinen Worten davon aus, daß die deutsche Teilung zwar noch lange anhalten, aber letztlich nicht endgültig sein würde. Mit ihrem nationalen Problem wollte er aber die Deutschen nicht sich selbst überlassen, zumal er wohl nicht zu unrecht annahm, daß die USA jedes Interesse an der Frage der deutschen Einheit aufgegeben hatten. Eine Bundesrepublik, die keine Unterstützung mehr bei ihren westlichen Partnern erfuhr, mochte langfristig nach anderen, gefährlicheren Wegen suchen, um ihr Grundproblem einer Lösung näherzubringen. Für Frankreich konnte es nur von Vorteil sein, sich an die Spitze der Entwicklung zu setzen und sie so unter Kontrolle zu halten. Einzig in der Rolle des Fürsprechers der deutschen Einheit war de Gaulle in der Lage, Bedingungen zu stellen, nur so konnte der deutsche Wiedervereinigungswunsch für die eigene französische Politik instrumentalisiert werden[26]. Wäre die Bundesregierung de Gaulles Vorstellungen gefolgt, so hätte Frankreich eine ideale diplomatische Position erreicht, nämlich diejenige eines Mittlers zwischen der Bundesrepublik und der Sowjetunion, und Paris hätte die Lockerung der deutsch-amerikanischen Beziehungen, den deutschen Atomwaffenverzicht sowie die Anerkennung der Oder-Neiße-Grenze erreicht. Auf dieser Linie lag, daß nach de Gaulles Äußerungen auf der Pressekonferenz vom 4. Februar 1965 die USA völlig aus dieser europäischen Angelegenheit herauszuhalten waren. Die ungünstigste Position Frankreichs aber wäre diejenige des Zuschauers eines unmittelbaren deutsch-sowjetischen Einvernehmens gewesen. Der spätere Außenminister Maurice Schumann warnte in einer Rede vom Februar 1966, daß dieser direkte bilaterale Weg den einstigen Hoffnungen Chruschtschows entspreche, der an demselben Tag, an dem Erhard sein Amt als Bundeskanzler antrat, prophezeit hatte, daß „Erhards Nachfolger nach Rapallo kommen" werde[27].

Die mögliche Einlösung des Bekenntnisses zur Wiedervereinigung lag in so weiter Ferne, daß de Gaulle kaum fürchten mußte, beim Wort genommen zu werden. Hassner kam in seiner kritischen Analyse der Politik von de Gaulle zu dem Schluß, es liege „nicht wirklich in Frankreichs Interesse, daß seine politischen Bestrebungen Resultate zeigen"[28]. In demselben Sinne resümierte auch André Fontaine, de Gaulle spiele in der Frage der deutschen Wiedervereinigung ein Spiel, „von dem er es vorziehen würde, es nicht bis zum Ende spielen zu müssen"[29]. Mit Sicherheit lag für den General die Möglichkeit der deutschen Einheit jenseits der überschaubaren Zukunft. Keines der osteuropäischen Länder, das war ihm klar, würde die Wiedervereinigung unter Bedingungen hinnehmen, die auch nur von ferne der gegebenen Situation in Europa ähnelten. Und für Frankreich wäre jegliche Form der Wiedervereinigung nur akzeptabel gewesen, wenn sie die Zustimmung auch der östlichen Nachbarn Deutschlands erhalten hätte[30]. Gegenüber dem sowjetischen Ministerpräsidenten Kossygin räumte de Gaulle im Dezember 1966 offen ein, er sei in Sachen Wiedervereinigung „weder besonders enthusiastisch noch

[26] Roger Quercy, Deutsche Ostpolitik aus französischer Sicht, in: Dokumente H. 2 (1967), S. 95–98; Weisenfeld, Welches Deutschland soll es sein?, S. 101 ff.

[27] Maurice Schumann, Frankreich und die Wiedervereinigung Deutschlands, in: EA vom 25. 4. 1966, S. 291.

[28] Hassner, Entspannungspolitik à la française, S. 256.

[29] André Fontaine, Le Général de Gaulle et sa Russie, Teil 3: Les dés ne sont pas jetés, in: Le Monde vom 19. 11. 1965.

[30] De Gaulles Äußerungen gegenüber Sulzberger vom 21. 12. 1964, in: Cyrus L. Sulzberger, An Age of Mediocrity. Memoirs and Diaries 1963–1972, New York 1973, S. 146 f. u. S. 188.

besonders unter Zeitdruck"[31]. Wahr ist aber auch, daß de Gaulle, wie Henri Ménudier zugespitzt meinte, der einzige Politiker in Frankreich gewesen ist, der „sich wirklich mit der deutschen Frage beschäftigte"[32]. In jedem Fall war er der einzige, der von sich aus Anstöße zur Regelung der deutschen Frage gab und ein übergreifendes Konzept anbot, in dem diese realisiert werden sollte. De Gaulle handelte im Gegensatz zu seinen Nachfolgern in einer Periode, die den Gedanken an eine mittelfristige Überwindung des Status quo der Teilung noch zuzulassen schien. Nach de Gaulles Rücktritt wurde das Bemühen um die Herstellung eines dauerhaften Modus vivendi von einer neuen deutschen Bundesregierung übernommen. Niemand erwartete mehr richtungweisende deutschlandpolitische Initiativen von seiten der Westmächte.

2. Die Ostpolitik

Als Chef der provisorischen französischen Regierung hatte de Gaulle am Ende des Zweiten Weltkrieges eine dauerhafte Allianz mit der Sowjetunion gesucht. Der Beistandspakt, den er am 10. Dezember 1944 bei seinem Besuch in Moskau schloß, war ausdrücklich gegen das Wiederaufleben einer deutschen Gefahr gerichtet und zielte im Kern darauf ab, Frankreich die sowjetische Unterstützung für seine Forderungen gegenüber Nachkriegsdeutschland zu sichern[33]. Für de Gaulle besaßen Frankreich und die Sowjetunion auch in der Zukunft gemeinsame Interessen. Die Wiederbelebung der bewährten „belle et bonne alliance" mit der Sowjetunion, die Ende des 19. Jahrhunderts das russisch-französische Verhältnis bestimmt hatte, schien dem dauernden Imperativ von Geschichte und Geographie zu entsprechen[34]. Auch Entstehung und Entwicklung des Kalten Krieges hatten diesen Gedanken nicht völlig ausgeräumt. Für de Gaulle behielt die französisch-sowjetische Kooperation ihre grundsätzliche historische Dimension. In Moskau erklärte er 1966, „kein fundamentaler Streit" hätte die beiden Länder „jemals entzweit"[35].

Seine Anwesenheit qualifizierte er als einen Besuch, den „das ewige Frankreich dem ewigen Rußland" abstattet[36]. Die Ausbalancierung des weltweiten amerikanischen Übergewichts und die langfristige, den französischen Sicherheitsinteressen entsprechende Regelung des Deutschlandproblems gehörten auch zwanzig Jahre nach Kriegsende zu den Grundmotiven der diplomatischen Öffnung gegenüber der Sowjetunion. Selbst 1969 machte de Gaulle kaum ein Hehl daraus, daß es für Frankreich ein Gesetz der geschicht-

[31] Zit. in: Paul-Jean Franceschini, L'„Europe européenne" doit se bâtir autour de l'axe Paris-Bonn, in: Le Monde diplomatique Nr. 166 (1968), S. 3f.

[32] Henri Ménudier, Die deutsche Nation ist verspielt, in: Guido Knopp (Hrsg.), Nation Deutschland?, Paderborn 1984, S. 26.

[33] Walter Lipgens, Bedingungen und Etappen der Außenpolitik de Gaulles 1944–1946, in: VfZ 21 (1973), S. 84–89; Jean Laloy, A Moscou: entre Staline et de Gaulle, in: Revue des études slaves Nr. 1–2 (1982), S. 137–152; ders., La belle et bonne alliance, in: Le Monde vom 9./10. 12. 1984.

[34] Charles de Gaulle, Mémoires de guerre. Bd. 3: Le salut (1944–1946), Paris 1959, S. 54; Jean-Raymond Guiton, Paris-Moskau. Die Sowjetunion in der auswärtigen Politik Frankreichs seit dem Zweiten Weltkrieg, Stuttgart 1956; Maxime Mourin, Les relations franco-soviétiques (1917–1967), Paris 1967; Thomas Schreiber, Les relations de la France avec les pays de l'Est (1944–1980), Paris 1980.

[35] Rede im Kreml am 20. 6. 1966, in: de Gaulle, Discours et messages, Bd. 5: 1966–1969, S. 43.

[36] Fernsehansprache aus Moskau vom 30. 6. 1966, in: Ebenda, S. 57.

lichen Logik sei, möglichst gute Beziehungen zur Sowjetunion als „Gegengewicht" zu Deutschland zu unterhalten[37].

Bei der von General de Gaulle ab 1958 gegenüber der Sowjetunion und den anderen osteuropäischen Staaten verfolgten Politik lassen sich zwei Phasen unterscheiden: Die in erster Linie an der Sicherung des Status quo orientierte Politik des ersten Jahrfünfts kontrastiert mit der Dynamik der ab 1963/64 betriebenen Ostpolitik. Im ersten Zeitabschnitt lag die französische Politik zuweilen deutlich und demonstrativ auf einer Linie mit der Politik der westlichen Verbündeten. Dies galt für die entschiedene Abwehr des sowjetischen Berlin-Ultimatums wie für die unzweideutige Solidarität mit den USA in der Kuba-Krise. Allerdings fehlte es auch in dieser Periode nicht an Versuchen de Gaulles, mit der sowjetischen Seite ins Gespräch zu kommen[38].

Die Zeit für die Entfaltung einer aktiven Politik gegenüber dem Osten kam erst, als eine veränderte internationale Konstellation sowie auch die interne französische Konsolidierung auf politischem und wirtschaftlichem Gebiet die dafür notwendigen Voraussetzungen geschaffen hatten. De Gaulles Außenminister Maurice Couve de Murville selbst bezeichnete das Jahr 1963 als das „Wartejahr" vor der ostpolitischen Öffnung[39]. Nach dem Bau der Mauer von Berlin (August 1961), der auch aus französischer Perspektive Höhepunkt und Ende eines akuten Ost-West-Konflikts markierte, und der Beendigung des Algerienkrieges (März 1962) hatte sich die Gesamtlage aus Pariser Sicht entscheidend verändert[40]. In dem sich anbahnenden internationalen Entspannungsprozeß war, so de Gaulle, eine Verfestigung der bipolaren Struktur zu verhindern; Frankreich mußte durch eigene Initiativen das sich abzeichnende Gesprächsmonopol der beiden Supermächte zu brechen suchen. Hinzu kam, daß der französisch-amerikanische Dissens in der Sicherheitspolitik ab 1963 schärfere Konturen annahm. Für de Gaulle war mit der Umstellung der NATO-Doktrin vom Grundsatz der „massive retaliation" auf denjenigen der „flexible response" die amerikanische Schutzgarantie für Westeuropa noch fragwürdiger geworden. Die geschlossene Frontstellung des Westens im Zeichen des Kalten Krieges hatte sich so aus der Sicht de Gaulles überholt. Für ihn hatte die sowjetische Politik ihren aggressiven Charakter gegenüber Westeuropa verloren, zumal sich Moskau immer mehr Asien und insbesondere der Chinafrage zuwende[41].

De Gaulle wählte für seine diplomatische Offensive gegenüber Osteuropa einen rein bilateralen Weg. Da die politische Kooperation im westeuropäischen Rahmen gescheitert war und der deutsch-französische Vertrag nicht das hielt, was er sich von ihm versprochen hatte, blieb dem französischen Präsidenten praktisch auch keine andere Alternative. Die angestrebte Politik der „détente, entente et coopération" mit dem Osten schlug sich ab 1964 in einem regen gegenseitigen Besuch von Ministern und Regierungsbeamten nie-

[37] De Gaulle im Gespräch vom 14. 12. 1969 mit Cyrus L. Sulzberger, De Gaulle Foresaw Amity With the US, in: NYT vom 11. 11. 1970.

[38] Jürgen Schwarz, Grundzüge der Ostpolitik de Gaulles insbesondere in den Jahren 1958–1963, in: Rudolf Morsey/Konrad Repgen (Hrsg.), Adenauer-Studien III, Untersuchungen und Dokumente zur Ostpolitik und Biographie, Mainz 1974, S. 92–115; De Gaulle, Le renouveau (1958–1962), S. 237–246.

[39] Couve de Murville, Une politique étrangère, S. 195; zur „détente": S. 191–233.

[40] De Gaulle, Le renouveau (1958–1962).

[41] Pressekonferenz vom 21. 2. 1966, in: de Gaulle, Discours et messages, Bd. 5: 1966–1969, S. 18; sowie: de Gaulle, Le renouveau (1958–1962), S. 212 ff.

der[42]. Als „umrätselt"[43] erschien der Bundesregierung der Besuch Außenminister Gromykos in Paris im April 1965, dem noch im Herbst die Visite Couve de Murvilles in Moskau folgte. Bei den kleineren osteuropäischen Staaten erhoffte sich de Gaulle insbesondere von dem um zumindest äußere Unabhängigkeit bemühten Rumänien und dem nationalbewußten Polen eine spürbare Resonanz. Dabei blieb ihm bewußt, daß die Ermunterung von Selbstständigkeitsbestrebungen dort ihre Grenzen finden mußte, wo die Sowjetunion die Stabilität ihres Hegemonialgebietes in Frage gestellt sah. Langfristig setzte de Gaulle vielleicht weniger auf den Anstoß von außen, als vielmehr auf den – wie er am 22. November 1964 erklärte – „elementaren Druck der Menschen, die danach streben, ihre Würde wiederzuerlangen, und der Völker, die danach trachten, wieder über ihren freien nationalen Willen zu verfügen"[44].

Ihre „Weihe"[45] sollte die französische Entspannungspolitik durch den Staatsbesuch de Gaulles in der Sowjetunion vom 20. Juni bis 1. Juli 1966 erhalten. Die greifbaren politischen Ergebnisse blieben allerdings bescheiden[46]. Zwar wurden einige Abkommen über die Zusammenarbeit auf verschiedenen technischen Gebieten geschlossen, so etwa über die Einrichtung einer französisch-sowjetischen Wirtschaftskommission, die den auch nach dem Handelsabkommen von 1964 unbefriedigend gebliebenen Warenaustausch intensivieren sollte. In dem wesentlichen europäischen Problem, der deutschen Frage, konnte jedoch keine Annäherung der Standpunkte erzielt werden. De Gaulles Gesprächspartner Breschnew, Kossygin und Podgorny verlangten weiterhin die Anerkennung der deutschen Zweistaatlichkeit, was de Gaulle offen und eindeutig ablehnte: „Das ist ihre Schöpfung und somit ein künstlicher Staat, dessen Anerkennung weder von Bedeutung wäre, noch ein praktisches Interesse darstellt."[47] Übereinstimmung bestand lediglich in der Frage der Anerkennung der Oder-Neiße-Linie als endgültiger polnischer Westgrenze und in der Ablehnung jeglichen Zugangs der Bundesrepublik zu atomaren Waffen. Für einen Durchbruch in der gesamteuropäischen Politik reichte dies jedoch nicht aus[48].

Die Bundesregierung stand den Prinzipien der ostpolitischen Öffnung de Gaulles weiterhin reserviert gegenüber und verfolgte seine Reise in die Sowjetunion mit entsprechender Skepsis. Für den Staatssekretär im Auswärtigen Amt, Rolf Lahr, wurde der französische Staatspräsident in seiner Ostpolitik „von der Unruhe nach Geltung getrieben":

[42] Zu de Gaulles „neuer Ostpolitik" vgl. Walter Schütze, Die Ostpolitik Frankreichs, in: EA vom 10. 3. 1965, S. 166–174; Jacques Vernant, Eine gesamteuropäische Politik Frankreichs, in: EA vom 25. 2. 1966, S. 123–126; André Fontaine, What is French Policy?, in: Foreign Affairs Nr. 1 (1966), S. 58–76; Walter Schütze, Die Zielsetzung der französischen Europa-Politik, in: EA vom 10. 11. 1966, S. 777–785; Alfred Grosser, Franco-Soviet Relations Today, Santa-Monica 1967; Jürgen Schwarz, Rückblick auf die Europapolitik de Gaulles, in: GWU H. 9 (1970), S. 517–539; ders., Charles de Gaulle und die Sowjetunion, in: Niedhart (Hrsg.), Der Westen und die Sowjetunion, S. 263–277.

[43] Hildebrand, Der provisorische Staat und das ewige Frankreich, S. 285.

[44] Rede vom 22. 11. 1964 in Straßburg, in: de Gaulle, Discours et messages, Bd. 4: 1962–1965, S. 315.

[45] Maurice Couve de Murville, Außenpolitik 1958–1969, München 1973, S. 180.

[46] Bernard Féron, Que restera-t-il du voyage à Moscou?, in: Témoignage Chrétien vom 7. 7. 1966; André Fontaine, Le Général et sa Russie, in: Le Monde vom 17., 18. und 19. 11. 1965; Paul-Marie de La Gorce, Die Reise-Diplomatie General de Gaulles, in: EA vom 25. 10. 1966, S. 717–727; Jacques Vernant, Zum Besuch de Gaulles in der Sowjetunion, in: EA vom 25. 8. 1966, S. 573–576.

[47] Zit. nach André Fontaine, Les entretiens franco-soviétiques à Moscou, in: Le Monde vom 23. 6. 1966.

[48] Abschlußkommuniqué in: EA vom 10. 8. 1966, D 389–392.

„Wir wünschen kein französisch-sowjetisches Kondominium über Europa, bei dem wir und die übrigen europäischen Länder wenig zu melden hätten, und vor allem, wir wünschen unsere (allein von den USA garantierte) Freiheit nicht aufs Spiel zu setzen."[49]

Nach den Besuchen der Ministerpräsidenten Kossygin in Paris (Dezember 1966) und Pompidou in Moskau (Juli 1967) schien die französische Ostpolitik mit dem Besuch de Gaulles in Polen im September 1967 einen weiteren Höhepunkt zu erreichen[50]. Polen fühlte sich Frankreich durch historische Bindungen und gemeinsame unselige Erfahrungen mit dem deutschen Nachbarn besonders eng verbunden. Die Betonung einer geschichtlichen Affinität zwischen den beiden Völkern gehörte seit langem zum Refrain der französisch-polnischen Beziehungen und wurde natürlich auch von de Gaulle nicht vergessen[51]. Indem de Gaulle in seinen Reden das polnische Nationalgefühl ansprach, und zu einer „offenen, großen Politik" jenseits der „bisherigen Verpflichtungen" aufrief[52], warb er nur mäßig verhüllt für eine größere Unabhängigkeit der polnischen Politik gegenüber der Sowjetunion und für seine Vision eines geeinten Europa. Keinen Zweifel ließ der General wiederum an der Endgültigkeit der polnischen Grenzen. Vor dem Sejm erklärte er am 11. September 1967: „Ich sehe Sie im Besitz eines abgerundeten Territoriums, ohne fremde Elemente, mit sehr wohl gerechtfertigten und festen Grenzen, zu denen im übrigen Frankreich schon immer, seit 1944, sein volles Einverständnis gegeben hat."[53]

Nach der Ermutigung des Generals zu einer schrittweisen Neuorientierung der polnischen Politik mußten die unmittelbar anschließenden Ausführungen des Ersten Sekretärs des ZK der Vereinigten Polnischen Arbeiterpartei, Wladyslaw Gomulka, als deutliche Ernüchterung empfunden werden. Polen hatte aus seinen historischen Erfahrungen den Schluß gezogen, so Gomulka, daß die Freundschaft und das Bündnis mit der Sowjetunion[54] unverzichtbar seien. Polen sei zwar bereit, so Gomulka weiter, „auch mit dem anderen deutschen Staat, der Bundesrepublik Deutschland, normale Beziehungen herzustellen", doch nur unter der Voraussetzung, daß diese in ihrer Politik „von neuen, realistischen Voraussetzungen" ausginge[55].

Die erneute Anerkennung der Oder-Neiße-Grenze durch den französischen Staatspräsidenten verfehlte in der Bundesrepublik ihre Wirkung nicht. Besonders de Gaulles Deklamation im ehemaligen deutschen Hindenburg (Zabrze), dies sei die „schlesischste aller schlesischen Städte und daher die polnischste unter den polnischen", rief Protest hervor[56]. Der stellvertretende Regierungssprecher Conrad Ahlers reagierte darauf, indem

[49] Rolf Lahr, Zeuge von Fall und Aufstieg. Private Briefe 1934–1974, Hamburg 1981, S. 445 (datiert vom 6. 7. 1966).

[50] Gérard Boud'hors, Le voyage du général de Gaulle en Pologne, 6 au 12 septembre 1967, in: Espoir Nr. 14 (1976), S. 34–45.

[51] André Fontaine, La France et la Pologne, in: Le Monde vom 5. und 6. 9. 1967; Jadwiga Castagné, Les relations franco-polonaises (1945–1972). Notes et études documentaires, hrsg. von der Documentation française, Paris, 25. 9. 1972, Nr. 3922.

[52] Zit. nach FAZ vom 12. 9. 1967: Gomulka weist de Gaulles Europa-Werbung zurück.

[53] De Gaulle, Discours et messages, Bd. 5: 1966–1969, S. 212.

[54] Rede Gomulkas vom 11. 9. 1967, in: Dokumente zur Deutschlandpolitik, V. Reihe, Bd. 1/2, S. 1645–1648.

[55] Ebenda, S. 1648; vgl. Jean Lacouture, Ces Polonais qui se méfient, in: Le Nouvel Observateur vom 11. 9. 1967; ders., Les batailles du crépuscule, in: Ebenda vom 20. 9. 1967.

[56] Zit. nach FAZ vom 11. 9. 1967: Massenaufgebot für de Gaulle; SZ vom 22. 9. 1967: Couve will sich mit Brandt treffen; François Seydoux, Dans l'intimité franco-allemande, Paris 1977, S. 98 ff.

er die Passage der Regierungserklärung bekräftigte, wonach „die Grenzen eines wiedervereinigten Deutschlands (...) nur in einer frei vereinbarten Regelung mit einer gesamtdeutschen Regierung festgelegt werden" könnten. Im übrigen zog man sich lieber auf die allgemeine Erklärung zurück, daß sich de Gaulle in Polen „eindeutig für die deutschen Interessen eingesetzt" habe, „für die Sache der deutschen Ostpolitik und der Wiedervereinigung"[57].

Das Jahr 1968 brachte für die Ostpolitik gaullistischer Fassung den entscheidenden Einbruch. Zur selben Zeit, im Mai 1968, da de Gaulle in Rumänien seinen dritten Staatsbesuch in einem Ostblockland absolvierte, brachte in Frankreich die Studenten- und Arbeiterrevolte das gesellschaftliche System ins Wanken. Einer ambitionierten Außenpolitik war damit der Boden entzogen; die Politik der „grandeur" wurde vom innenpolitischen Primat eingeholt. Auch die Hoffnungen de Gaulles auf ein Tauwetter in den Ost-West-Beziehungen erhielten wenig später durch den Einmarsch der Armeen der Warschauer-Pakt-Staaten in die Tschechoslowakei am 21. August 1968 einen entscheidenden Schlag. Es zeigte sich, daß die Sowjetunion der Aufrechterhaltung ihres Herrschaftssystems die oberste Priorität einräumte. Die Emanzipation der Staaten Osteuropas, entscheidende Grundlage für ein „Europa vom Atlantik bis zum Ural", scheiterte an der Furcht der Sowjetunion vor einer Destabilisierung ihres Machtbereiches. Auch wenn seine Politik konterkariert war, blieb de Gaulles öffentliche Mißbilligung des Einmarsches überraschend moderat. Er führte die sowjetische Invasion auf die seit Jalta bestehende Teilung Europas zurück und erklärte, Europa erwarte vom russischen Volk „andere und sehr viel bessere Dinge, als zu sehen, wie es sich einschließt und seine Satelliten innerhalb der Mauern eines erdrückenden Totalitarismus ankettet"[58].

Grenzen und Schwächen des Détente-Konzeptes de Gaulles liegen offen zutage: De Gaulle überschätzte ganz offensichtlich Willen und Fähigkeit der Regierungen der osteuropäischen Staaten, auf mittlere Sicht zu einer Politik größerer Unabhängigkeit zu kommen. Sein „analytischer Irrtum", so Michel Tatu, bestand darin, zu einem Zeitpunkt auf Auflockerungstendenzen innerhalb des östlichen Staatensystems zu setzen, als in der Sowjetunion einer solchen, sich anbahnenden Entwicklung mit dem Sturz Chruschtschows (14. 10. 1964) gerade ein Ende gesetzt wurde[59]. In einem gewissen Kontrast zu de Gaulles verbaler Ermunterung zu mehr Selbständigkeit in den osteuropäischen Ländern stand die tatsächlich nachgeordnete Behandlung dieser Staaten; Moskau war und blieb der privilegierte Gesprächspartner. Eine andere Vorgehensweise war wohl auch nicht ratsam, da Moskau die Bevorzugung der osteuropäischen Staaten als direkten Destabilisierungsversuch empfunden und ein Eingehen auf die französische Politik sofort unterbunden hätte. Oder anders formuliert: In der Herausforderung des Nationalbewußtseins der osteuropäischen Staaten ist de Gaulle zu weit gegangen, als daß sich die Sowjetunion wirklich auf sein Konzept hätte einlassen können[60]. Außerdem verminderte die Nicht-Anerkennung der DDR – aus Rücksicht auf Bonn, aber auch aus Motiven der

[57] Conrad Ahlers auf einer Pressekonferenz am 11. 9. 1967, in: Dokumente zur Deutschlandpolitik, V. Reihe, Bd. 1/2, S. 1631 und S. 1637.

[58] Pressekonferenz de Gaulles vom 9. 9. 1968, in: de Gaulle, Discours et messages, Bd. 5: 1966–1969, S. 334; vgl. André Fontaine, Fin d'une détente, in: Le Monde vom 24. 8. 1968; Raymond Aron, Yalta ou le mythe du péché originel, in: Le Figaro vom 28. 8. 1968.

[59] Michel Tatu, Le triangle Washington-Moscou-Pékin et les deux Europe(s), Paris 1972, S. 108 ff.

[60] Pierre Hassner, Frankreich, in: Eberhard Schulz (Hrsg.), Die Ostbeziehungen der Europäischen Gemeinschaft, München/Wien 1977, S. 171–188.

gaullistischen Doktrin von der Nation – die Anziehungskraft der Pariser Détente-Politik in den kleineren osteuropäischen Staaten. Die Wiedervereinigung Deutschlands war – auch auf lange Sicht – selbst für Frankreich problematisch; für Polen und die Tschechoslowakei mußte sie unannehmbar bleiben – nicht nur aus Gründen der Blockstrategie, sondern auch aus nationalen Erwägungen heraus. Schließlich hatte Frankreich auch kaum Leistungen anzubieten, die die Sowjetunion zu Konzessionen hätten verleiten können. Mit dem Ausscheiden aus der Militärintegration der NATO hatte de Gaulle 1966 seinen Haupttrumpf ausgespielt. Die USA blieben für die Sowjetunion auf globalem Niveau der entscheidende Partner und Gegenspieler, und jede Regelung des deutschen Problems erforderte in der Praxis die direkte Beteiligung der Bundesrepublik. Das politische und wirtschaftliche Gewicht Frankreichs erwies sich so als nicht ausreichend, um einen Prozeß der politischen Neuordnung in Europa in Gang zu setzen. De Gaulle konnte nicht als Sprecher Europas auftreten, nicht einmal als Sprecher einer gemeinsamen deutsch-französischen Politik. Ohne organischen Zusammenhang mit der Politik anderer westlicher Länder mußten seine Initiativen isoliert erscheinen und verpuffen.

Die Geschichte der französisch-sowjetischen Beziehungen in den sechziger Jahren zeigt, daß keines der beiden Länder den Kontakt zum anderen Land um seiner selbst willen gesucht hat[61]. De Gaulle hatte seine ostpolitischen Aktivitäten nicht entfaltet, um gute bilaterale Beziehungen herzustellen oder um neue wirtschaftliche Märkte zu erschließen, sondern um sich auf diese „entente" im Rahmen einer ausgreifenden Strategie stützen zu können. Als ungebundener Mittler zwischen Ost und West, als anerkannter Gesprächspartner auch der Länder der Dritten Welt konnte Frankreich seine machtpolitische Zweitrangigkeit diplomatisch kompensieren. Auch die Sowjetunion verfolgte weitergehende Ziele mit der zeitweiligen Pflege „privilegierter Beziehungen" zu Frankreich. Im Rahmen ihrer Politik der Schwächung der Kohäsion der NATO und der Europäischen Gemeinschaft hatte sie ein natürliches Interesse an der Akzentuierung der französischen Unabhängigkeitspolitik. Die bevorzugte Kooperation mit Frankreich mußte zudem die enge deutsch-französische Verständigung, die nach dem Elysée-Vertrag von 1963 verstärkt zur Zielscheibe sowjetischer Kritik geworden war[62], einer Belastung aussetzen. Zwar konnte die Sowjetunion kaum hoffen, Paris werde Bonn zur Anerkennung der DDR bringen. Sowjetische und französische Interessen deckten sich jedoch in der Frage der Anerkennung der Oder-Neiße-Grenze wie in der Verhinderung des deutschen Zugangs zu Atomwaffen. Die bilateralen französisch-sowjetischen Beziehungen waren so Bestandteil einer Dreiecksbeziehung mit der Bundesrepublik, der NATO und den USA als indirektem dritten Partner[63]. Gegen Ende der sechziger Jahre verringerte sich jedoch die Bedeutung dieser instrumentellen Komponente in den französisch-sowjetischen Beziehungen. Unter Georges Pompidou kehrte Frankreich in vielerlei Hinsicht wieder in den europäischen und atlantischen Rahmen zurück; die Bundesrepublik wie die USA hatten direkte Verhandlungen mit der Sowjetunion aufgenommen; die Einberufung einer europäischen Sicherheitskonferenz stand bevor. Als Konsequenz dieser Veränderungen sollte das französisch-sowjetische Verhältnis wieder eine stärker bilaterale

[61] Robert Legvold, France and Soviet Policy, in: Herbert J. Ellison (Hrsg.), Soviet Policy toward Western Europe, Seattle/London 1983, S. 61–90; Grosser, Franco-Soviet Relations Today, S. 55 f.

[62] Dokumente zur Deutschlandpolitik, IV. Reihe, Bd. 9/1, S. 86–92 bzw. S. 347–352.

[63] André Fontaine, L'autre triangle. Paris-Bonn-Moscou, in: Le Monde vom 11. 9. 1971; Pierre Hassner, Moscow and the Western Alliance, in: Problems of Communism, Mai/Juni 1981, S. 37–54.

Orientierung bekommen, ohne allerdings sein spezifisches, über sich selbst hinausweisendes Moment ganz zu verlieren.

Wesentlich für das Selbstverständnis der französischen Détente-Politik der sechziger Jahre war das Bewußtsein, diese nicht nur als erstes europäisches Land, sondern auch früher noch als die USA praktiziert zu haben; im Jahre 1966 – so die Überzeugung Couve de Murvilles – „machte sich die Atlantische Allianz nach einigen Jahren die französische Politik zu eigen“[64]. Ohne Zweifel kann Frankreich zumindest für die Phase zwischen dem Tod Kennedys im November 1963 und der „Bridge-Building“-Rede Johnsons vom 7. Oktober 1966[65] mit den anschließenden amerikanisch-sowjetischen Rüstungskontrollbemühungen als aktivster Protagonist der Entspannung in der internationalen Politik gelten. De Gaulle führte in dieser Zeit vor, daß die Gegnerschaft zum Ostblock den Dialog nicht ausschloß. Das förderte nicht zuletzt in Bonn die Einsicht, daß erst eine gesamteuropäische Normalisierung die Bedingungen für Fortschritte in der deutschen Frage schaffen würde. Als erster Staatsmann des Westens, so Peter Bender, durchbrach er das Ost-West-Schema und „dachte die Welt wieder von Europa aus“[66].

[64] Couve de Murville, Une politique étrangère, S. 227.
[65] Vgl. Dokumente zur Deutschlandpolitik, IV. Reihe, Bd. 12/2, S. 1478–1482.
[66] Peter Bender, Neue Ostpolitik. Vom Mauerbau bis zum Moskauer Vertrag, München 1986, S. 84.

II. Frankreich und die Bundesrepublik am Ende der sechziger Jahre

1. Die Ostpolitik de Gaulles in ihrem Verhältnis zur neuen deutschen Ostpolitik

Die Bedeutung, die die Détente-Politik de Gaulles für den Neuansatz in der deutschen Ostpolitik besaß, läßt sich naturgemäß nur mit einiger Schwierigkeit ermessen. Zu unterschiedlich waren in den sechziger Jahren die historischen, politischen und strategischen Grundbedingungen Frankreichs und der Bundesrepublik, als daß eine „neue deutsche Ostpolitik" der französischen einfach hätte nachgebildet werden können[1]. Frankreichs Ostpolitik war konzipiert als Politik einer europäischen Großmacht, die mit ihrer Öffnung gegenüber der Sowjetunion eine Vergrößerung ihres eigenen diplomatischen Spielraums anstrebte. Es hatte dabei kein spezifisches nationales Problem zu lösen, sondern erhoffte sich von einer Verbesserung des europäischen Klimas eine den Interessen der Politik der „nationalen Unabhängigkeit" förderliche allgemeine Auflockerung der nach dem Kriege entstandenen Block-Strukturen. Schließlich ging die Politik „privilegierter Beziehungen" zur Sowjetunion von der Überzeugung aus, mit der östlichen Flügelmacht Europas auch gemeinsame Interessen im Hinblick auf die langfristige Entwicklung Mitteleuropas zu besitzen. Das Ansehen und das spezifische Selbstverständnis Frankreichs wie auch die politische Statur de Gaulles waren für eine solche an Visionen orientierte Politik wesentliche Voraussetzungen.

Bonns Ostpolitik dagegen stand vor anderen Problemen. Sie hatte die schwierige Aufgabe zu lösen, den Status quo Nachkriegs-Europas vertraglich anzuerkennen und das Verhältnis zu den östlichen Nachbarländern auf eine Grundlage zu stellen, die die Herstellung gutnachbarlicher Beziehungen erlaubte. Ferner sollten die Voraussetzungen für die Verbesserung der deutsch-deutschen Beziehungen, gerade auch im Bereich der menschlichen Erleichterungen, geschaffen werden, und zudem war die Lage West-Berlins zu stabilisieren. Während Frankreichs Politik in Osteuropa von vornherein auf ein gewisses Maß an Zustimmung rechnen konnte, hatte Bonn zunächst eine Barriere des Mißtrauens zu überwinden.

Die mit dem Regierungsantritt der Großen Koalition im Dezember 1966 eingeleitete Modifizierung der Ost- und Deutschlandpolitik verringerte den Abstand zwischen Bonn und den sich immer deutlicher auf eine Verständigung mit dem Osten zubewegenden westlichen Alliierten[2]. Einer zunehmenden Isolierung innerhalb des westlichen Bündnis-

[1] Eberhard Schulz, Deutsche und französische Ostpolitik: Zehn Thesen, in: Klaus Manfrass (Hrsg.), Paris – Bonn. Eine dauerhafte Bindung schwieriger Partner, Sigmaringen 1984, S. 266–269.

[2] Zur Ostpolitik der Großen Koalition vgl. William E. Griffith, Die Ostpolitik der Bundesrepublik Deutschland, Stuttgart 1981, S. 181–231; Helga Haftendorn, Sicherheit und Entspannung. Zur Außenpolitik der Bundesrepublik Deutschland 1955–1982, Baden-Baden 1983, S. 294 ff.; Bender, Neue Ostpolitik, S. 135–151.

ses vorzubeugen, das die alten deutschlandpolitischen Positionen – wenn überhaupt – nur noch verbal stützte, war eines der wichtigsten Motive der Bonner Neuorientierung gewesen. Das Angebot zum Austausch von Gewaltverzichtserklärungen mit allen osteuropäischen Staaten unter qualifizierter Bezugnahme auf die bestehenden Grenzen, die Einbeziehung der DDR in den Dialog, ohne diese als Staat anzuerkennen, sowie das Bemühen um offizielle diplomatische Beziehungen mit den Staaten Osteuropas bildeten das Instrumentarium des neuen Ansatzes. Bundeskanzler Kurt-Georg Kiesinger und der SPD-Vorsitzende Willy Brandt, der das Außenministerium übernahm, wollten trotz mancher innerparteilichen Widerstände eine generelle Neuordnung der Beziehungen zum Osten in Gang bringen[3]. Im Rahmen der deutsch-französischen Zusammenarbeit, dem zweiten außenpolitischen Schwerpunkt der neuen Regierung, sollte die Verbesserung der „Ost-West-Beziehungen eine besonders wichtige Rolle spielen“[4].

Die Neuorientierung Bonns in der Ost- und Deutschlandpolitik war nicht zuletzt das Resultat mehrjährigen französischen Drängens, wie Couve de Murville bestätigte: „Die Bundesrepublik blieb über lange Zeit reserviert, wenn nicht sogar entschieden ablehnend. Eine Änderung ihrer Haltung war unverzichtbar, da Deutschland im Mittelpunkt aller Bestrebungen unter den Europäern lag. Frankreich bemühte sich über Jahre hinweg, ihm die Politik, die es verfolgte, verständlich zu machen und es dahin zu bringen, die unvermeidlichen Änderungen zu akzeptieren.“[5]

Zu diesen „unvermeidlichen Änderungen“ gehörten nach französischer Auffassung nach wie vor die Anerkennung der bestehenden Ostgrenzen und der endgültige Verzicht auf Kernwaffen, die Aufgabe der Hallstein-Doktrin und die Aufnahme von offiziellen Kontakten zu Ost-Berlin. In diese Richtung schien sich die Bundesrepublik nun zu bewegen. Die Ansprache Kiesingers zum 17. Juni 1967, in der er von einer „kritischen Größenordnung“ eines wiedervereinigten Deutschlands sprach, dessen „Zusammenwachsen“ nur im Prozeß der Überwindung des Ost-West-Konflikts in Europa zu erwarten war, machte überdies deutlich, daß die neue Bundesregierung de Gaulles Prioritätenfolge („erst Entspannung – dann Wiedervereinigung“) nun übernommen hatte[6].

„Das war der Weg, den einzuschlagen wir ihr [der Bundesrepublik] seit langem angeraten hatten“, stellte Couve de Murville zu den neuen Bonner Ansätzen fest[7]. Vor der Nationalversammlung konstatierte der französische Außenminister, daß sich die Bonner Haltung zur deutschen Frage nunmehr „mit unserer eigenen Konzeption deckt“[8]. Die Gestaltung der Ost-West-Beziehungen wurde so auch zu einem zentralen Thema der periodischen deutsch-französischen Gespräche. Eine intensivere Kooperation auf dem Gebiet der Ost- und Deutschlandpolitik wurde etwa während der Gipfeltreffen am 13./14. Januar 1967 in Paris und am 12./13. Juli 1967 in Bonn vereinbart[9]. Nicht ganz uneigennützig bot sich die französische Regierung an, diplomatische Hilfen bei den Regierungen der osteuropäischen Länder zu leisten.

[3] Regierungserklärung vom 13. 12. 1966, in: Stenogr. Berichte, 5. Wp., S. 3656 ff.
[4] Brandt am 16. 12. 1966 nach einer Unterredung mit de Gaulle in Paris am Vortag, in: Ebenda, S. 3853 ff.
[5] Couve de Murville, Une politique étrangère, S. 227 f.
[6] Rede Kiesingers vom 17. 6. 1967 vor dem Deutschen Bundestag, in: Bulletin vom 20. 6. 1967, S. 541 ff.
[7] Couve de Murville, Une politique étrangère, S. 280.
[8] Am 16. 6. 1967; J. O., A. N., 17. 6. 1967, S. 1844.
[9] SZ vom 16. 1. 1967: Frankreich und die Bundesrepublik wollen in der Ostpolitik eng zusammenarbeiten; Le Monde vom 17. 1. 1967: La coopération franco-allemande réactivée (Bulletin).

Auf deutscher Seite nahm man dieses Angebot gerne an. Bundeskanzler Kiesinger kündigte an, es solle hinsichtlich der Ostpolitik mit Paris „zu einer regelmäßigen Konsultation, zu einer Abstimmung, zu einer gegenseitigen Hilfestellung" kommen[10]. Bonns Wunsch, daß sich Frankreich gewissermaßen für die Ernsthaftigkeit der Bonner Gesprächsbemühungen verbürgen sollte, war für Frankreich auch insofern attraktiv, als Paris damit die vorteilhafte Rolle eines Mittlers im europäischen Ost-West-Verhältnis übernehmen konnte. Insbesondere gegenüber Polen konnte Frankreich als Garant gegen einen deutschen „Grenzrevisionismus" auftreten und sich zugleich für eine Mäßigung des offiziellen polnischen „Revanchismus"-Vorwurfs verwenden[11]. In Bonn wurde der Wert des französischen Einstehens für die bundesdeutsche Entspannungsbereitschaft nicht gering veranschlagt[12].

Trotz der deutsch-französischen Annäherung in Fragen der Ostpolitik kam es nicht zu einer wirklichen Gemeinsamkeit im Handeln. Nach französischem Dafürhalten ging die Bundesregierung zu zögernd und unbestimmt vor. Mitte 1967 machten Beobachter in Paris eine „diskrete Enttäuschung" aus, da man nach der Regierungserklärung „etwas mehr erwartet" hätte[13]. Die deutlichen Worte de Gaulles zur Grenzfrage während seiner Reise nach Polen wurden der „wachsenden Ungeduld" der französischen Regierung zugeschrieben[14]. Bereits in der ausführlichen Aussprache zur Deutschland- und Europapolitik zwischen de Gaulle und Außenminister Brandt am 15. Dezember 1966 in Paris hatte der französische Staatspräsident seinem Gesprächspartner zu verstehen gegeben, daß er das weitere deutsche Ausweichen vor einer Anerkennung der Oder-Neiße-Grenze nicht für sinnvoll halte. Nach dem späteren Bericht Brandts bezweifelte es de Gaulle, daß der bloße Austausch von Gewaltverzichtserklärungen „die Situation verändern" würde[15]. Bei den Konsultationen im Juli 1967 legte de Gaulle der Bundesregierung erneut nahe, sich eindeutig zur Oder-Neiße-Grenze zu äußern, weil damit das Verhältnis zu den osteuropäischen Staaten entscheidend verbessert würde[16]. Aus innenpolitischen Gründen war die Bundesregierung hierzu aber weiterhin nicht bereit. Auch die logische Schlußfolgerung Egon Bahrs, Sonderbotschafter und Berater Brandts, daß der von der Bundesregierung ausgesprochene Gewaltverzicht nichts anderes sei als die Akzeptierung des Status quo, machte sich die Bundesregierung nicht zu eigen[17].

Unstimmigkeiten über die taktische Vorgehensweise kamen hinzu. Auch wenn die französische Seite die deutschen Bemühungen um die Aufnahme offizieller Beziehungen zu den kleineren osteuropäischen Staaten begrüßte, so war für Paris doch weiterhin

[10] Pressekonferenz vom 16. 1. 1967, in: Dokumente zur Deutschlandpolitik, V. Reihe, Bd. 1/1, S. 310; Kiesingers Erklärung vom 18. 1. 1967 vor dem Bundestag, in: Stenogr. Berichte, 5. Wp., S. 3934 ff.

[11] FAZ vom 28. 1. 1967: de Gaulle rät Rapacki: Mit den Deutschen auskommen; Die Zeit vom 13. 1. 1969: Bonn sondiert im Osten.

[12] Deutlich drückte dies der SPD-Fraktionsvorsitzende Helmut Schmidt am 30. 6. 1967 vor dem SPD-Parteirat aus; Klaus Hildebrand, Von Erhard zur Großen Koalition 1963–1969, Stuttgart/Wiesbaden 1984, S. 315.

[13] So der Bonner Le Monde-Korrespondent Roland Delcour, Die deutsche Ostpolitik geht nicht weit genug, in: Rheinischer Merkur vom 7. 7. 1967.

[14] Le Monde vom 17. 10. 1967: Les relations franco-allemandes (Bulletin).

[15] Brandt, Begegnungen und Einsichten. Die Jahre 1960–1975, Hamburg 1976, S. 157.

[16] FAZ vom 21. 7. 1967: De Gaulles Vorschläge zur Bonner Ostpolitik; Die Welt vom 21. 7. 1967: „Oder-Neiße-Linie anerkennen".

[17] Bahr am 4. 9. 1967 in einer Fernsehdiskussion, in: Dokumente zur Deutschlandpolitik, V. Reihe, Bd. 1/2, S. 1579.

Moskau der Hauptadressat der Entspannungsbemühungen. Bereits zur Ostpolitik der Regierung Erhard hatte Paris kritisch angemerkt, die tatsächliche Vormachtstellung der Sowjetunion in Osteuropa nicht genügend berücksichtigt zu haben[18]. So wie der französische Weg zuerst über Gespräche mit Moskau geführt hatte, sollte auch Bonn der Verbesserung der Beziehungen zur Sowjetunion oberste Priorität einräumen. Mit der Aufnahme diplomatischer Beziehungen zu Rumänien (Januar 1967), zum blockfreien Jugoslawien (Januar 1968) und ähnlichen Bemühungen vor allem in der Tschechoslowakei, wo es im Februar 1968 zur Eröffnung einer Handelsvertretung kam, schien die Bundesregierung jedoch andere Akzente setzen zu wollen.

Als die Truppen des Warschauer Paktes im August 1968 dem „Prager Frühling" ein Ende setzten, stellte de Gaulle sogar die Annäherung Bonns gegenüber der Tschechoslowakei in einen unmittelbaren Zusammenhang mit der Intervention der Sowjetunion[19]. Beim Treffen der beiden Außenminister Willy Brandt und Michel Debré am 7. September 1968 in Paris sowie beim Arbeitsbesuch de Gaulles am 27./28. September in Bonn hielt die französische Seite mit ihrer Kritik nicht zurück. Es habe ihm „weh getan", so Brandt gut ein Jahr nach den Ereignissen, daß „damals auch im offiziellen Paris die These verbreitet oder jedenfalls geglaubt wurde, wir seien mitverantwortlich für das, was sich dort [Prag] ereignet hatte"[20]. Brandt war es nach eigenem späteren Bekunden in Paris nur „mit mäßigem Erfolg" gelungen, seinem französischen Kollegen Debré „seine eher absurden Vorstellungen auszureden"[21]. Die französischen Vorwürfe richteten sich vor allem auch gegen die im nachhinein als unbedacht kritisierte Intensivierung der wirtschaftlichen Beziehungen zwischen der Bundesrepublik und den Ländern des Ostblocks. De Gaulle selbst hielt Kiesinger vor, die Bundesregierung „habe die Prager Reformer ermuntert und die Tragödie dadurch mitverschuldet"[22]. Nicht zufällig sprach Außenminister Debré am 2. Oktober 1968 in einer Regierungserklärung vor der französischen Nationalversammlung vom „machtvollen wirtschaftlichen und finanziellen Wiederaufbau der Bundesrepublik", der „ihrer Industrie eine wirtschaftliche Dynamik zurückgegeben habe, die in ganz Europa, auch in Osteuropa, ihre Auswirkungen" habe[23]. Unter Zurückweisung des sowjetischen Vorwurfs eines fortbestehenden deutschen Revanchismus betonte Debré auch bei dieser Gelegenheit, daß die französische Regierung von Bonn eine „offizielle Anerkennung" der östlichen Grenzen gewünscht hatte. Gleichlautend beklagte auch Couve de Murville später „einige Unvorsichtigkeiten oder einigen Übereifer" auf bundesdeutscher Seite, beispielsweise auf dem Gebiet der Handelsausweitung, „zu einem Zeitpunkt, da kein politisches Problem geregelt war"[24].

Die innenpolitisch bedingte Zögerlichkeit der Bundesregierung und der temporäre Einbruch der Entspannungsbemühungen im Gefolge des „Prager Augusts", der, zusam-

[18] Brandt, Begegnungen und Einsichten, S. 147. Brandt zitiert aus einem Gespräch, das er im Juni 1965 mit Couve de Murville führte.

[19] Roland Delcour, Les relations franco-allemandes, in: Le Monde vom 9./10. 11. 1969; Brandt im Interview: „La glace est encore fragile ...", in: Michel Salomon, Faut-il avoir peur de l'Allemagne?, Paris 1969, S. 95; Karl Theodor Freiherr zu Guttenberg, Fußnoten, Stuttgart 1971, S. 147.

[20] Interview mit Klaus Harpprecht in der ZDF-Sendung „Dialog" vom 4. 12. 1969, in: Kommentarübersicht des Presse- u. Informationsamtes der Bundesregierung, Anhang I, S. 8.

[21] Brandt, Begegnungen und Einsichten, S. 282f.; Stuttgarter Nachrichten vom 4. 10. 1968: Paris mit Bonner Ostpolitik nicht einverstanden.

[22] Willy Brandt, Erinnerungen, Frankfurt 1989, S. 220.

[23] J. O., A. N., 3. 10. 1968, S. 2977.

[24] Couve de Murville, Une politique étrangère, S. 282.

men mit den internen Unruhen des Mai 1968, auch das vorläufige Scheitern des weit ausholenden französischen Détente-Konzeptes signalisierte, beendeten die für kurze Zeit aufscheinende Möglichkeit einer „gemeinsamen" oder doch ineinandergreifenden deutsch-französischen Ostpolitik. Dabei ließ die französische Regierung keinen Zweifel an ihrer Absicht aufkommen, die Politik der Gespräche mit dem Osten fortzusetzen. Außenminister Michel Debré qualifizierte die Ereignisse in der Tschechoslowakei als „Verkehrsunfall"[25], und nur einige Monate später, am 26. Mai 1969, wurde in Moskau ein neues französisch-sowjetisches Wirtschafts- und Handelsabkommen für die Periode 1970–1974 unterzeichnet. In Bonn dagegen gab es kontrastierende Reaktionen[26]. Während die CDU/CSU die Notwendigkeit einer Verstärkung der westlichen Verteidigungsbereitschaft unterstrich, hielten Außenminister Brandt, die SPD und auch die oppositionelle FDP daran fest, die Öffnung gegenüber dem Osten sei „richtig in ihrem Prinzip"[27]. Der lange innenpolitische Streit um die Unterzeichnung des Atomwaffensperrvertrages im Wahljahr 1969 war symptomatisch für die unterschiedliche Prioritätensetzung der politischen Kräfte in der Bundesrepublik wie auch der Regierungen in Bonn und Paris. Allen partiellen Veränderungen zum Trotz war es bis zum unvorhergesehenen Rücktritt de Gaulles im April 1969 aus Pariser Sicht weiterhin die Unschlüssigkeit der Regierung in Bonn, die das deutsch-französische Verhältnis im internationalen Kontext belastete[28].

Im Rückblick zieht Couve de Murville eine sehr deutliche Trennungslinie zwischen den ostpolitischen Initiativen der Großen Koalition und dem umfassenden Neuansatz der im Oktober 1969 gebildeten sozial-liberalen Koalition. Während er in den Bemühungen der Großen Koalition bestenfalls Einzelaktionen sieht, die noch dazu in gefährlicher Weise die Sowjetunion auf den Plan riefen, kam für den langjährigen Außenminister de Gaulles der wirkliche Durchbruch erst nach dem Regierungswechsel von 1969: „Während der Periode Kiesinger/Brandt, der Großen Koalition also, haben die Deutschen nichts wirklich unternommen, außer ihrer Dummheit in der Tschechoslowakei. Dies war das Gegenteil der Ostpolitik, die dann von Willy Brandt ins Werk gesetzt wurde. Mit anderen Worten: Das war eine Politik, die von der Vergangenheit inspiriert war, während die Ostpolitik Willy Brandts von der Zukunft inspiriert war und vom Status quo ausging."[29]

Kann de Gaulle dennoch zu den Wegbereitern der neuen deutschen Ostpolitik gezählt werden? Zumindest ist davon auszugehen, daß Brandt und auch Bahr in den sechziger Jahren manche Impulse und Orientierungen aus Paris erhalten haben. Bahr selbst zählt sich zu den „Bewunderern" de Gaulles und bezieht dies insbesondere auf die von de Gaulle angestrebte „verstärkte eigene Rolle Europas", die etwas gewesen sei, „was unse-

[25] Am 29. 8. 1968 vor dem Auswärtigen Ausschuß der Nationalversammlung, in: L'Année Politique (1968), S. 272.

[26] Karl Kaiser, Deutsche Außenpolitik nach der tschechoslowakischen Krise von 1968, in: EA vom 25. 5. 1969, S. 353–364.

[27] So Brandt im Interview: „La glace est encore fragile ...", in: Salomon, Fait-il avoir peur de l'Allemagne?, S. 97; Willy Brandt, Plädoyer für die Vernunft. Deutsche Außenpolitik nach dem 21. August, in: Der Monat H. 245 (1969), S. 20–26.

[28] Roland Delcour: Le deuxième „coup de Prague" a replongé l'Allemagne fédérale dans une atmosphère de guerre froide, in: Le Monde diplomatique Nr. 175 (1968), S. 4f.; Le Monde vom 1. 10. 1968: Détente et „tension" (Bulletin); Alfred Frisch, De Gaulle drängt Bonn, in: Rheinischer Merkur vom 31. 1. 1969; Roland Delcour, Für Bonn Gefahr der Isolierung, in: Die Bunte vom 26. 2. 1969.

[29] Persönliches Gespräch mit Maurice Couve de Murville am 22. 5. 1985.

rem Denken sehr nahekam"[30]. Auch in seinem Festhalten am Grundwert der Nation beruft sich Bahr mitunter auf das Vorbild de Gaulles[31]. Brandt qualifizierte seine Haltung zu de Gaulle als „zwiespältig"[32]. Er habe sich immer um eine „differenzierte Auseinandersetzung mit Positionen und Ideen des Generals" bemüht[33]. Brandt sah in de Gaulle zum einen mit Sympathie und Bewunderung die Symbolfigur des französischen Widerstandes, der Frankreich nach der Niederlage wieder aufgerichtet hatte. Als oft „altmodisch und starr" bewertete der Sozialdemokrat dagegen später die ganz auf Frankreich zugeschnittene Europapolitik de Gaulles[34]. Ab Mitte der sechziger Jahre wiederum hatten Brandt und de Gaulle kaum Mühe, sich grundsätzlich über die Notwendigkeit eines Ausgleiches mit den Ländern Osteuropas zu verständigen. Die Idee von Europa als „dritter Kraft" zwischen den Blöcken ging Brandt allerdings zu weit[35]. Als Regierender Bürgermeister von Berlin traf Brandt regelmäßig mit dem französischen Staatspräsidenten zusammen, erstmals im Juni 1959[36]. Die Lage in der geteilten Stadt, die Deutschlandpolitik, die Politik gegenüber Osteuropa waren die ständig wiederkehrenden Gesprächsthemen des Bürgermeisters mit dem Staatspräsidenten einer der drei Schutzmächte. Die „Politik der kleinen Schritte", die Brandt nach dem Mauerbau von Berlin aus zu betreiben suchte, wurde von de Gaulle im Juni 1965 – so Brandt – „sehr positiv" kommentiert[37].

Auch öffentlich nahm Brandt in dieser Phase auf die sich abzeichnende Détente-Politik de Gaulles Bezug und benutzte sie als Orientierungshilfe und Absicherung auf der Suche nach einem eigenen neuen Konzept. In zwei programmatischen Vorträgen im Frühjahr und Sommer 1964 stellte Brandt mit Bezug auf die Politik de Gaulles die Frage: „Warum eigentlich nur er?"[38] Brandt kritisierte dabei einerseits entschieden die USA- und Westeuropapolitik de Gaulles und lehnte eine deutsche Kopie des französischen Vorgehens als „halsbrecherisch" ab. Andererseits nahm er de Gaulles Politik der Nutzung der „durch das atomare Patt der Weltmächte gewonnenen politischen Bewegungsfreiheit"[39] zum Anlaß und zur Legitimation, um auch für die Bundesrepublik eine stärkere Konzentration auf die eigenen Interessen zu fordern. Hierzu zählte er vor allem eine Verbesserung des Verhältnisses zu Osteuropa.

Für substantielle Differenzen zwischen dem Pariser Détente-Konzept und den Vor-

[30] Persönliches Gespräch mit Egon Bahr am 19. 12. 1984.

[31] Bahr: „Ich habe de Gaulle immer für ein Glück gehalten im stillen; die Nation ist für den einzelnen die Möglichkeit, sich zu identifizieren. Die Nation ist unverzichtbar; sie wird auf lange Sicht auch stärker sein als die Ideologie." Fernsehinterview mit Günter Gaus: „Zu Protokoll", Südwestfunk vom 4. 6. 1972, Manuskript S. 12/13.

[32] Brandt, Begegnungen und Einsichten, S. 132.

[33] Ebenda, S. 142; Brandt, Erinnerungen, S. 240–260.

[34] Brandt, Begegnungen und Einsichten, S. 132.

[35] Siehe Brandts Rede vom 15. 7. 1963 in Tutzing, in: Willy Brandt, Der Wille zum Frieden, Hamburg 1971, S. 97: „Ich habe immer Europa als ‚dritte Kraft' abgelehnt, weil diese Vorstellung den Gedanken einer Konkurrenz zu den Vereinigten Staaten und die Gefahr des schwankenden Schilfes enthielt."

[36] Brandt, Begegnungen und Einsichten, S. 130.

[37] Ebenda, S. 147.

[38] Vortrag am 15. 5. 1964 vor der Foreign Policy Association, New York: Deutschland und die Europäische Gemeinschaft, in: Pressedienst des Landes Berlin, 15. 5. 1964; Rede am 11. 6. 1964 vor der DGAP: Gemeinschaftsideale und nationale Interessen in der deutschen Außenpolitik, in: EA vom 25. 6. 1964, S. 419–426; Willy Brandt, Friedenspolitik in Europa, Frankfurt 1968, S. 43–53.

[39] Zit. in: Vortrag in Bonn vor der DGAP (wie Anm. 38).

stellungen der ostpolitischen Reformer in der Bundesrepublik sorgten vor allem die gegen die USA und das westliche Bündnis gewandten Elemente der französischen Politik. Eine engere Kooperation mit Frankreich mußte „sehr schwer" sein, so Brandt, „solange die französische Politik den Faktor Zusammenwirken mit Amerika ganz anders bewertete, als es in Bonn geschah"[40]. De Gaulles Gedanke einer Ausbalancierung des amerikanischen Gewichts durch eine Verbesserung der Beziehungen zur Sowjetunion, das Ausscheiden Frankreichs aus der militärischen Integration der NATO und schließlich später der französische Anspruch auf Unabhängigkeit in der – allerdings Konzept gebliebenen – Militärstrategie „tous azimuts" waren mit dem neuen deutschen Ansatz in der Ostpolitik nicht in Einklang zu bringen[41]. Dieser bewegte sich ganz im Gegenteil im Rahmen der Atlantischen Allianz und versuchte deren Möglichkeiten zu nutzen, wie sie etwa in dem von Brandts Staatssekretär im Auswärtigen Amt, Klaus Schütz, mitredigierten „Harmel-Bericht" der NATO vorgezeichnet wurden[42]. Als „unkoordinierte Alleingänge"[43] wurden in diesem Sinne die Initiativen de Gaulles empfunden, manche Äußerungen des Generals von Brandt sogar als „störend" für die Entwicklung einer deutschen Politik bezeichnet[44]. Während Brandt jedoch um eine nuancierte Bewertung der Politik de Gaulles bemüht war, beurteilten sie andere führende Politiker der SPD, wie etwa der Fraktionsvorsitzende im Bundestag, Fritz Erler, oder Helmut Schmidt ausschließlich negativ[45]. In der Überzeugung, daß die deutsche Ostpolitik nicht zuletzt mit Rücksicht auf Frankreich in eine möglichst breite westliche Gesamtstrategie eingebunden werden mußte, waren sich alle einig. Brandt etwa war sich fortbestehender historischer Empfindlichkeiten deutlich bewußt: „Sobald sich die Möglichkeit von – auch noch so schwierigen – Diskussionen mit der Sowjetunion abzeichnet, zeigen sich Probleme auch im Westen. Die geheimnisumwitterte Atmosphäre, die Rapallo zu einem Begriff und zu einem Alptraum westlicher Staatsmänner werden ließ, war und ist offenbar bis heute schwer auszurotten."[46]

Wie immer man den Beitrag de Gaulles zur Entwicklung der neuen Ostpolitik auch bewerten mag, fest steht, daß die SPD und ihr Vorsitzender Anfang und Mitte der sechziger Jahre den engsten Kontakt nicht mit Frankreich hielten, sondern mit den USA. Die frühen Überlegungen Brandts und Bahrs zur Anpassung der Deutschlandpolitik an eine sich wandelnde internationale Lage erhielten ihren wohl wichtigsten externen Impuls durch die von Kennedy und seinen Beratern skizzierte „Strategie des Friedens"

[40] Brandt im Interview mit Harpprecht in der ZDF-Sendung „Dialog" vom 4. 12. 1969, in: Kommentarübersicht des Presse- u. Informationsamtes der Bundesregierung, Anhang I, S. 8.

[41] General Aillerets Strategie der „Rundumverteidigung", mit der Frankreich seine „traditionelle Weltmission" verknüpft habe, wurde von Brandt heftig kritisiert, da „sich unser Nachbarland, weit über sich hinauswachsend, mit diesen Ansprüchen und Zielen weiter von Europa entfernt". Rede vom 3. 2. 1968 auf dem SPD-Landesparteitag in Ravensburg, zit. in: SPD-Pressemitteilungen und Informationen vom 5. 2. 1968; Général Ailleret, Défense ‚dirigée' ou défense ‚tous azimuts', in: Revue de Défense nationale Nr. 12 (1967), S. 1923–1932.

[42] „Harmel-Bericht" über die „künftigen Aufgaben der Allianz", Anhang zum Kommuniqué der NATO-Ratstagung vom 14. 12. 1967, in: Dokumente zur Deutschlandpolitik, V. Reihe, Bd. 1/2, S. 2239 ff.

[43] Brandt in einem Interview mit dem Handelsblatt vom 8. 9. 1967, in: Ebenda, S. 1608.

[44] Persönliches Gespräch mit Klaus Schütz am 14. 12. 1987.

[45] Erlers Rede vom 12. 5. 1966 vor der DGAP: Deutschland und die Krise der NATO, in: Fritz Erler, Politik für Deutschland, Stuttgart 1968, S. 589–625; Helmut Schmidt, Strategie des Gleichgewichts, Stuttgart 1969, S. 40 und S. 140–143.

[46] Brandt, Friedenspolitik in Europa, S. 103 f.

(1960/1963)[47]. In der Folge entwickelte sich ein regelmäßiger Austausch mit den Vordenkern des Entspannungsansatzes auf amerikanischer Seite[48].

Die Bedeutung von de Gaulles Ostpolitik für die neue deutsche Ostpolitik ist nicht zuletzt in der Wirkung auf die öffentliche Meinung zu sehen. Mit einiger Genugtuung betrachtete sich Frankreich als „Erfinder" der Entspannungspolitik in Europa. Es sollte kaum eine Untersuchung zur neuen deutschen Ostpolitik geben, in der nicht auf die Vorreiter-Rolle Frankreichs in der Détente-Politik verwiesen wurde. Brandt ging nach allgemeiner französischer Lesart den Weg, den de Gaulle gewiesen hatte. Der breite innenpolitische Konsens für die Ostpolitik de Gaulles erwies sich als günstige Voraussetzung für eine positive Resonanz auch auf die Bonner Ostpolitik. Diejenigen kleineren politischen Gruppierungen, die schon der Ostpolitik de Gaulles kritisch begegnet waren – wie etwa Teile des nicht-gaullistischen, konservativen Zentrums –, sollten ihre besondere Skepsis auch gegenüber der deutschen Ostpolitik behalten. Durch das Erbe von de Gaulles Détente-Politik war vor allem auch die französische Regierung festgelegt. Denn Bonn konnte wohl kaum für eine Politik gescholten werden, die de Gaulle vorexerziert und in deren Richtung er die Bundesrepublik jahrelang gedrängt hatte. Die Bonner Ostpolitik stand so in gewisser Weise noch im verlängerten Schutz de Gaulles, und die Regierung Pompidous war sich dieses Umstandes wohl bewußt[49]. In öffentlichen Erklärungen diente der Hinweis auf die beispielgebende Rolle de Gaulles auch zur Bekräftigung der offiziellen Unterstützung für die Politik der Bundesregierung.

Andererseits war gerade in Paris die Vorstellung verbreitet, die Bundesrepublik nutze die Entspannungspolitik für spezifisch nationale Ziele. So sieht etwa einer der Hauptakteure der gaullistischen Außenpolitik, Außenminister Couve de Murville, im Vergleich zwischen der Ostpolitik de Gaulles und der neuen deutschen Ostpolitik eher deren eigenständige, um die Regelung deutscher Fragen bemühte Anlage: „Ich meine, daß die Politik Willy Brandts aus ureigenen deutschen Beweggründen erwuchs. Willy Brandt wußte oder spürte, daß das Problem Deutschlands in der Wiedervereinigung bestand. Er wußte, daß der Fortgang dieses Problems ausschließlich von der Sowjetunion abhing und man aus diesem Grunde die deutsche Politik ändern und auf einer neuen Basis errichten mußte."[50]

Auch auf den Meinungsbildungsprozeß in der Bundesrepublik wirkte die Ostpolitik de Gaulles ein. Zwar gehörten diejenigen Politiker, die Mitte der sechziger Jahre zum Lager der „Gaullisten" gezählt wurden – etwa Franz Josef Strauß und Karl Theodor Freiherr zu Guttenberg –, später zu den schärfsten Gegnern der Ostvertragspolitik. Allerdings hatten sich die „deutschen Gaullisten" auch ein sehr eigenwilliges Bild von de Gaulle gemacht, in das dessen Forderungen nach Anerkennung der Oder-Neiße-Grenze, nach dem endgültigen Verzicht Bonns auf Atomwaffen oder nach einer Entkrampfung des deutsch-deutschen Verhältnisses schwerlich zu integrieren waren[51]. Auf der anderen

47 John F. Kennedy, The Strategy of Peace, New York 1960. Auf die einschlägige Rede Kennedys vom 10. 6. 1963 vor der American University in Washington (in: Dokumente zur Deutschlandpolitik, IV. Reihe, Bd. 9/1, S. 382–388) beruft sich Brandt, in: Begegnungen und Einsichten, S. 77 f.; Willy Brandt, Begegnungen mit Kennedy, München 1964.

48 Persönliches Gespräch mit Klaus Schütz am 14. 12. 1987.

49 Persönliches Gespräch mit Michel Jobert am 8. 8. 1984.

50 Persönliches Gespräch mit Maurice Couve de Murville am 22. 5. 1985.

51 Franz Josef Strauß, Tuchfühlung mit de Gaulle, in: Die Zeit vom 18. 11. 1966 (Auszug aus: Ders., Entwurf für Europa, Stuttgart 1966, S. 117–136); Karl Theodor Freiherr zu Guttenberg, Deutschland-Politik – warum nicht mit de Gaulle?, in: Die Zeit vom 7. 10. 1966.

Seite nahmen jedoch publizistische Gegner der gaullistischen Europa- und Bündnispolitik die französische Ostpolitik zum Anlaß, frühzeitig auf eine bundesdeutsche Beteiligung am einsetzenden europäischen Entspannungsprozeß zu drängen[52]. Auch wenn man zahlreiche Aspekte der Pariser Politik kritisierte, wurde de Gaulles Konzept als „totale Umkehr" des deutschlandpolitisch erfolglosen Weges Adenauers verstanden und als Impuls aufgenommen[53]. Ein weiteres kommt hinzu: Während der späteren innenpolitischen Auseinandersetzung um die Ostverträge mußte es die Stellung der Opposition natürlich schwächen, wenn nicht nur die Bundesregierung, sondern auch führende französische Politiker den großen Partner Konrad Adenauers als Inspirator der neuen Ostpolitik ausgaben. Egon Bahr erkennt den Wert de Gaulles als „Referenz" ausdrücklich an: „Die Osteuropapolitik de Gaulles hat der sozial-liberalen Koalition ihre eigene Politik erleichtert, sie hat sich zum Teil auf de Gaulle berufen können. Wir haben gesehen, was es ausmachte, daß Frankreich die Oder-Neiße-Linie anerkannte. Das war für die damalige CDU-Regierung schwierig. Es war für unseren polnischen Vertrag gut, und es hat gezeigt, daß in dem Augenblick, in dem die Bundesrepublik die Oder-Neiße-Linie anerkannt hat, dies politisch eine größere Wirkung hatte als das gleiche durch Frankreich. Wir haben uns im übrigen auch berufen können auf die Politik der Normalisierung zu den Staaten Osteuropas, die de Gaulle eingeleitet hat."[54]

Auch Willy Brandt meinte das Zusammenwirken dieser verschiedenartigen politischen, konzeptionellen und psychologischen Faktoren, als er rückblickend hervorhob, die Entspannungspolitik de Gaulles habe „in der Tat unserer späteren Ostpolitik in manchem den Weg [gebahnt]"[55]. Vor allem, so würdigte Brandt nach Abschluß des Moskauer Vertrages das „französische Beispiel", habe die französische Politik „die Vision einer Ost und West umspannenden europäischen Friedensordnung nie aus ihrem Blickfeld verloren"[56].

2. Die Zäsur des Jahres 1969 in den deutsch-französischen Beziehungen

Das Jahr 1969 war ein wichtiges Scharnierjahr für Frankreich, die Bundesrepublik und die deutsch-französischen Beziehungen. Im Hinblick auf Frankreich sind die Auswirkungen der Mai-Revolte von 1968 und der nur wenige Monate später erfolgten Okkupation der Tschechoslowakei auf die Innen- und Außenpolitik kaum zu überschätzen. Beide Ereignisse zusammen, so ist gesagt worden, bezeichneten nicht wenige als den „Sturz der V. Republik vom Podest einer eigenständigen Großmacht"[57]. Die innere Explosion des Mai war nicht zuletzt eine mittelbare Folge der prestigeorientierten Politik der „grandeur", die unter Vernachlässigung innerer Reformen betrieben worden war. In Umkehrung der gaullistischen Prioritätenfolge mußte nun „die Außenpolitik eher zum Diener

[52] Marion Gräfin Dönhoff, Ostpolitik mit de Gaulle. Möglichkeiten zu gemeinsamem Kurs, in: Die Zeit vom 3. 12. 1965.

[53] Zit. in: SZ vom 18. 1. 1967: Blick ostwärts mit de Gaulle.

[54] Persönliches Gespräch mit Egon Bahr am 19. 12. 1984.

[55] Brandt, Begegnungen und Einsichten, S. 142.

[56] Willy Brandt, Feste Verankerung der deutschen Ostpolitik in der westlichen Zusammenarbeit, in: Bulletin vom 5. 9. 1970, S. 1225–1228.

[57] Zit. in: Walter Schütze, Das Ende der Ära de Gaulle, in: Die Internationale Politik 1968/1969, München 1974, S. 361; Edward A. Kolodziej, France Ensnared: French Strategic Policy and Bloc Politics after 1968, in: Orbis Nr. 4 (1972), S. 1085–1108; Guy de Carmoy, Die Außenpolitik de Gaulles in der Feuerprobe des Mai 1968 und des April 1969, in: EA vom 10. 7. 1969, S. 465–474.

als zum Herren der inneren ökonomischen und sozialen Gesundung der Nation werden"[58]. Das offizielle Festhalten an den Maximen der bisherigen Politik konnte kaum verdecken, daß de Gaulles ehrgeizige Ziele entweder in der Praxis aufgegeben oder zumindest von der Tagesordnung gestrichen wurden.

De Gaulle selbst unternahm in den letzten Monaten seiner Präsidentschaft einige bezeichnende Schritte zu einer vorsichtigen außenpolitischen Neuorientierung. So bemühte er sich etwa, die internationale Position Frankreichs durch eine Verbesserung der Beziehungen insbesondere zu den USA, zur NATO und zu Großbritannien zu konsolidieren. Weitere Neuerungen kamen hinzu, etwa die Ablösung der kurzlebigen Militär-Doktrin „tous azimuts" durch die Konzeptionen des neuen Generalstabschefs General Fourquet, wodurch sich Frankreich militärstrategisch wieder eindeutig „westlich" orientierte[59]. Stillschweigend verlängerte sich auch die französische NATO-Mitgliedschaft durch die Nicht-Wahrnehmung der im April 1969 nach 20jährigem Bestehen des Nordatlantikpaktes gegebenen Austrittsmöglichkeit[60]. De Gaulles Versuch, die Möglichkeiten eines Einvernehmens mit Großbritannien zu sondieren, scheiterte allerdings zunächst in der sogenannten „Affaire Soames"[61].

Solche Modifikationen in der französischen Außenpolitik mögen jeweils eigene Gründe und Ziele gehabt haben. Eine allen gemeinsame Antriebskraft war jedoch das Bemühen um eine dauerhaft wirksame Ausbalancierung des stetig wachsenden politischen und wirtschaftlichen Gewichts der Bundesrepublik. Ein geschwächtes und von außenpolitischer Isolation bedrohtes Frankreich allein war dazu immer weniger in der Lage. Frankreich stehe in der Gefahr, ein „diplomatisches Waterloo" zu erleiden, meinte etwa der bei der Regierungsneubildung im Juli 1968 zum Außenminister ernannte Michel Debré, der auf französischer Seite für eine diplomatische Öffnung gegenüber Großbritannien plädierte[62]. Debré gehörte zu denjenigen führenden französischen Politikern, bei denen das Unbehagen über das wirtschaftliche Wiedererstarken der Bundesrepublik besonders ausgeprägt war[63]. Aber auch bei de Gaulle selbst verstärkte sich die Sorge vor einem Machtzuwachs der Bundesrepublik. In einem Gespräch mit dem Kolumnisten der *New York Times,* Cyrus L. Sulzberger, betonte er im Februar 1969, „falls Deutschland im militärischen, wirtschaftlichen und atomaren Bereich sich zu einer großen Macht entwickeln würde", würde Frankreich wieder eine Allianz mit der Sojwetunion eingehen[64].

Unter diesen Umständen kam dem Verlauf und den Folgen der Währungskrise von November 1968 eine eminente politische Bedeutung zu. Alles schien dafür zu sprechen,

[58] Zit. in: Kolodziej, French International Policy, S. 392.

[59] Général Fourquet, Emploi des différents systèmes de forces dans le cadre de la stratégie de dissuasion, in: Revue de Défense nationale Nr. 5 (1969), S. 757–767.

[60] Françoise Sirjacques, Frankreich und die NATO, Frankfurt/New York 1979, S. 61 ff.

[61] Eine ungeschönte Darstellung gibt der damalige britische Gesandte in Paris: Bernard Ledwidge, De Gaulle, Paris 1984, S. 392–397; Harald Wilson, The Labour Government 1964–1970. A Personal Record, London 1971, S. 610 ff. u. S. 617 f.; Couve de Murville, Une politique étrangère, S. 427 ff.; Jean Lacouture, De Gaulle, Bd. III: Le souverain 1959–1970, Paris 1986, S. 552–555; Alan Campbell, Anglo-French Relations a Decade Ago. A New Assessment, Teil I, in: International Affairs Nr. 2 (1982), S. 237–253.

[62] Zit. in: André Fontaine, L'autre querelle, in: Le Monde vom 16./17. 4. 1972; Michel Debré, Français, choisissons l'Espoir, Paris 1979, S. 137–141.

[63] Seydoux, Dans l'intimité franco-allemande, S. 133.

[64] Gespräch de Gaulle/Sulzberger vom 14. 2. 1969: De Gaulle Foresaw Amity with the US, in: NYT vom 11. 11. 1970.

daß sich das politisch-ökonomische Kräfteverhältnis zuungunsten Frankreichs verschob. In der französischen Öffentlichkeit hinterließ die Krise den Eindruck, die Bundesrepublik sei nunmehr gewillt, ihr ökonomisches Gewicht ohne besondere Hemmungen auch auf politischer Ebene zur Geltung zu bringen. Von Mai bis November 1968 waren die französischen Devisenreserven um rund vier Milliarden Dollar geschmolzen, gleichzeitig flossen mehr als zwei Milliarden Dollar in die D-Mark. Auf einer daraufhin nach Bonn einberufenen Währungskonferenz widersetzte sich die Bundesregierung hartnäckig dem einhelligen Verlangen nach einer Aufwertung. Als Alternative dazu mußte eine wesentliche Abwertung des Franc als unvermeidlich erscheinen. Ganz offensichtlich aus Gründen des nationalen Prestiges war de Gaulle jedoch nicht bereit, diese isolierte Paritätsänderung hinzunehmen. Entgegen allen Erwartungen wertete er die französische Währung nicht ab[65].

Die Tatsache, daß die Bundesrepublik in einer essentiellen wirtschaftspolitischen Frage dem Drängen der drei ehemaligen Siegermächte nicht nachgegeben hatte, ließ in Frankreich antideutsche Ressentiments aufbrechen. Plötzlich schien eine „neue deutsche Gefahr" entdeckt worden zu sein; der angeblich demonstrierte „Währungshochmut"[66] wurde „als ein Zeichen einer Wiederkehr des deutschen Herrschaftswillens interpretiert"[67]. Die vereinzelt auf deutscher Seite angeschlagenen großsprecherischen Töne (die *Bild-Zeitung* erschien am 23. November 1968 mit der Schlagzeile: „Jetzt sind die Deutschen Nr. 1 in Europa") verstärkten die weitverbreiteten französischen Sorgen, die Bundesrepublik könne eine mögliche wirtschaftliche Hegemonialstellung erlangen und diese eines Tages in den Dienst des Zieles der nationalen Wiedervereinigung stellen[68]. *Le Monde* versah den Hauptbericht ihres Bonner Korrespondenten mit der emotionsgeladenen Überschrift: „La revanche", womit eine deutsche „Revanche" für „Anti-Hitler-Koalition" gemeint war[69]. Selbst der erfahrene französische Botschafter in Bonn, François Seydoux, ein beflissener Anhänger de Gaulles, sah noch im Rückblick Anlaß zu dem aufgeschreckten Kommentar: „Die Germanen drückten die Brust heraus; sie befreiten sich von der über die Jahre angesammelten Verbitterung. Man behandelte uns ohne Erbarmen. Dorthin hatte uns also die Politik der ‚grandeur' gebracht: Die Bundesrepublik setzte sich an die Stelle Frankreichs und bemächtigte sich in Westeuropa der Führung!"[70]

Die Währungskrise bewirkte einen psychologischen Schock. Es sollte von nun an zu einer ständigen Übung werden, die ökonomischen Leistungen Frankreichs an denjenigen der Bundesrepublik zu messen. Letztlich erwies sich die aus innenpolitischen Motiven erfolgte Aufschiebung der Wechselkursanpassungen als unvermeidbar und wurde unmittelbar nach dem Präsidentschafts- bzw. Regierungswechsel vollzogen.

[65] Zur Entscheidung de Gaulles: Lacouture, De Gaulle, Bd. III, S. 734–738; Die Zeit vom 29. 11. 1968: Das Pokerspiel des François-Xavier Ortoli; FAZ vom 25. 11. 1968: De Gaulle sagt nein; Sirius, „Dans le même bateau ...", in: Le Monde vom 26. 11. 1968.

[66] Zit. in: Alfred Grosser, Die Bundesrepublik: bieder oder nüchtern?, in: François Bondy, So sehen sie Deutschland, Stuttgart 1970, S. 44–56.

[67] Zit. in: Fontaine, Zwischen Feindschaft und Freundschaft, S. 69.

[68] André Fontaine, L'aveugle et le paralytique, in: Le Monde vom 27. 11. 1968. Mit dem „Blinden" und dem „Gelähmten" sind Frankreich und Großbritannien gemeint, die sich angesichts des „Wiedererstarkens des deutschen Riesen" wie auch der Hegemonie der beiden Supermächte gegenseitig stützen müßten; L'Express vom 2. 12. 1968: La riche Allemagne; Klaus Otto Naß, Incertitudes allemandes, in: Dokumente H. 5/6 (1970), S. 287–294.

[69] Roland Delcour, La revanche, in: Le Monde vom 24./25. 11. 1968.

[70] Seydoux, Dans l'intimité franco-allemande, S. 130 f.

Das deutsch-französische Wirtschaftsverhältnis prägt das französische Deutschlandbild in hohem Maße. Aus französischer Sicht ist es sogar ein wesentlicher Punkt im Gesamtkomplex der „deutschen Frage", die in Frankreich seit jeher in einem sehr viel globaleren Sinne verstanden wird als in der Bundesrepublik. Den Kern der „deutschen Frage" bildete in den sechziger und siebziger Jahren sicherlich das Verhältnis zwischen den beiden Teilen Deutschlands. Ihren eigentlichen Stellenwert erhielt sie für Frankreich jedoch erst durch das politische, wirtschaftliche und strategische Gewicht der Bundesrepublik im Zentrum Europas[71].

Die Prosperität der deutschen Wirtschaft warf in Frankreich unweigerlich die Frage auf, ob diese nicht in den Dienst politischer Ziele gestellt werden würde. Die scheinbar überbordende deutsche Wirtschaftskraft rief Ende der sechziger Jahre vor allem Befürchtungen wegen eventueller Konsequenzen für die französischen Grenzregionen wach. Deutsche industrielle Direktinvestitionen im Elsaß und in Lothringen erregten Sorgen vor einer wirtschaftlichen Überfremdung, vor einer deutschen „Kolonisation"[72]. Präsident Pompidou selbst brachte das Thema bei den Konsultationen am 8./9. September 1969 in Bonn und am 30./31. Januar 1970 in Paris zur Sprache und wünschte eine bessere Streuung der deutschen Investitionen in Frankreich[73]. Ein Kennzeichen für die Stimmung der französischen öffentlichen Meinung gegenüber der Bundesrepublik war im Frühjahr 1969 nicht zuletzt das Erscheinen eines Buches mit dem Titel „Faut-il avoir peur de l'Allemagne?"[74]. Die Antwort des Herausgebers fiel unentschieden aus, aber die Resonanz, die das Buch fand, war ein weiterer Hinweis darauf, daß die Sorge vor einer unkontrollierbaren Übermacht des östlichen Nachbarn wieder aktuell geworden war. Dabei wurde auch das temporäre Aufkommen der NPD mit größter Empfindlichkeit registriert: als Zeichen, daß der gefährliche deutsche Nationalismus zwar eingedämmt, aber nicht gänzlich beseitigt war.

Ein Vierteljahrhundert nach dem Zweiten Weltkrieg hatte das französische Deutschlandbild aufs Ganze gesehen überwiegend positive Züge. Alte Stereotypen waren keineswegs vergessen, wurden jedoch in der Tendenz – wenn auch unter Stockungen – überlagert von dem Bewußtsein, daß sich die politischen, wirtschaftlichen und sozialen Probleme des Nachbarlandes von den eigenen nicht prinzipiell unterschieden[75]. Auf Regierungsebene wurde der besondere Charakter der Beziehungen zum Nachbarn auch nach den Divergenzen zu Mitte der sechziger Jahre weder in der Bundesrepublik noch in Frankreich in Frage gestellt. Doch auch die Zweifel, die weiter fortbestanden, waren nicht zu übersehen. Die Vorstellung, wonach die „alten Dämonen" nicht endgültig ver-

[71] Vgl. auch den breiten Ansatz bei: Raymond Poidevin, Der unheimliche Nachbar. Die deutsche Frage aus französischer Sicht, in: David P. Calleo (u. a.), Geteiltes Land – halbes Land?, Frankfurt/Berlin 1986, S. 127–196.

[72] Etienne Juillard, L'Alsace, va-t-elle basculer dans l'orbite économique allemande?, in: Documents, H. 4 (1969), S. 74–91; Jean-Pierre Sicre, Les Allemands à la conquête de l'Alsace, in: Ebenda, S. 92–104.

[73] Le Monde vom 10. 9. 1969: Paris et Bonn proposent une réunion à six „au sommet" en novembre à La Haye; FAZ vom 2. 2. 1970: Paris besteht gegenüber Brandt auf seinen EWG-Bedingungen.

[74] Michel Salomon, Faut-il avoir peur de l'Allemagne?, Paris 1969 (in Zusammenarbeit mit Henri Ménudier); Rezension von Alfred Grosser, in: Le Monde vom 2. 12. 1969.

[75] Siehe die demoskopische Erhebung: Alain Lancelot/Pierre Weill, Les Français et l'unification politique de l'Europe d'après un sondage de la SOFRES, in: RFSP Nr. 1 (1969), S. 145–170, bes. S. 152; Henri Ménudier, Viel bewundert, aber mehr gefürchtet. Deutschland mit den Augen von Franzosen gesehen, in: FAZ vom 6. 10. 1973.

schwunden seien, blieb ein latent vagabundierendes Element im französischen Deutschlandbild und manifestierte sich immer wieder in antideutschen Ressentiments. Die – wie man meinte – immer unwilliger ertragene Selbstbeschränkung, die sich die Bundesrepublik in der Vergangenheit noch auferlegt habe und die sie nun abschütteln wolle, betrachtete etwa auch ein Wegbereiter der deutsch-französischen Aussöhnung wie Jean du Riveau als Gefahr für das Verhältnis zwischen den beiden Ländern[76]. Mochte die Präsenz der historischen Figur de Gaulles noch eine gewisse Vormundschaft gegenüber der Bundesrepublik garantiert haben, so mußte sein Abtritt am 28. April 1969 auch in den deutsch-französischen Beziehungen eine neue Ära einleiten.

Der doppelte Regierungswechsel in Paris und Bonn bot denn auch tatsächlich den Anstoß zu einer besser austarierten Gestaltung des deutsch-französischen Verhältnisses. Der am 15. Juni 1969 zum Staatspräsidenten gewählte Georges Pompidou nahm die französischen Großmachtambitionen entscheidend zurück. Im Gesamtrahmen seiner den Möglichkeiten Frankreichs angepaßten Außenpolitik sollten die Beziehungen zur Bundesrepublik zudem keinen „ausschließlichen" Charakter haben, wie Ministerpräsident Jacques Chaban-Delmas in seiner Regierungserklärung vom 26. Juni präzisierte, wohl aber einen „exemplarischen"[77]. Auch für die im Oktober 1969 in Bonn gebildete SPD/FDP-Regierung unter Bundeskanzler Brandt und Außenminister Walter Scheel blieb das Verhältnis zu Paris eine Hauptachse der Außenpolitik. Daneben jedoch machte Bonn die eigenständige Regelung der Beziehungen zu den osteuropäischen Staaten zu einem Hauptanliegen[78].

Die Neujustierung der französischen und der bundesdeutschen Außenpolitik barg Chancen und einige Ungewißheiten. Auf der einen Seite konnten die deutsch-französischen Beziehungen von einer Neuorientierung auf der Basis der Gleichberechtigung nur profitieren. Andererseits mußte sich Paris an eine außenpolitisch ungleich aktiver und selbständiger auftretende Bundesrepublik erst gewöhnen. Da freilich bald deutlich wurde, daß die von den neuen Regierungen in Paris und Bonn verfolgten außenpolitischen Ziele näher beieinander lagen als diejenigen ihrer Vorgänger, konnte den Chancen für ein deutsch-französisches Einvernehmen zu Beginn des neuen Jahrzehnts eine durchaus optimistische Prognose gestellt werden[79].

Die Zäsur des Jahres 1969 erhielt schließlich ihre europapolitische Dimension durch die Gipfelkonferenz der Staats- und Regierungschefs der EG-Staaten vom 1. und 2. Dezember 1969 in Den Haag. Ihre Beschlüsse zu den Bereichen „achèvement–renforcement–élargissement" des Gemeinsamen Marktes – so das von Pompidou geprägte Triptychon – stellten die Weichen für die Europapolitik der folgenden Jahre[80]. Mit der Zustimmung zur Aufnahme von Beitrittsverhandlungen insbesondere mit Großbritannien, die er bereits unmittelbar nach seinem Amtsantritt in Aussicht gestellt hatte[81], nahm Pompidou eine wichtige Modifizierung der französischen Politik vor. Ein wesentliches Motiv für diesen Schritt, so räumt selbst Außenminister Schumann ein, war die Ausba-

[76] Jean du Riveau, La dégradation des rapports franco-allemands, in: Etudes, März 1966, S. 291–305.
[77] Archiv der Gegenwart, 4. 7. 1969, S. 14778.
[78] Brandt, Erinnerungen, S. 168 ff.
[79] Alfred Grosser, France and Germany: Less Divergent Outlooks?, in: Foreign Affairs Nr. 2 (1970), S. 235–244.
[80] Rede vom 1. 12. 1969, in: Georges Pompidou, Entretiens et discours, Paris 1975, Bd. 2, S. 75 ff.; Brandt, Begegnungen und Einsichten, S. 321.
[81] Pressekonferenz vom 10. 7. 1969, in: Le Monde vom 12. 7. 1969.

lancierung des wirtschaftlichen und auch des zunehmenden politischen Gewichts der Bundesrepublik: „Dieses Mißtrauen, das Präsident Pompidou gegenüber Deutschland besaß, hat ihn nämlich in einem stärkeren Maße zu einem Anhänger der Erweiterung der Europäischen Gemeinschaft gemacht, als es ursprünglich der Fall war – mit dem Gedanken, daß wir nicht allein sind, daß Deutschland nicht ein übergroßes Gewicht hat innerhalb der Gemeinschaft. Ich selbst war immer für die Erweiterung, er dagegen war es nicht, und das hat mir geholfen, ihn zu überzeugen."[82]

Der europapolitische Ansatz Pompidous zielte auf eine graduelle Harmonisierung der Politik der EG-Länder in den Bereichen der Landwirtschafts-, Währungs- und Industriepolitik. Gegenüber den Tendenzen zur Integration blieb er skeptisch, und so war es kein Wunder, daß die französische Regierung in Fragen, die die Erweiterung der Befugnisse und die Direktwahl des Europäischen Parlaments oder die Institutionalisierung einer ständigen politischen Zusammenarbeit im Rahmen der Gemeinschaftsorgane betrafen, reserviert blieb. Hier zeigten sich die Grenzen der europapolitischen Öffnung Frankreichs[83]. Pompidou hatte – nicht zuletzt aus Gründen einer notwendigen Verbreiterung der parlamentarischen Basis seiner Regierung – zwar mehrere Mitglieder von Jean Monnets „Aktionskomitee für die Vereinigten Staaten von Europa" in das Kabinett aufgenommen, gleichzeitig jedoch blieb er auf die Unterstützung der konservativen Gaullisten angewiesen, die schon eine Preisgabe von untergeordneten Souveränitätsrechten für überaus problematisch hielten[84].

Brandts Interesse an europapolitischen Fortschritten stand in der Kontinuität der deutschen Außenpolitik und war auch in seinem eigenen langjährigen politischen Engagement begründet. Es erhielt jedoch einen zusätzlichen Impuls aus dem Bestreben, Zweifel an den außenpolitischen Prioritäten der neuen Bundesregierung zu zerstreuen. West- und Ostpolitik galten ihr als komplementär, sie sollten sich „im Rahmen einer in sich geschlossenen deutschen Außenpolitik" ergänzen[85]. Eine aktive deutsche Ostpolitik sei nur auf der Basis einer „festen Verankerung" im Westen vorstellbar[86]. Die Rolle eines „Champions von Europa", in der der deutsche Bundeskanzler seit der Haager Konferenz von weiten Teilen der französischen Öffentlichkeit gesehen wurde[87], gab ihm die notwendige Absicherung für die Normalisierungspolitik gegenüber dem Osten. Unter diesem Gesichtspunkt war es ein historischer Glücksfall, daß die seit Mitte 1969 von Pompidou anvisierte europäische Gipfelkonferenz zeitlich noch unmittelbar vor der Aufnahme der deutschen Ostvertragsverhandlungen stattfand und in der ersten wichtigen außenpolitischen Aktion der Regierungen von Paris und Bonn ein Grundkonsens über den Fortgang der Europa-Politik erreicht werden konnte.

[82] Persönliches Gespräch mit Maurice Schumann am 17. 12. 1984.

[83] Brandt, Begegnungen und Einsichten, S. 338 ff. Siehe auch die vergleichende Analyse von: Haig Simonian, The Privileged Partnership: Franco-German Relations in the European Community 1969–1984, Oxford 1985; André Fontaine, De l'Europe du général de Gaulle à celle de M. Pompidou, in: Le Monde vom 14., 15. und 16./17. 4. 1972.

[84] Grosser, Affaires extérieures, S. 237 ff.; zu den innenpolitischen Kräfteverhältnissen unter der Präsidentschaft Pompidous: Jacques Chapsal, La vie politique sous la Ve République, Paris ²1984, S. 409–513; Charles Debbasch, La France de Pompidou, Paris 1974.

[85] Zit. in: Katharina Focke, Europa-Politik nach Den Haag, in: EA vom 25. 4. 1970, S. 267–280.

[86] Brandt, Feste Verankerung der deutschen Ostpolitik in der westlichen Zusammenarbeit, in: Bulletin vom 5. 9. 1970, S. 1225–1228.

[87] Zit. in: Pierre Gerbet, La construction de l'Europe, Paris 1983, S. 352; Le Monde vom 3. 12. 1969: Un manque de souffle.

III. Frankreichs Ost- und Sicherheitspolitik während der Präsidentschaft Pompidous

Bei der Regierungsübernahme durch Präsident Georges Pompidou im Juni 1969 hatten sich die Rahmenbedingungen für die französische Ostpolitik grundlegend gewandelt. Zum einen hatte die Sowjetunion mit der Besetzung der Tschechoslowakei drastisch deutlich gemacht, daß die Entspannungspolitik keine Destabilisierung des europäischen Status quo mit sich bringen durfte. Zum zweiten waren die USA wie die Bundesrepublik dabei, in direkten bilateralen Gesprächen ihr Verhältnis zur Sowjetunion neu zu regeln. Frankreich, das in den sechziger Jahren die Rolle eines Vorreiters der Détente-Politik hatte einnehmen können, war nunmehr von den USA als dem weltpolitischen Gegenspieler der Sowjetunion und der Bundesrepublik, deren Haltung entscheidend für die Entwicklung in Mitteleuropa war, eingeholt worden. Die von Frankreich bestimmte Periode der „Vor-Détente" war in eine Phase allseitiger Verhandlungen übergegangen. Die notwendige Konzentration auf die Innen-, Wirtschafts- und (West-)Europapolitik, nicht zuletzt auch die vorsichtig-nüchterne Persönlichkeit des neuen Präsidenten, taten ein übriges, um die hochgesteckten Ambitionen eines „Europa vom Atlantik zum Ural" auf ein realistisches Maß zurückzuführen[1].

Bereits die eher beiläufige Erwähnung der Sowjetunion im Verlaufe der ersten großen Pressekonferenz Pompidous am 10. Juli 1969 zeigte, daß in der Sowjetunion nicht mehr der Partner in einem langfristig angelegten „grand dessein" gesehen wurde[2]. Das hieß freilich nicht, daß Pompidou die Beziehungen zur Sowjetunion unterschätzt hätte. In der Anfangsphase seiner Präsidentschaft, in einem Gespräch mit leitenden Redakteuren von *Le Monde*, bezog Pompidou die Sowjetunion wie selbstverständlich in das Geflecht zur Ausbalancierung der Bundesrepublik mit ein: „Um dies zu bewerkstelligen, gab es kein anderes Mittel, als sich gleichzeitig auf die USA, die Sowjetunion und Großbritannien zu stützen, selbstverständlich unter Beibehaltung der besten Beziehungen mit Bonn. Sie werden verstehen, daß ich dies nicht öffentlich sagen kann."[3]

Auch Moskau behielt ein Interesse an der Pflege des Verhältnisses zu Paris. Außenminister Jobert sah die Bedeutung Frankreichs für die Sowjetunion vor allem darin, daß es aufgrund seines anerkannten Renommées nach wie vor „ein Zeuge internationaler Moralität" sein konnte[4]. Weiterhin war der Sowjetunion daran gelegen, Frankreich durch punktuelle Gesten in seiner relativen Sonderrolle als nicht integriertes NATO-

[1] Guy de Carmoy, Französische Außenpolitik unter Georges Pompidou, in: EA vom 10. 10. 1970, S. 714–722; Walter Schütze, Frankreichs Außenpolitik im Wandel von de Gaulle zu Pompidou, in: EA vom 10. 1. 1972, S. 11–20; Dorothy Pickles, The Decline of Gaullist Foreign Policy, in: International Affairs Nr. 2 (1975), S. 220–235; Roy C. Macridis, French Politics in Transition: The Years after de Gaulle, Cambridge/Mass. 1975.

[2] Le Monde vom 12. 7. 1969.

[3] Fontaine, Un seul lit pour deux rêves. Histoire de la „détente" (1962–1981), Paris 1981, S. 158.

[4] Persönliches Gespräch mit Michel Jobert am 8. 8. 1984.

Mitglied zu stärken[5]. In Moskau schätzte man auch die Zustimmung zu der von der Sowjetunion bereits seit den 50er Jahren geforderten Konferenz über Sicherheit und Zusammenarbeit in Europa. Unter de Gaulle hatte dieses Projekt kein positives Echo gefunden, da es – so meinte man in Paris – die Gefahr einer Veranstaltung von Block zu Block in sich barg, die Frankreich der Möglichkeiten seiner unabhängigen Politik beraubt hätte. Nach dem Präsidentenwechsel sollte ein erheblicher Teil der sowjetischen Anstrengung darin bestehen, sich die Pariser Unterstützung zur Abhaltung der Konferenz und schließlich zu ihrer Krönung durch eine Schlußakte zu sichern. Ohne die Teilnahme Frankreichs hätte die Konferenz entweder überhaupt nicht stattfinden können oder erheblich an Bedeutung eingebüßt. Die französische Regierung wiederum bewegte sich Schritt um Schritt auf eine Unterstützung der Konferenz zu, als deren positive Seiten sie erkannte: die Gewährleistung der eigenen Mitsprache im europäischen Entspannungsprozeß, die Koppelung mit einer befriedigenden Berlin-Regelung, die Eröffnung eines Gesprächsforums für die kleineren osteuropäischen Länder, die Einbindung der bilateralen deutschen Ostpolitik in eine multilaterale Entspannungspolitik[6].

Unter den innenpolitischen Kräften Frankreichs war es nicht nur – was auf der Hand lag – die Kommunistische Partei, die eine enge Kooperation mit Moskau forderte, auch für viele Gaullisten gehörte ein möglichst breites Einvernehmen mit der Sowjetunion zu den längerfristigen Interessen Frankreichs. Ferner ist in Rechnung zu stellen, daß die Sowjetunion bis in die siebziger Jahre hinein in Frankreich vergleichsweise positiv gesehen wurde. Aus verschiedenen Meinungsumfragen ergibt sich übereinstimmend, daß die „Sympathiekurve" der Sowjetunion nach einem kurzen Einbruch am Ende der sechziger Jahre (Invasion in der Tschechoslowakei) zur Zeit der Präsidentschaft Pompidous wieder ein hohes Niveau erreichte, um schließlich in der zweiten Hälfte der siebziger Jahre sehr deutlich und nachhaltig wieder abzufallen[7]. Beispielsweise glaubten im Mai 1975 58 Prozent der Franzosen, die Sowjetunion sei ehrlich der Sache des Friedens verpflichtet, nur 43 Prozent meinten dies von den USA sagen zu können[8]. Von der sowjetischen Friedfertigkeit waren – im krassen Gegensatz zur Situation einige Jahre später – deutliche Mehrheiten in allen Parteien überzeugt. Pompidous Politik der Détente mit der Sowjetunion konnte also noch auf einem breiten Konsens aufbauen. Erst die Veröffentlichung von Alexander Solschenizyns „Archipel Gulag" im Jahre 1974 sorgte in der französischen Öffentlichkeit für einen tiefen Einbruch in der Sympathie für die Sowjetunion, was auch Konsequenzen für die praktische Gestaltung der Ostpolitik hatte[9].

Mit dem Besuch von Außenminister Schumann in Moskau (9.–13. Oktober 1969) begann eine neue Phase im französisch-sowjetischen Dialog. Es war der erste Besuch

[5] Piotr Abrassimov, La coopération entre l'URSS et la France, in: Le Monde vom 3. u. 4. 3. 1972.

[6] Aus französischer Sicht: Jacques Vernant, La Conférence sur la Sécurité et la Coopération en Europe, in: Politique étrangère Nr. 1 (1973), S. 13–25; Daniel Colard, La conférence sur la sécurité et la coopération européenne. Ses origines et la position du gouvernement français, in: Chronique de politique étrangère Nr. 5 (1973), S. 531–552.

[7] Olivier Duhamel/Jean-Luc Parodi, Images du communisme (I): La dégradation de l'image de l'Union Soviétique, in: Pouvoirs Nr. 21 (1982), S. 169–180; L'Union Soviétique vue par les Français, in: Metra Nr. 2 (1974), S. 265–277; SOFRES, Opinion publique. Enquêtes et commentaires, Paris 1984, S. 247–250.

[8] Duhamel/Parodi, La dégradation de l'image de l'Union Soviétique, S. 177.

[9] Jean-Marie Domenach, L'intelligentsia française et la perception de l'Est communiste, in: Cadmos Nr. 13 (1981), S. 18–27; Hélène Carrère d'Encausse, Paris-Moscou: L'URSS au purgatoire?, in: Le Débat Nr. 36 (1985), S. 164–174.

eines hochrangigen westlichen Politikers in der Sowjetunion nach der Okkupation der Tschechoslowakei. Bereits zu diesem frühen Zeitpunkt konnte die Reaktivierung der französischen Ostpolitik als eine „Voranpassung" an die sich anbahnenden deutschen Initiativen verstanden werden[10]. Die beiderseits angestrebten regelmäßigen Kontakte wurden mit den Gesprächen Gromykos in Paris im Juni 1970 fortgesetzt. Pompidous erster Staatsbesuch in der Sowjetunion (6.–13. Oktober 1970) erfolgte zwei Monate nach Unterzeichnung des deutsch-sowjetischen Vertrages. Offenbar hielt die sowjetische Führung den Moment für günstig, nunmehr mit Frankreich einen bilateralen Freundschaftsvertrag abzuschließen. Auf französischer Seite traf dieses Projekt zumindest im Außenministerium auf einige Sympathie. Folgt man Jobert, so hatte der Botschafter in Moskau, Roger Seydoux, im Verlaufe der Vorbereitung des Staatsbesuches bereits das Einverständnis seiner Regierung in Aussicht gestellt und sich dabei auf Außenminister Schumann und den Generalsekretär des Quai d'Orsay, Hervé Alphand, stützen können[11]. In der Tat war die Idee eines solchen Vertrages nicht ganz neu und bereits während der Reise de Gaulles 1966 sowie beim Besuch Schumanns 1969 besprochen worden[12]. Pompidou selbst ließ die Möglichkeit eines Vertragsabschlusses bis zu seinem letzten Gespräch mit Breschnew offen[13]; die ihn begleitenden Journalisten tappten bis zum Schluß im Dunkeln[14]. Schließlich zeigte sich jedoch, daß der vorsichtige Taktiker Pompidou zu einem weitreichenden vertraglichen Engagement mit der Sowjetunion nicht bereit war.

Ersatzweise wurde der besondere Charakter der französisch-sowjetischen Beziehungen durch die Unterzeichnung eines gemeinsamen Protokolls unterstrichen[15]. Es präzisierte auf Wunsch von Paris die künftige Periodizität der politischen Konsultationen, denn die sowjetische Handhabung des schon unter de Gaulle vereinbarten regelmäßigen Informationsaustausches hatte nie den französischen Erwartungen entsprochen. Insbesondere über den Fortgang der deutsch-sowjetischen Vertragsverhandlungen wie auch über die Vorgänge im Nahen Osten hatte sich die Pariser Regierung nicht ausreichend unterrichtet gefühlt[16]. In der zusätzlich verabschiedeten gemeinsamen Deklaration gab der französische Staatspräsident erstmals seine prinzipielle Zustimmung zu der von der Sowjetunion angestrebten europäischen Sicherheitskonferenz[17]. Die Zurückhaltung, mit der die französische Seite dieses Projekt aber auch weiterhin behandelte, kam nicht zuletzt darin zum Ausdruck, wie sehr die Notwendigkeit einer „gebührenden Vorbereitung" einer solchen Konferenz betont wurde. Die Unterzeichnung des deutsch-sowjetischen Vertrages war dafür aus Pariser Sicht ein erster wichtiger Schritt, doch machte sie

[10] Zit. in: Lothar Rühl, Paris reaktiviert Ostpolitik, in: Die Welt vom 21. 10. 1969; NZZ vom 17. 10. 1969: Pompidous Ostpolitik; SZ vom 25. 10. 1969: Deutsch-französische Ostpolitik.

[11] Persönliches Gespräch mit Michel Jobert am 8. 8. 1984.

[12] Le Monde vom 14. 10. 1970: Paris et Moscou se concerteront (...).

[13] Siehe die Pressekonferenz vom 14. 10. 1970, in: Visite officielle de M. Georges Pompidou, Président de la République, en URSS, 6–13 octobre 1970, Paris 1970, S. 18; Klaus Arnsperger, Neuer Vertrag Paris-Moskau in Aussicht, in: SZ vom 8. 10. 1970.

[14] Klaus Arnsperger, Paris stößt in Moskau auf Bonn, in: SZ vom 9. 10. 1970; persönliches Gespräch mit Klaus Arnsperger am 31. 10. 1987.

[15] Ministère des Affaires étrangères de la République Française/Ministère des Affaires étrangères de l'URSS (Hrsg.), Les relations franco-soviétiques, textes et documents 1965–1976, Paris 1976, S. 83 f.

[16] Le Monde vom 15. 10. 1970: M. Pompidou présente au conseil des ministres (...); NZZ vom 16. 10. 1970: Bilanz der Moskaureise Pompidous.

[17] Les relations franco-soviétiques, textes et documents 1965–1976, S. 84–89.

in Übereinstimmung mit der Bundesregierung und den übrigen NATO-Staaten auch das Zustandekommen einer Berlin-Regelung zur Vorbedingung der Sicherheitskonferenz[18]. Diese sollte nach französischer Vorstellung „außerhalb des Rahmens der Politik der Blöcke" stattfinden, aber unter Teilnahme der USA und Kanadas. Mit durchaus optimistischen Akzenten hatte Außenminister Schumann zu diesem relativ frühen Zeitpunkt der Sicherheitskonferenz zwei Hauptziele zugewiesen: Zunächst sollte die allgemeine Anerkennung des territorialen und politischen Status quo in Europa zu einer Situation des „konsolidierten Friedens" führen. Zum zweiten könne die Konferenz allen beteiligten Ländern die Möglichkeit bieten, ihre „nationale Persönlichkeit" zu behaupten[19].

Auf wirtschaftlichem Gebiet wurde in Moskau eine Reihe von Abkommen abgeschlossen, die den nach wie vor unbefriedigenden französisch-sowjetischen Handelsbeziehungen neuen Auftrieb geben sollten[20]. Trotz der vergleichsweise günstigeren politischen Rahmenbedingungen war der Handel Frankreichs mit den Staaten des Ostblocks in den Jahren 1965 bis 1969 hinter dem Umfang der deutschen Osthandelsbeziehungen zurückgeblieben. So steigerten sich in diesem Zeitraum die bundesdeutschen Exporte in die osteuropäischen Länder um 90 Prozent (bei einer Gesamtexportsteigerung von 62 Prozent), während der Zuwachs des französischen Ostexports mit 65 Prozent bei einer Gesamtsteigerung von 49 Prozent merklich geringer ausfiel. Dabei lag für beide Länder die Ausgangsbasis vergleichsweise niedrig: Der Anteil des Ostexports am Gesamtexport stieg für die Bundesrepublik von 1965 bis 1969 von 5,4 auf 6,3 Prozent, für Frankreich von 3,6 auf knapp 4 Prozent[21]. Die deutschen Exporte allein in die Sowjetunion erhöhten sich im Zeitraum von 1965 bis 1969 von 147 auf 406 Millionen Dollar, die französischen von 72 auf 264 Millionen Dollar[22]. Noch vor der Wahl Pompidous war am 27. Mai 1969 ein neues französisch-sowjetisches Handelsabkommen unterzeichnet worden, das die Verdoppelung des Warenaustausches innerhalb von fünf Jahren vorsah und mit der Gewährung eines langfristigen Kredits mit präferenzieller Zinsrate durch französische Banken flankiert wurde. Die innerhalb dieses Zeitraums am 27. Oktober 1971 und am 10. Juli 1973 vereinbarten langfristigen industriellen und technischen Kooperationsabkommen illustrierten weiterhin das besondere Engagement Pompidous und seines Wirtschafts- und Finanzministers Giscard d'Estaing, für die Entwicklung des französischen Osthandels[23]. Dessen politische Förderung war Teil der allgemeinen Strategie ökonomischer Expansion, sollte im besonderen jedoch auch die französische Präsenz angesichts der erwarteten deutsch-sowjetischen Handelserweiterung sichern[24]. Um dem Gedanken einer deutsch-französischen Konkurrenz entgegenzuwirken, wies Pompidou allerdings beschwichtigend darauf hin, die französischen Exporte in die Sowjetunion beliefen sich

[18] Pressekonferenz Pompidous im Kreml vom 7. 10. 1970, in: La politique étrangère de la France Nr. 2 (1970), S. 89/90.

[19] Schumann in der Sendereihe „Die Fernseh-Pressekonferenz" des SFB am 27. 9. 1970, in: EA vom 10. 11. 1970, D 511.

[20] Alain Capian, Les échanges et la coopération économique avec les pays de l'Europe de l'Est. Notes et études documentaires, La Documentation française, Nr. 4116–4117, 8. 10. 1974.

[21] Zahlen nach: Le Monde vom 13. 8. 1970.

[22] Zahlen nach: Le Monde vom 18. 8. 1970.

[23] Renata Fritsch-Bournazel, Frankreich, in: Reinhard Rode/Hanns-Dieter Jacobsen (Hrsg.), Wirtschaftskrieg oder Entspannung?, Bonn 1984, S. 144-157; Marie-Pierre Rey, Les fruits de la détente dans les relations franco-soviétiques, in: Relations internationales Nr. 45 (1986), S. 67-85.

[24] Udo Rehfeldt, Französische Ostpolitik und sozio-ökonomische Interessen, in: Leviathan H. 3 (1974), S. 409–433.

auf lediglich 2 Prozent der Gesamtexporte und es wäre nicht schwierig, dafür andere Märkte zu finden[25]. Tatsächlich entwickelte sich der deutsch-sowjetische Handel seit dem Ende der sechziger Jahre sehr viel dynamischer als der französisch-sowjetische Austausch. Während die Bundesrepublik und Frankreich im Jahre 1968 einen nahezu gleich großen Anteil am Außenhandel der Sowjetunion erreichten (2,3 bzw. 2,2 Prozent), erhöhte sich der bundesdeutsche Anteil bis 1973 auf 4,0 Prozent, der französische lediglich auf 2,3 Prozent. Mit einigem Abstand war die Bundesrepublik damit der wichtigste westliche Außenhandelspartner der Sowjetunion geworden, Frankreich teilte sich 1973 mit Großbritannien den zweiten Platz[26].

Pompidous Staatsbesuch von 1970 hatte insgesamt gezeigt, daß der französischen Regierung sehr daran gelegen war, angesichts der jüngsten Entwicklungen in den deutsch-sowjetischen Beziehungen durch die Intensivierung der eigenen Zusammenarbeit mit der Sowjetunion einen gewissen Ausgleich zu schaffen. Dabei wollte man allerdings nicht zu weit gehen und irreversible Entwicklungen einleiten. Das vorsichtige Einschwenken auf das Projekt der europäischen Sicherheitskonferenz, die Ablehnung jeglicher Schritte in Richtung auf eine Anerkennung der DDR und die Betonung der Bedeutung der laufenden Berliner Vier-Mächte-Verhandlungen erfolgten auch mit Rücksicht auf die Bonner Ostpolitik, die einige Zeit zur Entfaltung benötigte. Aus der Perspektive Moskaus wiederum, so spitzte Michel Jobert zu, war die Reise Pompidous „fehlgeschlagen", da es nicht zum Abschluß eines französisch-sowjetischen Vertrages kam[27].

Die französische Regierung blieb bei ihrer Politik, die Berliner Vier-Mächte-Verhandlungen zum Testfall für die Aussichten der europäischen Entspannungspolitik zu machen. Bei seinem Besuch in Polen (26.–28. November 1970) erklärte Premierminister Chaban-Delmas, der Abschluß der Berlin-Verhandlungen sei „eine Bedingung für den Erfolg, die erst erfüllt sein muß, um mit der eigentlichen Vorbereitung der europäischen Sicherheitskonferenz beginnen zu können[28]. Von dieser Linie ging auch Maurice Schumann bei seinen im Rahmen der vereinbarten halbjährlichen Konsultationen stattfindenden Gesprächen in Moskau nicht ab (4.–7. Mai 1971). Die Zurückhaltung der französischen Regierung blieb immerhin nicht unbestritten. Neben der Kommunistischen Partei meldeten sich immer wieder auch gaullistische Politiker zu Wort, die vor einem „Abdanken" („effacement") Frankreichs im Ost-West-Verhandlungsprozeß warnten und hinsichtlich des Datums der Einberufung der Sicherheitskonferenz ausdrücklich forderten, die Bundesrepublik nicht zum „Schiedsrichter der Entspannung in Europa" zu machen[29].

Gegenüber den MBFR-Verhandlungen, der zweiten internationalen Verhandlungsrunde neben den KSZE-Gesprächen, blieb die französische Haltung auch in der Präsi-

[25] Pressegespräch Pompidous am 7. 10. 1970 im Kreml, in: La politique étrangère de la France Nr. 2 (1970), S. 89.

[26] Zahlen aus sowjetischer Quelle bei: Eberhard Schulz, Moskau und die europäische Integration, München 1975, S. 226/227; A. Bender/Françoise Lemoine, La pénétration de la France et de la RFA sur les marchés de l'Est, in: Le courrier des pays de l'Est Nr. 199 (1976), S. 3–30.

[27] Persönliches Gespräch mit Michel Jobert am 8. 8. 1984.

[28] Zit. in: Le Monde vom 29./30. 11. 1970: MM. Chaban-Delmas et Cyrankievicz (...); Le Monde vom 28. 11. 1970: Pour M. Chaban-Delmas un règlement à Berlin devra précéder la tenue d'une conférence européenne; La Croix vom 28. 11. 1970: A Varsovie, M. Chaban-Delmas propose l'ouverture sur „une société européenne".

[29] Zitate: Raymond Offroy (gaullistischer Abgeordneter in der Nationalversammlung und im Europäischen Parlament), Reprendre l'initiative, in: Le Monde vom 6. 10. 1970 (Libres opinions).

dentschaft Pompidous negativ[30]. Die ursprünglich im Juni 1968 von den NATO-Staaten (ohne Frankreich) in der Deklaration von Reykjavik vorgeschlagenen Verhandlungen über eine beiderseitige und ausgewogene Reduzierung der konventionellen Streitkräfte in Mitteleuropa waren gedacht als ein Gegenstück zu der von der Sowjetunion betriebenen KSZE-Konferenz. Frankreich jedoch hielt seine Teilnahme an diesen Abrüstungsgesprächen für nicht vereinbar mit seinem Status als eigenständige Nuklearmacht, dessen Streitkräfte nicht in die NATO-Militärorganisation integriert waren. Es befürchtete, daß sein militärisches Potential in den Kräfteberechnungen der westlichen Seite zugeschlagen würde und früher oder später selbst die nukleare Force de Frappe unter den direkten oder indirekten Druck von Reduzierungsmaßnahmen geraten könnte. Vor allem versprach sich die französische Regierung auch keinen allgemeinen politischen Nutzen von einer militärischen Ausdünnung in Mitteleuropa. Pompidou hatte sich ja nicht zu der Erklärung durchgerungen, daß die Anwesenheit amerikanischer Truppen in Westeuropa notwendig sei, um diese auf dem Wege über die MBFR-Verhandlungen dann doch zu reduzieren oder ganz abzubauen. Die Schaffung einer Zone mit miliärischem Sonderstatus in Mitteleuropa, die vor allem die beiden deutschen Staaten umfassen würde, konnte, so meinte man in Paris, unkalkulierbaren Entwicklungen Vorschub leisten und dem Neutralismus Auftrieb verleihen[31]. Im Juni 1971 begründete der amtierende Verteidigungsminister Michel Debré die Ablehnung einer Truppenreduzierung in der Hauptsache mit dem Argument: „Man verschweigt, daß am Ende des Weges die Neutralisierung eines Teils von Europa stehen kann und der Neutralismus eines anderen Teils.“[32]

Die Tatsache, daß Breschnew seinen ersten Besuch im westlichen Ausland in Frankreich absolvierte (25.–30. Oktober 1971), wurde in Paris als Beleg für den nach wie vor präferenziellen Charakter der französisch-sowjetischen Beziehungen gewertet. In seinen Memoiren zeichnete Jobert ein überaus schmeichelhaftes Bild von den Gesprächen mit den führenden sowjetischen Politikern[33]. Kritische Stimmen wiesen allerdings darauf hin, daß nunmehr Bonn und nicht Paris die bei weitem wichtigste Etappe der sowjetischen Europa-Politik sei[34]. In mancher Hinsicht wiederholte sich das Szenario der Gipfelbegegnung von 1970. Wieder schlug die sowjetische Seite den Abschluß eines bilateralen Vertrages vor, und wiederum weigerte sich Pompidou – entgegen einigen Empfehlungen aus dem Quai d'Orsay –, sich durch einen solchen Schritt verpflichten zu lassen[35]. Dagegen unterstrich er ausdrücklich die Bindungen Frankreichs an die „westliche Welt“, seine „aktive Beteiligung an der europäischen Einigung“ sowie die Tatsache, daß die Allianzen Frankreichs „integraler Bestandteil seiner Politik“ seien[36]. Auch Pompidou wies jedoch in „traditionalistischer“ Tonlage auf die sich aus Geschichte und Geographie ergebende Notwendigkeit eines französisch-sowjetischen Einvernehmens hin: „Die Annäherung zwischen Frankreich und der Sowjetunion entspricht den überdauernden Gegebenheiten.

[30] Walter Schütze, Frankreich und das Problem einer ausgewogenen Truppenverminderung in Ost und West, in: EA vom 10. 7. 1970, S. 469–478; Jean Klein, European and French Points of View on Mutual and Balanced Force Reductions in Europe: Historic and Current Perspectives, in: Stanford Journal of International Studies, Frühjahr 1979, S. 53–70.

[31] Persönliches Gespräch mit Michel Jobert am 8. 8. 1984.

[32] Michel Debré, Europe 1971: deux échecs – deux succès – deux épreuves – deux certitudes, in: Revue de Défense nationale Nr. 10 (1971), S. 1424.

[33] Jobert, Mémoires d'avenir Paris, 1974, S. 197 f.

[34] Josette Alia, Brejnev chez Pompidou, in: Le Nouvel Observateur vom 25. 10. 1971.

[35] Combat vom 25. 10. 1971: Après Brejnev, Pompidou verra Brandt.

[36] Tischrede Pompidous vom 25. 10. 1971, in: Pompidou, Entretiens et discours, Bd. 2, S. 179–194.

Das beweist die Geschichte, in der seit 100 Jahren das russische Volk und das französische Volk vereint gewesen sind in ihren Kämpfen für ihre Existenz und für ihre Freiheit. Wir haben nicht die Rolle der sowjetischen Armeen beim Sieg über den Nazismus und somit für unsere Befreiung vergessen. Die Geographie kommt der Geschichte zu Hilfe, die unsere beiden Länder dazu auffordert, aufgrund ihrer Lage an den beiden Flügeln unseres Kontinents und trotz des Unterschiedes ihrer Dimensionen aus ihrer Verständigung eine zentrale Säule des europäischen Gebäudes zu machen."[37]

Da es, wie ein Jahr zuvor, zu keinem Vertragsabschluß kam, sollte auch diesmal die Unterzeichnung eines besonderen Dokuments – eines dreizehn Punkte umfassenden „Prinzipienkatalogs der Zusammenarbeit zwischen Frankreich und der UdSSR" – das hohe Niveau der französisch-sowjetischen Beziehungen dokumentieren. Daß diese Vereinbarung auch im Lichte eines deutsch-französischen diplomatischen „tit for tat" in bezug auf die Beziehungen zur Sowjetunion zu sehen ist[38], liegt als Erklärung um so näher, als mit dem Prinzipienkatalog kein einziges neues Element in das französisch-sowjetische Verhältnis eingeführt wurde[39]. Die zeitgenössische Einschätzung, wonach die französisch-sowjetischen Beziehungen mit dem Besuch Breschnews in Paris 1971 sozusagen an ihrer „oberen Grenze" angelangt waren, erwies sich als zutreffend[40]. Zwar beseitigten der Abschluß des Berliner Vier-Mächte-Abkommens (September 1971) sowie die Ratifizierung der deutschen Ostverträge (Mai 1972) wichtige Hypotheken, die auf der europäischen Entspannungspolitik lasteten. Der Weg zur multilateralen Vorbereitung der europäischen Sicherheitskonferenz, wie anläßlich des Besuches Gromykos in Paris im Juni 1972 noch einmal festgehalten wurde, war nunmehr frei[41]. Das Jahr 1972 war mit dem Abschluß des SALT I-Abkommens und dem Besuch Präsident Nixons in Moskau jedoch vor allem das Jahr der amerikanisch-sowjetischen Détente. Die französische Regierung sah bald die Gefahr, das Einvernehmen zwischen den beiden Supermächten könnte zu ihren Lasten gehen.

Den direkten Dialog mit der Sowjetunion ließ Pompidou jedoch nicht abreißen. Das Treffen mit Breschnew von Zaslawl/Minsk (11./12. Januar 1973) war vornehmlich der Vorbereitung der KSZE-Konferenz und der militärischen Seite der Entspannungspolitik gewidmet. Erstmals fand sich Breschnew bei dieser Gelegenheit auch bereit, die Möglichkeit einer Zusammenarbeit zwischen dem Rat für gegenseitige Wirtschaftshilfe und der Europäischen Gemeinschaft konkret in Betracht zu ziehen[42]. Aus den vorsichtigen Formulierungen des französischen Staatspräsidenten bezüglich der am 31. Januar mit Vorbereitungsgesprächen anlaufenden MBFR-Verhandlungen war zu folgern, daß sich die negative französische Haltung wohl nicht „von einem Tag zum anderen" ändern würde, wie Pompidou erklärte, die Ablehnung jedoch zumindest überdacht würde[43]. Die Erweiterung der Zahl der Teilnehmerstaaten – möglicherweise auch um neutrale Länder –,

[37] Ebenda, S. 183 f.

[38] Zit. in: Edward A. Kolodziej, France Ensnared: French Strategic Policy and Bloc Politics after 1968, in: Orbis Nr. 4 (1972), S. 1100.

[39] Les relations franco-soviétiques, textes et documents 1965–1976, S. 105 f.

[40] Michel Tatu, M. Pompidou diplomate, in: Le Monde vom 13. 11. 1971.

[41] Das Kommuniqué vom 15. 6. 1972, in: Les relations franco-soviétiques, textes et documents 1965–1976, S. 112 f.

[42] Schulz, Moskau und die europäische Integration, S. 83 f.

[43] Siehe Pompidous Zitate bei: Michel Tatu, La France pourrait s'associer ultérieurement à la négociation sur une réduction des forces en Europe, in: Le Monde vom 14./15. 1. 1973; Le Monde vom 14./15. 1. 1973: Concessions mutuelles à Minsk (Bulletin); SZ vom 12. 1. 1973: Gedankenlesen am Rande russischer Wälder.

die den Charakter von Verhandlungen zwischen den zwei Militärallianzen zurückgedrängt hätte, wäre den Pariser Vorstellungen entgegengekommen. Die Einrechnung der französischen Nuklearwaffen in das Gesamtpotential des Westens, von deren Unausweichlichkeit Breschnew Pompidou in Minsk hatte überzeugen wollen, blieb für Frankreich jedoch inakzeptabel[44]. Gegenüber Brandt gab Pompidou eineinhalb Wochen später zu erkennen, „in einem bestimmten Stadium könne es für Frankreich zweckmäßig sein, sich an den Erörterungen zu beteiligen. Er habe jedoch instinktiv das Gefühl, möglicherweise in ein gefährliches Räderwerk zu gelangen.[45]"

Das letzte Jahr der Präsidentschaft Pompidous stand im Zeichen einer Verhärtung der französischen Außenpolitik. Nach den Worten von Michel Jobert kehrte sein Land zu den „Quellen der französischen Politik" zurück[46]. Mehrere Faktoren ließen 1973 aus der Sicht der Pariser Regierung als eine „entscheidende Wende in der Geschichte der internationalen Beziehungen"[47] erscheinen: Vor allem das strategische Abkommen zwischen den USA und der Sowjetunion zur Verhinderung eines Atomkrieges vom 22. Juni 1973 erregte in Paris die Gemüter. Es wurde als komplizenhafte Absprache zur Aufteilung der weltweiten Verantwortung interpretiert, und schon während und nach dem israelisch-arabischen Yom-Kippur-Krieg (6.–24. Oktober 1973) zeigte sich das Zusammenwirken der beiden Supermächte, während sich Frankreich zur Zweitrangigkeit degradiert sah. Der neue Außenminister Michel Jobert, der Maurice Schumann bei der Regierungsumbildung im Anschluß an die Parlamentswahlen vom März 1973 abgelöst hatte, attakkierte die amerikanisch-sowjetische Abstimmung; er sah in ihr eine Aufteilung der Welt in Interessensphären und den Versuch zur Errichtung eines „Kondominiums"[48]. Die Persönlichkeit Joberts, der sich in der Rolle der einsamen Selbstbehauptung gegen ein neues „Jalta" der Supermächte nicht unwohl fühlte, gab der französischen Reaktion einige zusätzliche Schärfe[49]. Im Jahr, das die amerikanische Regierung zum „Jahr Europas" erklärt hatte, bahnte sich aus der Sicht der französischen Regierung genau das an, was Pompidou bereits 1970 als eine der Hauptgefahren für die internationale Stellung Frankreichs bewertet hatte: Europa schien im „Sandwich" zwischen den beiden Supermächten erdrückt zu werden[50]. Das Mißtrauen, das sich in der französischen Reaktion auf den amerikanischen Vorschlag einer Definition des amerikanisch-europäischen Verhältnisses in einer neuen „Atlantik-Charta" äußerte, war deutlicher noch als bei den übrigen westeuropäischen Ländern von der Furcht bestimmt, Europa sollte auf seine – in der Tat von Kissinger so beschriebenen – „regionalen Interessen" beschränkt werden, während die USA die „globalen Interessen und Verantwortungen" wahrnehmen würden[51]. Die Spannungen im Verhältnis zu den USA hinderten Pompidou bei seinem Treffen mit Präsident Nixon am 31. Mai in Reykjavik jedoch nicht daran, deutlicher als je zuvor „die extreme Wichtigkeit" der Präsenz amerikanischer Truppen in Europa zu unterstreichen und ein-

[44] Persönliches Gespräch mit Michel Jobert am 8. 8. 1984.
[45] So zitiert Brandt Pompidou, in: Begegnungen und Einsichten, S. 353 f.
[46] Persönliches Gespräch mit Michel Jobert am 8. 8. 1984.
[47] So der diplomatische Berater im Präsidialamt Jean-Pierre Teyssier, L'année 1973 dans la politique étrangère du président Pompidou, in: Politique étrangère Nr. 4/5 (1974), S. 473.
[48] Rede vor der Nationalversammlung vom 12. 11. 1973, in: J. O., A. N., 13. 11. 1973, S. 5566–5572.
[49] Paul-Marie de La Gorce, Michel Jobert, in: Politique étrangère Nr. 1 (1986), S. 107–114.
[50] Pompidou am 15. 12. 1970 im Gespräch mit Pierre Viansson-Ponté, in: Fontaine, Un seul lit pour deux rêves, S. 248.
[51] Rede Kissingers vom 24. 4. 1973, in: EA vom 25. 3. 1973, D 220–225; Kissinger, Memoiren 1968–1973, München 1979, S. 181 ff. bzw. S. 192 ff.

dringlich auf die Gefahren ihrer einseitigen Reduzierung hinzuweisen[52]. Was Pompidou fürchtete, war die Preisgabe des europäischen Engagements der USA im Rahmen eines globalen Einverständnisses mit der Sowjetunion.

Die Akzentuierung der eigenständigen Rolle Frankreichs mußte nach Lage der Dinge die Beziehungen zu den USA und zu den europäischen Partnerländern mehr belasten als das Verhältnis zur Sowjetunion. Doch auch die Beziehungen zu Moskau blieben nicht unberührt. Als Breschnew vom 25. bis 27. Juni 1973 aus Washington kommend in Paris Station machte, lagen die amerikanischen und sowjetischen Positionen hinsichtlich der weiteren Schritte im Ost-West-Verhältnis nunmehr deutlich näher beieinander als die französischen und sowjetischen. Breschnew suchte den französischen Staatspräsidenten zwar davon zu überzeugen, daß dem amerikanisch-sowjetischen Zusammenwirken die besten Absichten zugrunde lagen, traf jedoch auf die „kalte Reserve" Pompidous[53]. Paris hielt nicht nur an der kategorischen Ablehnung der MBFR-Verhandlungen fest, auch über die Prozedur bei der KSZE-Konferenz ergaben sich neue Differenzen. Während die sowjetische Seite auf einen möglichst zügigen Abschluß der Gespräche drängte, suchte die französische Regierung den Gang der Dinge eher zu verlangsamen, um eine breite Diskussion insbesondere über humanitäre Fragen („Korb 3") zu ermöglichen. Frankreich vertrat damit eine Linie, die der von den EG-Staaten im Rahmen der neu konstituierten Europäischen Politischen Zusammenarbeit seit Anfang 1971 entwickelten gemeinsamen KSZE-Politik entsprach[54]. Die amerikanische Regierung wiederum, die kein allzu großes Interesse an der KSZE-Konferenz hatte, stellte der Sowjetunion bereits in Aussicht, die Konferenz „zum frühestmöglichen Zeitpunkt" zum Abschluß zu bringen, und dies „auf höchster Ebene", d. h. mit einem Treffen der Staats- und Regierungschefs der beteiligten Länder[55]. Im Gegensatz dazu fand sich im knappen Kommuniqué zum Abschluß des Treffens Pompidou/Breschnew erstmals keine Erwähnung der Sicherheitskonferenz[56]. In sowjetischen Medien wurde nun Kritik an der französischen Haltung laut, zunächst auf indirektem Wege, als die Nachrichtenagentur TASS unter namentlicher Nennung der chinesischen Diplomatie gegen diejenigen Stellung bezog, „die sich bemühen, die Außenpolitik der Sowjetunion zu verfälschen, und vom Versuch eines abgekarteten Spiels zwischen den beiden Supermächten reden"[57]. Von diesen Andeutungen abgesehen, hatte die Sowjetunion jedoch weiterhin großes Interesse daran, das Bild von einer harmonischen Fortentwicklung der „bewährten Freundschaft" zwischen dem „französischen und dem sowjetischen Volk" zu pflegen[58].

[52] Zitat einer gemeinsamen Erklärung Pompidous und Nixons, in: Le Monde vom 2. 6. 1973: M. Nixon pourrait renoncer à tenir à l'automne une conférence „au sommet" atlantique; Jobert, L'autre regard, Paris 1976, S. 293 ff.

[53] Jobert, Mémoires d'avenir, S. 241; Michel Tatu, M. Brejnev assure M. Pompidou qu'il n'est pas question de créer un „condominium" soviéto-américain, in: Le Monde vom 27. 6. 1973; ders., La fin des entretiens de Rambouillet, in: Le Monde vom 28. 6. 1973.

[54] Götz von Groll, Die KSZE und die Europäische Gemeinschaft, in: Jost Delbrück u. a. (Hrsg.), Grünbuch zu den Folgewirkungen der KSZE, Köln 1977, S. 27–36; Jan Höhn, Außenpolitik der EG-Staaten – im Fall der KSZE, München 1978.

[55] Amerikanisch-sowjetisches Kommuniqué vom 25. 6. 1973 über den Besuch Breschnews in den USA, in: EA vom 10. 8. 1973, D 423.

[56] Kommuniqué vom 27. 6. 1973, in: Les relations franco-soviétiques, textes et documents 1965–1976, S. 118 f.

[57] TASS vom 21. 6. 1973, zit. in: Le Monde vom 24./25. 6. 1973: Brejnev-Pompidou.

[58] Le Monde vom 29. 6. 1973: Moscou ne dit mot des divergences.

Einiges Aufsehen erregte schließlich Jobert am 4. Juli 1973 durch eine demonstrativ kritische Intervention vor der KSZE-Konferenz in Helsinki, in der er vor einer nur „scheinbaren Sicherheit" und der „Selbstaufgabe" der europäischen Länder warnte: „Nicht weil 1973 oder 1974 in Helsinki eine Konferenz getagt hat, wird künftig alles geregelt sein, wird man Loblieder auf den Frieden anstimmen können, die Unruhe aus den Herzen verbannen und auf geistige Entschlossenheit verzichten können."[59] Kategorisch fiel auch seine Zurückweisung der MBFR-Verhandlungen aus: „Mehrere Länder haben es für richtig gehalten, in einer anderen Hauptstadt Verhandlungen über einen Rüstungsabbau in Europa aufzunehmen. Ich wünsche, daß dies in ihrem Interesse liegt, glaube allerdings nicht daran, denn nicht auf diese Weise wird man zu einer echteren und von Europa bestimmten Sicherheit gelangen, da es auf der Hand liegt, daß sie von außen her bestimmt und kontrolliert sein wird."[60]

Während die Ablehnung der MBFR-Verhandlungen nunmehr fester Bestandteil der französischen Politik war, wurde die Skepsis gegenüber der KSZE-Konferenz selbst innerhalb der Pariser Regierung nicht überall geteilt. Im Quai d'Orsay, wo man dem Außenminister eine Rede mit deutlichen positiven Akzenten aufgesetzt hatte, war man von der kritischen Tonlage Joberts überrascht[61]. Am 27./28. Juli 1973 ließ sich Jobert in Moskau von Breschnew erneut versichern, daß die geschlossenen oder angestrebten amerikanisch-sowjetischen Abkommen in keiner Weise auf eine Einbeziehung Frankreichs abzielten, das über seine eigenen Nuklearwaffen verfüge[62]. In dieser kritischen zweiten Jahreshälfte 1973 war es nicht nur Jobert, der öffentlich die Gefahren eines „Kondominiums" beschwor. Auch Pompidou bediente sich dieser Terminologie, als er auf einer Pressekonferenz am 23. September 1973 erklärte, die amerikanisch-sowjetische Verständigung würde Gefahren in sich bergen, „wenn diese Annäherung zu einer Art Kondominium führen oder in einer Art Neutralisierung Europas enden sollte[63].

Mußten die französischen Stellungnahmen gegen die Tendenzen zu einer Doppelhegemonie der beiden Supermächte die sowjetische Seite auch irritieren, so behielt die „neogaullistische" Wendung in Paris aus Moskauer Sicht doch ihre positiven Seiten. Hierzu zählte etwa die französische Weigerung, an dem von den USA als Reaktion auf die Erdöl-Krise betriebenen Zusammenschluß der erdölverbrauchenden westlichen Länder teilzunehmen. Bei der entscheidenden Konferenz von Washington (11.–13. Februar 1974) war Frankreich nur mit Beobachter-Status vertreten, bevor es die Teilnahme an der „Weltenergie-Agentur" endgültig ablehnte. Die sowjetische Befriedigung drückte Andrej Gromyko kurz darauf während eines neuerlichen Besuchs in Paris so aus: „Wir applaudieren allen Ländern, die eine unabhängige Politik im Interesse des Friedens in der Welt verfolgen. Wenn Sie von ferne Beifall hören für Ihre Politik der Unabhängigkeit, so sollten Sie wissen, daß dieser Beifall von uns kommt, denn wir können über diese Politik nur befriedigt sein."[64]

[59] La politique étrangère de la France Nr. 2 (1973), S. 41–44.
[60] Ebenda; Jobert, Mémoires d'avenir, S. 245 ff.
[61] Persönliches Gespräch mit Claude Arnaud am 13. 2. 1988.
[62] Le Monde vom 29./30. 7. 1973: „La France n'a rien à redouter du rapprochement soviéto-américain", affirme M. Brejnev.
[63] Le Monde vom 29. 9. 1973.
[64] Zit. in: Michel Tatu, La visite de M. Gromyko en France, in: Le Monde vom 16./17. 2. 1974; Charles Hargrove, Amicable tone in Gromyko Paris talks, in: The Times vom 18. 2. 1974; Le Monde vom 19. 2. 1974: Réchauffement franco-soviétique (Bulletin).

Auch bei seinem letzten Treffen mit Breschnew, am 12./13. März 1974 in Pitsunda am Schwarzen Meer, weigerte sich Pompidou, seine Einwilligung für den Abschluß der KSZE-Verhandlungen und die Einberufung eines KSZE-Gipfeltreffens zu geben. Trotz des sowjetischen Drängens legte die französische Seite weiterhin Wert auf einen ausreichenden zeitlichen Rahmen für die Beratungen der laufenden zweiten KSZE-Phase in Genf. Die Anberaumung einer abschließenden Runde, so Pompidou, sollte erfolgen „in Funktion der Resultate, die erreicht werden."[65] Kaum zweifelhaft dürfte jedoch sein, daß auch Pompidou, der zwei Wochen nach dem Treffen mit Breschnew starb, innerhalb kürzerer Frist schließlich grünes Licht zur Beendigung der KSZE-Konferenz gegeben hätte.

Nach der ostpolitischen Öffnung de Gaulles vermochte Pompidou den französisch-sowjetischen Beziehungen eine bemerkenswerte Stetigkeit zu geben. Fünfmal traf er mit Breschnew zusammen, davon dreimal in der Sowjetunion; hingegen hatte er lediglich drei Begegnungen mit dem amerikanischen Präsidenten, davon nur eine in den USA. Paris wollte in einer Phase, in der das Ost-West-Verhältnis neu definiert wurde, Frankreichs Position als zwar nicht mehr wichtigster, aber noch immer erstrangiger Gesprächspartner stabilisieren – dies auch als Antwort auf die deutsche Ostpolitik, die in diesen Jahren eine außerordentliche Dynamik entfaltete. In den französisch-sowjetischen Beziehungen, so Pompidous leicht skeptisches Resümee, habe General de Gaulle einen Weg gebahnt: „Dieser Pfad ist eine Autobahn geworden, auf der andere nun mit hoher Geschwindigkeit rasen."[66]

Wie wichtig der französischen Regierung der fortgesetzte enge Dialog mit der Sowjetunion war, tritt bei einem Vergleich mit der britischen Politik deutlich hervor[67]. Hatten einzelne britische Politiker in den fünfziger und auch noch in den sechziger Jahren immer wieder einmal den Ehrgeiz gezeigt, eine Mittler-Funktion zwischen den beiden Weltmächten zu erlangen, so war das Interesse Großbritanniens an einer eigenen Ostpolitik gerade in der Hochphase der Entspannungspolitik zu Beginn der siebziger Jahre sichtlich begrenzt. Zwischen Wilsons Moskau-Reisen in den Jahren 1966 und 1975 besuchte kein britischer Premierminister die Sowjetunion. Diese Abstinenz mag ihren Grund in der Konzentration Londons auf den Beitritt zur Europäischen Gemeinschaft gehabt haben, möglicherweise auch – wie Roger Morgan vermutete – in dem Wunsch, nicht in einen Gegensatz zur bundesdeutschen Ostpolitik zu geraten[68]. Frankreich ließ sich von einer solchen Befürchtung gewiß nicht leiten und zog gerade die umgekehrte Konsequenz. Für die Bundesregierung hatte das ausgeprägte ostpolitische Engagement Frankreichs einen deutlich positiven Effekt: Die eigene Ostpolitik erschien damit weniger exponiert.

Im Unterschied zur zumindest zwiespältigen Reaktion in Paris fand der Abrüstungsdialog zwischen den USA und der Sowjetunion in Bonn ein durchweg positives Echo.

[65] Pompidou am 13. 3. 1974 vor der Presse, in: Le Monde vom 15. 3. 1974: La déclaration de M. Pompidou à la presse; Michel Tatu, Les deux chefs d'Etat n'ont pas pris d'engagements précis, in: Le Monde vom 15. 3. 1974; auf Wunsch der westeuropäischen Staaten sollte insbesondere sichergestellt werden, daß eine einvernehmliche Veränderung der Grenzen in Europa durch das KSZE-Dokument nicht ausgeschlossen wird.

[66] Zit. in: Le Monde vom 14. 3. 1974: M. Brejnev insiste auprès de M. Pompidou (...).

[67] Roger Morgan, Großbritannien, in: Schulz (Hrsg.), Die Ostbeziehungen der Europäischen Gemeinschaft, S. 189–196; Josef Korbel, Détente in Europe, Princeton 1972, S. 60–66.

[68] Morgan, Großbritannien, S. 193.

Während die französische Regierung fürchtete, die eigene Unabhängigkeit könnte durch die Kooperation der beiden Supermächte beeinträchtigt werden, hielt sich die Bundesregierung an die umgekehrte Auffassung, so Egon Bahr, „daß ein Grundverständnis zwischen Washington und Moskau notwendig ist, um überhaupt den Spielraum für die europäischen Staaten zu schaffen oder zu vergrößern"[69]. Differenzen objektiver und subjektiver Art traten hier zutage: Frankreich bezog seine kritischen Positionen im Interesse des Schutzes der Force de Frappe, aus Furcht vor deutschen neutralistischen Tendenzen nach einem Disengagement in Mitteleuropa und zur Verteidigung seiner außereuropäischen Interessensgebiete. Als psychologischer Faktor wirkte zudem das spezifisch französische „Trauma von Jalta" nach, die Angst des Ausschlusses durch die USA und die Sowjetunion.

Die multilaterale Phase der Détente-Politik hatte im Rahmen der KSZE-Konferenz zu einer innovativen Zusammenarbeit zwischen den westeuropäischen Staaten einschließlich Frankreichs geführt. Ihr rüstungskontroll- und abrüstungspolitischer Fortgang brachte jedoch wesentliche Unterschiede zwischen Bonn und Paris zum Vorschein.

[69] Persönliches Gespräch mit Egon Bahr am 19. 12. 1984.

IV. Die französische Regierung und die neue deutsche Ostpolitik

1. Die Entscheidungsträger in den Regierungen

Pompidou, Brandt, Bahr

Die Einstellung Georges Pompidous gegenüber Deutschland bzw. der Bundesrepublik mag derjenigen eines durchschnittlichen Franzosen seiner Generation näher gewesen sein als etwa die Haltung General de Gaulles. In der politischen Vorstellungswelt des Nordfranzosen de Gaulle ist das Nachbarland jenseits des Rheins immer präsent gewesen und zwar – kurz gesagt – in einer Mischung aus Faszination von dessen geistigen, technischen und wirtschaftlichen Möglichkeiten und Sorge vor der Machtstellung, die sich aus diesen Kapazitäten möglicherweise ergeben konnte. Seit seiner Zeit als Offizier im Ersten Weltkrieg entwickelte de Gaulle strategische und politische Überlegungen zum Verhältnis Frankreichs zu Deutschland[1].

Bei Georges Pompidou fehlte hingegen die Dimension einer langen und intensiven geistigen Auseinandersetzung mit Deutschland. Ihm war ein „karolingisches Verhältnis" zu den Deutschen, wie es de Gaulle zugeschrieben wurde, gewiß fremd[2]. 1911 im Departement Cantal (Auvergne) im Herzen Frankreichs geboren, war Pompidous Naturell und Interesse eher dem mediterranen Raum zugewandt als dem Nachbarn im Norden[3]. Nach Absolvierung der Ecole Normale Supérieure begann Pompidou seine berufliche Laufbahn als Gymnasiallehrer für klassische Literatur. Er gehörte – wie de Gaulle – einer Generation und einem Milieu an, in denen ein vorwiegend negatives Deutschlandbild durchaus die Regel war. Während de Gaulle jedoch die deutsche Sprache, die Sprache des Gegners, gelernt hatte, blieb Pompidou die deutsche Kultur verschlossen. Die wichtigsten Komponenten, die zur Prägung des Deutschlandbildes Pompidous beitrugen, waren – so sein Außenminister Maurice Schumann – zum einen die Tatsache, daß sein Vater am Ersten Weltkrieg teilgenommen hatte, und zum anderen, daß er selbst 1939/40 eingezogen wurde[4]. Im Widerstand gegen die deutsche Besetzung Frankreichs wurde Pompidou nicht aktiv[5].

In der Nachkriegszeit hatte Pompidou kaum Gelegenheit, sich praktisch mit außenpolitischen oder gar unmittelbar mit Deutschland zusammenhängenden Fragen zu befassen. Ab 1945 enger Mitarbeiter General de Gaulles, trat Pompidou in der Zeit des Niedergangs des gaullistischen RPF als Berater in die Bank Rothschild ein (1953) und stieg

[1] Bloch, De Gaulle et l'Allemagne, in: Barnavi/Friedländer (Hrsg.), La politique étrangère du Général de Gaulle, S. 112–136.

[2] Peter Scholl-Latour, Der Nachgaullismus vor neuen Aufgaben, in: Außenpolitik H. 3 (1970), S. 183–192.

[3] Pierre Rouanet, Pompidou, Paris 1969; Eric Roussel, Georges Pompidou, Paris 1984.

[4] Persönliches Gespräch mit Maurice Schumann am 17. 12. 1984; Pompidou, Pour rétablir une vérité, Paris 1982, S. 22 ff.

[5] Ebenda, S. 26–30.

zu deren Generalbevollmächtigtem auf. Nach seiner Berufung zum Premierminister 1962 beschränkte sich Pompidous außenpolitische Tätigkeit auf die Ausführung der von General de Gaulle vorgegebenen Richtlinien. Durch prononcierte Stellungnahmen – etwa zu dem von ihm mit unterzeichneten deutsch-französischen Vertrag vom 22. Januar 1963 – ist Pompidou nicht hervorgetreten, so daß er bei der Übernahme der Präsidentschaft im Juni 1969 als ein in der Außenpolitik wenig erfahrener Staatschef gelten mußte[6].

Von Mitarbeitern Pompidous – so von seinem Berater Jobert und von Außenminister Schumann – wird ohne Umschweife eingeräumt, daß Pompidou gegenüber Deutschland „ein gewisses Mißtrauen" hegte[7]. Dieses bestand zunächst in einem sehr allgemeinen Sinne, unabhängig etwa von der gerade in Bonn betriebenen Ostpolitik. Maurice Couve de Murville schätzt Georges Pompidou insofern als einen Sonderfall ein, als dieser noch 25 Jahre nach dem Krieg einer der wenigen führenden französischen Politiker gewesen sei, der gegenüber Deutschland in gewissem Sinne noch ähnliche Gefühle hegte, wie sie in Frankreich unmittelbar nach 1945 vorgeherrscht hatten[8]. Seine unterschwellige Furcht bezog sich auf die Rolle einer wirtschaftlich wie politisch stetig an Gewicht gewinnenden Bundesrepublik. Fortwährend maß der Wirtschaftsfachmann Pompidou die ökonomische Entwicklung Frankreichs an derjenigen der Bundesrepublik, verglich Produktionsziffern und Handelsbilanzen. Im kleinen Kreis schätzte er im September 1969 das bundesdeutsche Industriepotential als doppelt so groß ein wie das französische und ging bemerkenswerterweise bis zu dem Kalkül, daß es im Falle einer Wiedervereinigung der beiden deutschen Staaten die dreifache Größe besäße[9]. Diese persönliche Disposition hinderte Pompidou jedoch nicht daran, die deutsch-französische Kooperation während seiner Präsidentschaft als ein tragendes Element seiner Außenpolitik zu akzeptieren und die Zusammenarbeit mit der Bundesrepublik zu suchen. Hinsichtlich der deutschen Ostpolitik war er Realist genug, um zu sehen, daß der Zeitpunkt für eine aktivere Politik Bonns zur Regelung der offenen Fragen in den Beziehungen zu den Ländern Osteuropas und im Verhältnis zur DDR gekommen war.

Die persönlichen Beziehungen zwischen Pompidou und Brandt gestalteten sich eher schwierig und vermochten der Zusammenarbeit auf Regierungsebene keine zusätzlichen Impulse zu verleihen. Die Berichte von Beteiligten stimmen darin überein, daß die beiden Staatsmänner keinen „Draht" zueinander fanden, nicht auf derselben „Wellenlänge" lagen. Der Auvergnat und der Norddeutsche, „beide schwermütig und reserviert"[10], entwickelten kein herzliches Verhältnis. Für einen „normalen" Gang der deutsch-französischen Regierungsgeschäfte war dieser Umstand keineswegs hinderlich, er erschwerte jedoch ein tieferes Verständnis für die Motivationen und die politischen Ziele des Partners. Willy Brandt selbst charakterisierte seine persönlichen Beziehungen zu Pompidou wie folgt: „Wir fanden nicht nur zu einem notwendigen sachlichen Arbeitsverhältnis, sondern unsere persönlichen Gespräche waren von einer Offenheit und einem Verständ-

[6] Conte, Les Premiers ministres de la Ve République, Paris 1986, S. 55–105; Stéphane Rials, Les idées politiques du Président Georges Pompidou, Paris 1977.

[7] Persönliche Gespräche mit Maurice Schumann am 17. 12. 1984, mit Michel Jobert am 8. 8. 1984; ähnlich auch Jean Sauvagnargues am 12. 2. 1985.

[8] Persönliches Gespräch mit Maurice Couve de Murville am 22. 5. 1985.

[9] Seydoux, Dans l'intimité franco-allemande, S. 149.

[10] Harpprecht, persönlicher Berater Brandts, in seinem Porträt: Willy Brandt, in: Wilhelm von Sternburg (Hrsg.), Die deutschen Kanzler von Bismarck bis Schmidt, Königstein 1985, S. 429.

nis füreinander geprägt, die sich gerade dann bewährten, wenn in einzelnen Punkten unterschiedliche Interessen und Meinungen deutlich wurden. Wir wußten, wie wichtig dieses gegenseitige Vertrauen für unsere beiden Staaten und die Entwicklung der Europäischen Gemeinschaft war."[11] Stellt man bei dieser Kurzbeschreibung den zum Euphemismus neigenden Memoiren-Stil Brandts in Rechnung, so ergibt sich das Bild einer korrekten, in keinem Fall aber von überschüssiger Sympathie profitierenden Kooperation.

Sehr viel offenherziger beschreibt Michel Jobert die Schwierigkeiten im persönlichen Verhältnis zwischen Brandt und Pompidou. Der langjährige enge Berater zunächst des Premierministers, dann des Staatspräsidenten Pompidou erklärt, es sei nicht so sehr der Gehalt der deutschen Ostpolitik gewesen, der den französischen Präsidenten irritiert habe, sondern vielmehr die für Pompidou „ungreifbare" Persönlichkeit Brandts[12]. Jobert zitiert eine Äußerung Georges Pompidous mit den folgenden Worten: „Ich habe gute Beziehungen mit dem Kanzler, unsere Gespräche mit ihm sind nicht schwierig, aber wer ist er? Wo ist er? Was ist seine Position? Er ist immer einverstanden, aber er ist in einer unbestimmten Weise einverstanden, womit – das weiß man nicht.[13]"

Diese „Verhaltensweise" Willy Brandts, diese Unklarheit in den Unterredungen hätten – so Jobert – zu einer gewissen Beunruhigung Pompidous geführt. Nach außen hin habe sich Pompidou zwar immer gut mit Brandt verstanden, doch sei der Dialog „nicht konstruktiv" gewesen, da der Bundeskanzler in Pompidous Augen „ein unsicherer Mann" gewesen sei, den er „nicht zu fassen" bekam. Brandt, so meinte Pompidou, habe sich bei Besprechungen „in Generalitäten verloren", so daß er schließlich im deutschen Bundeskanzler so etwas wie ein „Daunenbett" oder ein „Paket von Wolken" gesehen habe. Kurz: Pompidou habe nicht gewußt, wie er sich Brandt gegenüber verhalten sollte[14].

Ein weiterer Faktor, der für Distanz zwischen Pompidou und Brandt sorgte, war die offensichtlich vom französischen Präsidenten empfundene Situation persönlicher Konkurrenz[15]. Die von der Bundesregierung eingeleitete Vertragspolitik gegenüber den Ländern Osteuropas stellte den deutschen Bundeskanzler zumindest in den Jahren 1970/71 in den Mittelpunkt des öffentlichen Interesses Westeuropas. In den französischen Medien besaß Brandt – Personifizierung des modernen, friedliebenden, „besseren" Deutschland – ein immenses Prestige. Die Artikel Alfred Grossers in *Le Monde* etwa, die – so Michel Jobert – ständig einen Vergleich anstellten „zwischen der exzellenten Politik des Kanzlers und der Unwürdigkeit der französischen Politik", irritierten den französischen Staatspräsidenten[16]. Das Mißtrauen Pompidous gegenüber dem „Ruhm Brandts (...), bestehend aus dem wirtschaftlichen Erfolg der Bundesrepublik und aus Nichtigkeiten", ist deutlich aus den Memoiren Joberts herauszulesen[17]. Schon beim EG-Gipfel am 1./2. Dezember 1969 in Den Haag mußte Pompidou registrieren, daß nicht er im Mittelpunkt der Konferenz stand, sondern vielmehr Willy Brandt, der die politische Initiative

[11] Brandt, Begegnungen und Einsichten, S. 337.
[12] Persönliches Gespräch mit Michel Jobert am 8. 8. 1984.
[13] Persönliches Gespräch mit Michel Jobert am 8. 8. 1984; in seinen Memoiren zitiert Jobert Pompidou ähnlich: Jobert, Mémoires d'avenir, S. 165.
[14] Alle vorhergehenden Zitate: Persönliches Gespräch mit Michel Jobert am 8. 8. 1984. („Pompidou s'irritait contre Brandt comme si Brandt avait été un édredon ou un paquet de nuages et il ne savait pas comment faire avec lui.")
[15] Grosser, Affaires extérieures, S. 237.
[16] Persönliches Gespräch mit Michel Jobert am 8. 8. 1984; Grosser, Le courage du chancelier, in: Le Monde vom 19. 3. 1970.
[17] Zit. in: Jobert, Mémoires d'avenir, S. 202.

an sich zu bringen vermocht hatte[18]. Später vermied Pompidou alles, was geeignet gewesen wäre, der deutschen Ostpolitik zusätzlichen Elan und weitere Publizität zu verleihen. Im Gefühl persönlicher Zurückgesetztheit liegt wohl sogar ein wichtiger Grund für die französische Ablehnung der von Brandt nach der Paraphierung des Moskauer Vertrages vorgeschlagenen Vierer-Gipfelkonferenz der drei Westmächte und der Bundesrepublik[19].

Nach Michel Jobert „schockierten" den französischen Präsidenten auch „die öffentlichen Kniefälle" des Bundeskanzlers[20]. Pompidou sei im Abstand von wenigen Monaten mehrmals auf den Kniefall Brandts vor dem Mahnmal für die Opfer des Warschauer Gettos im Dezember 1970 zurückgekommen. Der damalige Generalsekretär des Elysées rückblickend wörtlich: „Für ihn (Pompidou) war Willy Brandt ein Mann, der sich einer Inszenierung hingegeben hat, die er, Georges Pompidou, nicht für geschmackvoll hielt."[21]

Auch Jean-Bernard Raimond, diplomatischer Berater im Präsidialamt, bestätigt, daß Brandt mit seinem Kniefall nach Auffassung Pompidous „zu weit gegangen" sei[22]. In anderen Fällen, wie dem Besuch Brandts in Israel[23], war es Pompidou ebensowenig möglich, die symbolischen Gesten moralischen Engagements des Bundeskanzlers nachzuvollziehen. Deutlich war dabei die starke Diskrepanz zwischen dem Unverständnis des Präsidenten und dem eindeutig positiven Echo, das der Kniefall Brandts in der französischen Öffentlichkeit fand, etwa im Kommentar der Publizistin Françoise Giraud, die zur Jahreswende 1970/71 die Geste des deutschen Bundeskanzlers als das einzige hoffnungsvolle Bild des Jahres 1970 qualifizierte[24]. Das überragende persönliche Ansehen Willy Brandts in der öffentlichen Meinung war eine wesentliche Voraussetzung der breiten Zustimmung zu seiner Politik[25].

Der negative Saldo auf der persönlichen Ebene erscheint um so bemerkenswerter, als es Brandt – wie auch der französische Botschafter in Bonn, François Seydoux, einräumte – bereits früh nicht an Bemühungen hatte fehlen lassen, die Sympathien Pompidous zu gewinnen[26]. Zweifellos traf auch auf das Verhältnis Pompidou-Brandt die von Kissinger auf die Beziehungen zwischen Nixon und Brandt bezogene Bemerkung zu, daß „keiner der beiden Männer, wenn das Schicksal ihnen nicht die Führung großer Nationen aufgebürdet hätte, die Gesellschaft des anderen gesucht hätte"[27]. In auffälliger Koinzidenz mit dem Wunsch nach einer französisch-britischen Annäherung pflegte Pompidou dagegen gute persönliche Beziehungen zum konservativen Premierminister Heath. Pompidous Vorbehalte gegenüber der Person Brandts mischten sich – wie sollte es anders sein – mit den Reserven gegenüber seiner Politik, das Unverständnis für die Person bestärkte das Mißtrauen in der Sache. Zu Beginn des Jahres 1971 bemerkte Pompidou gegenüber

[18] Ebenda, S. 164.
[19] NZZ vom 14. 8. 1970: Brandts Vorschlag eines Vierertreffens.
[20] Jobert, Mémoires d'avenir, S. 165.
[21] Persönliches Gespräch mit Michel Jobert am 8. 8. 1984; Philippe de Saint Robert, Les septennats interrompus, Paris 1977, S. 152.
[22] Persönliches Gespräch mit Jean-Bernard Raimond am 28. 11. 1988.
[23] Conte, Les Premiers ministres, S. 58 f.
[24] Françoise Giraud, Une seule image, in: L'Express vom 28. 12. 1970; Jean Wetz, A genoux dans la brume, in: Le Monde vom 9. 12. 1970.
[25] Ménudier, Willy Brandt, homme de paix, in: Etudes (1971), S. 634–658; FR vom 28. 1. 1970: Ein Kanzler ohne Komplexe. Wie die Franzosen Brandt sehen.
[26] Seydoux, Dans l'intimité franco-allemande, S. 157 ff.
[27] Henry A. Kissinger, Memoiren 1968–1973, München 1979, S. 457.

Jobert: „Man muß mit der außergewöhnlichen nationalen Leidenschaft Brandts rechnen, mit einem Kanzler, der kein Rheinländer ist, sondern ein Deutscher. Das muß man sich vor Augen halten!"[28] Diese Äußerung zeigt, daß Pompidou denjenigen Franzosen zuzuzählen war, die in der Politik der Ostverträge nicht die Abkehr vom Anspruch auf nationale Einheit sahen, sondern eine nationalen Motiven entspringende Strategie der Wiederannäherung der beiden deutschen Staaten.

Nach Brandt zog Staatssekretär Egon Bahr das größte Interesse der französischen Regierung auf sich. In ihm wurde zutreffend der strategische und operative Planer der deutschen Initiativen gesehen, wie Jobert bemerkte: „Das war eine Persönlichkeit, die uns stark interessierte. Denn er hatte sicherlich eine ganze Menge Ideen im Kopf."[29] Bahr galt als eigenständige politische Figur, dessen Fernziele nicht unbedingt mit denjenigen des Bundeskanzlers übereinstimmten. Egon Bahr und Willy Brandt – so der Eindruck Joberts – hätten nicht auf derselben „Linie" gelegen: „Die beiden Männer stimmten nicht ganz überein. Es ist sicher, daß Brandt Egon Bahr benutzte und daß Egon Bahr Willy Brandt benutzte."[30]

Der Weg Bahrs sei ein anderer gewesen als derjenige Brandts, aber jederzeit wäre der Bundeskanzler imstande gewesen, die von Bahr gewiesenen Wege einzuschlagen. Der damalige Europa-Direktor im Quai d'Orsay, Claude Arnaud, formuliert zurückhaltender, es habe mit Sicherheit keinen Widerspruch zwischen Bahr und Brandt gegeben; immerhin sei Bahr aber in seinen Zielen und Mitteln „weitergegangen", ein „persönlicher Koeffizient" sei hier zu berücksichtigen gewesen[31].

Wurden bei der Beurteilung Willy Brandts sein Bemühen um Verständigung, sein europäisches Engagement und sein internationales Renommé in Rechnung gestellt, so fielen bei der Bewertung Bahrs diese Faktoren weg. Es personifizierte allein die Bonner ostpolitische Öffnung. Bahrs methodische Vorgehensweise, sein Denken in langfristigen Perspektiven, seine Überzeugung von der Dauerhaftigkeit der geschichtlichen Kategorie „Nation" und sein Festhalten am Fernziel der deutschen Einheit prägten auch das Bild, das man sich in Paris von der deutschen Ostpolitik machte. Wenn die Bonner Ostpolitik in Pariser Regierungskreisen auch Bedenken hervorrief, so wurden sie meist direkt mit Bahr verbunden. Denn ihm wurden weitreichende Konzeptionen zugeschrieben, die nicht bei der vertraglichen Normalisierung des Verhältnisses zu den Staaten Osteuropas haltmachten, sondern darüber hinaus auf eine Umgestaltung Mitteleuropas im Interesse einer Annäherung der beiden deutschen Staaten zielten. Von einer stärkeren Betonung des „nationalen deutschen Interesses" schien Bahr, so meinte man in Paris, nur durch die Gesamtpolitik der Bundesregierung und die Einbindung der deutschen Ostpolitik in die Entspannungspolitik der Westmächte und des westlichen Bündnisses abgehalten zu werden.

Bahrs Image als „deutscher Nationalist" verfestigte sich aus französischer Sicht im Verlaufe der Berliner Vier-Mächte-Verhandlungen. Hier rieben sich die Konzeptionen Bahrs direkt an der statusbewußten französischen Politik. Das Drängen des deutschen Staatssekretärs auf praktische Vereinbarungen, auf frühzeitige deutsch-deutsche Verkehrsverhandlungen oder auch auf die Erstellung einer deutschen Übersetzung des

[28] Jobert, L'autre regard, S. 165.
[29] Persönliches Gespräch mit Michel Jobert am 8. 8. 1984.
[30] Ebenda.
[31] Persönliches Gespräch mit Claude Arnaud am 13. 2. 1988.

Abkommens wurden mitunter als bewußte Beeinträchtigung der Vier-Mächte-Prärogativen empfunden und zwar aus rein deutschen Motiven heraus[32]. Egon Bahr wurde so zu einer politischen Größe, die die mitunter befürchteten negativen Wendungen der deutschen Ostpolitik zu verkörpern schien. Es liegt kein geringes Paradox in dem Umstand, daß Bahr von französischer Regierungsseite – wie ja auch von Kissinger[33] – als obstinater Verfechter deutscher nationaler Belange eingeschätzt wurde, während in völliger Umkehrung die deutschen Oppositionsparteien seine Diplomatie mit dem „Ausverkauf deutscher Interessen“ gleichsetzten[34]. Für manchen französischen Beobachter lag es einfach nahe, in Bahr einen deutschen „Gaullisten“ zu sehen[35].

Michel Jobert

Michel Jobert ist als der mit Abstand wichtigste Berater Pompidous einzustufen. In seiner Funktion als Generalsekretär des Präsidialamtes von 1969 bis 1973 gehörte neben der Innen- auch die Außenpolitik zu seinem Arbeitsgebiet[36]. So war er es als Vertrauter des Präsidenten gewesen, der unter Umgehung des Außenministers geheime Gespräche mit einem Berater Edward Heaths über die Modalitäten des britischen EG-Beitritts führte. Im Unterschied etwa zu dem außenpolitischen Berater Nixons, Henry Kissinger, liefen über Michel Jobert jedoch keine offiziellen Kontakte zur Abstimmung der Ost- und Entspannungspolitik[37]. Obwohl Jobert bei der politischen Koordinierung nicht in Erscheinung trat, war man sich im Bonner Auswärtigen Amt darüber im klaren, daß er als Generalsekretär „starken Einfluß auf die Ostpolitik nahm“[38]. Aufgrund seiner Rolle als permanenter Gesprächspartner Pompidous besaß Jobert bei der Entscheidungsbildung des Präsidenten mutmaßlich ein größeres Gewicht als selbst die Führung des Außenministeriums. Im Stab des Generalsekretariats fungierte der vom Quai d'Orsay entsandte „Karrierediplomat“ Jean-Bernard Raimond von 1969 bis 1973 als spezieller diplomatischer Berater des Präsidenten.

Kriegsteilnehmer von 1943 bis 1945, Absolvent der Ecole Nationale d'Administration, begann Jobert seine Karriere in den Ministerialkabinetten der IV. Republik, bevor er 1963 zu Premierminister Georges Pompidou stieß, der ihn zunächst zum stellvertretenden Kabinettsdirektor, 1966 zum Kabinettsdirektor ernannte. Nach der Wahl Pompidous zum Präsidenten übernahm Jobert 1969 den Posten des Elysée-Generalsekretärs, die Schlüsselposition in der Umgebung des Präsidenten[39]. Ihm unterstanden alle zivilen Mitarbeiter des Elysée, er führte in allen Kabinettssitzungen Protokoll. Joberts Berufung zum Außenminister im April 1973 – in Ablösung Maurice Schumanns – beruhte eher auf

[32] Persönliche Gespräche mit Jean Sauvagnargues am 12. 2. 1985 und François Plaisant am 13. 2. 1985. Siehe unten das Kapitel zu den Berlin-Verhandlungen.

[33] Kissinger, Memoiren 1968–1973, S. 443.

[34] Schon im Herbst 1967 hatte sich Bahr gegenüber dem damaligen Staatssekretär im Bundeskanzleramt, von Guttenberg, zu der Klarstellung veranlaßt gesehen, man halte ihn fälschlicherweise „für unzuverlässig in Sachen Wiedervereinigung“; er sei „eigentlich ein Nationalist“. Zit. in: Guttenberg, Fußnoten, S. 140.

[35] Fontaine, Un seul lit pour deux rêves, S. 246.

[36] Zur Stellung des Generalsekretärs des Elysées: Samy Cohen, Les conseillers du Président: de Charles de Gaulle à Valéry Giscard d'Estaing, Paris 1980, S. 61–77 und S. 101–115. Als weiterer wichtiger Berater ist Pierre Juillet zu nennen, der jedoch ausschließlich mit Innenpolitik befaßt war.

[37] Persönliches Gespräch mit Günther van Well vom 13 11. 1987.

[38] Schriftliche Mitteilung von Günther van Well vom 22. 8. 1988.

[39] Siehe Joberts Memoirenbände Mémoires d'avenir und L'autre regard.

dem engen Vertrauensverhältnis zu Georges Pompidou als auf ausgedehnter diplomatischer Erfahrung[40]. Sie machte zudem die Absicht Pompidous deutlich, auch die praktische Ausführung der Außenpolitik noch enger an sich zu ziehen[41].

Zu den persönlichen Eigenschaften, die den Präsidenten und seinen Berater miteinander verbanden, gehörte ein gewisser Hang zum Pessimismus, auch zum Zynismus, aber ganz offensichtlich war ihnen auch das grundsätzliche Mißtrauen gegenüber Deutschland gemeinsam. Die deutsche Ostpolitik verfolgte Jobert, der keinerlei Praxis im Umgang mit deutschen Fragen besaß, auch ebensowenig wie sein Präsident die deutsche Sprache beherrschte, mit aufmerksamer Skepsis. Die seiner Bewertung zugrundeliegenden Maßstäbe und Prämissen lassen sich aus einigen späteren Veröffenlichungen erschließen, in denen sich Jobert mit der Problematik der deutschen Frage, der Wiedervereinigung und der deutschen Ostpolitik auseinandersetzte.

Geradezu einem Bekenntnis kommt Joberts Beitrag „De l'Allemagne“ aus dem Jahr 1979 für die Zeitschrift *Politique étrangère* gleich[42]. Die Grundthese, die Jobert darin mit freimütiger Offenheit formulierte, ist diejenige von der ebenso kontinuierlichen wie planvollen und geschickten Verfolgung des Zieles der Wiedervereinigung durch alle deutschen Politiker seit Gründung der Bundesrepublik. Diesem vom „Schicksal“ bestimmten obersten Ziel waren nach Jobert alle anderen Bestandteile der deutschen Politik nachgeordnet bzw. sie waren nur Etappen auf dem mit Obstination verfolgten Weg zur Einheit: die Aussöhnung mit dem Westen ebenso wie das Bündnis mit den USA und der deutsch-französische Vertrag von 1963. In dieser Sicht betrieb Bonn die Politik der europäischen Einigung vornehmlich, um sie zu einem gegebenen Zeitpunkt als Pfand für eine entgegenkommende Haltung der Sowjetunion in der Frage einer staatlichen Wiedervereinigung eintauschen zu können. Für Jobert war die Bundesrepublik nicht erst auf dem Weg in den Neutralismus, neutralistische Strömungen hätten sich in Bonn bereits weitgehend durchgesetzt: Nur so ließe sich die Vereinigung der beiden deutschen Staaten bewerkstelligen – mit Zustimmung einer durch China beunruhigten Sowjetunion und einem an strategischen Übereinkünften mit Moskau interessierten Washington. Die Ostpolitik Brandts hat nach dem Urteil Joberts die Bundesrepublik von historischem Ballast befreit und damit befähigt, im internationalen System souveräner aufzutreten und die gleichgebliebenen nationalen Ziele konsequenter zu verfolgen. Joberts Bilanz im 30. Jahr des Bestehens der Bundesrepublik lautete denn auch: „(...) Deutschland träumt legitimerweise nur von der Einheit des Volkes, welche Form auch immer das Leugnen der Staatsmänner annehmen mag.“[43]

Jobert veröffentlichte diese Bewertung der deutschen Politik zwar fünf Jahre nach seinem Ausscheiden aus der Regierung; die Zeitspanne erscheint jedoch kurz genug, um die Annahme zuzulassen, daß zumindest der Kern der Überlegungen seit der Beratertätigkeit bei Pompidou gleich geblieben ist. Frühere wie spätere öffentliche Äußerungen Joberts zeigen zudem, daß er an seiner These vom ungebrochenen Drang der deutschen Politik nach staatlicher Einheit unter den Bedingungen der Neutralität mit großer Kon-

[40] Zum Verhältnis Pompidou-Jobert: Jobert, Georges Pompidou, in: L'Histoire Nr. 66 (1984), S. 76–80.; Roussel, Pompidou, S. 335 ff.; André Passeron, Michel Jobert. Un collaborateur fidèle et discret, in: Le Monde vom 7. 4. 1973.

[41] Le Monde vom 7. 4. 1973: De l'Elysée au quai d'Orsay; Mary Kathleen Weed, Michel Jobert et la diplomatie française, Paris 1988.

[42] Jobert, De l'Allemagne, in: Politique étrangère Nr. 1 (1979), S. 7–19.

[43] Ebenda, S. 19.

stanz festgehalten hat. Bereits 1977 ließ sich Jobert mit einer ähnlichen Einschätzung vernehmen: „Heute hat Deutschland (...) nur ein grundsätzliches Bestreben: nichts zu unternehmen, was die Einheit seines Volkes in Gefahr bringen könnte; dabei unterhält es eine objektive Komplizität mit den Ländern Osteuropas, und es kultiviert die Neutralität. Die wirtschaftliche und finanzielle Macht, so hofft es, wird den Rest besorgen: die sowjetische Welt hat seine Technik, seine Kredite, seinen Handel so nötig!"[44]

Am angeblichen „geheimen Wunsch" der Deutschen nach Wiedervereinigung fand Jobert im übrigen nichts Anstößiges; er bewertete ihn vielmehr als natürliche Konsequenz der Teilung. Wegen dieses Charakters des Unvermeidbaren, so Jobert, habe Pompidou auch die grundsätzliche Zustimmung zur deutschen Ostpolitik nicht vermeiden können. Außerdem sei es zuvor seit Jahren die französische Regierung selbst gewesen, die die Bundesrepublik zu einer Verständigung mit ihren östlichen Nachbarn gedrängt habe[45].

Im Beraterkreis von Pompidou stand Jobert mit seiner Auffassung von Motivation und Zielsetzung der deutschen Ostpolitik nicht allein. Die enge innenpolitische Beraterin Pompidous, Marie-France Garaud, dürfte viele der Bewertungen Joberts geteilt haben[46]. Zu manchen parallelen Schlüssen kam auch Gabriel Robin, der in den letzten Regierungsmonaten Pompidous als diplomatischer Berater im Elysée tätig war. Wie Jobert ging der vom Quai d'Orsay „ausgeliehene" Berufsdiplomat Robin von der Annahme aus, daß die Überwindung der deutschen Teilung in der Bundesrepublik als drängende Aufgabe der praktischen Politik verstanden worden sei und weiterhin werde. In einer 1983 veröffentlichten Gesamtbetrachtung der Bonner Ost- und Deutschlandpolitik setzte er im Jahr 1962/63 die Trennlinie an zwischen einer Politik der „Wiedervereinigung durch Stärke" – personifiziert in Konrad Adenauer – und einer neuen Strategie, die durch Willy Brandt geprägt wurde[47]. Während Adenauers Konzept mit dem Ausgang der Kuba-Krise gescheitert sei, bescheinigte Robin der Ostpolitik Brandts „spektakuläre Erfolge": „Die Hinnahme des geographischen Status quo war ein Mittel, um die bestehende politische Ordnung zu ändern. Sie erkannten die DDR und die Oder-Neiße-Grenze an, handelten aber als Gegenleistung einen größeren Handlungsspielraum ein. Bis Mitte der siebziger Jahre waren die Resultate in beiderlei Hinsicht spektakulär. Der Graben zwischen den beiden deutschen Staaten hatte begonnen, enger zu werden."[48]

Brandts Ostpolitik habe die internationale Rolle der Bundesrepublik – im Westen wie im Osten – entscheidend gestärkt und zu ihrer vollen Anerkennung als politisch gewichtiger Partner geführt. In dieser Perspektive erscheint die deutsche Ostpolitik zu Beginn der siebziger Jahre als Teil einer Entspannungspolitik, die vor allem auf die nationale Wiedervereinigung in einem mittelfristigen zeitlichen Rahmen abzielte. Diese Hoffnungen seien jedoch durch die Verschlechterung der Ost-West-Beziehungen Ende der siebziger Jahre enttäuscht worden. Chancen für eine deutsche Wiedervereinigung sah Robin

[44] Jobert, Où va l'Europe?, in: Revue de droit prospectif Nr. 3–4 (1977), S. 52 f.; Jobert, L'autre regard, S. 140 f. und S. 214 f. Für die spätere Zeit: Jobert, Now Comes a German Swing to the East, in: IHT vom 8. 7. 1987: „It is a people (das deutsche Volk) that thinks it can make a deal with the Soviets, relying on the economic strength and current wealth of the Federal Republic, to buy back its unity – in whatever form." Siehe auch das Interview mit Jobert: Die Einheit des deutschen Volkes ist ewig, in: Der Spiegel vom 7. 9. 1987.

[45] Persönliches Gespräch mit Michel Jobert am 8. 8. 1984.

[46] Marie-France Garaud, Rêver l'Europe, in: Géopolitique Nr. 6 (1984), S. 2 f.

[47] Gabriel Robin, The German Problem Revisited, in: Atlantic Quarterly Nr. 3 (1983), S. 191–200.

[48] Ebenda, S. 194.

vor allem in einer Aktualisierung der gesamteuropäischen Vision General de Gaulles, da diese den einzig akzeptablen Rahmen für eine deutsche Wiedervereinigung biete. Andererfalls, so prophezeite er, würde die Entwicklung einer in ihren nationalen Ambitionen frustrierten Bundesrepublik unkontrollierbar[49].

Die prononcierten Meinungsäußerungen Joberts und Robins zur deutschen Ostpolitik sind nicht repräsentativ für die Hauptströmung in der öffentlichen Meinung Frankreichs, aber bezeichnend für das Meinungsfeld um Pompidou[50]. Die ostpolitische Öffnung Bonns sah man hier nicht als schwierige Entscheidung zur Anerkennung der nach dem Zweiten Weltkrieg entstandenen Realitäten und als Versuch einer Verständigung mit moralischem Anspruch. Man erblickte in ihr eine modifizierte Wiedervereinigungspolitik, und die offen ausgesprochene Sorge, die Bundesrepublik könnte auf ihrer „unbeirrbaren“ Suche nach dem Schlüssel zur Wiedervereinigung doch eines nicht allzu fernen Tages den sowjetischen Avancen folgen und „die Seiten wechseln“, spiegelte das überkommene französische Trauma von einem deutsch-sowjetischen Interessensausgleich über alle Systemgrenzen hinweg. Bei Politikern und Diplomaten, die sich nur sporadisch und ausschnittsweise mit Vorgängen in der Bundesrepublik beschäftigten, führte dies zu einer verzerrten Wahrnehmung deutscher Ostpolitik, die deutlich stärker von den eigenen Prämissen als von der Realität geprägt war. Das traditionelle Bild Deutschlands als eines unzuverlässigen, in Verfolgung der nationalen Ziele im Grunde unberechenbaren Nachbarn überschattete noch immer die Gegenwart und behinderte die abgewogene Beurteilung deutscher Motivationen wie auch die realistische Einschätzung deutscher Möglichkeiten.

Maurice Schumann und der Quai d'Orsay

Die operative Abstimmung der deutschen Ostpolitik mit Paris erfolgte sowohl von seiten des Bundeskanzleramtes wie des Auswärtigen Amtes ausschließlich über den Quai d'Orsay[51]. Zum diplomatischen Berater im Präsidialamt, Jean-Bernard Raimond, bestand kein unmittelbarer Kontakt. Zwar war es nicht vorstellbar, daß das Außenministerium selbständig den vom Präsidenten vorgegebenen Handlungsrahmen verließ, doch sicherlich stand es in der Macht der befaßten Abteilungen, die deutschen Ostvertragsbemühungen und namentlich die Berliner Vier-Mächte-Verhandlungen zu bremsen oder zu fördern.

Nach der Wahl Pompidous zum Präsidenten übernahm im Juni 1969 Maurice Schumann die Leitung des französischen Außenministeriums. Er trat die Nachfolge des orthodoxen Gaullisten Michel Debré an, der in das Verteidigungsministerium wechselte. Schumann konnte als Verkörperung der selbstgewählten Regierungsdevise von „Kontinuität und Öffnung“ gelten. Eine treffende Formel bezeichnete ihn in diesem Sinne als den „europäischsten der Gaullisten und gaullistischsten der Europäer“[52]. Als Sprecher des „Freien Frankreich“ im BBC-London war Schumann bereits während des Krieges in engen Kontakt zu de Gaulle gekommen. Ihre Wege trennten sich jedoch, als Schumann

[49] Robin blieb 1974 bis 1979 diplomatischer Berater im Präsidialamt auch unter Präsident Giscard d'Estaing; anschließend wurde er Politischer Direktor im Quai d'Orsay, 1987 Ständiger Vertreter Frankreichs beim NATO-Rat.

[50] Auszunehmen ist hiervon Jean-Bernard Raimond, der sich deutlich von den Einschätzungen Joberts absetzte; persönliches Gespräch mit Raimond am 28. 11. 1988.

[51] Persönliche Gespräche mit Günther van Well am 13. 11. 1987 und Jean-Bernard Raimond am 28. 11. 1988.

[52] Ullmann, L'Europe: après de Gaulle, in: L'Express vom 1. 12. 1969.

das christdemokratische „Mouvement Républicain Populaire" mitbegründete (1945) und über Jahre dessen Präsident blieb. Als Staatssekretär im Außenministerium (1951 bis 1954) wurde Schumann als „einer der begeistertsten Architekten der großen europäischen Verträge" eingeschätzt[53]. Auch in der V. Republik übernahm Schumann mehrere Kabinettsposten. 1962 trat er kurzzeitig als Raumordnungsminister zurück, um gegen den europapolitischen Rundumschlag de Gaulles („Volapük"-Pressekonferenz) zu protestieren. Schumanns Berufung zum Außenminister bedeutete insofern einen Ausnahmefall, als er – bis auf Michel Debré 1968/69 – der einzige Chef des Quai d'Orsay war (und bleiben sollte), der eine ausgedehnte Kabinettserfahrung mitbrachte, zudem jahrelang den Vorsitz im Auswärtigen Ausschuß der Nationalversammlung geführt hatte. Doch auch trotz seiner Eigenständigkeit, seiner politischen Statur und seiner Erfahrung blieb die präsidiale Dominanz bei der Definition der Außenpolitik unangetastet. Vor allem die Tatsache, daß Schumann nicht aus dem engeren Kreis um Pompidou stammte, minderte seinen politischen Einfluß[54].

Schumann gehörte zu den aktiven Befürwortern einer konstruktiven west-östlichen Entspannungspolitik. Mitte der sechziger Jahre bekannte er sich nachdrücklich zu de Gaulles Politik der „détente, entente et coopération" gegenüber den Ländern Osteuropas[55]. Getreu dieser Linie de Gaulles nahm Schumann auch im April 1966 als Vorsitzender des Auswärtigen Ausschusses in der Nationalversammlung positiv zur Frage einer deutschen Wiedervereinigung Stellung, vorausgesetzt, die Bundesregierung ringe sich zur Anerkennung der Grenzen (Oder-Neiße-Grenze) und zum Verzicht auf Atomwaffen durch. Könnte die deutsche Frage nicht im Einvernehmen mit allen Nachbarn Deutschlands geregelt werden, so Schumanns Befürchtung, würde „früher oder später der deutsche Nationalismus wiedererwachen"[56].

Als Außenminister war Schumann derjenige französische Politiker, der die deutsche Ostpolitik in der französischen Öffentlichkeit mit großer Energie und Konstanz befürwortete und – soweit notwendig – verteidigte[57]. Das persönliche Verhältnis zu Außenminister Scheel gestaltete sich sachlich und problemlos[58]; „die Verständigung war vollkommen", befand der französische Botschafter Seydoux[59]. Schumanns Kooperation in operativen Fragen der Ostvertragspolitik und der Berlin-Verhandlungen wurde allgemein als „sehr politisch" und „sehr konstruktiv" beschrieben. Von den drei westlichen Außenministern habe er bei Beratungen „die klarsten und durchdringendsten Überlegungen" vorgebracht[60]. Schumanns positives Verständnis der deutschen Ostpolitik beruhte auf einem langen Umgang mit deutschen Fragen[61]. Es war geprägt vom détente-Konzept de Gaulles, auf das er sich immer wieder bezog. Achtung und Sympathie für den ehema-

[53] Fontaine, Great arguments in softer tones, in: The Atlantic Community Quarterly Nr. 3 (1969), S. 378–382.

[54] Ders., Un optimiste au Quai d'Orsay, in: Le Monde vom 17. 3. 1973.

[55] Maurice Schumann, Frankreich und die Wiedervereinigung Deutschlands. Die französische Haltung vor der Moskau-Reise Präsident de Gaulles, in: EA vom 25. 4. 1966, S. 287–292.

[56] J. O., A. N. vom 20. 4. 1966, S. 773.

[57] Siehe Schumanns Reden vor der Nationalversammlung am 28. 4. 1970, in: J. O., S. 1321 ff., am 5. 11. 1970, in: J. O., S. 5181 ff., am 9. 6. 1971, in: J. O., S. 2588 ff., am 3. 11. 1971, in: J. O., S. 5225 ff., am 9. 6. 1972, in: J. O., S. 2395 ff. und am 16. 11. 1972, in: J. O., S. 5274 ff.

[58] Persönliches Gespräch mit Karl Moersch am 17. 6. 1987.

[59] Seydoux, Dans l'intimité franco-allemande, S. 158.

[60] Persönliches Gespräch mit Günther van Well am 13. 11. 1987.

[61] Schumann, France and Germany in the new Europe, in: Foreign Affairs Nr. 1 (1962), S. 66–77.

ligen Widerstandskämpfer Willy Brandt spielten eine zusätzliche Rolle. Am Jahrestag der deutschen Kapitulation, am 8. Mai 1970, beglückwünschte sich Schumann etwa, „daß in Deutschland 25 Jahre nach der Niederlage wirkliche Nazigegner an der Macht sind, die den Mut haben, so zu reden, wie es Bundespräsident Heinemann und Bundeskanzler Brandt tun, wenn sie Deutschland bedeuten, daß es nach 25 Jahren nicht den Krieg, den es in der Welt entfesselt hat, gewinnen kann"[62].

In den Augen Schumanns leistete die Bundesrepublik mit der Ostpolitik ihren eigenen notwendigen Beitrag zur gesamteuropäischen Entspannungspolitik[63]. Die Frage der deutschen Wiedervereinigung stelle sich auch nach der Initiierung einer aktiven deutschen Ostpolitik erst in einer langen historischen Perspektive. Nach Schumanns Überzeugung „kann kein Deutscher auf immer auf die Hoffnung einer Wiedervereinigung verzichten", doch gäbe es zwei Arten der Lösung dieses Problems: „Die erste besteht darin, zu hoffen, wenn man Deutscher ist, die Wiedervereinigung gegen die Neutralisierung einzutauschen. Das wäre der Tod Europas, der Tod unserer Sicherheit, ihre Todesgefahr. Die zweite besteht darin, sich zu sagen, daß das Problem eines Tages aufgeworfen werden könnte, eines fernen Tages, den wir nicht mehr sehen werden, und den Ehrgeiz zu haben, vor allem wenn man gegen den Nazismus in einer ausländischen Uniform gekämpft hat wie der Kanzler Brandt – in der norwegischen Uniform –, der zukünftigen Geschichte zu zeigen, daß man ein deutscher Patriot ist und daß man die ersten Grundsteine gelegt hat, selbst wenn die Wiedervereinigung ohne Krieg und ohne Bruch mit dem Westen nur möglich wird in einer sehr fernen Zukunft."

Mit der deutschen Ostpolitik, so Schumann, hatte sich Bonn eindeutig für die zweite Alternative entschieden; das Risiko, daß Deutschland die Wiedervereinigung gegen die Neutralisierung eintausche, sei ein „illusorisches Risiko". Zwei Gründe führte Schumann für diese Überzeugung an: Zum einen ging er davon aus, daß ein derartiger Handel für die Deutschen selbst „zu gefährlich" sei. Zum anderen könne es sich auch die Sowjetunion nicht leisten, die DDR in ein wiedervereinigtes und demokratisches Gesamtdeutschland zu entlassen, da die „Ansteckungsgefahr" für ganz Osteuropa zu groß sei. Breschnew und Kossygin hätten bei einer Diskussion dieses Themas während des Besuches von Pompidou in Moskau im Oktober 1970 versichert, eine Wiedervereinigung Deutschlands sei für die Sowjetunion selbst unter kommunistischen Vorzeichen inakzeptabel.

Dennoch besaß die deutsche Ostpolitik nach dem Urteil Schumanns auch eine Dimension, die über die bloße Anerkennung der Realität der Teilung hinauswies. Mit der Anerkennung des zweiten deutschen Staates schaffe Bonn die wesentlichste Voraussetzung dafür, daß einmal die Überwindung des Status quo möglich würde: „Es gibt eine Wahrheit des 20. Jahrhunderts, das ist der Status quo, und es gibt eine Wahrheit des 21. Jahrhunderts, das ist die Überwindung des Status quo. Und der wirkliche Politiker in Deutschland, der wirkliche Staatsmann ist derjenige, der – anstelle zwischen den beiden Politikmöglichkeiten zu wählen – die eine und die andere praktiziert; die eine für die Gegenwart, die andere als Vorbereitung der Zukunft."

Schumann glaubte, daß Brandt mit seiner Ost- und Deutschlandpolitik diese Perspektive für das 21. Jahrhundert offengehalten hat. Seine Auffassung von der deutschen Ost-

[62] Interview vom 8. 5. 1970 in Europe I, in: Kommentarübersicht des Presse- und Informationsamtes der Bundesregierung, 11. 5. 1970, Anhang I.
[63] Der folgende Abschnitt – auch die wörtlichen Zitate – folgt dem persönlichen Gespräch mit Maurice Schumann am 17. 12. 1984.

politik als einer „dynamischen Politik, die auf die Hoffnung auf Wiedervereinigung gerichtet ist", hat Schumann schon kurz nach dem Ausscheiden aus seinem Amt auch öffentlich vertreten. Auf einem Kolloquium des linksgaullistischen „Mouvement pour l'indépendance de l'Europe" erklärte er im Juni 1973 zur Strategie der Bonner Regierung: „Das Konzept von Herrn Brandt geht natürlich davon aus, daß die Anerkennung ‚hic et nunc' des territorialen und selbst des ideologischen Status quo als Folge des Zusammenbruchs des Nazismus, ich sage ausdrücklich: die Anerkennung ‚hic et nunc', etwas anderes ist als die völkerrechtliche Anerkennung der Teilung Deutschlands, weil ihre Beziehungen trotz allem von besonderer Natur sein werden und nicht die Möglichkeit eines Dialogs ausschließen, der Schritt für Schritt, vielleicht in zwei Jahrhunderten, zur Wiedervereinigung führt."[64]

Für die Gegenwart schloß Schumann auch hier deutlich die Möglichkeit der Wiedervereinigung aus, und zwar hauptsächlich wegen ihrer „Unvereinbarkeit mit jeder voraussehbaren sowjetischen Politik". Schumann machte im übrigen kein Hehl daraus, daß Pompidou zu Beginn der Ostvertragspolitik „sehr viel pessimistischer" gewesen sei als er selbst. Pompidou habe sich erst zu der Einsicht durchringen müssen, „daß keine andere Haltung möglich war als die meinige"[65].

Im Quai d'Orsay war die Schlüsselfigur bei der Behandlung aller die deutsche Ostvertragspolitik betreffenden Fragen der Leiter der Europa-Abteilung, Claude Arnaud. Er war auf Direktorenebene an den Vierer-Konsultationen beteiligt und gab formal die Weisungen an Botschafter Sauvagnargues. Arnaud wurde von deutschen Diplomaten eine konstruktive Rolle bescheinigt; im Verlaufe der Berlin-Verhandlungen habe er, so Günther van Well, „eigene persönliche Beiträge" geleistet und sich bemüht, „die Dinge weiterzubefördern"[66]. Sein Verhältnis zu Egon Bahr allerdings sei nicht immer ungetrübt gewesen. Arnaud seinerseits betonte, die deutsche Ostpolitik sei „in ihrem Prinzip exzellent" gewesen und habe in der gegebenen Lage ganz den deutschen Interessen entsprochen[67]. Den Stellenwert der Ostpolitik im Rahmen der deutschen Frage beurteilte Arnaud ganz ähnlich wie Außenminister Schumann. Die Anerkennung des Status quo und das grundsätzliche Festhalten an der Einheit der Nation schlössen sich keineswegs aus: „Die Anerkennung der Realität der Teilung Deutschlands sollte erlauben, diese Teilung zu überwinden, um eine gewisse Form der Wiedervereinigung zu erreichen. Ich glaube, darauf zielte Brandt ab. Er erkannte die Teilung nicht um der Teilung willen an. Die Anerkennung der Teilung sollte ihm die Aufnahme sehr viel engerer Beziehungen mit den Partnern im Osten ermöglichen, von denen er annahm, daß sie früher oder später – vielleicht in zehn oder zwanzig Jahren, oder in hundert Jahren – einen Modus vivendi erlauben würden: in der Form eines einheitlichen Staates oder in einer noch nicht bestimmten Form."[68]

Leiter des Deutschland-Referats unter Europa-Direktor Arnaud war von 1969 bis

[64] Schumann, Pour une détente offensive, in: Documents européens, hrsg. vom Mouvement pour l'indépendance de l'Europe, Paris 1974, S. 85–89.

[65] Persönliches Gespräch mit Maurice Schumann am 17. 12. 1984.

[66] Persönliches Gespräch mit Günther van Well am 13. 11. 1987; ähnlich Dr. Christian Feit im persönlichen Gespräch am 22. 12. 1987.

[67] Persönliches Gespräch mit Claude Arnaud am 13. 2. 1988: „Je trouve que l'Ostpolitik était excellente dans son principe. Je pense que cette Ostpolitik est tout à fait dans l'intérêt des Allemands et je crois que c'était une preuve de grande lucidité, d'un grand sens politique de la part de ceux qui l'ont inventée et de la part de ceux qui l'ont ensuite pratiquée."

[68] Persönliches Gespräch mit Claude Arnaud am 13. 2. 1988.

1972 der Unterdirektor für Mitteleuropa, Yves Pagniez. In diesem Referat wurden die Berlin-Verhandlungen genauestens verfolgt, und es wurden eigene Vorschläge entwikkelt. Die Hauptinitiative für diesen Komplex überließ der verantwortliche Europa-Direktor jedoch der französischen Botschaft in Bonn. Botschafter Sauvagnargues besaß im Außenministerium hinsichtlich aller Deutschland betreffenden Fragen die Kompetenz und das Ansehen, die es ihm erlaubten, „die Instruktionen zu erwirken, die er zu erhalten wünschte"[69]. Die der Europa-Abteilung übergeordneten administrativen Ebenen, das Generalsekretariat des Ministeriums unter Hervé Alphand sowie die Politische Abteilung unter der Leitung von Jacques de Beaumarchais, waren nur routinemäßig mit der deutschen Ostpolitik befaßt. Aus den Memoiren Alphands ergibt sich durchgehend eine deutlich zustimmende Haltung gegenüber Willy Brandt und seiner Politik[70].

Zusammenfassend läßt sich sagen, daß man im Quai d'Orsay insgesamt deutlich positiver über die deutsche Ostpolitik dachte als im Elysée. Die diplomatischen Fachleute waren offensichtlich besser in der Lage, die Zielsetzungen der Bonner Normalisierungspolitik zu erkennen, vor allem auch ihre natürlichen Grenzen realistischer einzuschätzen. Speziell hinsichtlich der Berlin-Verhandlungen, so der damalige deutsche Koordinator der Konsultationen, Günther van Well, habe er nie den Verdacht gehabt, daß das französische Außenministerium – eine bestimmte „Pedanterie" in juristischen Fragen einmal in Rechnung gestellt – aus politischen Gründen „bremsen" würde. Im Vergleich dazu habe er diesen Eindruck eher schon von der amerikanischen Seite gehabt, insbesondere von Henry Kissinger, der die Berlin-Problematik „in ein größeres Programm einpassen wollte"[71]. Die Schlüsselpositionen im französischen Außenministerium wurden zu Beginn der siebziger Jahre von Diplomaten eingenommen, die die deutsche Ostpolitik um so wohlwollender aufnahmen, als sie selbst sich dem Détente-Konzept de Gaulles verpflichtet fühlten. Dies trifft etwa auf die genannten Diplomaten Hervé Alphand, Jacques de Beaumarchais sowie auf François Puaux zu, der Anfang 1972 die Leitung der Politischen Abteilung übernahm. Stärker „atlantisch" ausgerichtete Diplomaten, die bereits de Gaulles Entspannungsansatz kritisch gegenübergestanden hatten, waren auch gegenüber der deutschen Ostpolitik nicht ohne Reserven. Für diese Denkrichtung standen etwa Jean Laloy, ab 1968 auf dem Posten des Direktors der diplomatischen Archive, und Jean-Marie Soutou, 1966 bis 1971 Inspektor des diplomatischen Dienstes[72].

Den historischen Gaullismus orthodoxer Prägung repräsentierte im Kabinett Pompidous Michel Debré. Mit der Ernennung zum Verteidigungsminister im herausgehobenen Rang eines Ministre d'Etat (1969–1973) war der frühere Chef des Quai d'Orsay allerdings bewußt auf Distanz zum außenpolitischen Entscheidungsprozeß gebracht worden. Er selbst gab im Rückblick allerdings an, von Pompidou vor allen wichtigen außenpolitischen Entscheidungen konsultiert worden zu sein[73]. Von diesem „zugleich leidenschaftlichen und verklemmten Patrioten"[74] war bekannt, daß er eine enge deutsch-französische Zusammenarbeit als im unmittelbaren Interesse Frankreichs liegend befürwortete. Gleichzeitig aber trieb ihn stets eine überaus starke Sorge vor dem wirtschaftlichen

[69] Persönliches Gespräch mit Guy de Commines am 15. 12. 1987: „Sauvagnargues inspirait les instructions qu'il souhaitait de recevoir."
[70] Hervé Alphand, L'étonnement d'être. Journal 1939–1973, Paris 1977, S. 538, S. 543 und S.575.
[71] Persönliches Gespräch mit Günther van Well am 13. 11. 1987.
[72] Persönliche Gespräche mit den genannten Diplomaten.
[73] Debré, Français, S. 144.
[74] Brandt, Begegnungen und Einsichten, S. 161.

Gewicht des deutschen Nachbarn um. Auch öffentlich machte Debré kein Hehl daraus, daß er in der deutschen „Expansion" eine Gefahr für den Rang und die Unabhängigkeit Frankreichs erblickte: „Die Expansion Deutschlands beunruhigt uns natürlich, sei es unter dem Namen Europas, mit Sicherheit, wenn es sich zu den Vogesen hin ausbreitet, aber auch, wenn es sich nach Osten wendet, denn der Frieden ist noch brüchig unter der noch warmen Asche. Die Entspannung beruht, das müssen wir immer wieder betonen, auf dem Selbstbestimmungsrecht der Völker. Aber es gibt auch die Geschichte, und wir wissen von der Gefahr, die entstehen würde, strebte man Änderungen des Status quo an ohne eine umfassende Übereinkunft der interessierten Nationen."[75]

Damit war Debré derjenige französische Regierungspolitiker, der am deutlichsten aussprach, daß der Frieden in Europa die fortdauernde Teilung Deutschlands erforderte; die Bezugnahme auf das mögliche „allgemeine Einvernehmen" unter den interessierten Ländern verhüllte kaum ihren rhetorischen Charakter. Der „Immobilismus", bezogen auf das Verbot der Verfügung über Atomwaffen wie auf die Aufrechterhaltung der Teilung, so Debré an anderer Stelle, „sanktioniert" die Vergangenheit und stellt „eine Bedingung für die Zukunft" dar[76].

Als Nationalist war Debré davon überzeugt, daß auch in Bonn die nationale Ambition Triebfeder und Ziel aller Politik sei. Ausgehend davon wird verständlich, daß auch für Debré die neue deutsche Ostpolitik unter dem Vorzeichen des Festhaltens an der deutschen Einheit betrieben wurde. Im Jahr 1972, im Jahr der Ratifizierung der Ostverträge und des Abschlusses des deutsch-deutschen Grundlagenvertrages, erklärte er in einem ausführlichen Interview: „Die Deutschen – was ihnen schwerlich vorzuwerfen ist – legen den Akzent auf den vergänglichen Charakter ihrer Teilung, gemessen an der Ewigkeit. Das bedeutet, daß die Umstände die Deutschen dazu veranlassen werden, ihr Handeln in Funktion dieses hochgesteckten Ziels zu gestalten, selbst wenn es in weiter Ferne liegt, selbst wenn die gegenwärtige Generation kaum damit rechnen kann, die Realisierung zu erleben."[77]

2. Die Abstimmung zwischen Bonn und Paris

„Die Skepsis der Franzosen gegenüber jeder deutschen Ostpolitik war bekannt und in den Überlegungen der Bundesregierung allgegenwärtig", so der Staatssekretär im Auswärtigen Amt, Paul Frank[78]. Das geeignete Mittel, der Skepsis der westlichen Partnerländer zu begegnen, mußte für die Bundesregierung ein offener Informationsaustausch über ihre Ostvertragsverhandlungen sein. Gelang es, sich der uneingeschränkten Unterstützung insbesondere der Regierungen der drei westlichen Siegermächte zu versichern, so konnte dies für den Erfolg der Ostpolitik von entscheidender Bedeutung sein. Aus elementarem Eigeninteresse – aus innen- wie aus außenpolitischen Gründen – war der Bundesregierung so an einer engen Abstimmung ihrer Politik mit Washington, Paris und London gelegen; formal-rechtlicher Verpflichtungen, wie sie gegenüber Frankreich etwa aus den entsprechenden Bestimmungen des Elysée-Vertrages von 1963 erwuchsen, hat es kaum bedurft. Nicht zuletzt im Hinblick auf das latente „Rapallo-Trauma" in Frankreich

[75] Debré, Europe 1971: deux echecs – deux succès – deux épreuves – deux certitudes, in: Revue de Défense nationale Nr. 10 (1971), S. 1427f.

[76] Ders., Défense de l'Europe et sécurité en Europe, in: Ebenda Nr. 12 (1972), S. 1779–1804.

[77] Ders., Une certaine idée de la France, Paris 1972, S. 285.

[78] Schriftliche Mitteilung von Dr. Paul Frank vom Februar 1985.

betonte Willy Brandt zu Beginn seiner Kanzlerschaft, er wolle eine „qualifizierte politische Zusammenarbeit" mit den westlichen Verbündeten an die Stelle der „klassischen Kabinettspolitik der Geheimniskrämerei" setzen[79]. Die Normalisierungspolitik gegenüber dem Osten sollte ihren Rückhalt in einer vielfältigen und kontinuierlichen Synchronisation mit den Westalliierten finden. Konzeption und Zeitplan sollten aber nicht durch unverhältnismäßige Rücksichtnahme und Überängstlichkeit beeinträchtigt werden. Die führenden Regierungspolitiker waren entschlossen, die einmal für richtig und notwendig erkannten ostpolitischen Initiativen, wenn nötig, auch nachdrücklich gegenüber den eigenen Verbündeten zu vertreten.

Kurz nach der Unterzeichnung des Moskauer Vertrages meinte etwa Egon Bahr zu der nicht in allen Punkten positiven amerikanischen Reaktion: Ihm genüge es, daß die amerikanische Regierung ihre Befriedigung geäußert habe. Die Bundesrepublik sei jetzt „erwachsen", und die „Periode des guten Zuredens durch die Verbündeten" sei vorbei. Nun bestehe eine „völlig klare Partnerschaft", die einen offenen und vertrauensvollen Meinungsaustausch ermögliche[80]. Genauer noch unterschied Bahr im Rückblick zwischen Konsultation und Information der westlichen Alliierten: „Während unserer Verhandlungen mit der Sowjetunion über den Moskauer Vertrag kann man sagen: Wir haben informiert, aber nicht konsultiert. Wir haben informiert und konsultiert, bevor wir sie angefangen haben. Das habe ich mit Kissinger im September oder Oktober gemacht, jedenfalls vor der Regierungserklärung, vierzehn Tage vor der Regierungserklärung. Und in der Operation selbst haben wir informiert, denn das war ein eigenständiger Akt der Bundesregierung. Wir hatten konsultiert dann wieder in der Schlußphase in Moskau, als Herr Scheel und Herr Frank noch dazukamen – im wesentlichen über das Thema „Brief zur deutschen Einheit" und den Berlin-Komplex. Denn da hatten wir die Konsultation nötig. Aber was die eigentliche Substanz des Moskauer Vertrages angeht, haben wir informiert, nicht konsultiert."[81]

Auch Brandt deutete eine spezifische Unterscheidung zwischen verschiedenen Arten der Abstimmung mit den westlichen Alliierten an. In einem Gespräch mit der „New York Times" Anfang 1971 trennte Brandt deutlich zwischen den engen Konsultationen in allen die Berlin-Problematik betreffenden Fragen, die in der „Vierergruppe" stattfänden, und der Praxis bei der eigentlichen bilateralen Ostpolitik: Hier habe er bei seinem letzten USA-Besuch mit Nixon eine „sehr gute Diskussion" geführt, lautete die subtile Präzisierung des Bundeskanzlers[82]. Diese Wortwahl hatte nichts Zufälliges. In der Tat gehörten der Moskauer und der Warschauer Vertrag strenggenommen in den Bereich der rein bilateralen Beziehungen. Die originären Vier-Mächte-Rechte und -Verantwortlichkeiten in bezug auf Deutschland als Ganzes und Berlin waren von diesen Abkommen de jure nicht berührt. Insofern besaßen die Konsultationen zwischen der Bundesregierung und den Regierungen der drei Westmächte in der Berlin-Frage eine andere Qualität als die Abstim-

[79] Zit. in: Der Spiegel vom 9. 3. 1970: Stark verbunden.

[80] Zit. in: FAZ vom 19. 8. 1970: Staatssekretär Bahr mit der Reaktion Washingtons zufrieden.

[81] Persönliches Gespräch mit Egon Bahr am 26. 6. 1985. Vgl. auch Bahrs Interviewäußerung im Anhang von: Günther Schmid, Politik des Ausverkaufs?, München 1979, S. 249: „Die Frage unserer bilateralen Ostpolitik war keine Frage der Konsultation, sondern eine Frage der Information. Wir sind ja kein Satellitenregime und es gibt Punkte, über die kann man informieren, soll es auch tun, aber man muß dies nicht konsultieren, zumal es kein Punkt war, der das Bündnis berührte."

[82] Zit. in: Sulzberger, Brandt: III – Westpolitik, in: NYT vom 29. 1. 1971; Roger Morgan, Washington und Bonn. Deutsch-amerikanische Beziehungen seit dem Zweiten Weltkrieg, München 1975, S. 199.

mung über die Ostpolitik. Es ist jedoch kaum anzunehmen, daß dieser forensische Unterschied in der Praxis eine entscheidende Bedeutung spielte, da die Bundesregierung bei einer mangelhaften Informationspolitik über ihre Ostpolitik die dringend benötigte Schützenhilfe durch die drei Westmächte aufs Spiel gesetzt hätte. Die Äußerungen Brandts und Bahrs sind jedoch bezeichnend für das gestärkte Selbstbewußtsein der sozial-liberalen Koalition in außenpolitischen Fragen. Sie suchte sich hier auch in der Form mitunter demonstrativ von früheren Bundesregierungen abzuheben. Den Interessen der westlichen Nachbarländer war durch eine Politik enger Kooperation Rechnung zu tragen, doch machte Brandt auch deutlich, er verstehe sich „als Kanzler nicht eines besiegten, sondern eines befreiten Deutschland“[83]. Bahr meinte rückblickend zu der veränderten Tonlage auch in den deutsch-französischen Beziehungen: „Die Selbstverständlichkeit, mit der die sozial-liberale Regierung auch deutsche Interessen vertrat, oder die Unbefangenheit, mit der sie sie vertrat, war vielleicht für Frankreich auch ein bißchen überraschend.“[84]

Die ostpolitischen Konsultationen der Bundesregierung mit den drei Westalliierten vollzogen sich auf mehreren Ebenen (bilateral, vierseitig, multilateral) und in vielerlei Formen. Naturgemäß waren es die vierseitigen Konsultationsorgane, die in der Kernphase der deutschen Ostpolitik von Ende 1969 bis 1971 einen ganz besonderen Stellenwert hatten. Unter ihnen sind die „Bonner Vierergruppe“, die eine Stufe höher rangierenden Treffen der drei westalliierten Botschafter in Bonn mit dem zuständigen bundesdeutschen Staatssekretär sowie die Direktoren-Ebene zu unterscheiden.

Die Bonner Vierergruppe

Als Arbeitsgruppe auf höherer Beamtenebene war die „Bonner Vierergruppe“ in der Intensivphase der deutschen Ostpolitik das wichtigste operative Feinabstimmungsorgan[85]. Die Bonner Vierergruppe ist ursprünglich der Washingtoner „Ambassadorial Group“ nachgebildet worden, dem westalliierten Konsultationsorgan, das auf die Berlin-Blokkade von 1948/49 zurückgeht. Dort trafen sich diplomatische Abgesandte der drei Westmächte, um über koordinierte Maßnahmen zur Sicherung Berlins zu beraten. Unter Hinzuziehung des bundesdeutschen Botschafters in Washington wurde dieses Forum anläßlich von Chruschtschows Berlin-Ultimatum 1958 reaktiviert. Der dringende Bedarf nach enger politischer Koordination führte in dieser Periode auch zur Einrichtung eines zweiten Vierer-Konsultationsorgans – der Vierergruppe in Bonn. Für ihre Gründung läßt sich kein präzises Datum ermitteln. Wahrscheinlich wurde sie im Zeitraum zwischen dem Inkrafttreten des Deutschlandvertrages mit seinen Konsultationsverpflichtungen (1954) und dem Berlin-Ultimatum (1958) schrittweise zu einer festen Institution[86]. Die Vierergruppe wurde immer dann eingeschaltet, wenn eine gemeinsame Position zwi-

[83] Brandt, Begegnungen und Einsichten, S. 296.

[84] Persönliches Gespräch mit Egon Bahr am 19. 12. 1984.

[85] Die Konsultationen im Rahmen der Vierergruppe gelten als streng vertraulich. Ihre Arbeitsweise und Funktion im außenpolitischen Entscheidungsprozeß sind bislang noch nicht systematisch untersucht worden. Günther Schmid, Entscheidung in Bonn, Köln ^{2}1980, S. 251 ff.; Dieter Mahncke, Berlin im geteilten Deutschland, München/Wien 1973, S. 130 f.; Honoré M. Catudal, The Diplomacy of the Quadripartite Agreement on Berlin. A new Era in East-West Politics, Berlin 1978, S. 101 f.; Rolf Breitenstein, Das Scharnier an Brandts Tür zum Osten, in: FR vom 20. 7. 1970; Carl-Christian Kaiser, Die Experten der Excellenzen, in: Die Zeit vom 20. 8. 1971; Klaus-Rudolf Dreher, Ein weißes Blatt lag zwischen rechts und links, in: SZ vom 4./5. 9. 1971.

[86] Persönliche Gespräche mit Berndt von Staden am 20. 12. 1984 sowie im Auswärtigen Amt.

schen der Bundesregierung und den Westmächten insbesondere gegenüber der Sowjetunion zu formulieren war.

Die drei Westalliierten entsandten in die Vierergruppe jeweils die Leiter der politischen Abteilungen ihrer Bonner Botschaften, die den Rang von Botschaftsräten hatten. In der Zeit der deutschen Ostvertragspolitik war dies für Frankeich der Deuxième conseiller René Lustig[87], für Großbritannien zunächst Richard Hanbury-Tenison, ab März 1970 Christopher Audland, und für die USA Jonathan Dean. Letzterer besaß aus seiner beruflichen Laufbahn die größten deutschlandpolitischen Erfahrungen und war auf alliierter Seite vermutlich die entscheidende Figur. Der Vertreter der Bundesregierung war der Leiter des Deutschland-Referates („Außenpolitische Fragen, die Berlin und Deutschland als Ganzes betreffen") im Auswärtigen Amt, Günther van Well, der auch nach seiner Beförderung Mitte 1971 vom Vortragenden Legationsrat I. Klasse zum Ministerialdirigenten und stellvertretenden Leiter der politischen Abteilung des Auswärtigen Amtes bis Oktober 1972 der Bonner Vertreter blieb. Bei Plenarsitzungen der Vierergruppe wurden die Botschaftsräte von weiteren Mitarbeitern ihrer diplomatischen Vertretungen begleitet. Auf französischer Seite war François Plaisant, zunächst im Rang eines Premier Secrétaire, dann eines Conseiller, nach René Lustig der zweite Mann. Hinzu kam der Premier Secrétaire Regnault de Bellescize. Zur ständigen bundesdeutschen Delegation gehörten neben van Well der stellvertretende Referatsleiter Hans Otto Bräutigam und der Völkerrechtsexperte Hermann von Richthofen. Weitere Beamte des Auswärtigen Amtes wurden je nach Sachlage hinzugezogen. In den entscheidenden Phasen der Ostpolitik, insbesondere während der Berliner Vier-Mächte-Verhandlungen, schaltete sich auch Staatssekretär Egon Bahr direkt in die Konsultationen der Vierergruppe ein[88]. Bestrebungen, auch ständige Vertreter des Bundeskanzleramtes und des Innerdeutschen Ministeriums in die deutsche Delegation hineinzunehmen, stießen auf die Ablehnung von Außenminister Scheel, der auf der alleinigen Zuständigkeit des Auswärtigen Amtes bestand[89]. Speziell für die Berlin-Verhandlungen wurde noch der Leitende Senatsrat beim Berliner Senator für Bundesangelegenheiten, Günther Meichsner, in die Vierergruppe aufgenommen.

In der Zeit von 1969 bis 1971 lassen sich zwei Schwerpunkte in der Arbeit der Vierergruppe unterscheiden. Die Vierergruppe war das Organ, in dem die Bundesregierung die drei Westalliierten über den Fortgang der Moskauer Verhandlungen bzw. über Details des Moskauer Vertrages unterrichtete. Damit hatte die Vierergruppe zum einen den Charakter eines Konsultations- und Informationsorgans. Sie war jedoch mehr als nur eine Clearing-Stelle, sie nahm auch aktiven Anteil an der Ausarbeitung von Vorschlägen und Erklärungen. So wurden in der Vierergruppe etwa die Texte der Briefwechsel zwischen der Bundesregierung und den Drei Mächten im Zusammenhang mit dem Moskauer Vertrag, dem Warschauer Vertrag, dem Berlin-Abkommen und dem Grundlagenvertrag redigiert und auch der „Brief zur deutschen Einheit" anläßlich des Moskauer Vertrages und des Grundlagenvertrages. Diese Dinge sind „typische Gegenstände" der Beratungen der Bonner Vierergruppe gewesen, wie Berndt von Staden sagte[90]. Zunächst wurden sie auf dieser Arbeitsebene behandelt, dann an die höheren Instanzen in den

87 Von 1969 bis 1972 war René Lustig 2. Botschaftsrat, von 1972 bis 1974 1. Botschaftsrat.

88 Persönliche Gespräche mit Dr. Hermann von Richthofen am 17. 12. 1985 und Dr. Hans Otto Bräutigam am 3. 7. 1987.

89 Persönliches Gespräch mit Günther van Well am 13. 11. 1987.

90 Persönliches Gespräch mit Berndt von Staden am 20. 12. 1984; FAZ vom 17. 2. 1970: Vierergruppe erörtert den Stoph-Brief.

jeweiligen Außenministerien verwiesen und schließlich mit den dort angebrachten Anmerkungen und Änderungswünschen wieder in der Vierergruppe beraten. Dieser Vorgang konnte sich mehrfach wiederholen. Als Gelenk zwischen der Bundesregierung und den drei westlichen Alliierten besaß die Vierergruppe so „eine enorm wichtige Funktion“[91]. Sie war als Arbeitsinstrument ausreichend flexibel, um je nach Problemlage ad hoc zusammentreten zu können; je nach Bedarf hielt sie auch tägliche Sitzungen ab.

Eine besonders aktive und wichtige Rolle spielte die Vierergruppe im Verlauf der Berliner Vier-Mächte-Verhandlungen, wo sie als zweite (westliche) Arbeitsebene unterhalb der Ebene der Botschafter fungierte. Während die vier Botschafter Kenneth Rush, Sir Roger Jackling, Jean Sauvagnargues und Pjotr Abrassimow von der Öffentlichkeit stark beachtet die offiziellen Gespräche führten, wurden in der Vierergruppe die westliche Feinabstimmung vorgenommen und Vorschläge für die Verhandlungen erarbeitet[92]. Angesichts des ständigen Kontaktes, den die Bundesregierung mit den drei Westmächten via Bonner Vierergruppe hielt, konnte der Sprecher des Auswärtigen Amtes, Guido Brunner, am Ende der Berlin-Verhandlungen von einem „fast in der Nachkriegsgeschichte einmaligen Fall von Tag-für-Tag-Koordination“ sprechen[93].

Auf die vergleichsweise wenig bekannte Arbeit der Bonner Vierergruppe wies die Bundesregierung im November 1971 in der Antwort auf eine Große Anfrage der CDU/CSU-Fraktion im Deutschen Bundestag zur Deutschland- und Außenpolitik hin[94]. Der hier wie auch bei anderer Gelegenheit häufig vorgetragenen Kritik der CDU/CSU, die Bundesregierung stimme sich nicht ausreichend mit den westlichen Alliierten ab, trat diese mit dem Hinweis entgegen, die „ständige Abstimmung und Koordinierung mit den drei Westmächten“ sei in der Vierergruppe insbesondere „im Zuge der Berlin-Verhandlungen außerordentlich vertieft worden“. Als Orte weiterer ständiger Konsultationen nannte die Bundesregierung bei dieser Gelegenheit die seit der Den Haager Gipfelkonferenz (Dezember 1969) stattfindenden regelmäßigen Außenministertreffen im EG-Rahmen sowie die „ständige politische Konsultation in der NATO“.

Die Treffen der drei westlichen Botschafter mit dem bundesdeutschen Staatsekretär

Zu den Aufgaben der Bonner Vierergruppe gehörte es auch, die Beratungen auf der nächsthöheren Konsultationsebene zwischen den drei Westmächten und der Bundesregierung vorzubereiten. Es waren dies die regelmäßigen Treffen der drei westalliierten Botschafter in Bonn mit dem zuständigen Staatssekretär vom Auswärtigen Amt. Diese Übung hatte zu Beginn der siebziger Jahre ebenfalls bereits Tradition. In der Zeit der Ostpolitik war der deutsche Vertreter zunächst Staatssekretär Ferdinand Duckwitz, nach dessen Versetzung in den Ruhestand ab Juni 1970 Staatssekretär Paul Frank. Bei diesen Zusammenkünften handelte es sich „nicht um eine Institution, sondern um eine formlose Begegnung bei einem Mittagessen“[95]. Bei reihumgehender Gastgeberschaft fanden diese informellen Treffen grundsätzlich einmal im Monat statt. Je nach Bedarf wurden zusätz-

91 Persönliches Gepräch mit Berndt von Staden am 20. 12. 1984.
92 Siehe hierzu auch unten das Kapitel zu den Berlin-Verhandlungen.
93 SZ vom 4./5. 9. 1971.
94 Bundestagsdrucksache VI/2828, November 1971, S. 6.
95 Schriftliche Mitteilung von Dr. Paul Frank vom Februar 1985. Siehe auch den Auszug aus einem Brief Botschafter Kenneth Rushs in: Vorwort zu Honoré M. Catudal, The Diplomacy of the Quadripartite Agreement on Berlin, S. 91.

liche Treffen anberaumt. Früher als die Vorsitzenden der Fraktionen im Bundestag wurden die drei westalliierten Botschafter etwa von Duckwitz am 28. November 1969 über den von der DDR vorgelegten Entwurf eines Staatsvertrages ausführlich unterrichtet[96]. Darüber hinaus hielt auch der Staatssekretär im Bundeskanzleramt, Egon Bahr, formlos einen „sehr engen Kontakt" mit den drei westalliierten Botschaftern[97]. Während seiner Verhandlungen in Moskau kam es auch zu mehreren Begegungen Egon Bahrs mit den in der Sowjetunion akkreditierten Botschaftern der drei Westmächte. Der französische Botschafter Roger Seydoux berichtete von „zwei bis drei" Informationsgesprächen mit dem deutschen Verhandlungsführer[98].

Im Verlaufe des zwölftägigen Aufenthaltes von Bundesaußenminister Scheel (27. Juli–7. August 1970) in Moskau, der der endgültigen Aushandlung des Vertrages diente, trafen deutsche Delegationsmitglieder viermal mit den drei westalliierten Botschaftern zusammen[99]. Dies geschah am 29. Juli im Rahmen eines Mittagessens in der deutschen Botschaft, am 31. Juli und am 3. August in Konsultationstreffen mit Scheel bzw. Bahr. Am Vormittag des 6. August legte Scheel dann den Vertretern der drei Westmächte den zur Paraphierung fertigen Vertragstext vor. Es war bei dieser Gelegenheit der britische Gesandte, der in Abwesenheit des Botschafters Einwände geltend machte, die von Scheel jedoch nicht berücksichtigt wurden[100].

Die Direktorenebene und die „Deutschlandtreffen"

Ein weiteres Konsultationsforum der drei Westmächte und der Bundesrepublik gab es auf der Direktorenebene. Bei diesen „senior-level-meetings" der Direktoren aus den vier Außenministerien war die Bundesregierung durch den Leiter der politischen Abteilung, Berndt von Staden, ab 1971 durch den stellvertretenden Leiter Günther van Well vertreten, die drei Westmächte durch die Direktoren ihrer Europa-Abteilungen Claude Arnaud (Frankreich), David Bendall (Großbritannien) und Martin Hillenbrand (USA). Diese Treffen waren wie die Zusammenkünfte des deutschen Staatsekretärs mit den drei Botschaftern der Westmächte, im Unterschied jedoch zu den Sitzungen der Bonner Vierergruppe, nicht fest institutionalisiert; sie wurden „ad hoc jeweils im Einzelfall abgehalten"[101]. Der Tagungsort wechselte zwischen den Hauptstädten der vier beteiligten Länder. Fand die senior-level-Sitzung in Bonn statt, traf auch der zuständige Staatssekretär aus dem Auswärtigen Amt mit den Europa-Direktoren zusammen.

In der entscheidenden Phase der Ostpolitik sind Zusammenkünfte auf der Direktoren-Ebene, die streng vertraulich gehandhabt wurden, belegt für den 8./9. Mai 1970 und den

[96] FR vom 4. 12. 1969: DDR-Vorschlag Maximalforderung.

[97] Persönliches Gespräch mit Egon Bahr am 19. 12. 1984.

[98] Persönliches Gespräch mit Roger Seydoux am 12. 11. 1984. Die Welt vom 18. 2. 1970: Gespräche über Gewaltverzicht in Moskau unterbrochen (über derartige Besuche Bahrs vor Rückkehr von seiner 1. Moskauer Gesprächsrunde am 18. 2. 1970).

[99] Chronik des Verlaufs der deutsch-sowjetischen Verhandlungen, in: Bulletin vom 10. 8. 1970, S. 1049.

[100] Da er offensichtlich ohne präzise Instruktionen war, wollte der britische Gesandte vor einer Zustimmung zunächst Weisungen des Foreign Office einholen. Außenminister Scheel ließ sich darauf aus formalen wie aus zeitlichen Gründen nicht ein (Persönliches Gespräch mit Berndt von Staden am 20. 12. 1984).

[101] Schriftliche Mitteilung von Berndt von Staden vom 16. 4. 1985.

18./19. September 1970 in Bonn sowie den 17./18. Mai 1971 in London[102]. Bei diesen Treffen ging es vor allem darum, eine gemeinsame Position für die laufenden Berlin-Verhandlungen zu finden. An der Zusammenkunft vom 17. November 1971 in Paris nahm auch Staatssekretär Egon Bahr teil, um über den Stand der von ihm geführten deutsch-deutschen Verhandlungen zu berichten[103]. Darüber hinaus trafen sich die Direktoren aus den Außenministerien auch, um die zur Tradition gewordenen „Deutschlandtreffen" der Außenminister der drei Westmächte und des Bundesaußenministers an den Vorabenden der NATO-Ratstagungen vorzubereiten[104]. Zu diesen Viererkonsultationen auf höchster Ebene kamen die Außenminister William Rogers (USA), Maurice Schumann (Frankreich), Michael Stewart bzw. der Mitte 1970 ins Amt gekommene Sir Alec Douglas Home (Großbritannien) sowie Walter Scheel in halbjährlichen Abständen zusammen: am 3. Dezember 1969 in Brüssel, am 25. Mai 1970 in Rom, am 2. Dezember 1970 in Brüssel, am 2. Juni 1971 in Lissabon, am 8. Dezember 1971 in Brüssel.

Die Abstimmung im Urteil

In der Summe ergibt die Vielzahl der Informationen und Konsultationen zwischen der Bundesregierung und der französischen Regierung, die sich ja auch noch auf den im deutsch-französischen Vertrag vorgesehenen halbjährlichen Gipfelbegegnungen, bei den NATO-Ratstagungen und bei den Ministerratstagungen im Rahmen der WEU austauschten, das Bild einer außergewöhnlich engen außenpolitischen Abstimmung. Es existierte jedoch kein gesonderter „direkter Draht" zwischen Bonn und Paris, wie er etwa zeitweilig zwischen Egon Bahr und dem amerikanischen Sicherheitsberater Henry Kissinger bestanden hat[105]. Letzterer war nicht zuletzt auch ein Ausdruck für den noch höheren Stellenwert, der den Vereinigten Staaten im Rahmen der Ostpolitik beigemessen wurde. Für die deutsch-französische Zusammenarbeit mochten die periodischen Gipfelbegegnungen und die häufigen Konsultationen zwischen Maurice Schumann und Walter Scheel einen gewissen Ausgleich schaffen. Im Auswärtigen Amt bemühte sich insbesondere der „frankophile" Staatssekretär Paul Frank um die Pflege der Beziehungen zu Paris, während Egon Bahr und auch Kanzleramtsminister Horst Ehmke stärker die Verbindung mit Washington hielten.

Sowohl bezüglich der Quantität als auch der Qualität der Information und Konsultation durch die Bundesregierung zogen die beteiligten französischen Diplomaten eine durchweg positive Bilanz. Das Bemühen der Bundesregierung um eine sorgfältige Abstimmung wurde ausdrücklich anerkannt, ihre Intensität als angemessen und ausreichend empfunden. Namentlich Maurice Schumann und Botschafter Jean Sauvagnargues zeigten sich in dieser Hinsicht voll befriedigt[106], und auch der französische Vertreter in der Bonner Vierergruppe, François Plaisant, fand keinen Anlaß zur Kritik: „Es war so, daß wir die gesamte Ostpolitik ganz eng mit der Diplomatie der Bundesrepublik konzertiert haben. Die gesamten Verhandlungen von Moskau, von Warschau haben wir zu viert

[102] FR vom 11. 5. 1970: Übereinstimmung in der Ostpolitik; Le Monde vom 16. 9. 1970: Les trois Occidentaux vont coordonner leur attitude avec Bonn sur Berlin; Der Spiegel vom 14. 6. 1971: Mal was schreiben.

[103] La politique étrangère de la France Nr. 2 (1971), S. 37.

[104] Persönliches Gespräch mit Berndt von Staden am 20. 12. 1984.

[105] Kissinger, Memoiren 1968–1973, S. 855 ff.; Brandt, Begegnungen und Einsichten, S. 512.

[106] Persönliches Gespräch mit Maurice Schumann am 17. 12. 1984 und Jean Sauvagnargues am 12. 2. 1985.

in vielen Details diskutiert. Daher, weil die letzte Verantwortung für „Deutschland als Ganzes“ auch die unsrige war. Wenn es Berlin nicht gegeben hätte, so wäre da „Deutschland als Ganzes“ gewesen.“[107]
Maurice Schumann legte rückblickend großen Wert auf die Feststellung, daß er von Willy Brandt persönlich schon vor Antritt seiner Kanzlerschaft über seine ostpolitischen Vorhaben im Falle seiner Wahl unterrichtet worden sei[108]. Dies geschah bei einem Besuch Brandts am 4. Juli 1969 in Paris, als Schumann die Leitung des Quai d'Orsay gerade seit drei Wochen übernommen hatte[109]. Nach der Erinnerung Schumanns konfrontierte ihn Brandt bei dieser Gelegenheit mit der folgenden „sehr einfachen Überlegung“: „‚Wir sind Alliierte innerhalb des Atlantik-Paktes, wir sind Partner innerhalb der Europäischen Wirtschaftsgemeinschaft, wir müssen daher – soweit dies irgend möglich ist – unsere Außenpolitik aufeinander abstimmen. Ihre Außenpolitik geht seit General de Gaulle von bilateralen Beziehungen mit der Sowjetunion aus; diese Beziehungen sind nicht gegen die USA gerichtet. Aufgrund seiner Lage hat Deutschland noch einen zusätzlichen Grund, selbst auch diese Linie zu verfolgen, aber es möchte dies nur in Übereinstimmung mit Ihnen tun und Sie dabei ständig auf dem Laufenden halten.‘“

Über die von Willy Brandt angekündigte eventuelle Neuorientierung der Bonner Ostpolitik berichtete Schumann unmittelbar Pompidou. Naturgemäß hatte der Bundesaußenminister bei seinen Vorüberlegungen nicht in Einzelheiten gehen können. Die detaillierte Erinnerung Schumanns zeugt jedoch von der Befriedigung auf französischer Regierungsseite, in groben Zügen schon frühzeitig über neue Initiativen der deutschen Außenpolitik informiert worden zu sein.

In den Jahren 1970 bis 1972 waren die Erklärungen und Kommuniqués anläßlich offizieller deutsch-französischer Regierungskonsultationen jeweils der Ort, die nahtlose Zusammenarbeit auf ostpolitischem Gebiet vor der Öffentlichkeit zu bekunden. Daß man dabei nicht nur Eintracht demonstrierte, sondern auch die Dichte des Informationsflusses zwischen Bonn und Paris entsprechend herausstellte, war um so mehr angebracht, als in deutschen wie in französischen Presseorganen immer wieder Vermutungen angestellt wuden, die französische Regierung fühle sich über die Ostvertragsverhandlungen unzureichend informiert. Entsprechende Presseberichte mußten sich jedoch durchweg damit begnügen, die „Stimmung“ im Pariser Außenministerium einzufangen und wiederzugeben, da sie sich nicht auf zitierbare Aussagen identifizierter Personen zu stützen vermochten[110]. Bei dieser „Stimmungsmessung“ wird der jeweilige Standpunkt des Korrespondenten nicht ohne Einfluß gewesen sein. Allerdings wurde die Entwicklung der deutschen Ostpolitik in Paris in der Tat mit gespannter, anfangs teilweise nervöser Aufmerksamkeit verfolgt. Insbesondere in der frühen Phase, während der Moskauer Verhandlungen Bahrs, deren Einzelheiten auch in Bonn aus berechtigter Furcht vor Indiskretionen nur einem kleinen Kreis bekannt waren, dürfte das französische Informations-

[107] Persönliches Gespräch mit François Plaisant am 13. 2. 1985.

[108] Das Folgende nach dem persönlichen Gespräch mit Maurice Schumann am 17. 12. 1984.

[109] Le Monde vom 28. 6. 1969: La prochaine rencontre Schumann-Brandt; Le Monde vom 4. 7. 1969: Bonn entend surtout s'informer des intentions de Paris à l'égard d'une, 'relance européenne'; Le Monde vom 5. 7. 1969: Les entretiens de M. Willy Brandt à Paris.

[110] Als Beispiele: Alfred Frisch, Franzosen über die Bonner Ostpolitik zutiefst besorgt, in: Rheinischer Merkur vom 28. 11. 1969; Karlheinz Renfordt, Im Pariser Außenministerium sieht man das Rapallo-Gespenst, in: FAZ vom 27. 12. 1969; Klaus Huwe, Konsultationen erwünscht, in: Christ und Welt vom 16. 1. 1970; Arnsperger, Brandt-Reise irritiert Paris, in: SZ vom 14. 4. 1970; Dreher, Paris ist neugierig geworden, in: SZ vom 6. 7. 1970.

bedürfnis tendenziell immer größer als dessen prompte Befriedigung gewesen sein[111]. Die „Angst, doch nicht alles sofort zu erfahren" – die der Berichterstatter der *Stuttgarter Zeitung* im April 1970 ausmachte[112] –, konnte unter diesen Bedingungen auch aus geringem Anlaß schnell in die Höhe schießen.

Kritik an mangelnder Konsultation kann natürlich auch für Bedenken in der Sache stehen. Tatsächlich gibt es jedoch nur einen einzigen offiziellen Beleg dafür, daß sich die französische Regierung über einen bestimmten Einzelpunkt der deutschen Ostpolitik nicht ausreichend ins Bild gesetzt fühlte. Dieser findet sich in der Pressekonferenz Pompidous vom 23. September 1971. Unter Bezugnahme auf das kurzfristig angesetzte Treffen Brandt-Breschnew auf der Krim einige Tage zuvor erklärte der französische Staatspräsident, man hätte sich vorstellen können, daß der deutsch-französische Vertrag oder auch das französische Protokoll „ein wenig mehr an vorhergehender Information gerechtfertigt hätten"[113]. Aber selbst dieser kritische Hinweis des französischen Präsidenten war eingebettet in eine nachhaltige Zustimmung zur deutschen Ostpolitik insgesamt. Die positive Bilanz, die französische Politiker und Diplomaten im Hinblick auf die Zusammenarbeit mit der Bundesregierung zogen, steht im übrigen im Einklang mit der rückblickenden Darstellung Henry Kissingers, der zwar einzelne Aspekte der deutschen Ostpolitik durchaus kritisch bewertete, aber die laufende Unterrichtung von seiten der Bonner Regierung nicht beanstandete[114].

3. Die französische Regierung und die einzelnen Etappen der deutschen Ostpolitik

Die Regierungserklärung Brandts vom 28. Oktober 1969

Die erste Reaktion in Paris wie in Washington und London auf die Neuorientierung der sozial-liberalen Regierung in der Ost- und Deutschlandpolitik konnte nichts anderes als Überraschung sein. In seiner Regierungserklärung vom 28. Oktober 1969 hatte Bundeskanzler Brandt mit einem Tabu der bisherigen Deutschlandpolitik gebrochen und erstmals die DDR als (gleichberechtigten) Staat angesprochen: „Auch wenn zwei Staaten in Deutschland existieren, sind sie doch füreinander nicht Ausland; ihre Beziehungen zueinander können nur von besonderer Art sein."[115] Die Bundesregierung bot der Sowjetunion, Polen und auch der DDR Verhandlungen an, die ohne Vorbedingungen begonnen werden und zu einer vertraglich vereinbarten Zusammenarbeit führen sollten. Diese in einem Nebensatz versteckte deutschlandpolitische Kehrtwendung war mit keiner der drei Westmächte im voraus abgestimmt worden. Speziell die Formel von den

[111] Vgl. die leicht kritische Anmerkung bei: Seydoux, Dans l'intimité franco-allemande, S. 156; ähnlich Claude Arnaud im persönlichen Gespräch am 13. 2. 1988.

[112] Frisch, Paris zeigt sich besorgt über mangelnde Konsultation durch Bonn, in: Stuttgarter Zeitung vom 16. 4. 1970.

[113] La politique étrangère de la France Nr. 2 (1971), S. 123.

[114] Kissinger, Memoiren 1968–1973, S. 566: „Brandt selbst hielt uns ständig auf dem laufenden und zerstreute damit die schlimmsten Befürchtungen. Allerdings unterrichtete uns die neue deutsche Regierung eher, als daß sie uns konsultierte. Sie teilte uns ihre Fortschritte mit, bat uns aber nicht um Rat. Das war aber auch die von uns bevorzugte Methode." Siehe auch die Äußerung Kenneth Rushs, der nachdrücklich den „engen Kontakt mit Außenminister Scheel, Kanzler Brandt und Staatssekretär Egon Bahr" hervorhebt, in: Catudal, The Diplomacy of the Quadripartite Agreement on Berlin, S. 91.

[115] Regierungserklärung, in: Stenogr. Berichte, 6. Wp., S. 21.

„zwei Staaten in Deutschland", die „füreinander nicht Ausland" sind, war erst einen Tag vor Abgabe der Regierungserklärung im kleinsten Kreis von Brandt und Scheel abgesprochen worden; das Auswärtige Amt war nicht hinzugezogen worden[116].

Wie überrascht man im französischen Außenministerium war, bestätigte der damalige Leiter der Europa-Abteilung, Claude Arnaud. Die Reaktion müsse vor dem Hintergrund der über lange Jahre gemeinsam getragenen deutschlandpolitischen Positionen gesehen werden, die nun plötzlich aufgegeben worden seien: „Wir haben alle vier, d. h. die Bundesrepublik und die drei Garantiemächte des Status von Berlin, die Signatarstaaten des Deutschlandvertrages, eng bei allen Entscheidungen und Initiativen zusammengewirkt, die darauf abzielten, die DDR, wenn schon nicht an der Existenz zu hindern, so zumindest daran, ihre Existenz anerkannt zu bekommen. Wir arbeiteten zusammen, wir hatten sehr häufige und regelmäßige Besprechungen in dem Bemühen, die DDR zu überwachen. Überall versuchte sie, ihre Nase hineinzustecken oder sich irgendein Dokument zu verschaffen oder irgendeinen Platz in einer internationalen Konferenz, wo sie die Anerkennung ihrer Existenz erreichen wollte. In dieser Sache waren wir vier verbündet bei dem Versuch, sie daran zu hindern, indem wir den anderen Ländern sagten: Vorsicht! Laßt vor allem nicht die DDR in dieser oder jenen Organisation zu! Und dann kommt auf einmal Herr Brandt und sagt uns: Die DDR, sie existiert. Mit einem Schlag und meines Wissens ohne vorherige Konsultation bringt er eine gemeinsam getragene Politik zu Fall, und er macht es in einseitiger Art und Weise."[117]

Trotz der Überraschung begrüßte der Directeur d'Europe im Quai d'Orsay den Schritt zur Anerkennung der DDR grundsätzlich. Die Politik des Alleinvertretungsanspruchs sei auf die Dauer nicht mehr durchzusetzen gewesen und von Frankreich nur noch aus Freundschaft zur Bundesrepublik mitgetragen worden: „Wir spielten das Spiel von der Fiktion der Nicht-Existenz der DDR, aber wir waren uns sehr wohl des etwas irrealen Charakters unserer Politik bewußt. Dennoch fuhren wir fort, diese Politik zu verteidigen aus Rücksicht auf die Bundesrepublik Deutschland und im Hinblick auf die vitale Bedeutung, die die Beibehaltung dieser Fiktion eines einzigen deutschen Staates, der dieses Namens würdig war, für sie zu haben schien. Und an dem Tag, an dem sie selbst entschied, selbst auf einseitige Weise, diese Fiktion fallenzulassen, waren die drei anderen Mächte darüber im Grunde eher erleichtert."[118]

Den Kontakt zu den Regierungen der drei Westmächte stellte Brandt nach der Regierungserklärung über deren Botschafter in Bonn her. Noch am 28. Oktober empfing Brandt den amerikanischen Botschafter Kenneth Rush (wie auch den sowjetischen Botschafter Zarapkin), zwei Tage später traf er mit dem französischen Botschafter François Seydoux und dem britischen Botschafter Roger Jackling zusammen[119]. Eine dichte Folge von bilateralen und multilateralen Begegnungen gab im November und Dezember der Bundesregierung Gelegenheit, ihre neuen ost- und deutschlandpolitischen Vorstellungen der französischen Regierung wie den übrigen Alliierten zu erläutern. Zu einem ersten Meinungsaustausch auf Ministerebene kam es anläßlich des Besuchs von Scheel bei sei-

[116] Schriftliche Mitteilung von Dr. Paul Frank vom 14. 2. 1985. Siehe auch: Egon Bahr, Was wird aus den Deutschen?, Reinbek 1982, S. 222; Karl Moersch, Kursrevision. Deutsche Politik nach Adenauer, Frankfurt 1978, S. 124 ff.; Baring, Machtwechsel, S. 246.

[117] Persönliches Gespräch mit Claude Arnaud am 13. 2. 1988.

[118] Ebenda.

[119] FR vom 28. 10. 1969: Brandt formuliert neue Ostpolitik.

nem Amtskollegen Maurice Schumann am 9. November 1969[120]. Den Gesprächen der Außenminister war bereits am 7. November der Besuch des neuernannten Koordinators für die deutsch-französischen Beziehungen, Carlo Schmid, vorausgegangen; er fungierte als „Sonderbeauftragter des Bundeskanzlers"[121]. Bei der ersten persönlichen Begegnung zwischen Staatspräsident Pompidou und Bundeskanzler Brandt am 1. und 2. Dezember 1969 bei der Gipfelkonferenz der Staats- und Regierungschefs der EG-Staaten in Den Haag wurde im Verlaufe eines Zweiergesprächs auch das Thema Ostpolitik angesprochen[122].

Einen hohen Stellenwert bei der Einordnung der bundesdeutschen Entspannungsbemühungen in die Gesamtpolitik des westlichen Bündnisses hatte natürlich die erste NATO-Ministerratstagung seit Amtsübernahme der neuen Bundesregierung am 4. und 5. Dezember 1969 in Brüssel. Hier und speziell beim traditionellen „Deutschlandtreffen" mit den westalliierten Außenministern William Rogers (USA), Maurice Schumann (Frankreich) und Michael Stewart (Großbritannien) am 3. Dezember berichtete Scheel von den Planungen der Bundesregierung. Die von der Ministerratstagung neben dem traditionellen Kommuniqué verabschiedete Erklärung zu Fragen der europäischen Sicherheit brachte die „Unterstützung" für die von der Bundesregierung ergriffenen bilateralen Initiativen gegenüber den Ländern Osteuropas zum Ausdruck[123]. Indem das Kommuniqué vermerkte, daß Fortschritte bei den bilateralen Gesprächen „dazu beitragen" würden, den Erfolg einer von der Sowjetunion gewünschten multilateralen Konferenz zu gewährleisten, wurde die deutsche Ostpolitik, im Verbund mit den zuvor ausdrücklich angesprochenen westalliierten Bemühungen, die Situation Berlins zu verbessern, von Anfang an zu einem zentralen Element in der Gesamtpolitik des Bündnisses erhoben[124].

Die scheinbar aus dem Stand vollzogene Modifizierung der Ost- und Deutschlandpolitik ließ bei den Westalliierten natürlich ein starkes Bedürfnis nach umfassender und detaillierter Information entstehen. Die Fragen richteten sich auf die Grundlinien und Ziele des neuen Konzeptes und die Wahrung der Vier-Mächte-Rechte, und so lag es in der Natur der Sache, daß die Bonner Vierergruppe die neue Ostpolitik ab Anfang November 1969 zu ihrem ständigen Beratungsgegenstand machte[125]. Ein erstes Warnsignal war aus der amerikanischen Botschaft gekommen. Der Gesandte Russell Fessenden beschwerte sich in einem am 1. Dezember dem Auswärtigen Amt überreichten Schreiben darüber, daß seine Regierung über die Bonner Gesprächsinitiative vom 15. November gegenüber der Sowjetunion nur unzureichend informiert worden sei. Vermutungen in der amerikanischen Presse gingen dahin, daß diese Demarche eher im Weißen Haus bei Sicherheitsberater Kissinger ihren Ursprung hatte als im State Department[126]. Der Pres-

[120] Delcour, Les relations franco-allemandes; Jean Schwoebel, Les divergences entre Paris et Bonn ne sont pas insurmontables, in: Le Monde vom 11. 11. 1969.

[121] Delcour, M. Carlo Schmid est nommé coordinateur de la coopération franco-allemande, in: Le Monde vom 5. 11. 1969.

[122] Ullmann, L'Europe débloquée, in: L'Express vom 8. 12. 1969.

[123] Text in: EA, Folge 4 vom 25. 2. 1970, D 79–82. (Frankreich gehörte jeweils zu den Unterzeichnern der NATO-Kommuniqués; eventuelle Erklärungen zu den MBFR-Verhandlungen, die nicht die französische Unterstützung hatten, wurden ausgeklammert, um dies zu ermöglichen.)

[124] Siehe auch: Eghard Mörbitz, NATO-Minister beraten Ostpolitik, in: FR vom 2. 12. 1969; Drew Middleton, NATO „Receptive" to Security Talks with Soviet Bloc, in: NYT vom 6. 12. 1969; Jean Wetz, Les Occidentaux n'ont pas fermé la porte à la réunion d'une conférence sur la sécurité européenne, in: Le Monde vom 7./8. 12. 1969.

[125] Persönliches Gespräch mit Günther van Well am 13. 11. 1987.

[126] David Binder, Bonn Moves on East Said to Annoy US, in: NYT vom 5. 12. 1969.

sesprecher des Weißen Hauses bestritt umgehend, daß eine solche Initiative überhaupt von Washington ausgegangen sei.[127].

Um die Alliierten zu beschwichtigen, machte sich die Bonner Verergruppe im Auftrag der „Senior Level Bonn Group" an die Abfassung einer internen Studie, die die Implikationen der These von „zwei Staaten in Deutschland" für die Vier-Mächte-Rechte und -Verantwortlichkeiten für Berlin und Deutschland als Ganzes herausarbeiten sollte[128]. Man kam dabei einmal zu dem Schluß, daß der Bundesregierung „weder aus Verfahrensgründen noch wegen des Inhalts der Regierungserklärung ein Vorhalt gemacht werden könne", die erklärten Absichten stimmten vielmehr mit den politischen Zielen des westlichen Bündnisses überein[129]. Darüber hinaus befaßte sich das Memorandum mit allen absehbaren weiteren Schritten und Problemkreisen der Ostpolitik, vom deutsch-deutschen und deutsch-sowjetischen Verhältnis über die Berlin-Problematik bis hin zum eventuellen Beitritt beider deutschen Staaten zu den Vereinten Nationen. Dabei zeigte sich, daß die französischen Diplomaten „mehr von der rechtlichen Seite" her Fragen zu den Vier-Mächte-Prärogativen stellten, während sich die amerikanische Seite insbesondere Sorgen machte über die Auswirkungen, die die qualifizierte Anerkennung der DDR auf die Sicherheit der Zugangswege nach Berlin haben konnte. Diese Ende 1969 begonnene und schon bald fertiggestellte Studie sollte zur Grundlage der weiteren Zusammenarbeit Bonns mit den drei Westalliierten werden. Sie wurde auch den vier Außenministern beim „Deutschlandtreffen" vor dem NATO-Rat am 26./27. Mai 1970 in Rom vorgelegt. Nach gewissen Anfangsschwierigkeiten in der Abstimmung mit den Alliierten, die sich vor vollendete Tatsachen gestellt gesehen hatten, so der zuständige deutsche Koordinator Günther van Well, haben sich daraufhin die Konsultationen „völlig beruhigt"; sie seien im weiteren „vorzüglich" gelaufen[130].

In den ersten offiziellen Stellungnahmen der französischen Regierung wurde die neue deutsche Ostpolitik begrüßt. Außenminister Schumann erklärte am 14. November vor dem außenpolitischen Ausschuß des Senats, die Ostpolitik der neuen Bundesregierung sei „geeignet, die Entspannung voranzutreiben"[131]. Nach einer von der französischen Botschaft in Bonn verbreiteten Meldung war die französische Regierung unverzüglich vom Auftakt der deutsch-sowjetischen Gespräche am 8. Dezember 1969 unterrichtet worden. In dieser Mitteilung trat man auch Berichten über eine kritische französische Haltung entgegen: „Ganz allgemein wird die Verbesserung der deutsch-sowjetischen Beziehungen im Rahmen und unter Berücksichtigung der bestehenden Abkommen stets den Beifall Frankreichs finden. (...) Das Deutschland von heute ist nicht jenes von 1938, die gegenwärtige Stärke Deutschlands stützt sich nicht auf seine Divisionen, sondern auf seine Wirtschaft und seine Finanzkraft, und die Verbesserung der Beziehungen zwischen Bonn und Moskau würde eine Verringerung der Spannungen in Europa ermöglichen. Es kann also keineswegs nachteilig sein, wenn die Verhandlungen zu einer Einigung über den Gewaltverzicht führten."[132]

Der Hinweis auf die „Berücksichtigung der bestehenden Abkommen" zielte selbstverständlich auf die Vier-Mächte-Rechte, deren ungeschmälerte Wahrung die conditio sine

[127] NYT vom 6. 12. 1969: White House Denies Pressure on Bonn.
[128] Schriftliche Mitteilung von Günther van Well vom 20. 8. 1988.
[129] Moersch, Kursrevision, S. 225.
[130] Persönliches Gespräch mit Günther van Well am 13. 11. 1987.
[131] SZ vom 15. 11. 1969: Schumann lobt Bonns Politik.
[132] Ambassade de France, Service de Presse et d'Information, Dezember 1969, Nr. 104/69.

qua non für die französische Regierung war. Von dem Pariser Wunsch, sich in dieser Hinsicht alle Optionen zu sichern, erfuhr auch der Regierende Bürgermeister von Berlin, Klaus Schütz, bei Gesprächen mit Pompidou, Chaban-Delmas und Schumann am 8. und 9. Dezember. Mit seinen Überlegungen, im Vorfeld der alliierten Gespräche über Berlin seinerseits die Kontakte zu den Behörden in Ost-Berlin zu intensivieren, stieß er jedoch auf deutliche Bedenken[133].

Von Anfang an, seit November/Dezember 1969, fehlte es in der deutschen und internationalen Presse nicht an Berichten, wonach die ostpolitischen Initiativen Bonns in Paris auch auf Reserven und Irritationen gestoßen seien[134]. In keinem Fall konnten sich diese Meldungen jedoch auf konkrete Stellungnahmen bestimmter Personen aus der Regierung beziehen. Dennoch gaben sie Aufschluß über die allgemeinen Umstellungsprobleme, die der neue Kurs der deutschen Ostpolitik manchen französischen Politikern, Diplomaten und Journalisten bereitete. Der Korrespondent von *Le Monde* in Bonn, Roland Delcour, hielt fest, daß die deutschen Berichterstatter in Paris „keine Mühe" gehabt hätten, neben offiziellen Versicherungen über die Wünschbarkeit eines Ausgleichs mit dem Osten auch „vertrauliche Äußerungen unter den mehr oder weniger enttäuschten Beamten des Quai d'Orsay einzusammeln", was er persönlich angesichts des früheren Drängens de Gaulles in Sachen Ostpolitik als einen „Fall von Schizophrenie" qualifizierte[135]. Bereits in diesem sehr frühen Stadium schien die öffentliche Meinung schon überzeugt, Bonn habe Paris in der Entspannungspolitik den Rang abgelaufen[136]. Für einige Irritationen sorgte insbesondere das Tempo, mit dem die Bundesregierung ihre Ostpolitik vorantrieb. Weniger als acht Wochen nach der Wahl Brandts zum Bundeskanzler setzte in Moskau bereits der direkte deutsch-sowjetische Meinungsaustausch ein. Der Vergleich mit „Rapallo" wurde wieder bemüht, doch letztlich – zumindest für absehbare Zeit – als unpassend verworfen[137]. Bisweilen wurde als treibende Kraft des sozialliberalen Regierungsbündnises auch die deutsche Industrie vermutet, die sich durch eine dynamische Ostpolitik Zugang zu den östlichen Märkten verschaffen wolle[138].

[133] Liselotte Müller, Paris will Brandts Ostpolitik bremsen, in: Frankfurter Neue Presse vom 13. 12. 1969; Klaus Huwe, Konsultationen erwünscht, in: Christ und Welt vom 16. 1. 1970; FAZ vom 26. 1. 1970: Skepsis bei den Alliierten; Die Welt vom 28. 1. 1970: Bedenken in Paris gegen die Initiative von Schütz.

[134] SZ vom 25. 10. 1969: Deutsch-französische Ostpolitik; Frisch, Paris über die neue deutsche Ostpolitik nicht begeistert, in: General-Anzeiger vom 22. 11. 1969; Charles Hargrove, French shaken by Brandt's speed, in: The Times vom 10. 12. 1969; SZ vom 10. 12. 1969: Allerlei französische Zweifel; Jan Reifenberg, Bewunderung und Sorge in Paris über Moskauer Gespräche, in: FAZ vom 10. 12. 1969; Kurt Becker, Bonns politische Ouvertüre, in: Die Zeit vom 12. 12. 1969; Boris Kidel, Brandt's East-West moves worry French, in: The Observer vom 14. 12. 1969; August von Kageneck, Ostpolitik ohne Frankreich, in: Die Welt vom 15. 12. 1969; Hans Kepper, Paris bemüht sich, den Aufschrei zu dämpfen, in: FR vom 22. 12. 1969.

[135] Delcour, Ein Fall von Schizophrenie. Deutsche Ostpolitik aus Pariser Sicht, in: Der Monat H. 263 (1970), S. 51–54.

[136] Im Überblick: Ziebura, Neue deutsche Ostpolitik in Pariser Sicht, in: Dokumente Heft 5/6 (1969), S. 367.

[137] Allerdings gab es in der Presse auch die glatte Identifizierung: William de Bazelaire, Pour la première fois avec l'Est Allemagne de l'Ouest joue seule et gagne, in: Paris-Match vom 20. 12. 1969; Hans Klein, Paris beschwört das Gespenst von Rapallo, in: Hannoversche Allgemeine vom 10. 12. 1969; Karlheinz Renfordt, Im Pariser Außenministerium sieht man das Rapallo-Gespenst, in: FAZ vom 27. 12. 1969.

[138] Frisch, Franzosen über die Bonner Ostpolitik zutiefst besorgt, in: Rheinischer Merkur vom 28. 11. 1969.

Die Gedanken Pompidous kreisten um die Möglichkeit einer Ausbalancierung des zunehmenden deutschen Gewichts. François Seydoux, französischer Botschafter in Bonn, resümierte ein Gespräch, das er am 28. November 1969 mit dem Präsidenten führte, wie folgt: „Zuerst müßte man aus Frankreich wieder eine Wirtschaftsmacht machen, das würde nicht leicht sein. Es würde leider nicht von derselben Dimension sein wie seine Nachbarin. Aber es würde Gewicht haben. Man müßte auch seine atomare Kapazität stärken, sonst wäre das Gleichgewicht endgültig zerstört."[139]

Nach dem Verlust der diplomatischen Führungsrolle gegenüber dem Osten schien man also in Paris die wirtschaftliche Unterlegenheit und das Unterlegenheitsgefühl gegenüber der Bundesrepublik mittels der Betonung der atomaren Bewaffnung kompensieren zu wollen.

Die Gipfelkonsultationen vom 30. und 31. Januar 1970

Entscheidenden Aufschluß über die Haltung der französischen Regierung zur deutschen Ostpolitik mußten die für Ende Januar 1970 angesetzten Gipfelgespräche im Rahmen der regelmäßigen deutsch-französischen Konsultationen erbringen. Dieses Treffen war in Besprechungen der Außenminister Schumann und Scheel am 16. Januar 1970 in Bonn vorbereitet worden. Im Anschluß daran hatte Schumann zur deutschen Ostpolitik deutlich positiv Stellung genommen. Befragt nach einer eventuellen Rivalität zwischen der französischen und der deutschen Politik gegenüber dem Osten erklärte er: „Das Gegenteil ist richtig. Frankreich, das das Beispiel gegeben hat, das kann ich ohne falsche Bescheidenheit sagen, freut sich über das, was die Bundesrepublik versucht. Die Bemühungen der Bundesregierung um eine Entspannung können nur auf die Zustimmung Frankreichs treffen. Unsere Ansätze in diesem Bereich sind komplementär und solidarisch."[140]

Somit waren bereits im Vorfeld des deutsch-französischen Gipfels alle Zweifel ausgeräumt, daß es Frankreich an einer Unterstützung der Bonner Ostinitiativen fehlen lassen könnte. Paris war dazu um so eher bereit, als der am 14. Januar 1970 von Bundeskanzler Brandt vorgelegte „Bericht zur Lage der Nation" und die anschließende Debatte im Deutschen Bundestag zu einer weiteren Klärung der deutschen Position beigetragen hatten. Die vom Bundeskanzler genannten vier „unverzichtbaren Orientierungspunkte" für Verhandlungen mit der DDR, die ein massives Bekenntnis zu den Rechten und Verantwortlichkeiten der Siegermächte enthielten, wurden als Hinweis darauf gewertet, daß auch die Bundesregierung nicht mit allzu schnellen Erfolgen ihrer Deutschland- und Ostpolitik rechnete[141].

[139] Seydoux, Dans l'intimité franco-allemande, S. 160 und S. 182.

[140] Zit. nach: Le Monde vom 19. 1. 1970: M. Schumann a examiné avec M. Scheel les perspectives des relations avec l'Est.

[141] Bericht zur Lage der Nation, in: Texte zur Deutschlandpolitik, Bd. IV, hrsg. vom Bundesministerium für innerdeutsche Beziehungen, Bonn 1971, S. 201–221; Delcour, M. Brandt a tenté de rallier l'opposition à la politique à l'Est, in: Le Monde vom 16. 1. 1970; Lucienne Hubert-Rodier, Dans son rapport sur l'état de la nation, M. Brandt rejette le projet de traité proposé par M. Ulbricht, in: La Nation vom 15. 1. 1970; Combat vom 15. 1. 1970: Bonn écarte toute reconnaissance de la RDA; Combat vom 18. 1. 1970: Willy Brandt exclut tout nouveau Rapallo; August von Kageneck, Frankreich begrüßt klärende Worte Bonns, in: Die Welt vom 20. 1. 1970; Frisch, Aktivere Ostpolitik. Befürchtungen über deutschen Alleingang vorerst gedämpft, in: Rheinischer Merkur vom 23. 1. 1970.

Auch Brandt präparierte das Terrain, indem er in den französischen Medien den Gleichklang zwischen der deutschen und französischen Ostpolitik unterstrich. Auf diesem Gebiet – so Brandt vor seiner Abreise nach Paris am 29. Januar im französischen Fernsehen – sollten sich die beiderseitigen Bemühungen „ergänzen" und „so gut wie möglich unterstützen": „Die Franzosen uns, denn die Franzosen verfügen über ein stärkeres politisch-moralisches Gewicht in den Ländern, um die es geht; wir in dem einen oder anderen Fall auch unsere französischen Nachbarn dadurch, daß wir bestimmte Aufgaben der künftigen gesamteuropäischen Kooperation gemeinsam auf die Schultern nehmen."[142]

Brandt bemühte sich sichtlich, die Tragweite der deutschen Ostpolitik zu relativieren und auf den Nachholbedarf gerade gegenüber Frankreich hinzuweisen. Gegenüber *Le Monde* versuchte der Bundeskanzler Befürchtungen zu zerstreuen, die deutsche Ostpolitik würde das Zentrum des europäischen Gleichgewichtes nach Osten verschieben: „Man vergißt dabei, daß die Bundesrepublik nicht als Freischärler ihren Freunden und Alliierten vorangeht, sondern darum bemüht ist, sich von ihnen ‚decken' zu lassen. Unsere Freunde und Alliierten haben normalere Beziehungen als wir selbst mit dem Osten, auch wenn sie weit entfernt davon sind, befriedigend zu sein. Wir versuchen eine Situation herzustellen, in der sich auch unsere Beziehungen zu unseren Nachbarn im Osten normalisieren, und sie somit denjenigen unserer Alliierten anzugleichen."[143]

Als sich Pompidou und Brandt am 30. und 31. Januar 1970 zu den deutsch-französischen Gipfelkonsultationen trafen, war die Anlaufphase der deutschen Ostpolitik mit den Gesprächsangeboten an Moskau, Warschau und Ost-Berlin bereits vorbei, man stand unmittelbar vor dem Beginn der eigentlichen Verhandlungen. Für Brandt war die Reise nach Paris nicht nur der erste offizielle Auslandsbesuch seit seiner Amtsübernahme, sondern die erste bilaterale Aussprache mit dem Staats- oder Regierungschef einer der drei Westmächte. Unter diesen Bedingungen mußte der Stellungnahme Pompidous sowohl aus außenpolitischen Gründen wie auch im Hinblick auf die inzwischen eingesetzten scharfen innenpolitischen Auseinandersetzungen um die Ostpolitik besonderes Gewicht zukommen[144]. Seine knappe, aber unzweideutige Zustimmung zu den deutschen Entspannungsbemühungen brachte Pompidou am ersten Tag der Begegnung während einer Ansprache im Elysée-Palast zum Ausdruck. „Der Wille zur Zusammenarbeit mit allen Ländern des Ostens und zunächst einmal mit Sowjetrußland" sei Teil einer Politik, die darauf abziele, „den Frieden zu wahren und die Grundlagen für eine echte europäische Sicherheit zu schaffen." Deshalb, so fuhr Pompidou fort, „billigt Frankreich, das seit mehreren Jahren entschlossen ist, diese Annäherung zwischen Ost und West herbeizuführen, die Bemühungen Ihrer Regierung um die Anknüpfung eines Dialogs mit Sowjetrußland und seinen Verbündeten"[145].

Auch in dieser Stellungnahme verzichtete Pompidou nicht auf den Hinweis auf die Vorreiterrolle Frankreichs. In seiner Antwort dankte Brandt dem französischen Präsidenten ausdrücklich für das „Verständnis und die mit ihm verbundene politisch-morali-

[142] Interview vom 29. 1. 1970 im französischen Fernsehen ORTF, in: Bulletin vom 30. 1. 1970, S. 141. Vgl.: Combat vom 30. 1. 1970: Brandt porte au pavois l'amitié franco-allemande.

[143] Le Monde vom 31. 1. 1970: Nous ne nous adressons pas à l'Est en francs-tireurs.

[144] Alfred Rapp, Brandt wird Pompidou Bahrs Auftrag erläutern, in: FAZ vom 29. 1. 1970; Georg Schröder, Brandts Besuch in Paris soll die Ostpolitik absichern, in: Die Welt vom 30. 1. 1970; René Dabernat, Nouvel exutoire pour Bonn, in: Combat vom 30. 1. 1970.

[145] Zit. nach: Bulletin vom 3. 2. 1970 Nr. 16, S. 149.

sche Unterstützung"[146]. Im kleinen Kreis soll Brandt später erklärt haben, daß er statt des Wortes „billigen" den Ausdruck „zustimmen" vorgezogen hätte, da der Eindruck verschwinden solle, „Paris könne der deutschen Politik noch Zensuren geben"[147].

Am selben Tag, als der deutsch-französische Gipfel begann, eröffneten Egon Bahr und Außenminister Andrej Gromyko in Moskau ihre erste Gesprächsrunde. Als eine besondere Geste des Vertrauens brachte Scheel seinem französischen Amtskollegen Schumann den Inhalt des ersten Berichts Bahrs zur Kenntnis, erst danach informierte er die eigene Delegation[148]. Die deutsch-polnischen Verhandlungen, die wenige Tage später, am 5. Februar, in Warschau aufgenommen werden sollten, waren ebenfalls Teil der Pariser Beratungsthemen. Der designierte deutsche Verhandlungsführer, Staatssekretär Duckwitz, gehörte in Paris mit zur Bonner Delegation. Die beiden Regierungen stimmten außerdem in Erwartung der sowjetischen Antwort auf die westalliierte Berlin-Note vom 16. Dezember ihre Haltung hinsichtlich Berlins ab. Dabei trat auf bundesdeutscher Seite spürbar das Bemühen hervor, der französischen Regierung zu versichern, daß Bonn an den alliierten Rechten nicht rütteln wollte. „Die Drei-Mächte-Verantwortlichkeit für West-Berlin", so betonte Brandt, werde von der Bundesregierung „nicht nur respektiert, sondern voll anerkannt."[149] Außenminister Schumann bekräftigte seinerseits erneut die wesentliche Rolle, die das Berlin-Problem bei der Vorbereitung einer europäischen Sicherheitskonferenz spielen werde, da Berlin sowohl „ein Symbol der Spannung wie auch der Entspannung" sein könnte[150].

Auch wenn Brandt in seiner abschließenden Erklärung die Verständigung über das Aktionsprogramm von Den Haag als das wichtigste Ergebnis der Pariser Konsultationen bezeichnete – dies geschah nicht zuletzt, um das eigene westeuropäische Engagement zu unterstreichen –, kann angenommen werden, daß der französischen Billigung der deutschen Ostinitiativen eine mindestens ebenso große Bedeutung für die unmittelbare Politik zukam. Indem Brandt wiederholt „die volle politisch-moralische Unterstützung unserer Bemühungen gegenüber unseren östlichen Nachbarn durch die französische Regierung" herausstrich, spielte er selbst auch auf die innenpolitische Relevanz der Ergebnisse von Paris an: „Manche, die dem, was hier und da geschrieben wurde, mehr Bedeutung beigemessen haben als ich, werden es als leichte Überraschung empfinden können. Also volle Unterstützung dieser Bemühungen. Das ist für die deutsche Regierung nicht unwichtig."[151]

In der Tat hatte es die französische Regierung nicht an Deutlichkeit fehlen lassen, die gerade auch durch die Zweifel an ihrer Haltung herausgefordert war. Befragt, ob es noch einen „Rapallo-Komplex" in der französichen Öffentlichkeit gegenüber der deutschen Ostpolitk gebe, erklärte Außenminister Schumann im Deutschen Fernsehen: „Unsere Regierung ist voll und ganz mit dieser Politik einverstanden und will sie auch unterstützen. Denn es war ja schließlich Frankreich, das als erstes Land den Weg nach Osten öffnete und den ständigen Dialog mit dem Osten sucht. Es könnte doch nur dann

[146] Ebenda, S. 149f.
[147] Hans Ulrich Kempski, Der Kanzler dämpft Triumphgefühle, in: SZ vom 2. 2. 1970.
[148] Ebenda; NZZ vom 2. 2. 1970: Brandts Gespräche mit Pompidou; FAZ vom 2. 2. 1970: Paris besteht gegenüber Bonn auf seinen EWG-Bedingungen.
[149] Brandt in seiner Abschlußerklärung am 31. 1. 1970, in: Bulletin vom 3. 2. 1970 Nr. 16, S. 151.
[150] Zitiert nach: Le Monde vom 3. 2. 1970: M. Brandt approuve les tentatives des Quatre au Proche-Orient.
[151] Brandts Abschlußerklärung vom 31. 1. 1970, in: Bulletin vom 3. 2. 1970 Nr. 16, S. 151.

einen Rapallo-Komplex in der französischen Bevölkerung geben, wenn diese Politik ohne unser Wissen betrieben würde und wenn wir über die Absichten der deutschen Regierung nicht informiert werden wie über die Entwicklung der Gespräche, sei es mit Moskau, Warschau oder Ostdeutschland, mit Pankow."[152]

Die deutsch-französischen Konsultationen vom 30./31. Januar 1970 waren auch im Hinblick auf das bilaterale Verhältnis als ein eindeutiger Erfolg zu werten. Dies galt insbesondere im Vergleich zu den problematischen Gipfeln der zweiten Hälfte der sechziger Jahre. Sowohl auf seiten Pompidous als auch Brandts war das Bemühen spürbar, gleich zu Beginn ihrer Regierungszeiten für ein gutes Kooperationsklima zu sorgen[153]. Dies wurde nicht zuletzt dadurch ermöglicht, daß beide Regierungen sich vielleicht erstmals als wirklich gleichberechtigte Partner behandelten und die deutschen Regierungsvertreter nicht mehr, wie etwa zu Zeiten General de Gaulles, als Juniorpartner auftraten oder behandelt wurden. Beiderseits des Rheins hoffte man auf einen „neuen Auftakt" in den deutsch-französischen Beziehungen[154]. Mit Genugtuung konnte Scheel so am 25. Februar vor dem Bundestag auf die Unterstützung des Konzeptes der Deutschland- und Ostpolitik im Westen verweisen: „In den Gesprächen mit der französichen Regierung im Dezember haben wir feststellen dürfen, daß der sogenannte Rapallo-Komplex, der eine Zeitlang auch in die französische öffentliche Meinung einzudringen drohte, einer partnerschaftlichen Solidarität zwischen unseren beiden Ländern gewichen ist. Das gilt genauso für die anderen Alliierten des Atlantischen Bündnisses."[155]

Nach den Konsultationen in Paris reiste Brandt im Frühjahr 1970 nach London und Washington, um sich auch dort des Rückhaltes für die Ostpolitik zu versichern. Um die Alliierten möglichst gleichmäßig zu informieren und die französische Regierung auch über Planungen für das deutsch-deutsche Gipfeltreffen zu unterrichten, wurde vor Brandts Besuch in London (2.–4. März 1970) Ministerialdirektor Paul Frank nach Paris entsandt[156]. Nach seiner Rückkehr soll Frank berichtet haben, selbst enge Freunde im französischen Außenministerium würden die neue deutsche Ostpolitik „argwöhnisch" beobachten[157]. Brandts Besprechungen mit Premierminister Harold Wilson und die Reaktionen in der britischen Öffentlichkeit ließen deutlich erkennen, daß in Großbritannien die Zustimmung zur deutschen Ostpolitik größer war als in Frankreich[158]. Wil-

[152] Schumann am 31. 1. 1970 in der „Tagesschau" des Deutschen Fernsehens, in: Kommentarübersicht des Presse- und Informationsamtes der Bundesregierung vom 2. 2. 1970, Anhang 1.

[153] Frank Roy Willis, Deutschland, Frankreich und Europa, in: Wolfram F. Hanrieder/Hans Rühle (Hrsg.), Im Spannungsfeld der Weltpolitik: 30 Jahre deutsche Außenpolitik (1949–1979), Stuttgart 1981, S. 159–181, bes. S. 177 ff.

[154] Hargrove, Pompidou's support for Bonn policy on east Europe, in: The Times vom 31. 1. 1970; Combat vom 1. 2. 1970: Sommet franco-allemand: atmosphère particulièrement cordiale; Schwoebel, Paris approuve pleinement la politique d'ouverture à l'Est, in: Le Monde vom 1./2. 2. 1970; Reifenberg, Paris-Bonn: ein neuer Stil, in: FAZ vom 2. 2. 1970; Rühl, Ein neuer Auftakt in Paris, in: Die Welt vom 2. 2. 1970; Roger Massip, Une nécessité pour l'Europe et le monde, in: Le Figaro vom 2. 2. 1970; La Nation vom 2. 2. 1970: Une nouvelle étape; Hargrove, Pompidou hint to Brandt over his eastern policy, in: The Times vom 2. 2. 1970.

[155] Stenographische Berichte, 6. Wp., S. 1552.

[156] Der Spiegel vom 9. 3. 1970: Stark verbunden.

[157] Der Spiegel vom 30. 3. 1970: Protokolle nach Moskau.

[158] A. M. Rendel, Thomson's hopes on Brandt's visit, in: The Times vom 2. 3. 1970. Der Artikel basiert auf einem Interview mit dem Staatssekretär im Foreign Office, George Thomson, in dem dieser die deutsche Ostpolitik „stark befürwortet" und die „engen Konsultationen" unterstreicht. Henri Pierre, Les dirigeants britanniques accueillent chaleureusement M. Willy Brandt, in: Le Monde vom

son sprach später davon, die britische Regierung habe die Ostpolitik „wärmstens ermutigt“[159].

Französische Stellungnahmen im Frühjahr 1970

Ungeachtet der offiziellen Stellungnahmen von französischen Regierungsvertretern hielten sich das gesamte Frühjahr 1970 über Berichte über substantielle Reserven der französischen Regierung gegenüber der deutschen Ostpolitik. Nahrung fanden diese Vermutungen durch die Umstände eines Arbeitsbesuchs des Direktors der Europa-Abteilung im Quai d'Orsay, Claude Arnaud, Anfang April in Washington. Arnaud soll bei diesen Besprechungen unmittelbar vor dem Eintreffen Brandts in der amerikanischen Hauptstadt gegenüber dem Direktor der Europa-Abteilung im State Department, Martin Hillenbrand, ernsthafte Bedenken vor allem bezüglich des Tempos der deutschen Ostpolitik geltend gemacht haben. Das französische Außenministerium dementierte umgehend derartige Meldungen[160].

Das erste Treffen zwischen Bundeskanzler Brandt und Ministerpräsident Stoph am 19. März 1970 in Erfurt wurde in der französischen Öffentlichkeit aufgrund seines spektakulären Charakters mit noch größerer Spannung verfolgt als die Aufnahme der deutsch-sowjetischen Gespräche. Pompidou selbst deutete an, daß die Zusammenkunft für ihn das Ende der Nachkriegsperiode markierte[161]. Mit den Gesprächen in Erfurt zeichnete sich nun nach dem Beginn der deutsch-sowjetischen und deutsch-polnischen Verhandlungen die deutsche Ostpolitik in der ganzen Breite ihrer Anlage ab. Die Aufnahme des deutsch-deutschen Dialogs auf höchster Ebene wurde von *Le Monde* als „die große Wende der ‚deutschen Nation'“ bewertet[162]. Das französische Staatsfernsehen ORTF sendete am 17. März erstmals ein Interview mit dem DDR-Staatsratsvorsitzenden Walter Ulbricht[163]. Die Mehrzahl der französischen Kommentatoren sah in dem deutsch-deutschen Gipfeltreffen den ersten sichtbaren Ausdruck einer Politik, die langfristig darauf abziele, die beiden Teile Deutschlands durch die Normalisierung ihres Verhältnisses wieder einander anzunähern[164]. Die Ovationen, die Brandt in Erfurt auslöste, galten vielen als Beleg dafür, daß ein gesamtdeutsches Nationalgefühl auch über 20 Jahre

4. 3. 1970; ders., La visite du chancelier Brandt à Londres est considérée comme un grand succès, in: Le Monde vom 5. 3. 1970.

159 Wilson, The Labour Government 1964–1970, S. 765.

160 NZZ vom 10. 4. 1970: Brandts Gespräche in Washington; Victor Meier, Will Paris eine Front gegen Bonn aufbauen?, in: Rheinische Post vom 16. 4. 1970; François Roussel, Les réserves de l'Occident sur la politique orientale de M. Brandt, in: La Croix vom 26. 4. 1970; Endre Marton, Brandts Ostpolitik nicht unumstritten, in: Trierischer Volksfreund vom 27. 4. 1970; Frisch, Französische Regierung bestreitet Vorbehalte gegenüber Bonns Ostpolitik, in: Stuttgarter Zeitung vom 28. 4. 1970.

161 So berichtet über eine Kabinettssitzung: Georges Suffert, Pompidou: seulement un an, in: L'Express vom 27. 4. 1970.

162 Le Monde vom 14. 3. 1970: Le grand tournant de la „nation allemande“; Reifenberg, Paris erhofft Schritt zur europäischen Entspannung, in: FAZ vom 14. 3. 1970; Roger Quercy, Brandt se dégage du passé, in: Combat vom 17. 3. 1970; Lucienne Hubert-Rodier, A Erfurt, ce matin, l'Europe à un tournant, in: La Nation vom 19. 3. 1970.

163 Auszug bei: Ilse Spittmann, Deutscher Gipfel in Erfurt, in: DA Nr. 4 (1970), S. 431–439.

164 Raymond Aron, Les objectifs de Bonn, in: Le Figaro vom 19. 3. 1970; Grosser, Le courage du chancelier Brandt, in: Le Monde vom 19. 3. 1970; Franceschini, La fiction abandonnée, in: Le Monde vom 20. 3. 1970; Raymond Cartier, La rencontre des deux Allemagnes. Tout se règlera finalement à Moscou, in: Paris-Match vom 28. 3. 1970; Cartier, Chefredakteur von „Paris-Match“ kommt zu dem Schluß: „Le rêve de Rapallo imprègne beaucoup d'Allemands.“

nach der Teilung noch lebendig war[165]. Die verbreitete Erwartung baldiger substantieller Verbesserungen in den innerdeutschen Beziehungen kontrastierte bisweilen auffällig mit der Betonung der noch bestehenden Divergenzen. Diese Hinweise auf das Trennende nahmen mitunter den Charakter der Selbstberuhigung an, nicht in allzu naher Zukunft eine Vereinigung der beiden deutschen Staaten erwarten zu müssen[166].

Die französische Regierung reagierte nicht anders. Nach dem Bericht des Korrespondenten der *Frankfurter Allgemeinen Zeitung* in Paris haben „amtliche Pariser Kreise" auf die erwartungsgemäß mageren Ergebnisse des Treffens Brandt/Stoph sowie auf die Tatsache, daß Gromyko bei seinen Verhandlungen mit Bahr noch in keinem Punkt nachgegeben habe, „fast mit einem Seufzer der Erleichterung" reagiert[167]. Nach dem Treffen von Erfurt gab Brandt in persönlichen Schreiben an Pompidou wie an Wilson und Nixon weitere Erläuterungen zum deutsch-deutschen Dialog. Wie um alliierte Befürchtungen von vorherein zu zerstreuen, bekräftigte Brandt das unverminderte Festhalten an den bestehenden Vier-Mächte-Rechten und -Verantwortlichkeiten und ersuchte die westlichen Regierungschefs um Festigkeit bei der Verteidigung der westlichen Positionen in den kommenden Berlin-Verhandlungen[168].

In öffentlichen Erklärungen indes sprach sich die französische Regierung auch weiterhin ohne Zögern zugunsten der deutschen Ostpolitik aus. Vor der Auslandspresse erklärte Schumann am 2. April, daß die Entspannung nach französischer Auffassung „unteilbar" sei und sich daher seine Regierung „ohne Bedenken und ohne Hintergedanken" darüber freue, daß das von Frankreich gegebene Beispiel nun Schule mache[169]. Am 10. April versicherte Schumann erneut, Frankreich unterstütze den Bonner „Versuch einer Annäherung mit dem Osten" mit „allen ihm zur Verfügung stehenden Mitteln". Erfolgreiche bilaterale deutsche Vertragsverhandlungen zählte der französische Außenminister zu den Voraussetzungen für eine Multilateralisierung der Entspannungspolitik. Eine „pan-europäische Konferenz über Sicherheit" müsse „sorgfältig vorbereitet" werden, lautete die vorsichtige französische Position, die Berlin-Verhandlungen seien dabei das „wesentliche Kriterium für den Geist der Entspannung"[170].

Auch in seiner Rede zur Einleitung einer außerpolitischen Debatte der Nationalversammlung vom 28. April ging Schumann ausführlich auf die deutsche Ostpolitik ein. Er hielt es für angezeigt, der „ernsten Verwirrung" entgegenzutreten, die sich in Teilen der französischen Öffentlichkeit in Hinweisen auf „Rapallo" und Anspielungen auf den Hitler-Stalin-Pakt geäußert habe: „Wenn Bundeskanzler Brandt im Jahre 1970 mit Moskau oder Warschau ein auf dem Gewaltverzicht oder gar auf der Anerkennung der Grenzen basierendes Abkommen auszuhandeln bemüht ist, so bewirkt eine Art Rückkehr des historischen Unterbewußtseins oder manchmal das Wiederaufflackern des kollektiven

[165] FAZ vom 21. 3. 1970: Paris: Brandt staatsmännisch; Pierre Doublet, La poignée de main d'Erfurt, in: L'Express vom 23. 3. 1970; Karl Puhlmann, Der Beifall bleibt nicht ungeteilt, in: Der Tagesspiegel vom 24. 3. 1970; Fontaine, Un seul lit pour deux rêves, S. 246.

[166] Michel Voirol, Berlin-Est et Varsovie sèment des obstacles sous les pas de Brandt, in: Combat vom 7./8. 3. 1970.

[167] Reifenberg, Frankreich zwischen Sorge und Zustimmung, in: FAZ vom 26. 3. 1970.

[168] Dettmar Cramer, Die Alliierten unterrichtet, in: FAZ vom 25. 3. 1970; Frisch, Französische Regierung bestreitet Vorbehalte gegenüber Bonns Ostpolitik, in: Stuttgarter Nachrichten vom 28. 4. 1970.

[169] Conférence de M. Schumann au déjeuner-débat de la presse étrangère, 2. 4. 1970, in: La politique étrangère de la France Nr. 1 (1970), S. 120.

[170] Schumann am 10. 4. 1970 nach einer Begegnung mit den „Amis de la République Française", zitiert nach: Le Monde vom 12./13. 4. 1970: La négociation sur Berlin sera le critère de l'esprit de détente.

Gedächtnisses bei den ehemaligen Opfern des Pangermanismus ein dumpfes Unbehagen oder offen eingestandene Angst. Diese Projektion der Vergangenheit auf eine geographische Karte, die die Kriege von Grund auf verändert haben, und auf eine Gegenwart, die uns schwerwiegende, aber neue Probleme stellt oder geradezu aufzwingt, ist verderblich, so wie es die intellektuelle Faulheit immer ist. Das Schwierigste und das Notwendigste in der Politik besteht darin, auch die Folgen dessen zu wollen, was man will."[171]

Da die französische Regierung die Entspannung wolle, „d. h. die Herstellung friedlicher Beziehungen und die Entwicklung eines gegenseitig gewinnbringenden Austausches zwischen allen europäischen Ländern", so fuhr Schumann fort, sei seine Regierung veranlaßt, „den von Bonn unternommenen Anstrengungen Erfolg zu wünschen und sie im Rahmen unserer Möglichkeiten zu unterstützen". Zwei Bemerkungen des Außenministers verdeutlichten die französische Haltung zum Berlin-Problem. Die Lage Berlins werde, so erklärte Schumann, künftig durch das Erscheinen der DDR auf der internationalen Bühne „noch exponierter als bisher", da eine gestärkte DDR ihren Positionen mehr Nachdruck verleihen könne. Die gebotene Antwort auf diese Gefährdung lag für Schumann auf der Hand: „Die wachsame Aufrechterhaltung" der sich für die Sowjetunion aus dem Vier-Mächte-Statut ergebenden Verantwortungen sei die einzige Möglichkeit, um zu verhindern, „daß die berühmte Insel zum Spielball eines unvorhersehbaren, aber nicht unwahrscheinlichen Zwischenfalls wird." Weiter setzte er hinzu: „Sicherlich müssen die Bewegungsfreiheit der Berliner und die Zufahrtswege nach Berlin für den zivilen Verkehr verbessert werden. Um dieses wesentliche Ziel zu erreichen, darf man aber nicht das Vier-Mächte-Statut – das, wie gesagt, die Sowjetunion bindet – durch eine Formel ersetzen, die, da sie vom schwankenden guten Willen der direkt betroffenen Parteien abhängt, entweder die Gefahr einer Erstickung oder einer neuen Krise mit noch größeren Risiken als die vorangegangenen heraufbeschören könnte."[172]

Diese Ausführungen waren mehr als nur das übliche Bekenntnis zur Vier-Mächte-Verantwortung. Sie enthielten die Mahnung, sich bei den gerade angelaufenen Berlin-Verhandlungen nicht auf die bloße Vereinbarung praktischer Regelungen zu beschränken, sondern zunächst den Vier-Mächte-Rahmen ausdrücklich festzuschreiben. Die französische Seite hegte unverkennbar die Befürchtung, die amerikanische Regierung wie die Bundesregierung könnten sich aus unterschiedlichen Motiven mit praktischen Regelungen zufrieden geben[173]. Insgesamt gesehen konnte die Intervention Schumanns vor der Nationalversammlung als erneute klare Unterstützung der deutschen Ostpolitik gewertet werden[174]. Es war jedoch deutlich, daß die französische Regierung in ihrer Beteiligung an den Berliner Vier-Mächte-Verhandlungen einen wichtigen Hebel sah, durch den sie den Verlauf der Détente-Politik in Europa beeinflussen konnte. Gegenüber der Sowjetunion wurden die Berlin-Gespräche zu einem Testfall der sowjetischen Entspannungsbereitschaft aufgewertet, gegenüber der Bundesrepublik bekamen sie so etwas wie den Charakter einer Notleine, die im äußersten Fall gezogen werden konnte, falls die Bundesregierung in ihrer ostpolitischen Öffnung zu weit gehen sollte. Die Formulierung Schumanns, nach einer internationalen Aufwertung der DDR sei die Lage Berlins

[171] J. O., A. N. vom 29. 4. 1970, S. 1321.
[172] Ebenda, S. 1322.
[173] Persönliches Gespräch mit Jean Sauvagnargues am 12. 2. 1985. Siehe unten das Kapitel zu den Berlin-Verhandlungen.
[174] NZZ vom 30. 4. 1970: Warnung Schumanns vor Verzichten in Berlin.

„noch exponierter als bisher“, war gewiß nicht gegen eine Normalisierung der deutsch-deutschen Beziehungen gerichtet. Sie war jedoch als eine Mahnung zu verstehen, auch im Rahmen einer deutsch-deutschen Annäherung nicht die Rechtspositionen und Interessen der alliierten Siegermächte außer acht zu lassen.

Der Regierung Brandt war dies durchaus bewußt. Nicht zufällig stellte Brandt hinsichtlich der Anerkennungsfrage in einem Interview fest, daß „die drei Westmächte und die Sowjetunion ihre aus dem Potsdamer Abkommen und aus anderen Quellen hergeleiteten Rechte als nicht erloschen betrachten“[175]. Auf die Frage, ob die drei Westmächte und möglicherweise auch die Sowjetunion aus diesem Grund eine volle Anerkennung der DDR durch die Bundesrepublik vielleicht gar verhindern würden, antwortete der Bundeskanzler: „Ich will mich nicht hinter anderen verstecken. Ich sage nur, die betrachten ihre Lage so, daß sie mehr als einen Finger im Teig mit drin haben.“[176]

Im April 1970 besuchte Brandt nach Frankreich und Großbritannien die dritte und wichtigste der drei Westmächte zu Konsultationen. Die Teilnahme der beiden ostpolitischen Unterhändler Bahr und Duckwitz an den Besprechungen in Washington war ein Zeichen für den Stellenwert, den die Bundesregierung der Abstimmung mit der amerikanischen Regierung beimaß[177]. Die Einstellung der Nixon-Administration zur deutschen Ostpolitik war derjenigen der französischen Regierung nicht unähnlich. Die grundsätzliche Zustimmung war begleitet von Reserven hinsichtlich der Durchdachtheit des Konzepts und von Fragen in bezug auf die langfristigen Konsequenzen für die Westbindung der Bundesrepublik[178]. In der amerikanischen Öffentlichkeit schien die deutsche Ostpolitik überwiegend auf Zustimmung zu stoßen. Ein deutscher Korrespondent stellte zu den Analysen amerikanischer Beobachter fest, „daß eigentlich zum erstenmal nach dem Krieg der Rapallo-Komplex aus den Kommentaren verschwunden ist, der lange als Trauma das Bewußtsein der Amerikaner belastete“[179].

Andererseits geht die insbesondere in der Anfangsphase ambivalente Haltung Washingtons aus den Memoiren des damaligen Vorsitzenden des Nationalen Sicherheitsrates und engsten Beraters des Präsidenten, Henry Kissinger, deutlich hervor. Kissinger räumte durchaus ein, daß es Brandts „historisches Verdienst“ gewesen sei, daß er „die Deutschland aufgezwungenen Belastungen und Ängste auf sich genommen hat“[180], gleichzeitig hatte er jedoch den Eindruck, „daß die neue Ostpolitik Brandts (...) in den Händen bedenkenloser Leute zu einer neuen Form des klassischen Nationalismus werden konnte“. Von Bismarck bis Rapallo sei es „das Wesen der nationalistischen Außenpolitik Deutschlands gewesen, zwischen Ost und West zu manövrieren“[181]. „Langfristig war die von Brandt angestrebte Versöhnung in Mitteleuropa historisch richtig, auch wenn er

[175] In: Der Spiegel vom 20. 4. 1970: Die Anerkennungsfrage ist ja so schillernd. (Interview)

[176] Ebenda, S. 46; Der Spiegel vom 27. 4. 1970: Finger drin.

[177] Brandt, Erinnerungen, S. 191 ff.

[178] Manfred Knapp, Zusammenhänge zwischen der Ostpolitik und den deutsch-amerikanischen Beziehungen, S. 157–179, in: Jahn/Rittberger (Hrsg.), Die Ostpolitik der Bundesrepublik, S. 157–179; Roger Morgan, Washington und Bonn. Deutsch-amerikanische Beziehungen seit dem Zweiten Weltkrieg, München 1975, S. 195–204; Peter Christian Ludz, Amerikanische Haltungen zur deutschen Frage, in: DA Nr. 6 (1972), S. 573–594.

[179] Joachim Schwelien, Bonns Schlüsselrolle. Wie die Amerikaner Willy Brandts Ostpolitik beurteilen, in: Die Zeit vom 13. 3. 1970. Ähnlich: Hans Achim Weseloh, Washington begierig auf Brandts Bericht über seine Ostkontakte, in: FAZ vom 4. 4. 1970.

[180] Kissinger, Memoiren 1968–1973, S. 442.

[181] Ebenda, S. 441.

seine Politik so begeistert und zielstrebig verfolgte, daß es seine Verhandlungsposition schwächte", schrieb Kissinger[182].

Trotz der politisch und strategisch so unterschiedlichen Lage ihrer Länder teilte der amerikanische Präsidentenberater die Sorge des französischen Präsidenten vor deutschen Alleingängen und einer Neutralitäts- und Schaukelpolitik der Bundesrepublik[183]. Der von der amerikanischen Administration eingeschlagene Kurs ähnelte deshalb auch der Linie Paris': allgemeine Befürwortung und Unterstützung der Bonner Ostpolitik, dabei das Bemühen um eine weitgehende Einrahmung in die Gesamtpolitik des westlichen Bündnisses, Verknüpfung der Ostpolitik und der Berlin-Verhandlungen mit der Konferenz über europäische Sicherheit, Einstufung der Berlin-Verhandlungen als „Trumpfkarte"[184], die gegebenenfalls ein direktes Eingreifen in die deutsche Ostpolitik erlauben würde. Zur skeptischen Bewertung Kissingers trug über sachlichen Dissens hinaus ganz offensichtlich bei, daß er in der deutschen bilateralen Ostpolitik einen potentiellen Störfaktor für sein Konzept einer globalen Détente-Politik, die wesentlich auf einem amerikanisch-sowjetischem Bilateralismus basierte, erblickte[185]. Brandts spätere Bemerkung, daß Kissinger „die heiklen Ost-West-Fragen am liebsten insgesamt selber in die Hand genommen hätte", trifft den Sachverhalt genau und wäre vom Betroffenen selbst wohl auch gar nicht bestritten worden[186]. Bei der Begegnung Brandts mit Nixon wurde ein globales Einvernehmen über die deutsche Ostpolitik erzielt[187]. Der amerikanische Präsident äußerte sein „Vertrauen" in die bundesdeutsche Politik und erklärte – Brandt zufolge – darüber hinaus sein „volles Verständnis", falls die Bundesregierung zu dem Ergebnis käme, „die Oder-Neiße-Linie anerkennen zu sollen; sie sei nun einmal zu einem Faktum geworden"[188]. Brandt seinerseits unterstrich, daß er die Beibehaltung der amerikanischen Truppenstärke in Europa für eine notwendige „Komponente der westlichen Verhandlungsposition" gegenüber der Sowjetunion halte[189]. Kissinger, der anerkannte, daß sich Brandt darum „bemühte (...), unser Vertrauen zu gewinnen", bestätigte, daß der deutsche Bundeskanzler „Washington mit dem beruhigenden Gefühl verlassen konnte, seine Gesamtpolitik werde hier gebilligt"[190].

In Paris wurde die Amerika-Reise Brandts mit großer Aufmerksamkeit registriert. Man sah in ihr nicht zuletzt eine fortschreitende internationale Aufwertung der Bundesrepublik, die sich nicht nur in ihren Beziehungen zum Osten neuen Handlungsspielraum verschaffe, sondern auch in den USA als Sprecher der gesamten Europäischen Gemein-

[182] Ebenda, S. 443.
[183] Siehe auch: Christian Hacke, Henry Kissinger und das deutsche Problem, in: DA Nr. 9 (1985), S. 973–987, bes. S. 983 ff.
[184] Kissinger, Memoiren 1968–1973, S. 567.
[185] Zu Kissingers Konzeptionen siehe auch: Seymour Hersh, The Price of Power. Kissinger in the Nixon White House, New York 1983; Hacke, Die Ära Nixon-Kissinger 1969–1974, Stuttgart 1983; Corall Bell, The Diplomacy of Détente. The Kissinger Era, London 1977.
[186] Brandt, Begegnungen und Einsichten, S. 380; Schmid, Henry Kissinger und die deutsche Ostpolitik. Kritische Anmerkungen zum ost- und deutschlandpolitischen Teil der Kissinger-Memoiren, in: Aus Politik und Zeitgeschichte, Nr. 8/80, S. 10–20.
[187] Vgl. die Erklärung von Regierungssprecher Ahlers, in: Siegler, Dokumentation zur Deutschlandfrage, Bd. VI, S. 218.
[188] Brandt, Begegnungen und Einsichten, S. 383.
[189] Tad Szulc, Brandt exhorts the US not to reduce its troop strength in Europe, in: NYT vom 11. 4. 1970.
[190] Kissinger, Memoiren 1968–1973, S. 457.

schaft auftrete[191]. Die gaullistische Parteizeitung ‚*La Nation*' faßte dieses diffuse Unbehagen in der Warnung zusammen: „Wir meinen nicht, daß Europa ein deutsches Europa sein kann, und das aus gutem Grund."[192]

Im Mai 1970 wurde François Seydoux von Jean Sauvagnargues als Botschafter Frankreichs in Bonn abgelöst[193]. Die Erinnerungen Seydoux' zeugen von der traditionellen Furcht vor einer Kräfteverschiebung zugunsten des deutschen Nachbarn und von der Sorge, Bonn könne die Grenzen seiner ostpolitischen Öffnung nicht früh genug ziehen. Seydoux, der bereits von 1958 bis 1962 Botschafter de Gaulles bei Adenauer gewesen war[194] und seit 1965 erneut amtierte, hatte sich sichtlich an die Ost- und Deutschlandpolitik der sechziger Jahre gewöhnt. Obwohl er die neue Ostpolitik sketpisch als „gewagte Partie", als „kühnes Unternehmen" qualifizierte[195], mußte er doch auch ausdrücklich anerkennen, daß sie sich in den Rahmen der Entspannungspolitik der Westmächte einfügte[196]. In einer auf das Frühjahr 1970 bezogenen Passage beschrieb Seydoux das Selbstverständnis und die Motivationen der deutschen Ostpolitik so: „Gewiß, Westdeutschland gab die seit 1949 genährte Illusion auf, Ostdeutschland absorbieren zu können; aber es verzichtete nicht auf eine Zukunft, auf ein ‚Werden', in dem die deutsche Nation in der einen oder anderen Form seine Einheit wiedererlangen würde. Was die Grenzen betraf, so würden sie nicht für die Ewigkeit festgelegt sein, wie auch immer die entsprechenden Vertragsklauseln lauteten. Die Geschichte war voll von Beispielen. Es kam hinzu, und dieses Argument beeindruckte ein Volk, das Stolz empfand über seinen wirtschaftlichen Wiederaufstieg und immer für die Verführung des Ostens empfänglich war, daß die Eroberung unbegrenzter Märkte dem germanischen Dynamismus vielversprechende Perspektiven bot."[197]

Der erfahrene Deutschlandkenner faßte hier einige Elemente zusammen, die die französische Einschätzung allgemein charakterisierten: Die neue Ostpolitik stellte speziell die Deutschlandpolitik auf eine realistische Grundlage und befreite Bonn von der Illusion, die Wiedervereinigung in absehbarer Zeit erreichen zu können. Das langfristige Ziel einer deutschen Einheit war damit aber keineswegs aufgegeben worden. Als wesentliche Triebfeder der Ostpolitik betrachtete man in Paris die wirtschaftliche Dynamik, und schließlich herrschte dort auch die vage, aber immer wiederkehrende Vorstellung, die Deutschen besäßen generell zum Osten eine spezifische Affinität, sie hätten eine Schwäche für den „slawischen Charme".

Die Besuche des polnischen und des sowjetischen Außenministers im Mai und Juni

[191] Alain Clément, M. Brandt s'est présenté en ‚partenaire' de Washington, in: Le Monde vom 12./13. 4. 1970; Gérard Sandoz, Les marchandages de M. Europe, in: Le Nouvel Observateur vom 13. 4. 1970; Arnsperger, Brandt-Reise irritiert Paris, in: SZ vom 14. 4. 1970.

[192] Zitiert nach: Wolfram Köhler, „La Nation" greift deutsche Zeitungen an, in: Frankfurter Neue Presse vom 15. 4. 1970; Hargrove, New French realism over Germany, in: The Times vom 22. 4. 1970. Brandt hatte in Washington die Einrichtung eines ständigen Kontaktausschusses zwischen den Vereinigten Staaten und der EG vorgeschlagen; Paris stand diesem Projekt ablehnend gegenüber. Vgl.: Le Monde vom 9. 4. 1970: La proposition de commission mixte entre les Etats-Unis et la CEE intéresse Washington; Frisch, Paris zeigt sich besorgt über mangelnde Konsultationen durch Bonn, in: Stuttgarter Zeitung vom 16. 4. 1970.

[193] Delcour, M. François Seydoux s'est consacré à la réconciliation franco-allemande, in: Le Monde vom 9. 5. 1970.

[194] Seydoux, Mémoires d'outre-Rhin, Paris 1975.

[195] Ders., Dans l'intimité franco-allemande, S. 159 bzw. S. 166.

[196] Ebenda, S. 156.

[197] Ebenda, S. 156.

1970 in Paris waren bezeichnend für das französische Bestreben, die eigene Ostpolitik zu intensivieren. Gegenüber seinem Amtskollegen Jedrychowsky ergriff Schumann am 4. Mai zudem die Gelegenheit, Frankreichs Eintreten für die Unantastbarkeit der polnischen Grenzen zu bekräftigen: „Wir verstehen das Verlangen Polens, in Frieden innerhalb der Grenzen zu leben, die heute die seinigen sind und die es bleiben werden und denen Frankreich durch die Stimme General de Gaulles seine Zustimmung gegeben hat."[198] Mit Rücksicht auf die laufenden Berlin-Verhandlungen wie auf die deutsche Ostpolitik äußerte sich Schumann jedoch sehr zurückhaltend über die gerade auch von Polen gewünschte baldige Einberufung einer europäischen Sicherheitskonferenz[199]. Von den Gesprächen mit Außenminister Gromyko Anfang Juni 1970 hatte sich die französische Regierung offensichtlich mehr Aufschluß über die deutsch-sowjetischen Verhandlungen und die sowjetischen Zielsetzungen erwartet, als dieser zu geben bereit war[200].

Am Tag nach der Begegnung zwischen Brandt und Stoph am 21. Mai 1970 in Kassel erneuerte Außenminister Schumann die französische Unterstützung für den Kurs der Bundesregierung. Allerdings, so fügte Schumann unter Anspielung auf die wenig entspannungsbereite Haltung der DDR hinzu, sei aus dem Treffen die „große Lehre" zu ziehen, daß es unerläßlich sei, die Vier-Mächte-Rechte und -Verantwortlichkeiten für Deutschland als Ganzes und insbesondere für Berlin „zu wahren und vollständig zu wahren"[201]. Zwar begrüßte die französische Regierung die angestrebte Normalisierung zwischen den beiden deutschen Staaten; die völkerrechtliche Anerkennung der DDR wäre für Paris jedoch nicht akzeptabel gewesen. Karl Moersch, der im Juli 1970 die Nachfolge von Ralf Dahrendorf als Parlamentarischer Staatssekretät im Auswärtigen Amt antrat, unterstrich, daß es der französischen Seite „bei den internen Beratungen vor allem darauf an(kam), daß die geplanten ‚besonderen Beziehungen' zwischen Bonn und Ostberlin unter voller Berücksichtigung der alliierten Vorbehaltsrechte entwickelt würden"[202].

Eine der wichtigsten Etappen in den Konsultationen mit den westlichen Verbündeten war die Frühjahrstagung des NATO-Rates am 26./27. Mai 1970 in Rom. Wenige Tage zuvor, am 22. Mai, hatte Egon Bahr seine Gespräche mit Gromyko in Moskau zum Abschluß gebracht. Scheel traf in der italienischen Hauptstadt zusammen mit Schumann ein, den er schon bei einem Kurzbesuch am 25. Mai in Paris vorab über Verlauf und Ergebnisse der Kasseler Begegnung sowie über den Stand der Moskauer Verhandlungen informiert hatte[203]. In Rom setzte Scheel auch Rogers und Stewart über die Gespräche Bahr/Gromyko ins Bild und machte sie mit den Verhandlungsprotokollen und dem

198 Zit. nach: Combat vom 5. 5. 1970: Toasts franco-polonais.

199 Combat vom 4. 5. 1970: Varsovie tient à garder le contact avec Paris; Le Monde vom 5. 5. 1970: Les relations franco-polonaises (Bulletin); Le Monde vom 7. 5. 1970: Les conversations franco-polonaises ont fait apparaître „beaucoup de points de convergence".

200 Le Monde vom 7./8. 6. 1970: Paris, Moscou et la sécurité européenne (Bulletin); Hebert, Les trois visages de Gromyko, in: Le Nouvel Observateur vom 8. 6. 1970; Reifenberg, Gromykos Schweigen erhöht Pariser Interesse an Bonns Ostpolitik, in: FAZ vom 9. 6. 1970.

201 Interview vom 22. 5. 1970 mit dem ORTF, in: La politique étrangère de la France Nr. 1 (1970), S. 166.

202 Moersch, Kursrevision, S. 228.

203 Hans Kepper, Scheel: Gewaltverzicht steht bevor, in: FR vom 26. 5. 1970; Reifenberg, Scheel rechnet mit einer Reise nach Moskau, in: FAZ vom 26. 5. 1970; SZ vom 26. 5. 1970: Scheel zur Konsultation in Paris.

„Bahr-Papier“ bekannt[204]. Im Abschlußkommunique bekräftigten die NATO-Mitglieder „Unterstützung und Verständnis“ für die von der Bundesrepublik aufgenommenen Gespräche, „um die Lage in Mitteleuropa zu verbessern“. Bei „Fortschritten“ dieser Gespräche seien die verbündeten Regierungen zur Aufnahme multilateraler Kontakte im Hinblick auf eine Konferenz über Sicherheit und Zusammenarbeit bereit[205]. In der Bundestagsdebatte vom 27. Mai konnte Scheel deshalb auch hervorheben, daß „unsere Verbündeten in der NATO und vor allem unsere drei westlichen Verbündeten die Politik, die wir treiben, nicht nur bis ins einzelne kennen, sondern auch unterstützen“[206]. Sowohl die Parlamentarierversammlung der Westeuropäischen Union (WEU), der Scheel am 2. Juni in Paris einen Bericht über die Ostpolitik gab, wie die Ministerratstagung der WEU, die am 5./6. Juni in Bonn erstmals wieder mit französischer Teilnahme stattfand, erneuerten die Rückendeckung für die Linie der Bundesregierung[207].

Die Bedeutung der westlichen Unterstützung war für die Bundesregierung um so größer, je stärker sie im Frühsommer 1970 innenpolitisch in Bedrängnis geriet. Die Landtagswahlen vom 14. Juni in Niedersachsen, Nordrhein-Westfalen und im Saarland brachten empfindliche Niederlagen für die SPD und insbesondere für die FDP, die in Hannover und Saarbrücken nicht mehr in den Landtag einziehen konnte. Die drei FDP-Bundestagsabgeordneten Mende, Starke und Zoglmann schieden als Gegner des ostpolitischen Kurses am 22. Juni 1970 aus dem Bundesvorstand ihrer Partei aus und traten im Oktober zur CDU/CSU-Opposition über. Die Mehrheit der SPD/FDP-Koalition halbierte sich dadurch von zwölf auf sechs Stimmen, und weitere Aus- oder Übertritte waren nicht auszuschließen[208]. Immer häufiger sah sich die Bundesregierung zu beruhigenden Erklärungen veranlaßt: Die Zustimmung zu ihrer Politik sei in der Bevölkerung weitaus größer als im Bundestag; die Landtagswahlen seien kein „Volksentscheid“ gewesen und auch keine „Testwahl“[209].

Externe politische Unterstützung erhielt die Ostpolitik Anfang Juli auch durch den in Brüssel tagenden Politischen Ausschuß der Nordatlantischen Versammlung, das „Parlament“ der NATO[210]. Die Abgeordneten wiesen am 4. Juli den Entwurf eines Berichts des CDU-Politikers Erik Blumenfeld zur deutschen Ostpolitik zurück, in dem dieser der Bundesregierung „einseitige Konzessionen“ an die Sowjetunion und die Gefährdung des Status von Berlin vorwarf. Die NATO-Parlamentarier distanzierten sich von der „Meinung des Berichterstatters“ und baten um Neuvorlage. Die Versammlung bekräftigte vielmehr ihre positive Einschätzung der deutschen Ostpolitik. Für die französische Dele-

[204] Manfred Kohnke, An Via Veneto ein Witz von Gromyko, in: Welt am Sonntag vom 31. 5. 1970; Der Spiegel vom 1. 6. 1970: Ja oder Nein.

[205] Text in: EA, Folge 13 vom 10. 7. 1970, D 315–318, hier: Punkte 8 und 15.

[206] Stenogr. Berichte, 6. Wp., S. 2686.

[207] Empfehlung Nr. 198 der Versammlung der WEU vom 3. 6. 1970 über die Abstimmung der Politik gegenüber Osteuropa, in: EA, Folge 13 vom 10. 7. 1970, D 319 f.; FR vom 3. 6. 1970: Scheel drängt – Fraktion bremst; FAZ vom 3. 6. 1970: Die WEU bleibt für Konsultationen wichtig; FAZ vom 8. 6. 1970: Die künftige Rolle der WEU ungewiß.

[208] Wolfgang Jäger, Die Innenpolitik der sozial-liberalen Koalition 1969–1974, in: Karl Dietrich Bracher, Wolfgang Jäger, Werner Link, Republik im Wandel 1969–1974. Die Ära Brandt, Stuttgart/Mannheim 1986, S. 67 ff.; Der Spiegel vom 22. 6. 1970: Rücken zur Wand.

[209] So Brandt im Interview: „Ich habe keine Angst vor Neuwahlen“, in: Der Spiegel vom 22. 6. 1970; sowie Genscher im Interview: „Ein Kurswechsel steht nicht zur Debatte“, in: Ebenda, S. 30.

[210] Wetz, L'Assemblée de l'OTAN: M. Eric Blumenfeld (CDU) critique vivement la politique de M. Brandt, in: Le Monde vom 5./6. 7. 1970; Erich Hauser, NATO distanziert sich von Blumenfeld, in: FR vom 4. 7. 1970; FAZ vom 4. 7. 1970: NATO-Parlamentarier stützen Bonner Ostpolitik.

gation sprach der gaullistische Abgeordnete Michel Boscher (Essonne) dabei die Erwartung aus, die Bundesregierung solle in den Verhandlungen mit Vorsicht vorgehen und dürfe auf keinen Fall den Vier-Mächte-Status Berlins in Frage stellen.

Die Gipfelkonsultationen vom 3. und 4. Juli 1970 und der Abschluß des Moskauer Vertrages

Am 3. und 4. Juli 1970 kamen Pompidou und die französische Regierung zu den halbjährlich fälligen Gipfelkonsultationen nach Bonn. Wie üblich warben Mitglieder der Bundesregierung im Vorfeld des Treffens in französischen Medien für Verständnis für die Ostpolitik und suchten dabei etwaige französische Sorgen zu entkräften. Brandt versicherte in einem Fernsehinterview, daß „unsere Ostpolitik überhaupt erst möglich wird durch ihre feste Verankerung im Westen“[211], und Regierungssprecher Conrad Ahlers erläuterte in der Wochenzeitschrift *L'Actualité:* „In der Ostpolitik gibt es so gut wie keine Meinungsverschiedenheiten zwischen der Bundesregierung und der französischen Regierung, allenfalls manchmal die Sorge, daß die beiderseitigen Aktionen noch nicht eng genug aufeinander abgestimmt sind. Vielleicht auch die Sorge, daß bessere Beziehungen zwischen Bonn und Ostberlin das Gleichgewicht in Europa verändern könnten. Aber diese Sorge ist unberechtigt, denn die DDR sucht keine Hintertür für eine Art von Wiedervereinigung.“[212] Auf die Nachfrage, ob es „in verhältnismäßig naher Zukunft zur Wiedervereinigung“ komme, entgegnete Ahlers unmißverständlich: „Es besteht keinerlei Hoffnung, daß die Wiedervereinigung Deutschlands oder auch nur eine wirkliche Annäherung der beiden deutschen Staaten gegenwärtig oder auch nur in der voraussehbaren Zukunft zu erreichen ist.“[213]

Die deutsch-französischen Konsultationen standen ganz im Zeichen der bevorstehenden Moskauer Vertragsverhandlungen[214]. Bereits am 2. Juli hatte Pompidou auf einer Pressekonferenz in Paris bekräftigt, „daß die Politik der Annäherung an den Osten, die Bundeskanzler Brandt eingeleitet hat, im allgemeinen Interesse Europas liegt, im Interesse Westeuropas, Osteuropas und des gesamten Europas“[215]. Vor diesem Hintergrund drehten sich die Bonner Besprechungen vor allem um praktisch-operative Fragen. Konkret ging es um die Frage, in welcher Form die uneingeschränkte Fortgeltung der alliierten Vier-Mächte-Rechte durch den in Aussicht genommenen Moskauer Vertrag sicherzustellen sei. Für die französische Seite war es die „Hauptsorge“ – so der damalige Europa-Direktor Arnaud –, daß der Moskauer Vertrag diese Rechte nicht in Frage stellt. Der Wunsch nach einer möglichst deutlichen Bezugnahme auf die fortbestehenden Siegerrechte „lag in der Logik unserer Befürchtungen, der Moskauer Vertrag könnte das Vier-Mächte-Gebäude zerstören“[216].

Die Alternative, die sich stellte, war eine Erwähnung der Vier-Mächte-Rechte im Ver-

[211] Interview vom 1. 7. 1970 im ORTF, in: Bulletin vom 3. 7. 1970 Nr. 90, S. 889.

[212] Interview in: L'Actualité vom 6. 7. 1970, abgedr. in: Bulletin vom 11. 7. 1970 Nr. 94, S. 930.

[213] Ebenda.

[214] FAZ vom 2. 7. 1970: Pompidous Bonner Thema: die Ostpolitik; Frisch, Für Paris ist Berlin der Entspannungstest, in: Stuttgarter Zeitung vom 2. 7. 1970; Weisenfeld, Pompidou als Hemmschuh?, in: Die Zeit vom 3. 7. 1970; SZ vom 3. 7. 1970: Pompidou in Bonn; Delcour, M. Brandt va tenter de dissiper les réticences françaises sur la politique à l'Est, in: Le Monde vom 3. 7. 1970.

[215] Pressekonferenz vom 2. 7. 1970, zit. in: Archiv der Gegenwart vom 2. 7. 1970, S. 15576; Arnsperger, Pompidou mit Brandt solidarisch, in: SZ vom 3. 7. 1970; FAZ vom 3. 7. 1970: Pompidou: Nicht von Osteuropa abwenden.

[216] Persönliches Gespräch mit Claude Arnaud am 13. 2. 1988.

trag selbst – etwa in der Präambel – oder in einem begleitenden Dokument. Kurz vor Pompidous Besuch in Bonn munkelte man in der Presse, daß die Alliierten und insbesondere die französische Seite in der Bonner Vierergruppe deutlich gemacht hätten, daß sie die im Bahr-Papier vorgesehene Behandlung der Vier-Mächte-Rechte für unzureichend hielten[217]. Bahr bestätigte im Rückblick, daß es „französische Erwägungen" gab, die Vier-Mächte-Rechte direkt im Vertrag zu erwähnen: „Aber wir haben darauf hingewiesen, daß dies nicht machbar sei."[218] Außenminister Scheel begann Ende Juli 1970 in der Tat seine Moskauer Verhandlungen von der Ausgangsposition her, daß die Wahrung der Vier-Mächte-Rechte (wie auch ein ausdrücklicher Friedensvertragsvorbehalt) unmittelbar in den Vertrag hineingeschrieben werden müßte; er konnte sich aber mit dieser Forderung nicht durchsetzen, so daß keine andere Möglichkeit blieb, als die Einwilligung der Westmächte zu einer außervertraglichen Bestätigung ihrer Rechte zu erreichen[219]. Wie das ging, skizzierte Bahr wie folgt: „Es ist sehr fragwürdig, ob ein Teil des besiegten Deutschland gegenüber einer der Siegermächte mit originären Rechten in ihrem Vertrag darauf hinweisen sollte, daß übrigens noch andere Siegermächte da sind, die Rechte haben. Frankreich und Amerika mußten selbst ihre Rechte gegenüber der Sowjetunion vertreten und formulieren. Und nachdem den drei Mächten das gegenüber der Sowjetunion nicht gelungen war, war es der Bundesrepublik natürlich noch viel weniger möglich, das im Zusammenhang mit dem Moskauer Vertrag von der Sowjetunion noch einmal schriftlich zu bekommen."[220]

Nicht zuletzt der statusrechtliche Einwand wirkte Frankreich gegenüber offensichtlich überzeugend. Außenminister Schumann erklärte die erwogene direkte Erwähnung rückschauend als „unnütz" und fügte hinzu: „Ich sehe nicht, warum wir Bonn zum Richter über ein Recht hätten machen sollen, das wir nicht im mindesten der Bundesrepublik verdanken. Das wäre eine große Ungeschicklichkeit gewesen."[221] Die öffentliche Zustimmung und Unterstützung, die Pompidou am 3./4. Juli zum Ausdruck brachte, fiel unzweifelhaft deutlich aus. Bei einer Tischrede am ersten Konsultationstag erklärte Pompidou nach einem allgemeinen Plädoyer für das Prinzip der Entspannungspolitik in Europa: „Wir verfolgen mit Interesse die Anstrengungen, die Sie unternehmen, und wir ermessen die ganze Tragweite Ihres Versuchs, normale Beziehungen mit den Ländern Osteuropas herzustellen, unter wohlweislicher Wahrung Ihrer Freundschaften und traditionellen Bindungen."[222]

In einer noch kräftigeren Formel faßte Regierungssprecher Ahlers den Inhalt der Gespräche Brandt-Pompidou zusammen. Danach habe der französische Präsident versichert, die deutschen Bemühungen um eine Verständigung mit dem Osten würden wie bisher seine volle Unterstützung, „auch gegen alle Gegner" dieser Politik, finden[223]. Die

[217] Georg Schröder, Die Aliierten melden Bedenken gegen das Bahr-Papier an, in: Die Welt vom 26. 6. 1970. Das Bahr-Papier enthielt in Punkt vier die Bestimmung, das vorliegende Abkommen „berührt nicht die früher geschlossenen zweiseitigen und mehrseitigen Verträge und Abkommen beider Seiten" – eine Bezugnahme u. a. auf den „Deutschlandvertrag". Zit. in: Bulletin vom 17. 8. 1970 Nr. 109, S. 1097.

[218] Persönliches Gespräch mit Egon Bahr am 19. 12. 1984.

[219] So Baring, der Aufzeichnungen des Auswärtigen Amtes auswertete, in: Machtwechsel, S. 334.

[220] Persönliches Gespräch mit Egon Bahr am 19. 12. 1984.

[221] Persönliches Gespräch mit Maurice Schumann am 17. 12. 1984.

[222] Zitiert in: La politique étrangère de la France Nr. 2 (1970), S. 34.

[223] Jeweils zitiert in: Mörbitz, Enge Abstimmung der Ostpolitik mit Paris, in: FR vom 4. 7. 1970; Die Welt vom 4. 7. 1970: Franzosen wollen an ihren Rechten in Berlin festhalten; John M. Goshko,

Meldung der *Frankfurter Allgemeinen Zeitung*, wonach die französische Regierung der Bundesregierung nahegelegt habe, mit der Unterschrift unter den Moskauer Vertrag bis zu einem Zeitpunkt zu warten, an dem wesentliche Fortschritte bei den Berliner Vier-Mächte-Verhandlungen zu verzeichnen seien, traf ganz offensichtlich nicht zu[224]. Pompidou selbst dementierte eine derartige Vermutung noch während der abschließenden Plenarsitzung zwischen den beiden Regierungen[225] und bestätigte nochmals ausdrücklich: „In Ihrem großen Unternehmen der Annäherung an den Osten unterstützt Sie Frankreich, und es begrüßt Ihren Mut und Ihren Sinn für die Realitäten. Dieses Unternehmen ist grundlegend für die Zukunft Europas."[226]

Gewiß erkundigte sich die französische Seite sehr genau nach der weiteren Chronologie der Ostpolitik. Sie unterstrich auch mit Nachdruck die Bedeutung einer Klarstellung der alliierten Rechte – dies jedoch ohne Ratschläge zu erteilen oder Bedingungen zu stellen. Zumindest nach außen – und dies war in den hitzigen innenpolitischen Auseinandersetzungen von entscheidender Bedeutung – war die Unterstützung der französischen Regierung für die Bonner Ostpolitik noch deutlicher ausgefallen, als dies zu erwarten gewesen war[227]. Die Bundesrepublik stellte sich im Gegenzug auf die westlichen Empfindlichkeiten ein. So sprach sich Scheel bei der Beratung der bevorstehenden Moskauer Verhandlungen am 7. Juli im Bundeskabinett gegen eine Übernahme von Punkt 9 des „Bahr-Papiers" in den Vertragstext aus, der die Fortentwicklung der „wirtschaftlichen, wissenschaftlichen, kulturellen und sonstigen Beziehungen" zwischen der Bundesrepublik und der Sowjetunion vorsah. Diese Formulierung, so Scheel, könne bei mißtrauischer Auslegung westliche Befürchtungen wecken und den Rapallo-Komplex erneut beleben[228].

Während der Endverhandlungen der Bonner Delegation unter Leitung Scheels mit Außenminister Gromyko in Moskau (26. Juli bis 7. August 1970) wurden die drei Westmächte über ihre dortigen diplomatischen Vertretungen ständig über den Gang der Dinge auf dem laufenden gehalten. Bis zum Schluß drängten die westalliierten Diplomaten auf eine förmliche sowjetische Erklärung zur Fortgeltung der Vier-Mächte-Rechte. Als hier die sowjetische Seite zu keinen weiteren Konzessionen mehr bereit war, para-

Pompidou, in Bonn, Endorses Brandt Overtures to the East, in: IHT vom 4. 7. 1970; Norman Crossland, M. Pompidou goes to Brandt's aid, in: The Guardian vom 4. 7. 1970; Roger Berthoud, Brandt elated by French support for policies, in: The Times vom 4. 7. 1970; SZ vom 4. 7. 1970: Pompidou sichert Bonn Unterstützung zu; Delcour, Le gouvernement allemand fait état du ‚plein appui' de la France pour sa politique à l'Est, in: Le Monde vom 5./6. 7. 1970.

[224] Pompidou rät Bonn: Die Berliner Vierer-Verhandlungen abwarten, in: FAZ vom 4. 7. 1970. Kurioserweise erschien die FAZ am selben Tag mit zwei verschiedenen Schlagzeilen über einem inhaltlich fast identischen Aufmacher. Es gab auch den wesentlich milderen Titel: „Feste Haltung Pompidous in der Berlin-Frage". Pompidous „Ratschlag" war augenscheinlich durch eine freimütige Überinterpretation seiner „festen Haltung" zu Berlin konstruiert worden.

[225] Welt am Sonntag vom 5. 7. 1970: Pompidou bewundert Brandts Mut im Osten; NZZ vom 6. 7. 1970: Französische Unterstützung für die Ostpolitik Bonns.

[226] Zitiert nach einem Bericht von Regierungssprecher Hamon in: Delcour, M. Pompidou a assuré M. Brandt du „soutien morale et politique" de la France, in: Le Monde vom 7. 7. 1970; SZ vom 6. 7. 1970: Pompidou stärkt Brandt den Rücken.

[227] Dreher, Paris ist neugierig geworden, in: SZ vom 6. 7. 1970; Hans Lerchbacher, Osteuropa-Texte werden überprüft, in: FR vom 6. 7. 1970; Reinhard Appel, Brandt und Pompidou, in: Stuttgarter Zeitung vom 6. 7. 1970; Rühl, Vertrauen auf Gegenseitigkeit, in: Die Welt vom 6. 7. 1970; FR vom 6. 7. 1970: Simultangespräch; Le Monde vom 7. 7. 1970: Le soutien de Paris à M. Brandt; Die Tat vom 6. 7. 1970: Französische Nackenschläge für Strauß & Co.

[228] Baring, Machtwechsel, S. 320. Im Moskauer Vertrag fand der Punkt 9 des „Bahr-Papiers" schließlich seinen Niederschlag in Punkt 4 der Präambel.

phierte Scheel am 7. August den Vertrag[229]. In Bonn unterrichtete Scheel am 10. August die Botschafter der drei Westmächte über den Vertragsabschluß[230]. Der Kern des deutsch-sowjetischen Vertragswerkes war die Erklärung beider Regierungen, „daß sie keine Gebietsansprüche gegen irgend jemand haben und solche auch in Zukunft nicht erheben werden“ und „heute und künftig die Grenzen aller Staaten in Europa als unverletzlich“ betrachten, „wie sie am Tage der Unterzeichnung dieses Vertrages verlaufen, einschließlich der Oder-Neiße-Linie, die die Westgrenze der Volksrepublik Polen bilde, und der Grenze zwischen der Bundesrepublik Deutschland und der Deutschen Demokratischen Republik“[231]. In dem bei der Vertragsunterzeichnung dem sowjetischen Außenministerium übergebenen „Brief zur deutschen Einheit“, dessen Wortlaut im Detail in der Bonner Vierergruppe abgesprochen worden war, stellte die Bundesregierung fest, „daß dieser Vertrag nicht im Widerspruch zu dem politischen Ziel der Bundesrepublik Deutschland steht, auf einen Zustand des Friedens in Europa hinzuwirken, in dem das deutsche Volk in freier Selbstbestimmung seine Einheit wiedererlangt“. Die separate Note der Bundesregierung an die Regierungen der drei Westmächte vom 7. August 1970 und deren gleichlautende Antwortnoten vom 11. August 1970 bekräftigten übereinstimmend, daß der Moskauer Vertrag die alliierten Rechte und Verantwortlichkeiten in bezug auf Berlin und Deutschland als Ganzes nicht berühre. Mit diesen begleitenden Dokumenten wurde deutlich gemacht, daß Bonn keine völkerrechtliche Anerkennung der DDR vorgenommen hatte, die einer friedensvertraglichen Regelung gleichgekommen wäre und im Widerspruch zur Fortgeltung der alliierten Siegerrechte gestanden hätte[232].

In einer offiziellen Stellungnahme des Elysée vom 8. August 1970 begrüßte der französische Präsident den deutsch-sowjetischen Vertragsabschluß: „Getreu seiner Politik der Entspannung und der Kooperation unter allen europäischen Ländern begrüßt Frankreich das Abkommen zwischen der BRD und der UdSSR, ein Abkommen, dessen Abschluß es unablässig ermutigt hat und das einen wichtigen Beitrag leistet zur Herstellung einer wirklichen Sicherheit in Europa.“[233]

Paris ließ es tatsächlich zu keinem Zeitpunkt an offizieller Unterstützung für die deutsche Ostpolitik fehlen. Gleichwohl bestanden Reserven auf französischer Seite, wie ein diplomatischer Vorgang zwischen Bonn und Paris im Zusammenhang mit dem Abschluß des Moskauer Vertrages zeigt. In seinem Schreiben an die Staats- und Regierungschefs der drei westlichen Alliierten, das Brandt noch vor seiner Reise in die Sowjetunion, d. h. vor der Unterzeichnung des Moskauer Vertrages, absandte, hatte der Bundeskanzler unter anderem den Vorschlag einer Gipfelkonferenz der drei Westmächte und der Bundesrepublik gemacht. Nach Angaben des damaligen Staatssekretärs im Auswärtigen Amt, Paul Frank, sollte „der Vorschlag Brandts (. . .) die Solidarität mit den westlichen Alliierten bekräftigen“[234]. Anders als Nixon oder der britische Premierminister Heath nahm der französische Präsident zu dieser Anregung öffentlich Stellung. Er lehnte sie unverhohlen

[229] Baring, Machtwechsel, S. 343–348.

[230] Heinrich von Siegler, Dokumentation zur Deutschlandfrage, 11 Bde., Bonn/Wien/Zürich 1961 ff., Bd. VI, S. 429.

[231] Text: BGBl., Teil II, 24. 5. 1972, Nr. 27, S. 353 ff.

[232] Siehe zum Moskauer Vertrag auch: Bulletin vom 17. 8. 1970, S. 1093–1156; Benno Zündorf, Die Ostverträge, München 1979, S. 27–61.

[233] La politique étrangère de la France Nr. 2 (1970), S. 55.

[234] Schriftliche Mitteilung von Dr. Paul Frank vom 14. 2. 1985.

ab. Am selben Tag, an dem der deutsche Bundeskanzler den Moskauer Vertrag unterzeichnete, erklärte Georges Pompidou vor eingeladenen Journalisten an seinem Feriensitz Brégançon am Mittelmeer: „Ich denke gerade über den Vorschlag nach, den Bundeskanzler Brandt an die drei Westmächte gerichtet hat, nämlich mit der Bundesrepublik Deutschland eine Zusammenkunft zu viert abzuhalten. Es ist immer gut, sich zu treffen, allerdings muß man sich etwas zu sagen haben. Im Moment gibt es keinen besonderen Grund, sich zu sehen."[235]

Diese glatte Absage konnte sich der französische Präsident erlauben, da er davon ausgehen konnte, daß weder Nixon noch Heath gesteigerten Wert auf die Viererbegegnung legten und ihm also nicht widersprechen würden. Am freundlichsten war noch die inoffizielle Reaktion in London[236]. Pompidous Motivation für die Zurückweisung scheint auf der Hand zu liegen. Er sah in der Gipfelkonferenz nicht nur eine geeignete Möglichkeit für den deutschen Bundeskanzler, seine westliche Solidarität zu bekräftigen, sondern auch eine Gelegenheit für die Bundesregierung, sich selbst und ihre Ostpolitik ein weiteres Mal international in den Mittelpunkt zu rücken. An einem Treffen auf höchster Ebene, das in dieser Form unter gleichberechtigter Teilnahme der Bundesrepublik erstmalig stattgefunden und zudem den deutschen Bundeskanzler aus Aktualitätsgründen im Mittelpunkt gesehen hätte, konnte der französische Präsident kein Interesse haben. Die Initiative hierzu durfte aus Pariser Sicht schon gar nicht von Bonn ausgehen. Die Ablehnung des französischen Präsidenten resultierte ziemlich unverkennbar aus dem Wunsch, der deutschen Ostpolitik nicht zu einer weiteren Bestätigung zu verhelfen – hierbei wird das persönliche Rivalitätsgefühl gegenüber Bundeskanzler Brandt eine Rolle gespielt haben –, sowie aus der Absicht, den gestiegenen internationalen Rang der Bundesrepublik nicht noch demonstrativ zu unterstreichen.

Der damalige Generalsekretär des Quai d'Orsay, Hervé Alphand, bestätigte später, daß Pompidou den Brief Brandts „nicht gemocht" habe. „Entweder", so zitiert Alphand ein Gespräch mit Präsident Pompidou, „handelt es sich darum, die Berlin-Frage zu erörtern – das aber sei Sache der Außenminister –, oder es handelt sich um weltweite Probleme, dann sehe er aber nicht, warum sich die Bundesrepublik plötzlich unter die Staaten mischen wollte, die einen Ständigen Sitz im Weltsicherheitsrat haben und die Atombombe besitzen."[237] Dieses letztgenannte Motiv für seine Ablehnung einer Vierer-Gipfelkonferenz wurde Präsident Pompidou auch vom Bonner Auswärtigen Amt zugeschrieben. Nach Auffassung von Staatssekretär Frank hat Präsident Pompidou „wohl befürchtet", daß sich die Bundesrepublik mit dem Konferenzvorschlag „auf die Ebene der für Deutschland verantwortlichen Mächte hangeln wollte"[238].

Daß Pompidou der deutschen Ostpolitik in dieser entscheidenden Phase mit Zurück-

[235] Zit. nach: Le Monde vom 13. 8. 1970: Il n'y a pas de raison particulière d'organiser une rencontre à quatre; NZZ vom 14. 8. 1970: Brandts Vorschlag eines Vierertreffens; Edward Mortimer, Pompidou cool on Brandt's summit proposal, in: The Times vom 12. 8. 1970.

[236] NZZ vom 11. 8. 1970: Französische Betrachtungen; Combat vom 12. 8. 1970: Brégançon rappelle Bonn à l'ordre; SZ vom 13. 8. 1970: Auskunft aus Pompidous Ferienort; SZ vom 13. 8. 1970: Verbündete prüfen Brandts Vorschlag; Augsburger Allgemeine vom 13. 8. 1970: Pompidous Nein; FAZ vom 15. 8. 1970: Westpolitik; SZ vom 18. 8. 1970: Im Westen keine Eile mit der Konferenz; Reifenberg, Bonn – der unheimliche Zauberlehrling, in: FAZ vom 19. 8. 1970

[237] Alphand, L'étonnement d'être, S. 538. Offenbar war Alphand selbst nicht ganz der Meinung Pompidous: „Je lui réponds que Brandt a agi à Moscou avec courage, qu'il va trouver de grandes difficultés devant son Bundestag et qu'il faut l'aider." Ebenda.

[238] Schriftliche Mitteilung von Dr. Paul Frank vom 14. 2. 1985.

haltung begegnete, geht auch aus seinen privaten Äußerungen gegenüber dem französischen Publizisten Raymond Tournoux hervor. In einem Gespräch am 13. Oktober 1970 – also am Tag seiner Rückkehr aus der Sowjetunion – zählte der französische Präsident Brandts Vorschlag der Viererkonferenz zu den „Fehlern", die der Bundeskanzler begangen habe: „Willy Brandt hat mehrere Fehler begangen: der erste war der Vorschlag einer Viererkonferenz nach der Unterzeichnung des deutsch-sowjetischen Vertrages. Im Grunde bedeutete dies, daß er den Amerikanern Bericht erstatten wollte. Ich habe diese Konferenz abgelehnt, weil ich fand, daß Brandt zu schnell vorging."[239]

Der Gesamtvorgang macht deutlich, daß sich die Bundesregierung von den ständigen Bekundungen der französischen Unterstützung wohl etwas täuschen ließ – Pompidou sprach diese im übrigen auch in Brégançon wieder aus – und die verbliebenen französischen Empfindlichkeiten gegenüber der deutschen Ostpolitik und deren Konsequenzen nicht richtig einschätzte. Ganz unvorhersehbar war es nämlich nicht, daß Pompidou, der auf seinem Ferienwohnsitz am Mittelmeer bereits an seinen Reden für den für Oktober geplanten Besuch in der Sowjetunion arbeitete, kein Interesse hatte, weitere Aufmerksamkeit von seiner eigenen Ostpolitik abzulenken.

Nachdem Paris so eindeutig abgewunken hatte, sprach der stellvertretende Regierungssprecher Rüdiger von Wechmar davon, daß es „am nützlichsten und vernünftigsten" sei, das Datum für das Gipfeltreffen erst nach der Rückkehr Pompidous aus der Sowjetunion festzulegen[240]. Hierin war kaum mehr als ein diplomatisches Rückzugsgefecht zu sehen. Zwar wurde der Gedanke an eine Vierer-Konferenz bei den verschiedenen deutsch-westalliierten Konsultationen im Nachgang zur Unterzeichnung des Moskauer Vertrages noch einmal zur Sprache gebracht. Die negative Haltung speziell der französischen Seite verhinderte jedoch die Realisierung[241].

Aus der Zeit nach dem Abschluß des deutsch-sowjetischen Vertrages sind weitere „vertrauliche" Äußerungen Pompidous überliefert, die einen begrenzten Blick hinter die Kulissen erlauben und gewissermaßen die Kehrseite der offiziell so glatten Unterstützung der deutschen Ostpolitik durch Paris zeigen. So erklärte der Staatspräsident am 22. September 1970 bei einem nichtoffiziellen Pressegespräch, der Vertrag, den Brandt in Moskau unterzeichnet habe, stelle ein „dreifaches Problem" dar: „Zunächst einmal hat er enorme Konzessionen gemacht. Können Sie sich vorstellen, daß ich endgültig auf das Elsaß, die Vogesen, den Norden etc. verzichte? Zweitens handelt Deutschland nun selbständig, ohne irgend jemanden um Erlaubnis zu fragen. Drittens, die UdSSR hat ihm gegenüber ein Druckmittel."[242] Das erste „Problem" Pompidous findet sich auch bestätigt in seiner Äußerung an anderer Stelle: „Wenn Frankreich durch eine Demarkationslinie geteilt wäre, würde es der Drang eines jeden sein, sie zu beseitigen."[243]

239 Zit. nach: Roussel, Georges Pompidou, S. 410. Roussel beruft sich auf die „unveröffentlichten Archive" von Tournoux.

240 L'Express vom 24. 8. 1970: Le pas de clerc de M. Pompidou.

241 FAZ vom 18. 8. 1970: Bahr-Besuch zur Vorbereitung des Gipfeltreffens? Ebenda: Staatssekretär Bahr mit der Reaktion Washingtons zufrieden.

242 Fontaine, Un seul lit pour deux rêves, S. 248.

243 Undatiert zit. bei: Ullmann, La peur de l'Allemagne, in: L'Express vom 13. 8. 1973 („Si la France était divisée par une ligne de démarcation, le souhait de chacun serait de l'effacer.") Ullmann, leitender Redakteur des „Express", fuhr seinerseits fort: „Lorsqu'un interlocuteur lui retorque que, dans l'Histoire, la Prusse et la Rhénanie ont été plus souvent divisées que rassemblées, il hoche la tête et objecte que, sur les stades, les spectateurs de l'Allemagne de l'Ouest applaudissent à toute victoire des athlètes d'Allemagne de l'Est." Vom Applaus bei den Olympischen Spielen von München 1972

Bereits in dieser relativ frühen Phase der internationalen Entspannungspolitik, im Jahre 1970, bezogen sich Pompidous Sorgen vor allem auch auf die langfristigen Implikationen eines amerikanischen Truppenrückzugs aus Westeuropa. Gegenüber Brandt hatte er schon bei den ersten Konsultationen im Januar 1970 seine Sorge nicht verhehlt, „daß sich die beiden Supermächte auf die Entmilitarisierung oder Neutralisierung Westeuropas einigen könnten“[244]. Den direkten Bezug zum „deutschen Problem“ mag Pompidou gegenüber dem Bundeskanzler nicht so deutlich hergestellt haben wie am 15. Dezember 1970 in einem Privatgespräch mit dem leitenden *Le Monde*-Redakteur Pierre Viansson-Ponté. Wenn in einer solchen Situation, so Pompidou zur Eventualität eines amerikanischen Disengagements, die Sowjetunion dann nicht Bedingungen stelle wie diejenige, „daß das wiedervereinigte Deutschland als Ganzes kommunistisch zu sein habe (...), wird man die Wiedervereinigung unter den Bedingungen einer sogenannten Neutralität erleben, in der es bald zur deutschen Atombewaffnung kommen wird“[245]. Aus diesen und ähnlichen Äußerungen[246] spricht Skepsis, ja Mißtrauen gegenüber Deutschland in einem ganz allgemeinen Sinne, das Pompidous Vermögen, die Bedingungen und Motive der deutschen Ostpolitik richtig zu erkennen, zu blockieren schien. Ihre Authentizität ist nicht nur durch die Person André Fontaines, damals Chefredakteur von *Le Monde*, verbürgt, sondern auch durch ähnliche Äußerungen enger Mitarbeiter Pompidous wie Michel Jobert[247]. Ein leitender Diplomat des Außenministeriums, der Generalinspekteur des diplomatischen Dienstes Jean-Marie Soutou, vertrat Anfang 1971 die Meinung, es sei tragisch, einen deutschen Bundeskanzler zu sehen, dessen innenpolitische Zukunft vollkommen vom Erfolg seiner Politik gegenüber der Sowjetunion abhängig sei. Dies liefere die Bundesrepublik der Sowjetunion aus und zwinge den Westen unmittelbar zu Konzessionen bei den Berlin-Verhandlungen[248].

Die langfristigen Perspektiven und Entwicklungen der „deutschen Frage“ beschäftigten freilich nur die persönlichen Reflexionen, sie waren nicht Gegenstand der bilateralen Diskussionen auf Regierungsebene. „Wenn wir uns zu unseren monatlichen Konsultationen zusammensetzten,“ so der damalige Direktor der Politischen Abteilung im Auswärtigen Amt, Berndt von Staden, „dann haben wir über unzählige weltpolitische Fragen gesprochen, aber nicht über diese zentralen Probleme. (...) Und das ist sicher auch gut so, denn es hat ja keinen Sinn, daß man diese außerordentlich heiklen und natürlich doch historisch belasteten Fragen diskutiert in Situationen, in denen gar kein realer Anlaß besteht.“[249]

Die Bundesregierung konnte sich also auf die Schützenhilfe durch die französische Regierung verlassen. Der Abschluß eines Gewaltverzichtsvertrages zwischen der Bundes-

zeigte sich auch Verteidigungsminister Michel Debré beeindruckt: „L'unification est une espérance profonde dont les clameurs de joie qui ont récemment retenti à Munich en l'honneur des champions sportifs des deux Allemagne, côte à côte, a été tout naturellement l'expression populaire.“ Zit. bei Debré, Défense de l'Europe et sécurité en Europe, in: Revue de Défense nationale, Nr. 12 (1972), S. 1790.

[244] Brandt, Begegnungen und Einsichten, S. 346.

[245] Zit. bei: Fontaine, Un seul lit pour deux rêves, S. 248.

[246] Siehe u. a. die Zitate bei de Saint Robert, Les Septennats interrompus, S. 138, 141, 149, 156 ff., die in dieselbe Richtung weisen, aber auf Grund ihres Kontextes mit etwas Vorsicht zu bewerten sind.

[247] Siehe oben Kapitel 4.1.

[248] Tagebucheintrag Sulzbergers vom 2. 2. 1971 nach einem Gespräch mit Soutou, in: Sulzberger, An Age of Mediocrity. Memoirs and Diaries 1963–1972, New York 1973, S. 703.

[249] Persönliches Gespräch mit Berndt von Staden am 20. 12. 1984.

republik und der Sowjetunion sei, so Außenminister Schumann am 18. September 1970 vor der Vollversammlung der Vereinten Nationen, „eine der wichtigen Etappen auf dem Wege zur Entspannung, zum gegenseitigen Verständnis und zur Zusammenarbeit, die von General de Gaulle herbeigewünscht, vorausgesagt und vorbereitet worden waren“[250]. Am 27. September 1970 hob Schumann in einem Fernsehgepräch hervor, die französische Regierung sei von Bonn „regelmäßig informiert“ worden und nicht wie 1922 „eines schönen Morgens vom Donner Rapallos geweckt worden“[251]. Der deutsch-sowjetische Vertrag sei das Gegenteil des Rapallo-Vertrages, erklärte der Außenminister am 1. Oktober vor dem Auswärtigen Ausschuß des Senats: „Für Deutschland ist dies ein Sieg über sich selbst, ein Sieg, welcher der Einigung Westeuropas eine neue Anregung geben kann.“[252] Anläßlich der Eröffnung der Parlamentssaison erklärte auch Ministerpräsident Chaban-Delmas am 15. Oktober 1970 in der Nationalversammlung, seine Regierung freue sich, „daß die Bundesrepublik den Weg einschlägt, den Frankreich schon vor einigen Jahren im Interesse des Friedens vorgezeichnet hat“[253].

Ein ungewöhnlich ausführliches Plädoyer für die deutsche Ostpolitik hielt Schumann am 5. November 1970 in der Nationalversammlung[254]. Dabei ging er in einer längeren Erklärung erneut auf das – von ihm so genannte – „Phantom von Rapallo“ ein, um Zweifeln an der Politik Bonns entgegenzutreten. Nicht nur sei jegliche Gleichsetzung des deutsch-sowjetischen Vertrages vom 12. August 1970 mit dem Rapallo-Vertrag von 1922 unzulässig; in jedem möglichen Punkt des Vergleichs, so der Außenminister, sei eine „Antithese“ gegeben. Die aus seiner Sicht wesentlichen Unterschiede faßte er in drei Punkten zusammen: 1. Die Außenminister Tschitscherin und Rathenau hätten während der Konferenz von Genua unter größter Geheimhaltung miteinander verhandelt, während der Vertrag von Moskau in aller Öffentlichkeit vorbereitet worden sei. 2. Der Vertrag von Rapallo sei von zwei gedemütigten Ländern geschlossen worden, die in den Signatarmächten von Versailles bzw. den Interventionsmächten einen gemeinsamen Gegner gehabt hätten. 1970 dagegen gehe es nicht darum, die Ergebnisse eines Krieges dreieinhalb Jahre nach seinem Ende in Frage zu stellen, sondern ein Vierteljahrhundert nach Kriegsende die Ergebnisse anzuerkennen und das Erreichte zu festigen: „Rapallo hatte nur ein Ziel: zu revolutionieren. Der Vertrag vom 12. August 1970 hat nur ein Ziel: zu bewahren.“ 3. Sowohl die deutsch-französischen wie die französisch-sowjetischen Beziehungen besäßen eine andere Qualität als in den zwanziger Jahren. Frankreich habe am 13. Oktober 1970 mit der Sowjetunion ein Konsultationsabkommen geschlossen, es sei zudem der größte westliche Lieferant der Sowjetunion für Ausrüstungsgüter. Auf der anderen Seite erreiche auch der bundesdeutsche Handel mit der Sowjetunion lediglich etwa ein Drittel ihres Warenaustausches mit der DDR.

Eine historisch differenzierte Bewertung des Vertrages von Rapallo mag nicht das Ziel des französischen Außenministers gewesen sein, seine Zurückweisung jeglicher Parallele zum deutsch-sowjetischen Vertrag allerdings ließ an Deutlichkeit nichts zu wünschen

[250] EA, Folge 24 vom 25. 12. 1970, D 575.

[251] Schumann in der Sendereihe „Die Fernseh-Pressekonferenz“ des SFB, in: EA, Folge 21 vom 10. 11. 1970, D 509.

[252] Ambassade de France, Service de Presse et d'Information Nr. 25 (1970).

[253] SZ vom 16. 10. 1970: Paris preist Bonns Ostpolitik.

[254] J. O., A. N. vom 6. 11. 1970, S. 5181 ff.; NZZ vom 7. 11. 1970: Frankreichs Vorstellungen von einer Berlin-Lösung; Arnsperger, „Wir wollen Brandt beistehen“, in: SZ vom 7./8. 11. 1970; FAZ vom 7. 11. 1970: Schumann sagt Brandt Unterstützung zu.

übrig. Bezeichnend für die Sicht der deutschen Ostpolitik ist vor allem der dritte von Schumann genannte Punkt. Das von Pompidou in Moskau unterzeichnete Konsultationsabkommen führte Schumann gleichsam als Äquivalent zum deutsch-sowjetischen Vertrag an. Dem Gefühl, in der Ostpolitik von der Bundesrepublik überrundet worden zu sein, suchte er somit durch den Verweis auf den nach wie vor bestehenden besonderen Charakter der französisch-sowjetischen Beziehungen zu begegnen. Nicht ganz überzeugend mochte es dabei wirken, die „Rapallo-Befürchtungen" ausgerechnet mit dem Argument überlegener französisch-sowjetischer Handelsbeziehungen entkräften zu wollen. Richtig war dagegen Schumanns Hinweis, der Handel zwischen der Sowjetunion und den westeuropäischen Ländern sei noch so gering, daß „Platz für jedermann" vorhanden sei. Der Außenminister resümierte seine engagierte Stellungnahme mit den Worten: „Ja, wir wollen einem Bundeskanzler, dessen Verhalten in der Vergangenheit wir nicht vergessen haben, dabei helfen, daß Deutschland fünfundzwanzig Jahre nach dem Zusammenbruch des III. Reichs einen Sieg über sich selbst davonträgt."

In der anschließenden außenpolitischen Debatte der Nationalversammlung wurde der deutsch-sowjetische Vertrag überwiegend positiv beurteilt. Ähnlich wie Schumann wies etwa der gaullistische Abgeordnete Raymond Bousquet jegliche Zweifel an der Verläßlichkeit der deutschen Ostpolitiker zurück. Als ein Hauptargument verwies er dabei auf die Person Willy Brandts, dessen Engagement im Widerstand gegen den Nationalsozialismus dafür bürge, daß er nicht „dem Westen den Rücken zuwenden und zu einem eifrigen Diener der Sowjetunion" werden würde[255]. Die Entspannung, die die Bundesrepublik im Verhältnis zu ihren östlichen Nachbarn anstrebe, so der gleichfalls den Gaullisten zugehörige Pierre Godefroy, zeige den „exemplarischen und fruchtbaren Charakter der Konzeption de Gaulles"[256]. Auch der Unabhängige Republikaner Bernard Destremau wertete die deutsche Ostpolitik als einen Erfolg der französischen Diplomatie, die, „nachdem sie den Weg der Détente gewiesen hatte, die schwierigen Verhandlungen des ersten Vertrages in ihrem Fortgang begleiten konnte, der diese Détente zu einer rechtlichen Realität werden läßt"[257].

Einige Gedankengänge, die ein gewisses Maß an Beunruhigung verrieten, tauchten in der Debatte jedoch ebenfalls auf. So legte sich Destremau etwa die Frage vor, ob die Sowjetunion nicht versucht sein könnte, mittels einer Verstärkung des Handels mit der Bundesrepublik einen neuen deutschen „Drang nach Osten" hervorzurufen. Der Unabhängige Republikaner Jean de Broglie ging sogar noch weiter: „Für die Bundesrepublik ist die Entspannung vor allem eine neue Methode, das Problem der Wiedervereinigung anzugehen."[258] Die Notwendigkeit einer noch stärkeren Anbindung der Bundesrepublik an Westeuropa wurde von Parlamentariern aller Parteien (bis auf den PCF) angesprochen, am deutlichsten von Zentristen wie etwa Destremau: „Die Stärkung des Zusammenhalts Europas erscheint uns angesichts des Moskauer Vertrages als ganz besonders dringend."[259]

[255] J. O., A. N. vom 6. 11. 1970, S. 5213 f.
[256] Ebenda, S. 5220.
[257] Ebenda, S. 5215.
[258] Ebenda, S. 5205.
[259] Ebenda, S. 5215.

Der Warschauer Vertrag

Die Verhandlungen und der Abschluß des deutsch-polnischen Vertrages warfen für die deutsch-französischen Beziehungen keine spezifischen Probleme auf. Parallel zu den deutsch-polnischen Vertragsverhandlungen bestanden 1970 ständig enge Verbindungen zwischen der französischen und polnischen Regierung. Die dezidierte Haltung Frankreichs zur Oder-Neiße-Grenze hatte in Warschau offensichtlich einigen Anlaß zu der Hoffnung gegeben, Paris könne Bonn davon abbringen, sich in der Grenzfrage hinter die juristische Argumentation zurückzuziehen, schon die Geltung der Vier-Mächte-Rechte lasse keine endgültige völkerrechtliche Anerkennung der Oder-Neiße-Grenze zu[260]. Ein partielles Abrücken von der Vier-Mächte-Konstruktion kam für Paris letztlich jedoch nicht in Frage. Während der seit Februar 1970 geführten Verhandlungen zwischen dem Staatssekretär im Auswärtigen Amt, Georg Ferdinand Duckwitz, und dem stellvertretenden polnischen Außenminister, Jozef Winiewicz, zeigte es sich, daß nicht nur die USA und Großbritannien auf ihre Rechte für Deutschland als Ganzes „pochten", wie der damalige parlamentarische Staatssekretär im Auswärtigen Amt, Karl Moersch, schrieb, sondern auch Frankreich auf die „eingeschränkte Zuständigkeit" der Bundesrepublik verwies: „Man unterschied in Paris sorgfältig zwischen politischen Willenserklärungen des früheren Staatspräsidenten, die man nicht widerrief, und prinzipiellen französischen Rechtspositionen."[261]

Die „politischen Willenserklärungen" wurden von französischer Seite immer wieder erneuert. Schumann erklärte noch am 5. November 1970 in der Nationalversammlung unmißverständlich, „daß die Errichtung der Westgrenze Polens an Oder und Neiße als ein irreversibles Faktum zu gelten hat"[262], und Ministerpräsident Chaban-Delmas verband am 26. November während seines Besuches in Polen das Lob für die „hellsichtige und mutige Politik Bundeskanzler Brandts" mit der Feststellung, die französische Regierung betrachte den gegenwärtigen Verlauf der Westgrenze Polens „für die Gegenwart und für die Zukunft (...) als ein unbestreitbares und irreversibles Faktum"[263]. Am Tag vor der Paraphierung des deutsch-polnischen Vertrages am 13. November 1970 in Warschau bestätigte in Bonn Regierungssprecher Ahlers immerhin, daß es „Nuancen" gegeben habe unter den Westalliierten in der Frage der formalen Sicherstellung der Vier-Mächte-Rechte, wobei die Haltung der französischen Regierung der polnischen Position am nächsten gewesen sei[264].

Der eigentlich politische Kern des am 7. Dezember 1970 unterzeichneten deutsch-polnischen Vertrages war die Anerkennung der „Unverletzlichkeit" der bestehenden „westlichen Staatsgrenze" Polens „jetzt und in der Zukunft". Im Vertrag rangierte die Behandlung des Grenzproblems (Art. I) vor der Verpflichtung zum allgemeinen Gewaltverzicht (Art. II), womit die Reihenfolge gegenüber dem Moskauer Vertrag umgekehrt wurde. Es sollte somit sichtbar gemacht werden, daß die Grenzanerkennung ein selbständiger Akt war und sich nicht erst aus der Rechtsnorm des Gewaltverzichts ableitete. Wie im Falle

260 Bernard Margueritte, Le dialogue politique germano-polonais s'ouvre à Varsovie, in: Le Monde vom 6. 2. 1970; Reifenberg, Frankreich zwischen Sorge und Zustimmung, in: FAZ vom 26. 3. 1970.

261 Moersch, Kursrevision, S. 229.

262 J. O., A. N. vom 6. 11. 1970, S. 5183.

263 Ansprache von Chaban-Delmas, in: Le Monde vom 28. 11. 1970.

264 Wetz, Des divergences subsisteraient entre Bonn et les alliés occidentaux, in: Le Monde vom 14. 11. 1970.

des Moskauer Vertrages wurde dem Fortbestehen der Rechte und Verantwortlichkeiten der Vier-Mächte durch einen Notenwechsel zwischen der Bundesregierung und den drei Westmächten Rechnung getragen, der der polnischen Regierung notifiziert wurde[265]. Auf die ausdrückliche Zustimmung Warschaus zu dieser Prozedur war von Paris besonderer Wert gelegt worden. Die polnische Regierung konnte auf diese Weise durchsetzen, daß im Notenwechsel die Rechte und Verantwortlichkeiten nur in verkürzter Form angesprochen wurden, während im entsprechenden Notenwechsel zum Moskauer Vertrag noch spezifischer von den Vier-Mächte-Kompetenzen „in bezug auf Deutschland als Ganzes und Berlin" die Rede war[266].

Die deutsch-französischen Gipfelkonsultationen am 25./26. Januar 1971 in Paris waren das erste Treffen zwischem Pompidou und Brandt nach dem Abschluß der Ostverträge. Wiederum ließ es der französische Präsident nicht an einer positiven Stellungnahme zur Ostpolitik fehlen. Brandt habe mit seiner Politik „Realismus" bekundet. „Mit der Wahl dieser Politik haben Sie sich auf einen Weg begeben, welcher parallel zu jenem verläuft, den die französische Regierung zu gehen versucht", erklärte Pompidou in einer Ansprache in deutscher Sprache[267]. Keine unmittelbaren Folgen sollte der von Brandt bereits in einem Schreiben an die Staats- und Regierungschefs der drei Westmächte von Mitte Dezember gemachte und nunmehr wiederholte Vorschlag haben, die Berlin-Verhandlungen wesentlich zu beschleunigen[268]. Von den Vier-Mächte-Verhandlungen abgesehen, trat von diesem Konsultationstreffen an die Erörterung der Ostpolitik hinter Fragen der Europa- und Währungspolitik oder auch Problemen der bilateralen Zusammenarbeit zurück.

Das Treffen Brandt–Breschnew auf der Krim

Zwei Wochen nach Unterzeichnung des Berliner Vier-Mächte-Abkommens am 3. September 1971 reiste Bundeskanzler Brandt zu Besprechungen mit Generalsekretär Breschnew auf die Krim. In der westeuropäischen Öffentlichkeit stimulierte diese Reise die Sorgen über die Haltbarkeit der Verankerung der Bundesrepublik im Westen. Latent vorhandene Befürchtungen vor einem deutschen Sonderweg zwischen Ost und West traten nun deutlich zu Tage. Mit offenem Mißtrauen durchsetzte Fragen hinsichtlich des künftigen Weges der nunmehr zu einer „erwachsenen Nation" herangereiften Bundesrepublik füllten insbesondere in der französischen Presse die Kommentarspalten auch der seriösen Zeitungen[269]. Nach der Rückkehr aus der Sowjetunion mußte Brandt selbst ein-

[265] Text: BGBl., Teil II, 24. 5. 1972, Nr. 27, S. 362 ff.; Zündorf, Die Ostverträge, S. 62–91; Georg Ferdinand Duckwitz, Die Wende im Osten, in: Außenpolitik Nr. 11 (1970), S. 645–660.

[266] Le Monde vom 22./23. 11. 1970: L'échange de notes entre Bonn et les trois occidentaux; Le Monde vom 27. 11. 1970: L'„amie de toujours" (Bulletin).

[267] Ansprache vom 25. 1. 1971, in: Bulletin vom 27. 1. 1971 Nr. 10, S. 83; Reifenberg, Pompidou will sich nicht auf Termine festlegen, in: FAZ vom 27. 1. 1971; Maxim Fackler, Der deutsch-französische Fragenkreis, in: SZ vom 28. 1. 1971; Rapprochement franco-allemand sur l'Europe, in: Le Monde vom 28. 1. 1971 (Bulletin); Kurt Becker, Hindernislauf nach Europa, in: Die Zeit vom 29. 1. 1971.

[268] Siehe auch das Kapitel zu den Berlin-Verhandlungen.

[269] Zit. in: Le Monde vom 21. 9. 1971: La République fédérale est devenue une „nation adulte"; Robert Lacontre, Le voyage de M. Brandt à Moscou pourrait assombrir les perspectives de la visite de M. Brejnev à Paris, in: Le Figaro vom 11./12. 9. 1971; Le Monde vom 17. 9. 1971: De Yalta à Oreanda; Combat vom 17. 9. 1971: Le roi Brandt; Combat vom 20. 9. 1971: Brandt donne des ailes à l'Allemagne. Zusammenfassend siehe: Der Spiegel vom 27. 9. 1971: Paris: Sorge über Bonns Ostpolitik.

räumen: „Es geht ein Gespenst um, das ist wahr, in manchen Kreisen." Aber, so fügte er hinzu: „Es gibt kein Rapallo-Problem. Der Vergleich kann im Grunde nur von denen ins Feld geführt werden, die die unterschiedlichen geschichtlichen Situationen nicht genügend in Betracht ziehen."[270]

Weshalb rief die deutsch-sowjetische Begegnung so viel Unruhe in Frankreich hervor? Brandts Reise vom 16. bis 18. September 1971 war kurzfristig angesetzt worden; sie erfolgte auf persönliche Einladung von sowjetischer Seite vom 1. September. Ihre Annahme durch den Bundeskanzler war am 7. September öffentlich bekanntgegeben worden[271]. Zu diesem Zeitpunkt standen Datum und Ort des Besuches noch nicht fest. Die deutschen Botschafter in Paris, London und Washington erhielten am 10. September Weisung, die drei westlichen Regierungen über Einzelheiten des Gesprächskatalogs zu unterrichten[272]. Am 11. September gab die Bundesregierung Ort und Termin des Treffens bekannt und teilte mit, daß Generalsekretär Breschnew der einzige Gesprächspartner des Bundeskanzlers sein werde[273]. Als hochrangiger Berater begleitete allein Staatssekretär Bahr den Bundeskanzler. Nur wenige Journalisten erhielten das zur Berichterstattung erforderliche sowjetische Visum[274].

Das von Brandt mit der Spitzenbegegnung verbundene Ziel war es, die deutsch-sowjetischen Beziehungen nach dem erfolgreichen Abschluß des alliierten Berlin-Abkommens allgemein zu vertiefen und vor allem die nächsten multilateralen Etappen der Entspannungspolitik zu erörtern[275]. Auch sollten wohl bessere Rahmenbedingungen für die gerade angelaufenen deutsch-deutschen Verhandlungen zur Ausfüllung des Vier-Mächte-Abkommens über Berlin geschaffen werden[276]. Zu unmittelbar greifbaren Ergebnissen führte Brandts Krim-Reise nicht. Das gemeinsame Kommuniqué vermerkte, die Sowjetunion und die Bundesrepublik würden künftig Konsultationen führen, um die Abhaltung einer europäischen Sicherheitskonferenz „zu beschleunigen"[277]. Brandt hatte sich damit erstmals deutlich für die europäische Konferenz ausgesprochen; er lag damit jedoch auf der Linie der Beschlüsse der NATO-Ministerratstagung vom 3./4. Juni 1971 in Lissabon, die die Vorbereitung der Sicherheitskonferenz für die Zeit unmittelbar nach Abschluß des Berlin-Abkommens in Aussicht gestellt hatte[278]. Sowohl das gemeinsame deutsch-sowjetische Kommuniqué als auch Brandts Erklärung unmittelbar nach seiner

[270] Beide Zitate aus einem Interview in der Sendung „Panorama" des Deutschen Fernsehens vom 20. 9. 1971. Zit. nach: Siegler, Dokumentation zur Deutschlandfrage, Bd. VII, S. 224.

[271] Wortlaut der Mitteilung vom 7. 9. 1971 in: Bulletin vom 8. 9. 1971 Nr. 129, S. 1416.

[272] Der Spiegel vom 13. 9. 1971: „Herr Scheel, hier tut sich was".

[273] EA, Folge 20 vom 25. 10. 1971, D 471; Le Monde vom 14. 9. 1971: Le chancelier Brandt aura au moins deux entretiens avec M. Brejnev. Siehe auch das Interview Scheels vom 12. 9. 1971 im ZDF, in: Bulletin vom 15. 9. 1971 Nr. 133, S. 1445 ff.

[274] Als Vertreter des Auswärtigen Amtes nahm der stellvertretende Leiter des Referats Sowjetunion, Andreas Meyer-Landrut, an der Reise teil, der Referatsleiter Blumenfeld war erkrankt (Persönliches Gespräch mit Dr. Alfred Blumenfeld). Dreher, Der Ärger bleibt in Bonn zurück, in: SZ vom 16. 9. 1971; Rühl, Geheime Kommandosache Krim, in: Die Welt vom 17. 9. 1971; Der Spiegel vom 20. 9. 1971: In Jalta das Beste gewollt.

[275] Persönliche Gespräche mit Egon Bahr am 19. 12. 1984 und Dr. Ulrich Sahm am 13. 4. 1985. Sahm, Leiter der Abteilung II im Bundeskanzleramt (Auswärtige und innerdeutsche Beziehungen, äußere Sicherheit) hat Brandt nicht begleitet.

[276] Zu den Themen der Gespräche siehe den ausführlichen Bericht Brandts in Begegnungen und Einsichten, S. 459–471.

[277] Text des Kommuniqués in: EA, Folge 20 vom 25. 10. 1971, D 471–473.

[278] Kommuniqué der Ministerratstagung in: EA, Folge 14 vom 25. 7. 1971, D 350–354, hier: Punkt 9.

Rückkehr enthalten die Formulierung, die Gespräche seien „in voller Solidarität" mit den jeweiligen Bündnispartnern geführt worden[279].

Schon vor der Abreise war in Frankreich Kritik an den Modalitäten der Begegnung Brandt-Breschnew laut geworden, nicht nur in den Medien, sondern auch auf hoher politischer Ebene[280]. Im Ministerrat, so berichtete Ernst Weisenfeld, war die Wirkung der Nachricht dergestalt, „als sorgte die deutsch-russische Geschichte alle fünfzehn oder dreißig Jahre für ein neues ‚Rapallo'"[281]. Präsident Pompidou sei so weit gegangen, seinen Ministern die Frage vorzulegen, wer von den Mitgliedern der Bundesregierung denn noch als zuverlässiger Verfechter der Westorientierung der Bundesrepublik gelten könne. Nur eine Minderheit, wie man meinte[282]. Der französiche Unmut entzündete sich insbesondere an den folgenden Aspekten: Die französische Regierung fühlte sich über den Plan der Reise unzureichend in Kenntnis gesetzt und vor vollendete Tatsachen gestellt. Sie war nur wenige Stunden vor der offiziellen Bekanntgabe des beabsichtigten Treffens von Bonn informiert worden[283]. Breschnew wurde für den 25. Oktober 1971 zu einem Staatsbesuch in Frankreich erwartet. Diese erste offizielle Reise des Generalsekretärs in das westliche Ausland geriet aus Pariser Sicht allzusehr in den Schatten der publizitätsträchtigen deutsch-sowjetischen Begegnung auf der Krim. Pressemeldungen, nach denen Brandt selbst die Initiative zu dem Treffen mit Breschnew ergriffen habe, trafen ganz offensichtlich nicht zu, waren jedoch bezeichnend für die vorherrschende Stimmung[284]. Breschnews Drängen, den deutschen Bundeskanzler noch vor seinem Frankreich-Besuch im Oktober zu sprechen[285], wurde in Paris als Versuch gewertet, Bonn und Paris gegeneinander auszuspielen. Die Umstände des Treffens von Oreanda schienen eine neue Intimität der deutsch-sowjetischen Beziehungen anzudeuten. Die Abschirmung der Reise sowie die Tatsache, daß es nach dem deutsch-sowjetischen Gipfel im August 1970 anläßlich der Unterzeichnung des Moskauer Vertrages eigentlich an Breschnew gewesen wäre, in die Bundesrepublik zu kommen, mußte den Eindruck erwecken, als ob Bonn sich nun verstärkt auf die Kooperation mit Moskau konzentrieren würde[286]. Auch die Tatsache, daß Oreanda nur wenige Kilometer von Jalta entfernt lag, war französischen Kommentatoren einige historische Reminiszenzen über die von der Bundesrepublik seit Kriegsende zurückgelegte Wegstrecke wert.

In öffentlichen Erklärungen zögerte die französische Regierung jedoch weiterhin nicht, der deutschen Ostpolitik ihr Vertrauen auszusprechen. Außenminister Schumann

279 Erklärung Brandts auf dem Flughafen Köln/Bonn am 18. 9. 1971 in: EA, Folge 20 vom 25. 10. 1971, D 473–474.

280 Reifenberg, In Paris als „politische Bombe" eingeschlagen, in: FAZ vom 9. 9. 1971; Arnsperger, Paris fühlt sich auf den zweiten Platz gesetzt, in: SZ vom 9. 9. 1971; NZZ vom 12. 9. 1971: Aktive Ostpolitik Pompidous.

281 Weisenfeld, Frankreichs Geschichte seit dem Krieg. Von de Gaulle bis Mitterrand, München ^{2}1982, S. 228.

282 Ders., Welches Deutschland soll es sein?, S. 117.

283 Le Monde vom 10. 9. 1971: Bonn n'a pas consulté les alliés occidentaux sur l'opportunité du voyage de M. Brandt en URSS; Lacontre, Le voyage de M. Brandt à Moscou, in: Le Figaro vom 11./12. 9. 1971. Dagegen ist es eine dauerhafte Fehlinformation, Brandt habe Breschnew getroffen, „ohne zuvor die Alliierten von diesem Besuch unterrichtet zu haben"; Wilfried Loth, Geschichte Frankreichs im 20. Jahrhundert, Stuttgart 1987, S. 219.

284 Lacontre, M. Brejnev espère tirer des avantages économiques et politiques de la mésentente entre la France et la RFA, in: Le Figaro vom 18./19. 9. 1971.

285 Brandt, Begegnungen und Einsichten, S. 459.

286 L'Express vom 13. 9. 1971, S. 40 f.: M. Brandt entre par la grande porte.

enthielt sich in einer Erklärung am 14. September 1971 vor dem Auswärtigen Parlamentsausschuß jeglichen kritischen Hinweises. Er betonte vielmehr, daß das Vier-Mächte-Rahmenabkommen über Berlin, das er als „pragmatisch" und „ausgewogen" bezeichnete, für Frankreich „die entscheidende Phase in der Vorbereitung einer europäischen Konferenz über Zusammenarbeit und Sicherheit" eröffne[287]. Der Generalsekretär des Quai d'Orsay, Hervé Alphand, notierte dagegen unter dem 19. September in sein Tagebuch, er nehme an, Präsident Pompidou sei „wütend" darüber, von keinem der Beteiligten über die Begegnung Brandt-Breschnew informiert worden zu sein. Gleichzeitig hob Alphand seine eigene Sicht hervor, wonach die Umstände keinen Vergleich zu „Rapallo" erlaubten und Frankreich falsch daran täte, „eine Verständigung zwischen Bonn und Moskau zu schneiden"[288].

Der sich früh abzeichnenden Beunruhigung insbesondere in Frankreich hat Brandt mit verschiedenen Gesten entgegenzuwirken versucht. Noch kurz vor seinem Abflug übermittelte er über den sich gerade in Bonn aufhaltenden französischen Justizminister René Pleven eine persönliche Botschaft an Präsident Pompidou[289]. Am Tag nach seiner Rückkehr übersandte Brandt den Botschaftern der drei Westmächte in Bonn schriftliche Mitteilungen für ihre Staats- und Regierungschefs[290]. Wiederum einen Tag später, am 20. September, empfing er die Botschafter der drei Westmächte persönlich, um sie über den Verlauf der Gespräche mit Breschnew zu unterrichten[291]. Gleichzeitig informierte Staatssekretär von Braun den französischen Außenminister Schumann am Rande einer EG-Tagung in Brüssel[292].

Bei aller Anerkennung dieser Bemühungen der Bundesregierung wurde in der französischen Presse dennoch aufmerksam vermerkt, daß selbst in den erläuternden Erklärungen ein „neuer Ton" herrsche[293]. Dieses Urteil bezog sich zum Beispiel auf Äußerungen von Scheel, in denen dieser abwiegelnd darauf verwies, auch Maurice Schumann oder Präsident Nixon seien nicht auf den Gedanken gekommen, die Bundesregierung vor ihren Besuchen in Osteuropa und China zu konsultieren[294]. „Zunehmendes Mißtrauen in Frankreich" gegenüber dem diplomatischen Vorgehen der Bundesrepublik konstatierten in dieser Phase auch unabhängige deutsche Beobachter in Paris[295]. André Fontaine, Chefredakteur von *Le Monde,* hielt seinerseits den Zeitpunkt für gekommen, in einer

[287] Kommuniqué über die Anhörung Schumanns vor dem Auswärtigen Ausschuß, in: La politique étrangère de la France Nr. 2 (1971), S. 111; Reifenberg, Frankreich stützt Brandts Ostpolitik, in: FAZ vom 16. 9. 1971; NZZ vom 23. 9. 1971: Widersprüchliche Beurteilung der Krimreise Brandts in Paris.

[288] Alphand, L'étonnement d'être, S. 560.

[289] Hubert-Rodier, Le message de M. Brandt au Président Pompidou, in: La Nation vom 15. 9. 1971; Le Monde vom 16. 9. 1971.

[290] Le Figaro vom 20. 9. 1971; FAZ vom 20. 9. 1971: Bonn glaubt nach der Reise auf die Krim an eine Stärkung seiner außenpolitischen Rolle; Le Monde vom 21. 9. 1971.

[291] Für Frankreich den Geschäftsträger Guy de Commines; persönliches Gespräch mit Guy de Commines am 15. 12. 1987; Le Monde, 21. 9. 1971.

[292] Hubert-Rodier, C'est surtout à l'Allemagne de démontrer qu'elle entend être européenne, in: La Nation vom 20. 9. 1971; Le Monde, 21. 9. 1971.

[293] Zit. bei Wetz, La République fédérale est devenue une „nation adulte", in: Le Monde vom 21. 9. 1971; Henri de Kergorlay, Le chancelier Brandt va informer et rassurer Paris, Londres et Washington, in: Le Figaro vom 20. 9. 1971.

[294] Interview im Südwestfunk am 19. 9. 1971, in: Scheel, Reden und Interviews, Bd. I, Bonn 1974, S. 442–449; Le Monde vom 21. 9. 1971.

[295] Arnsperger, Zunehmendes Mißtrauen in Frankreich, in: SZ vom 21. 9. 1971.

historischen Betrachtung zum Dreieck Paris–Bonn–Moskau vor einer Rückkehr Deutschlands zur „Schaukelpolitik" zwischen Ost und West zu warnen. Nur eine „enge Entente Westeuropas" sei in der Lage, eine solche langfristige Entwicklung zu verhindern[296].

Die Sorgen auf seiten der französischen Regierung fanden schließlich offiziellen Niederschlag in der Pressekonferenz Pompidous vom 23. September 1971. Wie kaum anders zu erwarten, betonte Pompidou zunächst, die deutschen Entspannungsbemühungen „von Anfang an formell gebilligt" zu haben, zumal Frankreich „übrigens das Beispiel gegeben" habe[297]. Auch bestritt der Präsident, wegen der Gespräche Brandt-Breschnew in irgendeiner Weise beunruhigt zu sein. Daraufhin folgte jedoch eine „ziemlich ungewöhnliche Anzahl süß-saurer Bemerkungen"[298]. Unter anderem meinte Pompidou: „Man kann sich vorstellen, daß der deutsch-französische Zusammenarbeitsvertrag oder auch das französisch-sowjetische Protokoll ein wenig mehr an vorhergehender Information gerechtfertigt hätten, aber was hätte dies im Grunde geändert?"[299]

Pompidous gleichzeitige Bemerkung, Frankreich habe sich in der Frage der Anerkennung der DDR „bis zum heutigen Tage nur aus Freundschaft zur Bundesrepublik Zurückhaltung auferlegt", ist ebenfalls als ein unmißverständliches Signal des Unmutes zu werten[300]. Für den innenpolitischen Gebrauch sprach der deutsche Bundeskanzler – die zumindest ambivalenten Formulierungen Pompidous geflissentlich übersehend – dem französischen Präsidenten öffentlich seinen Dank für die erneut bekräftigte Unterstützung aus. Die Bundesregierung, so ließ Brandt durch das Bundespresseamt erklären, habe niemals daran gezweifelt, daß der französische Präsident und die französische Regierung so dächten; aber für die Opposition und die deutsche Öffentlichkeit seien diese Worte „sehr hilfreich" gewesen[301]. Brandts Dankesbekundung zeigt die Bedeutung, die die fortbestehende Unterstützung durch die engsten Partner weiterhin besaß[302].

Unverblümter als Pompidou drückte einige Tage später der Vorsitzende des „Centre Démocratique", Jean Lecanuet, der als europäisch und atlantisch ausgerichteter Politiker bereits de Gaulles Détente-Initiativen kritisch beurteilt hatte, seine Sorgen vor einem deutsch-sowjetischen Zusammenspiel aus. Die Entspannung, so seine Warnung, dürfte nicht zur „Zersplitterung" der Staates Westeuropas führen: „Der französisch-deutsche Vertrag, dem ich soviel Bedeutung zumaß, scheint keine Kraft mehr zu haben. Der deutsche Kanzler hat sich in die Sowjetunion begeben, ohne Frankreich auch nur zu informieren. Es stimmt, daß Frankreich, was ich immer bedauert habe, das schlechte Beispiel gab, als es allein handelte und eine Diplomatie der freien Hand suchte, während man sich mehr und mehr um Gemeinsamkeit hätte bemühen sollen. Ich verhehle nicht, was

[296] Fontaine, L'autre triangle. Paris–Bonn–Moskau, in: Le Monde vom 11. 9. 1971; Karl Puhlmann, Furcht vor dem Dämon der Schaukel-Politik, in: Der Tagesspiegel vom 16. 9. 1971; Reifenberg, Paris ist nach Oreanda voller Sorgen, in: FAZ vom 20. 9. 1971.

[297] Zit. in: EA, Folge 21 vom 10. 11. 1971, D 506–514.

[298] So der Kommentar von Le Monde vom 25. 9. 1971.

[299] La politique étrangère de la France Nr. 2 (1971), S. 123.

[300] EA, Folge 21 vom 10. 11. 1971, D 514; SZ vom 24. 9. 1971: Pompidou: Kein Wettlauf nach Ostberlin; Die Welt vom 25./26. 9. 1971: Paris bekundet sein wachsames Vertrauen; FAZ vom 28. 9. 1971: Offene Worte; Die Zeit vom 1. 10. 1971: Süßsaures aus Paris.

[301] Bulletin vom 28. 9. 1971 Nr. 139, S. 1504; de Kergorlay, Bonn: M. Brandt reconnaissant de la mise au point de M. Pompidou, in: Le Figaro vom 25. 9. 1971; Wetz, Bonn: le chancelier fédéral exprime ses „remerciements", in: Le Monde vom 25. 9. 1971.

[302] Grosser, Le gouvernement Brandt à mi-parcours, in: Revue d'Allemagne H. 1 (1972), S. 12f.

viele Franzosen aussprechen, auch wenn die Regierung es nicht tut, daß Frankreich heute angesichts der Annäherung Deutschlands an die Sowjetunion beunruhigt ist; denn wir denken dabei an einen deutsch-sowjetischen Pakt aus der Vergangenheit."[303] In der heftigen innenpolitischen Auseinandersetzung über Brandts Krim-Reise hatte sich die Bundesregierung gegen den Vorwurf ostpolitischer Alleingänge und der Überschätzung ihrer außenpolitischen Handlungsmöglichkeiten zu wehren[304]. Abgeordnete der CDU/CSU-Opposition äußerten in der Fragestunde des Bundestages am 23. September massive Kritik an der ihrer Ansicht nach unzulänglichen Einbindung der deutschen Ostpolitik in die Politik des westlichen Bündnisses. Auf die Frage des Abgeordneten von und zu Guttenberg, „ob beispielsweise in der französischen Regierung eitel Freude darüber herrscht, daß der Herr Bundeskanzler ohne Konsultationen mit Paris nach Jalta gefahren ist", entgegnete Außenminister Scheel: „Ich kann nur sagen, daß es bei der französischen Regierung genausowenig irgendein Mißtrauen gegen die Osteuropapolitik der Bundesregierung gibt wie bei den anderen Regierungen der mit uns verbündeten Staaten. Ganz im Gegenteil: Die französische Regierung fühlt sich in ganz besonderer Weise dieser Osteuropapolitik verbunden, und die Reise des Bundeskanzlers hat nach den Worten von Außenminister Schumann in die Richtung gewirkt, in der wir gemeinsam die Osteuropapolitik entwickeln, und ist geeignet, diese gemeinsame Osteuropapolitik unserer Verbündeten zu unterstützen. Es trifft nicht zu, daß die Reise des Bundeskanzlers auf die Krim nicht konsultiert worden wäre. Nicht nachher, sondern selbstverständlich vorher. Aber es trifft zu, daß wir kein Konsultationsverfahren über den Termin der Reise in Gang gesetzt haben. Ich bin freimütig genug zu erklären: das werden wir auch in Zukunft nicht tun. Wir erachten es auch bei unseren Verbündeten als selbstverständlich, daß sie ihre Außenpolitik selbst gestalten und nicht mit uns in Konsultationsverhandlungen über Termine von Reisen ihrer Regierungsmitglieder eintreten."[305] Scheels Erläuterung vor dem Deutschen Bundestag enthält keinen Hinweis darauf, ob das Treffen von Oreanda möglicherweise zunächst nur als Begegnung der beiden Parteichefs – und nicht als Austausch auf Regierungsebene – geplant gewesen war. Diese Erklärung hielt im Rückblick jedoch Staatssekretär Paul Frank aufrecht: Da Breschnew im September 1971 noch nicht Staatsoberhaupt der Sowjetunion gewesen ist, sei die Begegnung mit dem SPD-Vorsitzenden Brandt „einseitig vom Bundeskanzleramt vorbereitet worden und auch innerhalb der Bundesregierung als ein Treffen zweier *Partei*-Chefs betrachtet worden. (...) Aus diesem Grunde hat das Auswärtige Amt damals sich an der Reise weder beteiligt noch Informationen dazu gegeben."[306] Wegen dieser – wie Frank einräumte – vielleicht „zu formalistischen" Haltung des Auswärtigen Amtes wäre die zunächst vorgenommene Unterrichtung der westlichen Verbündeten über die Krim-Reise geringer als

[303] Lecanuet am 29. 9. 1971 im ZDF-Magazin, in: Kommentarübersicht des Presse- u. Informationsamtes der Bundesregierung, 30. 9. 1971, Anhang I, S. 1. Lecanuet führte den Teil des Zentrums an, der nicht in die Regierungsmehrheit eingetreten war.

[304] Das negative Presseecho: Dieter Cycon, Brandts Ostpolitik ohne Fesseln, in: Die Welt vom 16. 9. 1971; Rühl, Geheime Kommandosache Krim, in: Die Welt vom 17. 9. 1971; Bruno Dechamps, Geschwollener Kamm?, in: FAZ vom 21. 9. 1971; Rühl, Für einen neuen Realismus in Bonn, in: Die Welt vom 22. 9. 1971.

[305] Stenographische Berichte, 6. Wp., S. 7918.

[306] Schriftliche Mitteilung von Dr. Paul Frank vom 14. 2. 1985. Offensichtlich hatte Frank aufgrund der Differenzen zwischen Bundeskanzleramt und Auswärtigem Amt von sich aus eine Teilnahme an der Reise abgelehnt. Die Zeit vom 24. 9. 1971: Brandt sprach 16 Stunden mit Breschnew.

normalerweise üblich ausgefallen[307]. Bundeskanzler Brandt räumte in einem Interview selbst die Möglichkeit einer „Panne" ein[308]. Er bestritt jedoch, schon aus innenpolitischen Gründen, daß die Begegnung als ein Treffen der Parteivorsitzenden geplant gewesen sei[309]. Mit Blick auf die teilweise „nachhaltig verärgerten" drei Westmächte stellten auch wohlmeinende Publizisten fest, die bei der Krim-Reise zu Tage getretenen „dilettantischen Methoden" könnten der Ostpolitik beträchtlichen Schaden zufügen[310].

Die französische Reaktion auf das Treffen auf der Krim brachte in gewisser Weise das kritische Potential gegenüber der deutschen Ostpolitik zum Vorschein: Die Öffentlichkeit erwartete eine neue Qualität in den deutsch-sowjetischen Beziehungen, in denen eine „emanzipierte" Bundesrepublik sich ihres Gewichtes und ihrer Möglichkeiten bewußt sei und diese auch ausnutze. Der vertrauliche Rahmen der Reise sowie die mangelhafte vorherige Abstimmung wurden nicht als bedauerliche aber bedeutungslose Begleitumstände betrachtet, sondern als direkter Ausdruck eines neuen deutschen Selbstbewußtseins. Auch im Außenministerium fühlte man sich mit einer „accélération" der deutschen Ostpolitik konfrontiert[311]. Da die Bundesregierung in der Sache selbst nicht von ihrer bisherigen Linie abgewichen war, konnte die französische Regierung aber kaum umhin, ihre grundsätzliche Zustimmung zu wiederholen und ihren Reserven lediglich in einigen kritischen Anmerkungen zur Form Ausdruck zu geben. Die seit Mai 1971 ungelöste Währungskrise war dazu angetan, die französische Empfindlichkeit gegenüber dem offen demonstrierten neuen Selbstbewußtsein der Bonner Regierung noch zu steigern[312].

Scheels Besuch im Quai d'Orsay am 19. November 1971 nahm Schumann zum Anlaß, seinen deutschen Kollegen eindringlich vor allzu großem Vertrauen in die sowjetische Politik zu warnen. Sein ausführliches „Plädoyer" illustrierte Schumann mit historischen Verweisen auf die imperialistische Politik Rußlands unter Peter dem Großen[313]. Bei seinem „außerordentlichen" Treffen mit Pompidou am 3./4. Dezember 1971, auf das Brandt nicht zuletzt wegen der aufgetretenen deutsch-französischen Währungsauseinandersetzungen gedrängt hatte, kam der Bundeskanzler ein weiteres Mal auf seine Krim-Reise zurück. Er stellte noch einmal klar, daß die Initiative zu dem Treffen von Oreanda nicht von ihm ausgegangen war[314]. In der nur zögerlichen Einwilligung in die von Brandt

[307] Die Frage einer Begegnung auf Partei- oder Regierungsebene ist seinerzeit nur vereinzelt beachtet worden; Theo Sommer, Berlin als Dosenöffner, in: Die Zeit vom 10. 9. 1971.

[308] Interview im Spiegel vom 27. 9. 1971: Brandt: „Was immer es da an Pannen gegeben haben mag, das was tatsächlich passierte, ist noch wichtiger, als das was dazu geschrieben wird." (...) Frage: „Sie räumen ein, daß es bei der Krim-Reise Pannen gegeben hat?" Brandt: „Ja, wo gibt's die nicht. Das Leben besteht zum größten Teil aus solchen, und man lernt daraus, hoffentlich."

[309] Interview in der Sendung „Kontraste" (SFB) des Deutschen Fernsehens vom 16. 9. 1971. Zit. in: Meißner (Hrsg.), Moskau – Bonn, S. 1361. Im gleichen Sinne auch: Brandt, Begegnungen und Einsichten, S. 459. Dagegen gab Brandt 1986 an, es sei „ein nicht offizieller, sondern offiziöser, halbpersönlicher Besuch" gewesen. In: Willy Brandt: „... Wir sind nicht zu Helden geboren", Zürich 1986, S. 44.

[310] Dönhoff, Opfergang zur Krim?, in: Die Zeit vom 24. 9. 1971; Günter Gaus, Rapallo liegt nicht auf der Krim, in: Der Spiegel vom 20. 9. 1971.

[311] Persönliches Gespräch mit Claude Arnaud am 13. 2. 1988.

[312] François Bondy, Paris-Bonn: Kein Idyll, in: Merkur Heft 11 (1971), S. 1122 ff.; Yalta-Oreanda 1971, in: Documents Nr. 6 (1971), S. 136–140.

[313] Persönliches Gespräch mit dem Augenzeugen Christian Feit am 22. 12. 1987. Allgemein: NZZ vom 23. 11. 1971: Brandts Treffen mit Pompidou.

[314] Brandt, Begegnungen und Einsichten, S. 459.

bereits in einem Brief vom 20. Oktober vorgeschlagenen Konsultationen wurde in Bonn „Pompidous süffisante Methode" gesehen, seiner Mißstimmung Ausdruck zu verleihen[315]. Der Besuch Brandts bereinigte die Atmosphäre sowohl im Hinblick auf die Ostpolitik wie auf die handfesteren Differenzen in der Währungspolitik. Die „Benediktion"[316] der Bonner Ostpolitik hatte wiederum rituellen Charakter: Pompidou sicherte zudem erneut zu, daß eine Anerkennung der DDR bis zu einer Klärung des deutsch-deutschen Verhältnisses nicht in Frage komme. Andererseits wurde in Paris positiv vermerkt, daß Brandt die Westpolitik seinem Wirtschaftsminister aus der Hand genommen und die baldige Rückkehr zu einem festen Wechselkurs der D-Mark in Aussicht gestellt habe[317].

Die Ratifizierung der Ostverträge im Mai 1972

In der nach dem Abschluß der deutsch-deutschen Ergänzungsvereinbarungen zum Berliner Vier-Mächte-Abkommen Mitte Dezember 1971 anstehenden Phase der Ratifizierung der Verträge von Moskau und Warschau – die erste Lesung der Ratifizierungsgesetze begann am 23. Februar 1972 – zog sich die französische Regierung nicht etwa auf eine neutrale Position zurück. Sie machte ihre Präferenz für eine Annahme der Verträge auch weiterhin deutlich. Die Annäherung zwischen den Ländern des Westens und des Ostens sei die einzige Möglichkeit, „die deutsche Frage aus der Sackgasse herauszubekommen, in der sie seit mehr als 20 Jahren steckt", betonte Außenminister Schumann in einem Interview mit der *Welt*. Er weigere sich, die Möglichkeit eines Scheiterns der Ratifizierung „überhaupt ins Auge zu fassen"[318].

Bei den deutsch-französischen Gipfelkonsultationen am 10./11. Februar 1972 in Paris hob auch Pompidou „die konstante und uneigennützige Unterstützung Frankreichs" für die deutsche Ostpolitik hervor[319]. In diesem Bereich gebe es zwischen Bonn und Paris „einen vollkommenen Gleichklang"[320]. Nach einer Kabinettssitzung am 8. März 1972, auf der Schumann über die jüngste innenpolitische Entwicklung in der Bundesrepublik referiert hatte, erklärte Regierungssprecher Hamon, Frankreich betrachte die Ratifizierung wie bisher als „wünschenswert"[321]. Die „volle Unterstützung" für die bundesdeutsche Politik der Öffnung gegenüber dem Osten unterstrich Außenminister Schumann auch einen Tag später vor dem Auswärtigen Ausschuß der Nationalversammlung[322].

Die Erkundigungen, die die CDU/CSU-Opposition im Frühjahr 1972 in den Hauptstädten der wichtigsten westlichen Verbündeten einzog, bestätigten, daß allen Alliierten an einer Ratifizierung der Ostverträge lag. Der Emissär von Oppositionsführer Rainer Barzel, der CDU-Abgeordnete Kurt Birrenbach, erfuhr Mitte Februar bei Gesprächen

[315] Münchner Merkur vom 19. 11. 1971: Pompidous süffisante Methode; Wetz, Bonn se montre déçu, in: Le Monde vom 6. 11. 1971; SZ vom 8. 11. 1971: Wechmar leugnet Verstimmung zwischen Bonn und Paris.

[316] Le Monde vom 4. 12. 1971: L'ajustement nécessaire (Bulletin).

[317] NZZ vom 6. 12. 1971: Brandts Gespräche mit Pompidou; Weisenfeld, Delikater Dialog, in: Die Zeit vom 10. 12. 1971; Grosser, Berlin, le mark et l'Europe, in: Le Monde vom 14. 12. 1971.

[318] Die Welt vom 4. 1. 1972: „Was der Entspannung nützt, ist gut".

[319] Ansprache Pompidous vom 10. 2. 1972, in: La politique étrangère de la France Nr. 1 (1972), S. 99.

[320] Pressekonferenz vom 11. 2. 1972, in: Bulletin vom 16. 2. 1972 Nr. 21, S. 255.

[321] SZ vom 9. 3. 1972: Frankreich wünscht Ratifizierung der Verträge.

[322] Le Monde vom 11. 3. 1972: M. Schumann: nous apportons notre entier appui à la politique d'ouverture de l'Allemagne.

mit Außenminister Schumann und Politikern der Regierungsfraktionen, daß deren Reaktion auf ein Scheitern der Ostverträge im Bundestag „eindeutig negativ" sein würde[323]. Bei einem Gespräch, das Barzel selbst am 22. März 1972 in Paris mit Pompidou führte, machte der Präsident laut Barzel deutlich, „daß er sehr, sehr besorgt sei über die Lage, die entstehen könnte, wenn die Verträge abgelehnt würden. Wenn ein Zug schnell fahre, so könne man, wenn man der Auffassung sei, daß er zu schnell fahre, versuchen, ihn abzubremsen. Stelle man ihm aber ein Hindernis auf den Weg, so werde er entgleisen"[324]. Sondierungen in den anderen westlichen Hauptstädten ergaben ein ähnliches Bild: Die führenden Politiker ließen an ihrem einhelligen Wunsch nach einer Ratifizierung der Verträge keinen Zweifel.

Aus Pariser Sicht wäre bei einer Ablehnung der Ostverträge im Bundestag nicht nur der deutsche, sondern der gesamteuropäische Entspannungsprozeß in Gefahr geraten. In seltener Einmütigkeit wurde die Annahme der Ostverträge am 17. Mai 1972 daher in der französischen Öffentlichkeit begrüßt. Insbesondere war nun auch der Weg frei zur Inkraftsetzung des Berliner Vier-Mächte-Abkommens, die am 3. Juni 1972 durch die Unterzeichnung des Schlußprotokolls durch die Außenminister Alec Douglas-Home, Andrej Gromyko, William Rogers und Maurice Schumann in Berlin erfolgte, während parallel dazu in Bonn die Ratifikationsurkunden zum deutsch-sowjetischen und zum deutsch-polnischen Vertrag ausgetauscht wurden[325].

Der Grundlagenvertrag und die Beziehungen Frankreichs zur DDR

Der Abschluß des deutsch-deutschen Grundlagenvertrages war die Voraussetzung für eine diplomatische Anerkennung der DDR durch Frankreich. Wie die anderen Westalliierten und eine Vielzahl blockfreier Staaten hatte die französische Regierung der Bitte Bonns entsprochen, die Aufnahme diplomatischer Beziehungen zur DDR bis zum Erreichen einer vertraglichen Regelung des Verhältnisses zwischen den beiden deutschen Staaten zurückzustellen. Der abzusehende „Gewinn" der DDR im Zusammenhang mit der Normalisierung der Beziehungen zur Bundesrepublik – ihre breite internationale Anerkennung – sollte, soweit dies von der Bundesregierung noch zu beeinflussen war, nicht vorzeitig ausbezahlt werden. Zumindest bis zum Abschluß des Berliner Vier-Mächte-Abkommens und seiner Folgevereinbarungen konnte freilich auch die französische Regierung selbst nicht an einer politischen Aufwertung der DDR interessiert sein. Die vorläufige Nicht-Anerkennung war mithin ein paralleles Interesse der bundesdeutschen und der französischen Politik. Entsprechend hatte Frankreich – nicht anders als etwa die USA und Großbritannien – im Juli 1970 und im Mai 1972 auch gegen die Aufnahme der DDR in Unterorganisationen der UNO, den Wirtschafts- und Sozialrat für Europa und die Weltgesundheitsorganisation, gestimmt bzw. für die Vertagung des entsprechenden Antrages. Die Unterzeichnung des Grundlagenvertrages[326] am 21. Dezember 1972 in Ost-Berlin durch Bundesminister Egon Bahr erfolgte einen Monat nachdem

[323] Kurt Birrenbach, Meine Sondermissionen, Düsseldorf 1984, S. 344 ff.

[324] Rainer Barzel, Im Streit und umstritten. Anmerkungen zu Konrad Adenauer, Ludwig Erhard und den Ostverträgen, Frankfurt/Berlin 1986, S. 179; Le Monde vom 24. 3. 1972: L'amitié franco-allemande ne sera pas affectée.

[325] Siehe die Erklärungen in: Bulletin vom 6. 6. 1972, Nr. 82, S. 1125–1136.

[326] Text in: BGBl., Teil II, 9. 6. 1973, Nr. 25, S. 421 ff; Zündorf, Die Ostverträge, S. 176–319; Wilhelm Kewenig, Die Bedeutung des Grundvertrags für das Verhältnis der beiden deutschen Staaten, in: EA, Folge 2 vom 25. 1. 1973, S. 37–46.

in Helsinki die Phase der multilateralen Vorbereitung der KSZE-Konferenz begonnen hatte, an der beide deutschen Staaten gleichberechtigt teilnahmen.

Auf die Entwicklung der Beziehungen zu Frankreich hatte die DDR seit den sechziger Jahren einige Hoffnungen gesetzt, zumal sich ihr besonders günstige Anknüpfungspunkte zu bieten schienen: die starke Kommunistische Partei, die vorwiegend kommunistische Gewerkschaft CGT, die Antipathie vieler französischer Intellektueller gegenüber der Bundesrepublik und ex contrario die Offenheit mancher Germanisten für das „andere" Deutschland, das Engagement einiger ihrer führenden Politiker im französischen Widerstand. Die Resonanz, die die zahlreichen Städtepartnerschaften (vorwiegend wiederum mit kommunistisch regierten Kommunen) oder die 1958 gegründete Vereinigung „Echanges franco-allemands" fanden, war allerdings begrenzt[327]. Selbst die Sozialisten machten sich die Anerkennungsforderung nicht zu eigen: 1966 sprach sich Guy Mollet gegen, François Mitterrand mit einer Minderheit für diesen Schritt aus[328]. Der offiziellen politischen Ignorierung entsprach das Desinteresse der französischen Öffentlichkeit, die die DDR erst seit Ende der sechziger Jahre vor allem als Land sportlicher Höchstleistungen registrierte[329]. Im Grunde erlebte in dieser Phase das alte französische Perzeptionsschema eines „doppelten Deutschlands" eine unverhoffte Reprise mit der Variante, daß diesmal das „gute" und das „schlechte" Deutschland auch staatlich getrennt waren und sich Sympathie und Antipathie um so leichter polarisieren konnten.

Kam zur Zeit der Präsidentschaft de Gaulles die Anerkennung des zweiten deutschen Staates nicht in Betracht, so stellte sich die Lage nach Beginn der deutschen Ostvertragspolitik anders dar. Bonns Normalisierungsbemühungen gegenüber der DDR mußten den französischen Anerkennungsbefürwortern Auftrieb geben. Die Kommunistische Partei verstärkte ihre Kampagne durch gezielte Aktionen; eine im Januar 1970 lancierte Unterschriftenaktion fand 170000 Unterzeichner[330], und erstmals wurden offizielle SED-Delegationen nach Paris eingeladen[331]. Die immer wiederkehrende Formel des PCF lautete, die Regierung dürfe Bonn kein „Vetorecht" im Hinblick auf Frankreichs Außen- und Deutschlandpolitik einräumen[332]. Auch in der gaullistischen Partei und beim Zentrum traten vor dem Hintergrund der ostpolitischen Offensive Bonns einige Fürsprecher einer sofortigen Anerkennung der DDR hervor. „Ist die DDR eine Messe wert?" fragte Georges Gorse im Februar 1971 rhetorisch und erklärte die Frage der Anerkennung der DDR zum „neuen Test unserer Unabhängigkeit": „Denn unser Bündnis schließt keineswegs die Verpflichtung ein, den Westdeutschen das Monopol über die Handelsbeziehun-

[327] Manfred Steinkühler, Das jakobinische Deutschland. Frankreich und die DDR, in: DA Nr. 5 (1972), S. 467–480. Eine (gewollt positive) Bilanz aus der Sicht der „Echanges franco-allemands" ziehen: Georges Castellan/Roland Lenoir, France–République Démocratique Allemande. 30 ans de relations, Paris 1978.

[328] Le Monde vom 1. 12. 1966: M. Guy Mollet: nous sommes pour la réunification de l'Allemagne sous une forme confédérale. Zum Diskussionsstand siehe auch: Echanges franco-allemands (Hrsg.), Allemagne, actualité et perspectives, Paris 1967.

[329] Manuel Lucbert, L'Allemagne de l'Est (17 millions d'habitants) peut rivaliser avec les meilleurs pays européens, in: Le Monde vom 20. 2. 1970.

[330] L'Humanité vom 18. 3. 1970. Zahlenangabe bei einem der Initiatoren und Mitglied des Politbüros des PCF: Lenoir, Les rapports entre la France et la République Démocratique Allemande. Bilan et perspectives, in: Rencontres franco-allemandes Nr. 72 (1972), S. 9.

[331] Le Monde vom 30. 10. 1970: M. Hager (...) estime la reconnaissance de Berlin-Est „à l'ordre du jour"; Le Nouvel Observateur vom 2. 11. 1970: Les „invités" de Berlin-Est.

[332] So der PCF-Abgeordnete Roland Leroy am 5. 11. 1970 vor der Nationalversammlung, in: J. O., A. N. vom 6. 11. 1970, S. 5206.

gen zur DDR zu überlassen und den Vorteil, der einzige Akteur im Osten zu sein."[333] Im weiteren sprach Gorse sein eigentliches Motiv an: „Die Existenz der DDR hat den Vorteil, die Frage der Wiedervereinigung von der Tagesordnung zu verbannen, um sie zu ersetzen durch die der ‚friedlichen Koexistenz', die genau deren Gegenteil ist." Für die „schrittweise Normalisierung" des Verhältnisses zu Ost-Berlin setzte sich auch das „Mouvement pour l'indépendance de l'Europe" ein, eine Sammlung vorwiegend linksgaullistischer Politiker[334]. Ein Plädoyer zugunsten der Anerkennung der DDR, wenigstens jedoch für die Etablierung „offizieller Wirtschaftsbeziehungen", hielt auch der Vorsitzende des Auswärtigen Ausschusses der Nationalversammlung, Jean de Broglie, am 9. Juni 1971 in einer Rede vor dem französischen Parlament[335].

Einige halboffizielle Beziehungen zwischen Frankreich und der DDR wurden ab 1970 geknüpft. Am 28. Januar 1970 schlossen die französische Industrie- und Handelskammer und das Amt für Außenwirtschaftsbeziehungen der DDR ein fünfjähriges Kooperationsabkommen, im Mai 1970 eröffnete die DDR ein Außenhandelszentrum in Paris, am 5. Juni 1970 richtete im Gegenzug der französische Industrieverband ein Kontaktbüro in Ost-Berlin ein. Zu den aktivsten Förderern einer wirtschaftlichen Zusammenarbeit mit der DDR gehörte in dieser Phase der frühere Präsident des Arbeitgeberverbandes, Georges Villiers, auf dessen Einladung sich Anfang Oktober 1970 der Ost-Berliner Außenhandelsminister Gerhard Beil in Paris aufhielt[336]. Eine Delegation der Volkskammer der DDR wurde erstmals im Juni 1971 in Paris empfangen[337], eine Abordnung der Assemblée Nationale unter der Leitung von Jean de Broglie erwiderte die Visite Ende September/Anfang Oktober. Der Vorsitzende des Auswärtigen Ausschusses erklärte bei dieser Gelegenheit im DDR-Fernsehen, die französischen Abgeordneten wünschten dringend eine „fortschreitende Normalisierung" der Beziehungen zwischen Paris und Ost-Berlin[338]. Künftig sollten die Parlamentariertreffen in halbjährlichem Rhythmus stattfinden[339]. Die folgenden Besuche von Delegationen der Nationalversammlung und der Volkskammer fanden im September bzw. November 1972 statt[340].

Diesen bescheidenen Erfolgen der DDR standen die regelmäßigen Bekräftigungen der französischen Regierung gegenüber, in der Anerkennungsfrage den Interessen Bonns den Vorrang einzuräumen[341]. Unmittelbar nach Abschluß des Vier-Mächte-Abkommens, als die französische Regierung zudem über Brandts Krim-Reise irritiert war, stellte Pompidou fest, Frankreich habe sich seine bisherige Zurückhaltung nur aus Rücksicht auf Bonn auferlegt: „Warum sollten wir bösen Blickes auf die Bundesrepublik sehen, wenn

[333] Georges Gorse, La RDA vaut-elle une messe?, in: Le Monde vom 24. 2. 1971 (Libres opinions). Gorse, Abgeordneter der gaullistischen UDR, ehemaliger Minister, Bürgermeister von Boulogne-Billancourt, trat im April 1973 als Arbeitsminister wieder in die Regierung ein.

[334] NZZ vom 2. 10. 1970: Französische Stimmen für die Anerkennung der DDR.

[335] J. O., A. N. vom 10. 6. 1971, S. 2591. De Broglie gehörte der Zentrums-Fraktion der „Républicains Indépendants" an.

[336] Le Monde vom 2. 10. 1970: Visites et déplacements.

[337] Le Monde vom 7. 6. 1971: Premier séjour en France d'une délégation de parlementaires.

[338] Le Monde vom 1. 10. 1971: Jean de Broglie se prononce pour une normalisation des relations avec la RDA; Lucbert, Paris et Berlin-Est vont établir progressivement des relations normales, in: Le Monde vom 7. 10. 1971; Der Spiegel vom 11. 10. 1971: Frohe Weihnacht.

[339] Combat vom 8. 10. 1971: La „normalisation" France–RDA.

[340] La politique étrangère de la France Nr. 2 (1972), S. 13 und S. 27.

[341] Etwa Außenminister Schumann am 5. 11. 1970 vor der Nationalversammlung; in: J. O., A. N. vom 6. 11. 1970, S. 5222.

sie sich in Richtung auf die Anerkennung der DDR bewegt, ganz gleich in welche Worte man dies kleidet, da wir uns bis zum heutigen Tag nur aus Freundschaft zur Bundesrepublik Zurückhaltung auferlegt haben und um ihr die Initiative zu überlassen bei einer Maßnahme, die sie unendlich stärker berührt als uns."[342]

In der französischen Öffentlichkeit wurden die Forderungen nach Aufnahme diplomatischer Beziehungen zur DDR nunmehr drängender[343]. Ein gaullistischer Parlamentsabgeordneter forderte die Regierung auf, Konsequenzen aus dem von der Bundesregierung im Kommuniqué anläßlich des Treffens Brandt/Breschnew vollzogenen Schritt in Richtung auf die Anerkennung der DDR zu ziehen[344]. In *Le Monde* griff der Vorsitzende der „Echanges franco-allemands" zu dem Argument, Frankreich dürfe Brandt nicht die „leadership" in Europa überlassen und sich nicht in das „Schlepptau der Bundesrepublik" begeben[345]. Das Blatt registrierte auch die Teilnahme von Edgar Faure am Pariser Empfang der DDR zu ihrem 22jährigen Bestehen am 7. Oktober 1971[346]. Die Kommunistische Partei brachte die Anerkennungsfrage regelmäßig in alle außenpolitischen Parlamentsdebatten ein, und als Politiker der Regierungsmehrheit traten neben Georges Gorse wiederholt Jean de Broglie und Roger Fossé für die Anerkennung ein[347].

Hingegen behielt die französische Regierung ihre ablehnende Haltung weiterhin bei. Im Januar 1972 unterstrich Außenminister Schumann in einem Zeitungsinterview die Solidarität mit der Bundesregierung: „In der Tat habe ich Mitte Dezember vor dem Außenpolitischen Ausschuß der Nationalversammlung erklärt, daß eine zum jetzigen Zeitpunkt erfolgende Anerkennung der DDR durch Frankreich die Bundesregierung stören würde. Was wir im Gegenteil wünschen, ist, dem Bundeskanzler, dem Vizekanzler Scheel und allen Anhängern einer Politik, zu der wir das Beispiel gegeben haben, zu helfen. Ich habe das oft gesagt: alles, was der Entspannung nützt, ist gut, alles, was ihr schadet, ist schlecht."[348] Erst als die deutsch-deutschen Vertragsverhandlungen bereits kurz vor dem Abschluß standen, wurde eine hochrangige SED-Delegation unter der Leitung der Politbüro-Mitglieder Kurt Hager, Hermann Axen und Günter Mittag am 25. Oktober 1972 von Sozialminister Edgar Faure empfangen[349].

Unterdessen einigte sich die französische Regierung mit den USA und Großbritannien darauf, in einem Vier-Mächte-Dokument zusammen mit der Sowjetunion zu bekräftigen, daß der hervorstehende Eintritt der beiden deutschen Staaten in die internationale Arena nichts an der Beschränkung ihrer Souveränität ändern werde. Nach der Paraphierung des deutsch-deutschen Grundlagenvertrages veröffentlichten die Vier Mächte am

[342] Pressekonferenz vom 23. 9. 1971, in: La politique étrangère de la France Nr. 2 (1971), S. 123 f.

[343] Renfordt, Zwischen Paris und Ost-Berlin, in: FAZ vom 28. 9. 1971; Weisenfeld, Flirt mit Marianne, in: Die Zeit vom 15. 10. 1971; Ménudier, Qui isole la RDA?, in: Le Monde vom 15. 12. 1971.

[344] Le Monde vom 23. 9. 1971: Une question écrite de M. Louis Terrenoire.

[345] Louis Périllier, Reconnaître la RDA, in: Le Monde vom 2. 10. 1971.

[346] Le Monde vom 8. 10. 1971: MM. Abrassimov et Edgar Faure (...). (Zu diesem Zeitpunkt war Faure nicht Minister.)

[347] Siehe die jeweiligen Interventionen von Louis Odru (PCF), in: J. O. vom 10. 6. 1971, S. 2596; Georges Gorse (UDR), in: J. O. vom 10. 6. 1971, S. 2621; Jean de Broglie (Rép. Ind.), in: J. O. vom 4. 11. 1971, S. 5230; Léon Feix (PCF), in: J. O. vom 4. 11. 1971, S. 5239; Louis Odru (PCF), in: J. O vom 10. 6. 1972, S. 2399; Roger Fossé (UDR), in: J. O. vom 17. 11. 1972, S. 5282 f.

[348] Die Welt vom 4. 1. 1972: Was der Entspannung nützt, ist gut.

[349] Le Monde vom 27. 10. 1972: La délégation du parti communiste de RDA a été reçue par M. Edgar Faure; Franceschini, Diplomates sous saufconduit ... en visite à Paris, in: Le Monde vom 29./30. 1972.

9. November 1972 eine gemeinsame Erklärung, in der sie die Aufnahme der Bundesrepublik und der DDR in die Vereinten Nationen unterstützten, zugleich aber deutlich machten, daß dadurch ihre fortbestehenden Rechte und Verantwortlichkeiten in keiner Weise berührt seien[350]. Auf dieser Grundlage konnte Maurice Schumann schließlich am 16. November 1972 vor der Nationalversammlung versichern, Frankreich werde „nicht der letzte" sein, aus der neuen Situation die Konsequenzen zu ziehen, d. h. die Anerkennung der DDR vorzunehmen[351].

Der entscheidende Moment war mit der Unterzeichnung des deutsch-deutschen Grundlagenvertrages am 21. Dezember 1972 gekommen. Paris bot Ost-Berlin einen Tag später die Aufnahme von Gesprächen zur Herstellung diplomatischer Beziehungen an[352]. Selbst in dieser Phase jedoch hob Pompidou öffentlich hervor, die Anerkennung der DDR solle sich in einem Kontext vollziehen, „der für die Bundesrepublik nicht unangenehm ist"[353]. Die am 17. Januar 1973 begonnenen technischen Verhandlungen führten zur offiziellen Erklärung über die Aufnahme diplomatischer Beziehungen am 9. Februar 1973. Drei Stunden nach einer entsprechenden Ankündigung Großbritanniens war Frankreich damit der 70. Staat, der die DDR offiziell anerkannte – nach den NATO-Staaten Italien, den Niederlanden und Dänemark[354]. Vor dem tatsächlichen Austausch von Botschaftern verging noch ein weiteres Jahr. Die französische Regierung bestand darauf, daß ihrer Auffassung vom Sonderstatus ganz Berlins bei der Einrichtung der diplomatischen Vertretung nochmals symbolhaft Rechnung getragen wurde: Zwar wurde die Botschaft nicht, wie mitunter erwogen worden war, jenseits der Ost-Berliner Stadtgrenzen (also außerhalb des Vier-Mächte-Gebietes) installiert. Wohl aber erhielt der Missionsleiter die offizielle Bezeichnung „Außerordentlicher und bevollmächtigter Botschafter der Französischen Republik *bei* der Deutschen Demokratischen Republik" – und nicht, wie es üblich gewesen wäre, *in* der DDR[355]. Die Botschafter, die im März 1974 – kurz nachdem zwischen der Bundesrepublik und der DDR die Übereinkunft über die Einrichtung von Ständigen Vertretungen erzielt worden war – in Paris bzw. Ost-Berlin ihre Beglaubigungsschreiben überreichten, verfügten beide über spezifische persönliche Erfahrungen: Der DDR-Vertreter Ernst Scholz war während des Krieges in Frankreich im Widerstand aktiv gewesen, der französische Botschafter Bernard de Chalvron war 1944/45 im KZ Buchenwald inhaftiert gewesen[356].

Die Solidarität mit der Bundesregierung, die die französische Regierung in der Frage der Etablierung von Beziehungen zur DDR übte, hatte durchaus demonstrativen Charakter. So hatten auch die beträchtlichen lobbyistischen Aktivitäten der DDR in Frankreich ihre Anerkennung letztlich um nichts beschleunigen können. Auch in der Folgezeit

[350] Text in: Bulletin vom 11. 11. 1972 Nr. 157, S. 1884.

[351] J. O., A. N. vom 17. 11. 1972, S. 5274.

[352] La politique étrangère de la France Nr. 2 (1972), S. 282; Franceschini, Juste après l'„initiative" de Bonn, in: Le Monde vom 23. 12. 1972; Kergorlay, Bonn accueille sans surprise l'annonce de l'ouverture de négociations entre Paris et Berlin-Est, in: Le Figaro vom 24. 12. 1972.

[353] Pressekonferenz Pompidous vom 9. 1. 1973, in: La politique étrangère de la France Nr. 1 (1973), S. 52.

[354] La politique étrangère de la France Nr. 1 (1973), S. 95 f.; Le Monde vom 12. 2. 1973: L'échange d'ambassadeurs entre Paris et Berlin-Est; ebenda: La fin d'une anomalie (Bulletin).

[355] So das Ernennungsdekret in: J. O., Lois et decrets, vom 14. 3. 1974, S. 2948.

[356] Le Monde vom 15. 3. 1974: M. de Chalvron est nommé ambassadeur de France à Berlin-Est; Le Monde vom 21. 3. 1974: M. Ernst Scholz est arrivé à Paris; Klaus-Peter Schmid, Sympathische Koexistenz, in: Die Zeit vom 5. 4. 1974.

ging Paris mit Zurückhaltung und unter kontinuierlicher Abstimmung mit der Bundesregierung an die Entwicklung der Beziehungen zum zweiten deutschen Staat. In der Gestaltung des Verhältnisses zur DDR wurde bewußt darauf geachtet, die Politik Bonns gegenüber Ost-Berlin nicht zu stören. Auf der bilateralen Ebene zwischen Frankreich und der DDR sollten zudem immer wieder die unterschiedlichen Auffassungen über den Status Berlins sowie über den rechtlichen Fortbestand von Deutschland als Ganzem für Differenzen sorgen[357]. Erst nach Großbritannien und den USA schloß Frankreich im Juni 1980 ein Konsularabkommen mit der DDR, da es möglichst unzweideutig die Anerkennung der eigenen DDR-Staatsbürgerschaft vermieden wissen wollte[358].

Wie der französische Handel mit den osteuropäischen Staaten, so erfüllte auch der Warenaustausch mit der DDR auf Dauer nicht die in ihn gesetzten Erwartungen. Parallel zu der stets in Ost-Berlin gehegten Hoffnung, Frankreich werde die Beziehungen zur DDR fördern, um ein – wenn auch begrenztes – Gegengewicht zur Bundesrepublik zu schaffen, hatte man in französischen Wirtschaftskreisen offensichtlich darauf gesetzt, die DDR werde einen Teil ihres bisherigen Handels mit der Bundesrepublik künftig mit Frankreich abwickeln. Der zwanzigste Jahrestag der Gründung der DDR 1969 war nicht zuletzt mit der erstaunten Entdeckung einhergegangen, daß sich der zweite deutsche Staat unter die zehn wichtigsten Industrienationen der Welt vorgeschoben hatte[359]. In der Tat sollte Frankreich im Juli 1973 auch das erste westliche Land sein, das mit der DDR ein zehnjähriges Abkommen über wirtschaftliche, industrielle und technologische Kooperation unterzeichnete[360]. Die Anfang der siebziger Jahre erreichten hohen prozentualen Steigerungsraten im Handel konnten jedoch nicht darüber hinwegtäuschen, daß die Ausgangsbasis doch sehr niedrig war. Der französische Export in die DDR belief sich 1969 auf 117,0 und 1974 auf 443,1 Mill. Valuta-Mark, der französische Import 1969 auf 190,0, 1974 auf 475,0 Mill. Valuta-Mark. 1974 wickelte die DDR damit 1,3 Prozent ihrer Einfuhren und 1,6 Prozent ihrer Ausfuhren mit Frankreich ab[361]. Noch geringer waren die DDR-Anteile am französischen Außenhandel: Der Export in die DDR erreichte 1974 gerade 0,27 Prozent am Gesamtvolumen, der Import 0,25 Prozent[362]. In diesen Größenordnungen blieb der Handel auch in den späteren Jahren. Die von der devisenschwachen DDR favorisierten Geschäfte auf Kompensationsbasis bildeten für die im Außenhandel ohnehin unterengagierten kleinen und mittleren französischen Betriebe eine besondere Hürde.

Der ungleich bedeutendere Handel der Bundesrepublik mit der DDR führte in Frank-

[357] Für die jüngere Zeit siehe: Schütze, Frankreich, in: Hans-Adolf Jacobsen u. a. (Hrsg.), Drei Jahrzehnte Außenpolitik der DDR, München/Wien 1979, S. 489–500; Ménudier, Die Beziehungen zwischen Frankreich und der Deutschen Demokratischen Republik, in: Festschrift für Claus Arndt zum 60. Geburtstag, hrsg. von Annemarie Renger u. a., Heidelberg 1987, S. 125–144; Friedhelm B. Meyer zu Natrup, Frankreich und die DDR, in: EA, Folge 11 vom 10. 6. 1988, S. 311–320.

[358] Abkommen in: J. O., Lois et decrets vom 17. 11. 1981, S. 3127–3134. Siehe auch: Bernard de Chalvron, Les relations France-RDA, in: Connaissance de la RDA Nr. 9 (1979), S. 128–131.

[359] Die Wirtschafszeitung „Les Echos“, die sich zu einem agilen Advokaten des Handels mit der DDR machte, widmete deren Wirtschaft am 6. 10. 1969 einen achtseitigen Sonderteil; Maryse Lamps, L'Allemagne de l'Est est devenue, en régime communiste, la huitième puissance économique du monde, in: Le Monde diplomatique Nr. 188 (1969), S. 3 f.

[360] Le Monde vom 20. 7. 1973.

[361] Zahlen nach: Statistisches Jahrbuch, hrsg. vom Statistischen Bundesamt, versch. Jahrgänge.

[362] Errechnet nach: Statistiques du commerce extérieur de la France, hrsg. von Ministère de l'Economie et des Finances, Paris 1974, S. XI und S. 987.

reich denn auch, insbesondere nach Abschluß des Grundlagenvertrages, immer wieder zu der Forderung nach Streichung oder zumindest Einschränkung des Zusatzprotokolls zu den Römischen Verträgen, demzufolge der deutsch-deutsche Warenverkehr nicht als Außenhandel betrachtet und somit von den üblichen Zöllen und Abschöpfungen freigehalten wird[363]. Abwägende Analysen wiesen allerdings auch darauf hin, daß bei den Exporten in die DDR alle EG-Staaten gleichgestellt seien und umgekehrt die Aufnahmefähigkeit des bundesdeutschen Marktes für DDR-Produkte relativ bald an eine natürliche Grenze stoßen werde[364].

Entgegen manchen in Pariser Regierungskreisen selbst genährten Erwartungen machte die französische Regierung beim Konsultationstreffen vom 22./23. Januar 1973 in Paris, das im Zeichen des zehnten Jahrestages des deutsch-französischen Zusammenarbeitsvertrages stand, eine Änderung in der Regelung des deutsch-deutschen Handels nicht zum Gesprächsthema[365]. Frankreich akzeptierte somit die Fortführung der bestehenden Praxis, und Pompidou erklärte, die französische Regierung habe die deutsche Ostpolitik „von ganzem Herzen unterstützt". Sie habe zwischen Deutschland und Osteuropa einen „durchaus annehmbaren Modus vivendi" hergestellt und sollte deshalb Deutschland „in einem gewissen Maße helfen, sich seiner europäischen Realität bewußt zu werden und sich nicht lediglich als Vorhut der Atlantischen Allianz zu betrachten": „Ich glaube auch, daß der Abschluß der deutschen Verträge mit dem Osten den Bundeskanzler dazu geführt hat, seine Zugehörigkeit zu Westeuropa deutlicher zu betonen."[366]

1973: Pompidous Furcht vor der Neutralisierung Europas

Der Wechsel im Amt des Außenministers im April 1973 von Maurice Schumann zu Michel Jobert fiel zusammen mit einer spürbaren Verhärtung der französischen Außenpolitik im Sinne eines Neogaullismus. Die latente Sorge vor einem amerikanisch-sowjetischen „Kondominium" gewann mit der fortschreitenden Verständigung zwischen den Supermächten an Substanz, insbesondere nach dem Besuch Breschnews in den USA und dem Abschluß der amerikanisch-sowjetischen Vereinbarung über die Verhinderung von Atomkriegen (Juni 1973). Ausgerechnet im „Jahr Europas" schienen die USA Europa nur noch eine „regionale" Funktion zubilligen zu wollen; im Ausschluß Europas von der versuchten Regelung der Nahostkrise sah Paris diese Befürchtungen bestätigt[367].

[363] Wetz, Le commerce interallemand est insensible aux fluctuations politiques, in: Le Monde vom 28. 9. 1971; Combat vom 7. 11. 1972: Le commerce RDA-RFA se porte bien; Jacques Clergier, Bonn met en demeure ses partenaires de ne toucher en rien aux liens privilégiés de Berlin-Est avec le Marché commun, in: Les Echos vom 8. 3. 1973.

[364] Philippe Lemaître, L'accord interallemand n'aura pas de conséquences importantes pour la CEE, in: Le Monde vom 22. 12. 1972; Gérard Wild, Quoi qu'on dise, l'essor du commerce entre les deux Allemagnes ne porte pas préjudice à la France, in: La Croix vom 8. 2. 1973.

[365] Karl Jetter, Paris will mit dem innerdeutschen Handel Schluß machen, in: FAZ vom 20. 1. 1973; Wetz, Pompidou poserait la question des relations entre la CEE et l'Allemagne de l'Est, in: Le Monde vom 21./22. 1. 1973; FAZ vom 23. 1. 1973: Paris nur gegen Dreiecksgeschäfte; Lucbert, MM. Pompidou et Brandt consacrent leurs entretiens au projet d'union européenne, in: Le Monde vom 23. 1. 1973; NZZ vom 24. 1. 1973: Brandts Konsultationen mit Pompidou; Weisenfeld, Pariser Doppelspiel, in: Die Zeit vom 26. 1. 1973.

[366] Interview für das Deutsche Fernsehen mit Ernst Weisenfeld, in: EA, Folge 9 vom 10. 5. 1973, D 209–214.

[367] Jobert, L'autre regard, S. 284 ff. Siehe auch: Weed, Michel Jobert et la diplomatie française, S. 85–185.

Immer häufiger sprach der französische Staatspräsident von der drohenden „Finnlandisierung" Europas[368]. Dahinter stand neben der Sorge, die USA könnten sich aus Europa zurückziehen, die Furcht vor einer Neutralisierung der Bundesrepublik, die das europäische Gleichgewicht endgültig zerstören würde. *Le Monde* wies in einem Leitartikel darauf hin, daß die von Jobert am 4. Juli 1973 in Helsinki vorgetragenen Warnungen vor den Illusionen des Entspannungsprozesses sich nicht zuletzt an die Bundesrepublik richteten, „über die sich der Präsident weniger im klaren ist als er es ausspricht, ob sie sich nicht eines fernen Tages von der Europäischen Gemeinschaft abwendet als Gegenleistung für eine Neutralisierung Mitteleuropas, die schließlich zur Wiedervereinigung Deutschlands führt"[369]. Diese negative Einschätzung führte ein Großteil der französischen Beobachter auch auf Pompidous schwere Erkrankung zurück, die der Öffentlichkeit durch die Fernsehbilder von der Begegnung mit Nixon Ende Mai 1973 in Reykjavik bewußt geworden war[370].

Aber der Blick auf die Bundesrepublik beunruhigte nicht nur Pompidou. So bemerkte auch der Führer der französischen Sozialisten, François Mitterrand, nach einem Treffen mit Brandt am 24. Mai 1973 in Bonn: „Ich sage im Namen meiner Freunde, warum es (Deutschland) uns beunruhigt. Zurückgekehrt auf den Rang eines Imperiums – wie sollte es sich versagen, dessen Sprache zu sprechen und dessen Träume zu träumen? Deutschland gewinnt in demselben Maße an Gewicht, in dem unser Europa zurückfällt. Das ist sicherlich nicht seine Schuld. Es ist ein Glück, daß die Gegenwart von Willy Brandt und die Reife der SPD noch für lange Zeit die Gefahr bannen werden."[371]

Die Sorgen um die internationale Entwicklung veranlaßten Pompidou offensichtlich, beim Konsultationstreffen am 21./22. Juni 1973 in Bonn eine Aussprache mit Brandt über dessen Einschätzung der „deutschen Zukunft" zu suchen. Pompidous Ausgangspunkt waren wiederum das wachsende Einvernehmen zwischen den USA und der Sowjetunion und dessen Auswirkungen auf die Stabilität in Europa. Brandt sah sich zu der nachdrücklichen Versicherung veranlaßt, „höher als der Begriff des Nationalstaates" stehe für die deutsche Politik „die Sicherung des Friedens in Europa". Pompidou brauche „nicht mit einer Schaukelpolitik der Bundesrepublik zu rechnen – auch nicht, wenn Versuchungen der angedeuteten Art (gemeint war wohl eine Wiedervereinigung unter neutralistischen Vorzeichen) an sie herangebracht würden"[372].

Für eine Umsetzung der Befürchtungen Pompidous in die Tagespolitik sorgte der französische Landwirtschaftminister Jacques Chirac im Spätsommer 1973 mit einem Interview, das eine vorübergehende deutsch-französische Verstimmung auslösen sollte. Auf eine harmlose Frage zum Fortgang der Europapolitik erklärte Chirac, der dem engsten Kreis um den Präsidenten zuzurechnen war, gegenüber dem Nachrichtenmagazin *Le Point:* „Deutschland beunruhigt mich, weil es sich von Europa abwendet. Ich habe

368 Weisenfeld, Welches Deutschland soll es sein ?, S. 116.

369 Le Monde vom 6. 7. 1973: La France pessimiste (Bulletin).

370 Le Monde vom 14. 7. 1973: La grande peur de Georges Pompidou (Kommentare aus der Wochenpresse); Le Point vom 9. 7. 1973: Le coup de sémonce; Pierre Viansson-Ponté, La santé du président, in: Le Monde vom 3. 6. 1973; Roussel, Georges Pompidou, S. 496 ff. und S. 512 ff.

371 Mitterrand in seiner Tagebuch-Rubrik „Ma part de vérité" vom 29. 5. 1973, in: L'Unité vom 1. 6. 1973. Aus dieser Äußerung konstruierte der „Nouvel Observateur" am 27. 8. 1973 die dramatische Aufmachung: G. Pompidou et François Mitterrand pour la première fois d'accord: la politique actuelle de l'Allemagne est dangereuse.

372 Brandt, Begegnungen und Einsichten, S. 363 ff.

das in Brüssel seit einem Jahr in immer deutlicherer Weise festgestellt. Zunächst hatte ich geglaubt, daß es sich um eine persönliche Position von Herrn Ertl handelte. Als ich Herrn Pompidou vor kurzem nach Bonn begleitete, stellte ich fest, daß es in Wirklichkeit diejenige der Regierung war."[373]

Augenscheinlich diente diese Erklärung einer innen- bzw. europapolitischen Instrumentalisierung der diffusen Furcht vor einer Abkehr der Bundesrepublik von Westeuropa. Die Schwierigkeiten einer Einigung über die Finanzierung des EG-Agrarmarktes wurden umgemünzt in die Anklage einer politisch motivierten Europamüdigkeit Bonns. Chirac konnte davon ausgehen, daß der kaum verhohlene Vorwurf neutralistischer Tendenzen in Frankreich wie in der Bundesrepublik auf eine empfindliche Öffentlichkeit treffen würde[374]. Die französischen Medien wiesen allerdings darauf hin, daß die Öffentlichkeit der westlichen Verankerung der Bundesrepublik offensichtlich mehr Vertrauen entgegenbringe als Teile der Regierung. Tatsächlich sei es die französische Regierung gewesen, die es an einem kohärenten europapolitischen Konzept habe fehlen lassen. Nur wenn sie ihren eigenen Einsatz verdoppele, könne sich zeigen, ob die Bundesrepublik bereit sei mitzugehen oder ob sie sich wirklich verweigere[375]. Paris habe die europapolitische Bereitschaft des deutschen Bundeskanzlers in den vergangenen Jahren nicht entsprechend genützt. Wenn in der Bundesrepublik eine Tendenz bestehe, die Möglichkeit einer Wiedervereinigung im Neutralismus zu suchen, so tue die französische Politik nichts Entscheidendes, um diese Entwicklung zu verhindern[376]. Der europapolitisch engagierte *Express* kommentierte: „Der Bundeskanzler ist sich stärker als jeder andere der Dynamik seiner ‚Ostpolitik' bewußt. Er wiederholt ständig, daß es einer noch dynamischeren ‚Westpolitik' bedarf. Er ist bereit, sehr weit zu gehen, und spricht von einer europäischen Regierung und von einem direkt gewählten souveränen europäischen Parlament. Wenn er heute keinen offiziellen Vorschlag unterbreitet, dann deshalb, weil er vor allem befürchtet, nicht die Zustimmung von Herrn Pompidou zu bekommen."[377]

Gleich mehrere Mitglieder der Bundesregierung bekamen Gelegenheit, ihr Festhalten an der Politik der europäischen Einigung zu bekräftigen und Befürchtungen hinsichtlich einer Politik der Neutralisierung zurückzuweisen[378]. Sofern Chirac auf innenpolitisch verwertbare anti-deutsche Dispositonen spekuliert hatte, verfehlte er sein Ziel ebenso wie spätere Versuche dieser Art[379]. Der abschließende Kommentar Pompidous zu der öffent-

[373] Le Point vom 13. 8. 1973. Josef Ertl war der deutsche Landwirtschaftsminister.

[374] Deutsche Pressekommentare: Sommer, Falsche Adresse, in: Die Zeit vom 17. 8. 1973; FR vom 20. 8. 1973: Widerstandskämpfer; Jürgen Tern, Chirac sprach nicht für Pompidou, in: Vorwärts vom 30. 8. 1973; Arnsperger, Die schwierigen Nachbarn, in: SZ vom 30. 8. 1973.

[375] Le Point vom 20. 8. 1973 (éditorial); Georges Vedel, Entre „La grande bouffe" et „La grande illusion", in: Ebenda; Massip, De la surprise à la sévérité, in: Le Figaro vom 15. 8. 1973.

[376] Joseph Rovan, „Brandt m'a convaincu que...", in: Le Point vom 3. 9. 1973; Combat vom 13. 8. 1973: L'Europe: la cassure du Rhin; Le Monde vom 14. 8. 1873: Paris, Bonn et l'Europe (Bulletin); Pierre Uri, Les agriculteurs ont bon dos, in: L'Express vom 27. 8. 1973.

[377] Ullmann, La peur de l'Allemagne, in: L'Express vom 13. 8. 1973.

[378] Interview mit Scheel in: Le Monde vom 25. 8. 1973; mit Josef Ertl und Hans Apel in: Le Point vom 20. 8. 1973; mit Egon Bahr in: Le Point vom 26. 11. 1973; mit Brandt in: France-Soir vom 7. 9. 1973.

[379] Für die spätere Zeit: Roland A. Höhne, Der antideutsche Nationalismus als Instrument der innergesellschaftlichen Auseinandersetzung in Frankreich: Der Fall Binoche, in: Aus Politik und Zeitgeschichte, B 5 (1976), S. 31–38; Ménudier, Deutschfeindlichkeit im französischen Wahlkampf zum Europäischen Parlament, in: Integration Nr. 4 (1979), S. 166–182.

lichen Kontroverse bestand in der Versicherung: „(...) Ich bin nicht von Deutschland besessen."[380]

Der Abschluß des noch ausstehenden Vertrages zwischen der Bundesrepublik und der Tschechoslowakei hatte keinen Einfluß mehr auf das Bild der deutschen Ostpolitik in Frankreich. Das im Vergleich zu den Beziehungen zu Warschau sehr viel lockerere Verhältnis zu Prag ließ Paris die Vertragsverhandlungen mit einigem zusätzlichen Abstand verfolgen. Frankreich hatte bereits zu Zeiten de Gaulles eine eindeutige Aussage zur Ungültigkeit des „Münchner Abkommens" von September 1938 durch die Bundesrepublik zu den Voraussetzungen einer aktiven Ostpolitik gezählt. Die Festlegung des am 11. Dezember 1973 von Bundeskanzler Brandt in Prag unterzeichneten deutsch-tschechoslowakischen Vertrages, nach der das Münchner Abkommen „nach Maßgabe dieses Vertrages als nichtig" zu betrachten sei, entsprach daher ihrem Gehalt nach auch der französischen Auffassung[381].

[380] Pressekonferenz vom 27. 9. 1973, in: Le Monde vom 29. 9. 1973 („Je ne suis pas obsédé par l'Allemagne.")

[381] Text in: Bulletin vom 13. 12. 1973 Nr. 163, S. 1629ff.; Zündorf, Die Ostverträge, S. 96–111. Zur französischen Sicht: Georges Andersen, La RFA prépare les obsèques du Pacte de Munich, in: Combat vom 15. 6. 1973; Marcel Delvaux-Couvin, Le train de L'Ostpolitik repart, in: La Croix vom 9. 12. 1973; Kergorlay, Brandt demain à Prague, in: Le Figaro vom 10. 12. 1973; Le Monde vom 12. 12. 1973: M. Brandt à Prague (Bulletin).

V. Frankreich und die Berliner Vier-Mächte-Verhandlungen 1970–1972

1. Frankreich, Berlin und die deutsche Ostpolitik

In Berlin lag der Schnittpunkt der französischen Deutschlandpolitik, der französischen Haltung gegenüber der deutschen Ostpolitik und der neuen deutschen Ostpolitik selbst. War die vertragliche Regelung der Probleme Berlins für die Bundesregierung ein tragendes Element der komplexen Struktur der Ostvertragspolitik, so gehörte die Wahrung der Rechte und Verantwortlichkeiten in der ehemaligen Reichshauptstadt zu den unverzichtbaren deutschlandpolitischen Positionen der Siegermacht Frankreich. Es muß hier kaum daran erinnert werden, daß Frankreich erhebliche Mühe hatte, diesen Status zu erlangen: Auf Drängen Churchills hatten die Sowjetunion, die USA und Großbritannien auf der Konferenz von Jalta (4.–11. Februar 1945) Frankreich in den Kreis der Siegermächte aufgenommen und ihm nach dem nachträglichen Beitritt zum Londoner Protokoll der „European Advisory Commission" vom 26. Juli 1944 eine eigene Besatzungszone in Deutschland sowie einen Sektor in Berlin zugebilligt[1]. Nach dem Ende des Besatzungsregimes (Deutschlandvertrag vom 23. Oktober 1954) war die fortbestehende Präsenz in Berlin der deutlichste Ausdruck der Teilhabe an den Vier-Mächte-Funktionen in bezug auf Deutschland als Ganzes und Berlin geblieben. Die Berliner Position bedeutete für Frankreich die Garantie der Mitsprache bei allen denkbaren künftigen Regelungen der deutschen Frage. Darüber hinaus markierte sie – wie sonst nur der ständige Sitz im Weltsicherheitsrat und die unabhängige atomare Bewaffnung – den Status-Unterschied gegenüber der Bundesrepublik und prägte das Selbstverständnis der französischen Außenpolitik.

In der Berlin-Krise der Jahre 1958 bis 1961 war es Staatspräsident de Gaulle gewesen, der am entschiedensten die Ultimaten Chruschtschows zurückgewiesen und jegliche Verhandlungen unter sowjetischem Druck abgelehnt hatte[2]. Allerdings verteidigte Frankreich den Berlin-Status nicht nur gegen die Sowjetunion, sondern achtete auch sehr genau auf seine Wahrung durch die Bundesrepublik. Viele gemeinsame Entscheidungen der Westalliierten im Hinblick auf Aktivitäten des Bundes in West-Berlin hatte Frankreich nur sehr zögernd mitgetragen, so etwa die Erlaubnis zur Abhaltung der Bundesprä-

[1] Siehe die Dokumente in: Dokumente zur Berlin-Frage 1944–1966, hrsg. vom Forschungsinstitut der Deutschen Gesellschaft für Auswärtige Politik, Bonn, in Zusammenarbeit mit dem Senat von Berlin, München [4]1987; Hermann Graml, Die Alliierten und die Teilung Deutschlands. Konflikte und Entscheidungen 1941–1948, Frankfurt 1985; Wolfgang Benz, Potsdam 1945. Besatzungsherrschaft und Neuaufbau im Vier-Zonen-Deutschland, München 1986.

[2] De Gaulle, Le renouveau (1958–1962), S. 235 ff.; Geneviève Humbert, Le Général de Gaulle et le „Mur de Berlin", in: Etudes gaulliennes Nr. 23/24 (1978), S. 39–47.

sidentenwahl im März 1969 in Berlin[3]. Bereits vor Beginn neuerlicher Vier-Mächte-Gespräche über Berlin konnte deshalb kein Zweifel daran bestehen, daß die französische Regierung keine Regelung mittragen würde, die nicht im weitestmöglichen Maße den Vier-Mächte-Status Berlins bestätigte.

Seit Beginn des Ost-West-Konflikts war Berlin sowohl dessen Ausdruck wie eine seiner Hauptquellen gewesen. Nach den Beschlüssen der Siegermächte war das Besatzungsgebiet Berlin einem Vier-Mächte-Status unterworfen und sollte aufgrund der jeweils originären Siegerrechte gemeinsam verwaltet werden[4]. In der Praxis dauerte dieser Zustand nur wenige Jahre, bis zum Auszug der Sowjetunion aus dem Alliierten Kontrollrat am 20. März 1948 und der für Berlin gebildeten Alliierten Kommandantur am 16. Juni 1948. Die folgenden Versuche der Sowjetunion, die Anerkennung ihres neuen Postulats zu erzwingen, wonach ganz Berlin auf dem Territorium ihrer Besatzungszone bzw. der DDR liege, hatte die Welt 1948/49 während der Blockade Berlins sowie im Gefolge der Berlin-Ultimaten ab 1958 und des Mauerbaus im August 1961 wiederholt an den Rand eines militärischen Konflikts gebracht. Die im Verlaufe der fünfziger und sechziger Jahre einseitig von der Sowjetunion vorgenommene Veränderung der Lage (Teilung der Stadt, fortschreitende Integration Ost-Berlins in die DDR) hinderte die drei Westmächte nicht am Festhalten an den ursprünglichen Vier-Mächte-Vereinbarungen, d. h. an der Gesamtverantwortung der Siegermächte für Groß-Berlin.

Eine globale Entspannungspolitik konnte den Krisenherd Berlin nicht aussparen. Im Interesse seiner Entschärfung mußten sich die Vier Mächte bemühen, verbindliche Regelungen für die Rechtssicherheit zu finden, insbesondere hinsichtlich des Zugangs nach Berlin, des Besuchsverkehrs und des Verhältnisses der Stadt zur Bundesrepublik. Die Lage Berlins stand auch für die Planer der Bonner Ostpolitik von Anfang an im Zentrum ihrer Überlegungen. Der Bau der Mauer war für den früheren Regierenden Bürgermeister Brandt und Senatssprecher Bahr ein entscheidender Anstoß zur Entwicklung eines neuen ost- und deutschlandpolitischen Ansatzes gewesen[5]. Der enge „Sachzusammenhang" zwischen einer Regelung der Berlin-Problematik und einer Normalisierung des Verhältnisses zum Osten ergab sich insofern von selbst. Der starke innenpolitische Druck tat ein übriges, um das politische und parlamentarische Schicksal der Ostverträge an das der Berlin-Regelung zu binden. Frühzeitig machte die Bundesregierung deshalb deutlich, mit der Sowjetunion könne „ein Gewaltverzichtsvertrag erst in Kraft gesetzt werden", wenn eine „befriedigende Regelung" für Berlin vorliege[6]. Im öffentlichen Sprachgebrauch wurde diese Verknüpfung häufig als „Junktim" qualifiziert, was sie der Sache nach war, dem rechtlichen Gehalt zufolge jedoch nicht sein konnte, da der Vier-Mächte-Status Berlins der Bundesregierung verbot, in bezug auf die Stadt Bedingungen zu stel-

[3] De Gaulle bezeichnete das französische Einschwenken im nachhinein direkt als Fehler. Siehe sein Gespräch mit Cyrus L. Sulzberger vom 14. 2. 1969: De Gaulle Foresaw Amity With the US, in: NYT vom 11. 11. 1970.

[4] Grundlegend: Alois Riklin, Das Berlin-Problem. Historisch-politische und völkerrechtliche Darstellung des Vier-Mächte-Status, Köln 1964.

[5] Bender, Neue Ostpolitik, S. 123 ff.; Diethelm Prowe, Die Anfänge der Brandtschen Ostpolitik in Berlin 1961–1963, in: Wolfgang Benz/Hermann Graml (Hrsg.), Aspekte deutscher Außenpolitik im 20. Jahrhundert, Stuttgart 1976, S. 249–286.

[6] Kabinettsbeschluß vom 23. 7. 1970, zitiert in: Conrad Ahlers, Zum Vertrag mit der Sowjetunion, in: Bulletin vom 17. 8. 1970 Nr. 109, S. 1111 ff., hier: S. 1111; Punkt 2 der Grundsätze des Bundeskabinetts vom 6. 6. 1970 für die deutsch-sowjetischen Verhandlungen, in: Bulletin vom 9. 6. 1970 Nr. 79, S. 789.

len[7]. Man zog es deshalb vor zu betonen, die Gesamtheit der ost- und deutschlandpolitischen Abkommen bildeten ein „einheitliches politisches Ganzes“[8].

Ähnlich wie für Bonn besaß auch für Paris die sowjetische Haltung in Berlin den Rang eines Tests auf die Ernsthaftigkeit der Moskauer Entspannungsbereitschaft. Das Pariser Außenministerium hob bereits in der Anfangsphase der Berliner Gespräche hervor, daß deren positiver Verlauf zu den Bedingungen für die Einberufung einer europäischen Konferenz über Sicherheit und Zusammenarbeit gehöre. Außenminister Schumann erklärte dazu am 10. April 1970: „Erst wenn die gegenwärtig von Bonn geführten Verhandlungen und vor allem die Verhandlungen über Berlin einige Fortschritte erzielt haben, wird die Konferenz Aussicht auf Erfolg haben. Die Verhandlungen über Berlin werden das wichtigste Kriterium für den Geist der Entspannung sein.“[9] Parallel zu dieser Verknüpfung machte auch der NATO-Rat im Mai 1970 zunächst „Fortschritte“[10], im Dezember 1970 schließlich den „befriedigenden Abschluß“ der Berlin-Gespräche zur Voraussetzung einer aktiven Vorbereitung einer europäischen Sicherheitskonferenz[11].

2. Der Weg zur Aufnahme der Vier-Mächte-Verhandlungen

Der Verlauf der Vier-Mächte-Verhandlungen über Berlin hat bislang keine adäquate Untersuchung erfahren[12]. Die diplomatischen Akten sind noch unter Verschluß, aber auch die verfügbaren Quellen sind keineswegs umfassend ausgewertet worden. In deutscher Sprache liegt bislang keine Monographie zu den Berlin-Verhandlungen vor; auch aus französischer oder britischer Sicht sind hier bislang keine befriedigenden Beiträge geleistet worden. Der Amerikaner Catudal legte 1978 eine verdienstvolle Gesamtdarstellung vor, die jedoch auf einseitiger Quellenauswertung (Gespräche, Interviews) beruht und in ihren Bewertungen ganz der amerikanischen Perspektive verpflichtet bleibt[13]. Dies gilt auch für die weniger ertragreichen Arbeiten von Bark und Keithly[14]. In einer Dissertation untersuchte Vogt die Stellung der Berlin-Verhandlungen im außenpolitischen Entscheidungsbildungsprozeß der US-Administration[15]. Auf die Monographie Catudals verlassen sich zumeist diejenigen Darstellungen, die die Vier-Mächte-Verhandlungen im

[7] Bahr, Fragwürdige Ostpolitik? Leserbrief in: Die Welt vom 12. 3. 1971; Scheel am 9. 10. 1970 vor dem Deutschen Bundestag, in: Stenogr. Berichte, 6. Wp., S. 3945.

[8] Scheel am 27. 5. 1970 vor dem Deutschen Bundestag, in: Ebenda, 6. Wp., S. 2688.

[9] Schumann vor der Vereinigung „Amis de la République Française“, zit. in: Le Monde vom 12./13. 4. 1970.

[10] Kommuniqué der NATO-Ratstagung in Rom vom 26./27. 5. 1970, in: EA, Folge 13 vom 10. 7. 1970, D 315–318 (Punkt 15).

[11] Kommuniqué der Brüsseler NATO-Ratstagung vom 3./4. 12. 1970, in: EA, Folge 3 vom 10. 2. 1971, D 74–79 (Punkt 10).

[12] Vgl. die ausführliche Bibliographie in: Dokumente zur Berlin-Frage 1967–1986, hrsg. für das Forschungsinstitut der Deutschen Gesellschaft für Auswärtige Politik in Zusammenarbeit mit dem Senat von Berlin von Hans Heinrich Mahnke, München 1987, S. 658–680.

[13] Catudal, The Diplomacy of the Quadripartite Agreement on Berlin.

[14] Dennis Bark, Agreement on Berlin. A Study of the 1970–72 Quadripartite Negotiations, Washington 1974; David M. Keithly, Breakthrough in the Ostpolitik. The 1971 Quadripartite Agreement, Boulder/London 1986. (Der Titel führt insofern in die Irre, als dem eigentlichen Berlin-Abkommen nur bescheidener Raum gewidmet ist.)

[15] Erich Vogt, The Role of Berlin and the Four-Power-Negotiations in the Foreign Policy Process of the Nixon Administration, Diss. Freie Universität Berlin 1980.

Rahmen übergreifender Thematiken berücksichtigen[16]. Ausführlich geprüft und mit unterschiedlichen Akzentsetzungen dargestellt wurden dagegen die staats- und völkerrechtlichen Implikationen des Berlin-Abkommens[17].

Der Aufnahme der Vier-Mächte-Verhandlungen über Berlin im Frühjahr 1970 ging ein langes Abtasten der Verhandlungsbereitschaft zwischen den drei Westmächten und der Sowjetunion voraus[18]. Erste Vorstellungen über die Möglichkeit, die Lage Berlins zu verbessern und insbesondere den Störungen auf den Zugangswegen zu begegnen, wurden auf Initiative von Bundesaußenminister Brandt beim traditionellen Vierer-Außenministertreffen am Vorabend der NATO-Ratstagung in Reykjavik am 23. Juni 1968 erörtert. Die Überlegungen zielten dabei auf die Bildung einer paritätisch besetzten deutsch-deutschen Kommission unter „Vier-Mächte-Dach" zur Regelung von Fragen des Berlin-Verkehrs – ein Gedanke, der vom amerikanischen Außenminister Dean Rusk stammte – sowie auf eine einseitige zustimmende Erklärung der Drei Mächte zu den bisher nicht ausdrücklich genehmigten Formen der Bundespräsenz. Dieser letztgenannte, offensichtlich von bundesdeutscher Seite eingebrachte Vorschlag fand jedoch bei den Alliierten keine Zustimmung[19]. In das Schlußkommuniqué der NATO-Ratstagung fanden konkrete Pläne zur Verbesserung der Lage Berlins keinen Eingang. Unter dem Eindruck des am 11. Juni 1968 von der DDR verfügten Paß- und Visumszwangs im innerdeutschen Verkehr wurde jedoch festgestellt, daß Berlin von der Entspannung in Europa „nicht ausgeschlossen" werden dürfe[20].

Die andauernden Behinderungen im Berlin-Verkehr, insbesondere auch im Zusammenhang mit der für März 1969 vorgesehenen Bundespräsidentenwahl, ließen eine Entschärfung der Lage Berlins weiterhin dringlich erscheinen. Einen erneuten Anstoß zu Gesprächen gab Präsident Nixon, als er sich – „ermuntert" von Außenminister Brandt[21] – am 27. Februar 1969 vor den Betriebsangehörigen der Berliner Siemens-Werke für die Beseitigung der dauernden Konfrontationen um Berlin aussprach[22]. Als das erste offizielle Signal der Sowjetunion, den Gesprächsfaden mit dem Westen aufzunehmen, gilt allgemein der „Budapester Appell" der Mitgliedsstaaten des Warschauer Paktes vom 17. März 1969, der als Voraussetzung dafür nicht mehr die völkerrechtliche Anerkennung der DDR verlangte, sondern lediglich die „Anerkennung der Existenz der DDR". West-Berlin wurde in dem Appell nicht mehr als „selbständige politische Einheit" apostrophiert, die Stadt habe vielmehr einen „besonderen Status" und gehöre nicht zur Bun-

[16] Gerhard Wettig, Das Vier-Mächte-Abkommen in der Bewährungsprobe, Berlin 1981.

[17] Hartmut Schiedermair, Der völkerrechtliche Status Berlins nach dem Vier-Mächte-Abkommen vom 3. September 1971, Berlin/Heidelberg/New York 1975; Ernst R. Zivier, Der Rechtsstatus des Landes Berlin. Eine Untersuchung nach dem Vier-Mächte-Abkommen vom 3. September 1971, Berlin [4]1987; Zündorf, Die Ostverträge, S. 117–175.

[18] Zur Vorgeschichte der Verhandlungen: Die Berlin-Regelung, hrsg. vom Presse- und Informationsamt der Bundesregierung, Bonn o.J. (1971), S. 254 ff.; Dieter Mahncke, Berlin im geteilten Deutschland, München/Wien 1973, S. 19 ff.; Catudal, The Diplomacy of the Quadripartite Agreement on Berlin, S. 57 ff.

[19] Diese beiden Vorschläge sind erwähnt in: Die Berlin-Regelung, S. 255. Es ist anzumerken, daß die amerikanische Regierung hier bereits „bloße" praktische Vereinbarungen zwischen den beiden deutschen Staaten anstrebte, was deutlich im Gegensatz zu der noch im einzelnen darzustellenden französischen Konzeption stand, zunächst eine Bekräftigung der Vier-Mächte-Rechte und -Verantwortlichkeiten zu erreichen.

[20] Text des Kommuniqués in: EA, Folge 15 vom 10. 8. 1968, D 357–359.

[21] Rush, Interview im Deutschen Fernsehen vom 26. 3. 1980. Manuskript des SFB, S. 2.

[22] Text der Rede Nixons in: EA, Folge 6 vom 25. 3. 1969, D 129 f.

desrepublik[23]. In Beantwortung der von den Staaten des Warschauer Paktes in Budapest erneut erhobenen Forderung nach einer europäischen Sicherheitskonferenz erklärte der NATO-Rat anläßlich seiner Washingtoner Frühjahrstagung vom 10. und 11. April 1969, „daß eine europäische Friedensregelung unter anderem Fortschritte bei der Beseitigung bestehender Spannungsquellen im Herzen Europas voraussetzt". Ein wesentlicher Beitrag dazu wären „konkrete Maßnahmen zur Verbesserung der Lage in Berlin"[24]. Bereits am Vorabend dieser Konferenz hatten die am „Deutschlandtreffen" beteiligten vier Außenminister auf Vorschlag von Bundesaußenminister Brandt beschlossen, die Möglichkeit offizieller Sondierungen der Drei Mächte bei der Sowjetunion im Hinblick auf eine Verbesserung der Situation Berlins „ins Auge zu fassen"[25]. Für die Sowjetunion erklärte Außenminister Gromyko in einer Rede vor dem Obersten Sowjet am 10. Juli 1969 die „Bereitwilligkeit zum Meinungsaustausch" über West-Berlin. Allerdings müßten die Westmächte „an diese Frage unter Berücksichtigung der Interessen der europäischen Sicherheit herangehen"[26].

Die förmliche Verhandlungsinitiative ergriffen die drei Westmächte, indem sie in gleichlautenden Noten am 6. bzw. 7. August 1969 der Sowjetunion einen Meinungsaustausch über Berlin vorschlugen. Darin unterstrichen sie insbesondere die Bereitschaft der Bundesregierung zu Gesprächen mit der DDR über Verkehrsprobleme, äußerten den Wunsch nach einer Verbesserung besonders hinsichtlich des Zugangs nach Berlin, und wiesen – so die offizielle Dokumentation der Bundesregierung – „hinsichtlich der sowjetischen Beschwerden über gewisse Bundesaktivitäten auf die Kompromißbereitschaft der Bundesregierung hin"[27]. Der in diesen Demarchen enthaltenen Ausgangsposition für die Gesprächsführung hatte Bundeskanzler Kiesinger nach Konsultationen am 5. August zugestimmt[28].

Auf die grundsätzlich positive sowjetische Reaktion vom 12. September ging der NATO-Rat auf seiner Sitzung vom 4./5. Dezember 1969 in Brüssel ein. In einer Erklärung zu Fragen der europäischen Sicherheit hielten die Außenminister fest, daß „die Beseitigung der in der Vergangenheit hinsichtlich Berlins [...] geschaffenen Schwierigkeiten [...] die Aussichten für ernsthafte Gespräche über die anderen konkreten Fragen verbessern (würde), die auch weiterhin Ost und West voneinander trennen"[29]. Erneut bekräftigt wurde die enge Verknüpfung zwischen Fortschritten in Berlin und dem von der neuen Bundesregierung angestrebten Modus vivendi zwischen den beiden Teilen Deutschlands sowie anderen Fragen der europäischen Sicherheit. In einem Aide-mémoire vom 16. Dezember 1969 nannten die drei Westmächte als vordringlichste Ver-

[23] Text des Budapester Appells in: EA, Folge 7 vom 10. 4. 1969, D 151–153.

[24] Kommuniqué der Washingtoner NATO-Ratstagung in: EA, Folge 10 vom 25. 5. 1969, D 235 f. (Punkt 12).

[25] Die Berlin-Regelung, S. 255 f.

[26] Auszug aus der Rede Gromykos in: EA, Folge 19 vom 10. 10. 1969, D 453–466; zu Berlin: D 458 f.

[27] Die Berlin-Regelung, S. 256. Am 22. 2. 1969 erklärte Bundeskanzler Kiesinger dem sowjetischen Botschafter in Bonn, Zarapkin, daß die Bundesregierung zu einem Verzicht auf Berlin als Tagungsort der für den 5. 3. 1969 geplanten Bundesversammlung bereit sei, wenn die Sowjetunion sich als Gegenleistung für eine Regelung einsetze, die Besuche von West-Berlinern in Ost-Berlin ermöglichen würde. Ähnlich äußerte sich Kiesinger am 2. 3. 1969 im Deutschen Fernsehen; siehe: Die Berlin-Regelung, S. 252 f.

[28] Brandt, Begegnungen und Einsichten, S. 512.

[29] Erklärung der Brüsseler NATO-Ratstagung in: EA, Folge 4 vom 25. 2. 1970, D 79–82 (insbesondere die Punkte 8 ff.).

handlungsgegenstände: die Verbesserung des freien Personen- und Güterverkehrs zwischen Berlin und der Bundesrepublik; die Wiederherstellung des freien Personenverkehrs und des innerstädtischen Telefonverkehrs in Berlin sowie Verbesserungen des Post- und Handelsverkehrs zwischen den beiden Teilen der Stadt; den Abbau der diskriminierenden Beschränkungen, denen Berlin (West) im Ostblock, vor allem auf wirtschaftlichem Gebiet, unterworfen ist[30].

Es fällt auf, daß in dem westalliierten Aide-mémoire nicht von den Bindungen Berlins an den Bund und von Fragen des Vier-Mächte-Status die Rede ist. Das Hauptinteresse richtete sich deutlich auf die Regelung praktischer Fragen. Der Status der Stadt wurde in diesem vorbereitenden Stadium nicht als einer Diskussion bedürftig bzw. fähig eingestuft. Ein begrenztes Abkommen zur Sicherung des Zugangs nach Berlin entsprach insbesondere den amerikanischen Vorstellungen[31].

Die sowjetische Antwortnote vom 10. Februar 1970 nahm zu diesen Themenvorschlägen nicht Stellung und erklärte statt dessen die Reduzierung der Präsenz der Bundesrepublik in West-Berlin zu einem vorrangigen Gesprächsgegenstand[32]. Entgegen der westlichen Anregung alternierender Sitzungen im Westteil und im Ostteil der Stadt schlug die sowjetische Note das ehemalige, im amerikanischen Sektor gelegene alliierte Kontrollratsgebäude als ständigen Tagungsort vor[33]. Dies war einerseits ein Zeichen dafür, daß die Sowjetunion nur gewillt war, über West-Berlin zu verhandeln. Andererseits konnte diese Ortswahl, der die Westmächte am 27. Februar zustimmten[34], auch positiv als ein symbolisches Wiederanknüpfen an die Gesamtverantwortung der Siegermächte gewertet werden.

Auf westlicher Seite sollten die Gespräche von den drei alliierten Botschaftern in Bonn geführt werden, und zwar in den Funktionen und Rechten als Hohe Kommissare für Berlin, die sie auch nach der Auflösung der Alliierten Hohen Kommission im Jahre 1955 beibehalten hatten. Die Sowjetunion hatte seinerzeit die Behandlung der sich aus den Beschlüssen der Vier Mächte über Gesamtdeutschland ergebenden Fragen ihrem Botschafter in der DDR übertragen. Am 26. März 1970 trafen die Vertreter der USA, Großbritanniens und Frankreichs (Kenneth Rush, Roger Jackling und François Seydoux) mit ihrem sowjetischen Gegenüber Pjotr Abrassimow erstmals zusammen. Nach Angaben des damals im Quai d'Orsay zuständigen Leiters der Europa-Abteilung, Claude Arnaud, ging die französische Seite im Bewußtsein der Schwäche der westlichen Ausgangsposition nicht ohne Besorgnisse in die Verhandlungen. Angesichts der sowjetischen Politik

[30] „Materialien der Bundesregierung zum Bericht zur Lage der Nation", die dem Deutschen Bundestag am 11. 1. 1970 zur Verfügung gestellt wurden, in: Texte zur Deutschlandpolitik, Bd. IV, S. 166; Carl-Christian Kaiser/Joachim Nawrocki, Ja nach langem Streit, in: Die Zeit vom 27. 8. 1971; Kissinger, Memoiren 1968–1973, S. 444. Bemerkenswerterweise fehlt in Kissingers Inhaltsangabe der alliierten Note der von der Bundesregierung für besonders wichtig gehaltene Punkt der Außenvertretung West-Berlins: „Wir wollten eine Garantie für den unbehinderten zivilen Straßenverkehr von und nach West-Berlin, eine Regelung und Vereinfachung für die Besuche von Westberlinern in Ost-Berlin und die Erleichterung des Postverkehrs, des Telefondienstes und anderer Kommunikationsmöglichkeiten zwischen den beiden Hälften der Stadt erreichen."

[31] Schulz, Berlin-Initiative – Versuchsballon oder Seifenblase?, in: Moderne Welt Nr. 3 (1969), S. 299–302; Cramer, Keine Diskussion über den Status Berlins, in: FAZ vom 1. 8. 1969.

[32] Tatu, Moscou accepte une discussion à quatre sur Berlin, in: Le Monde vom 12. 2. 1970.

[33] Siegler, Dokumentation zur Deutschlandfrage, Bd. VI, S. 128 f.; Renfordt, Enger Verhandlungsspielraum, in: FAZ vom 17. 2. 1970; Catudal, The Diplomacy of the Quadripartite Agreement on Berlin, S. 66 f.

[34] Siegler, Dokumentation zur Deutschlandfrage, Bd. VI, S. 168.

schien ein Rühren an den Nachkriegsvereinbarungen kaum zu einer Verbesserung der Lage führen zu können: „Dieses Statut war so komplex und gleichzeitig so zerbrechlich, daß man fürchten konnte, daß neue Verhandlungen, daß ein neues Statut die Lage eher verschlechterte als verbesserte. Und es war wirklich so, wie mir scheint, daß wir an diese Verhandlungen ohne große Freude herangegangen sind, weil wir befürchteten, daß wir uns zu Konzessionen verleiten lassen würden, die die Lage Berlins noch prekärer machen würden, als sie es ohnehin schon war."[35]

Die in dieser Phase herrschende Befürchtung, eines nicht allzu fernen Tages statt mit der Sowjetunion mit einer international aufgewerteten DDR über die Probleme Berlins verhandeln zu müssen[36], mag auch für Frankreich ein Motiv zur Einwilligung in die Gespräche gewesen sein. Hinzu traten pessimistische Zukunftsprognosen über die langfristige Lebensfähigkeit West-Berlins, die eine Konsolidierung der Lage dringend geboten erscheinen ließen[37].

3. Der französische Verhandlungsführer Jean Sauvagnargues

Eine Woche nach Aufnahme der Berlin-Gespräche wurde Jean Sauvagnargues neuer Botschafter Frankreichs in Bonn und löste damit François Seydoux auch als französischen Verhandlungsleiter ab. Von den drei westlichen Botschaftern hatte sich Sauvagnargues in seiner beruflichen Laufbahn mit Abstand am intensivsten mit deutschen Fragen befaßt[38]. Als Agrégé de l'université für das Fach Deutsch war Sauvagnargues 1941 in den diplomatischen Dienst eingetreten[39]. Nachdem er sich im Juni 1943 den „Forces françaises libres" angeschlossen hatte, arbeitete er von Mai 1945 bis Januar 1946 im Kabinett General de Gaulles. Von 1946 bis 1956 war Sauvagnargues in verschiedenen Funktionen mit den deutschen Problemen betraut: zunächst als Leiter der politischen Abteilung des französischen Kommissariats für deutsche Angelegenheiten, im Jahr 1949 dann für einige Monate als französischer Verbindungsoffizier zum Parlamentarischen Rat, anschließend im Außenministerium als Unterdirektor für Mitteleuropa mit besonderer Zuständigkeit für deutsche und österreichische Fragen; in dieser Stellung war er auch

[35] Persönliches Gespräch mit Claude Arnaud am 13. 2. 1988.

[36] So der amerikanische Verhandlungsbeteiligte Jonathan Dean, in: Berlin: Enduring Stability or Shaky Interim?, in: The Washington Quarterly Nr. 3 (1987), S. 91.

[37] Mahncke, Verantwortung für Berlin, in: Außenpolitische Perspektiven des westdeutschen Staates, Bd. 1, München/Wien 1971, S. 114–136.

[38] Rush arbeitete seit Ende der dreißiger Jahre für den amerikanischen Chemie-Konzern „Union Carbide and Carbon Corporation", deren Präsident er zum Zeitpunkt seiner Ernennung zum Botschafter in Bonn im Juni 1969 war. Sir Roger Jackling war nach dem Krieg wirtschaftlicher Berater des britischen Hochkommissars in Deutschland, in den 50er Jahren Wirtschaftsattaché an der Botschaft in Bonn. Vor seiner Ernennung zum Botschafter in Bonn im März 1968 war er Unterstaatssekretär im Foreign Office. Pjotr Abrassimow seinerseits vertrat die Sowjetunion in der DDR seit Dezember 1962, nachdem er zuvor Botschafter in Warschau gewesen war. Er gehörte seit 1961 dem Zentralkomitee der KPdSU an. Bruce van Voorst, Der Streiter für Berlin, in: Die Zeit vom 17. 9. 1971; Norman Crossland, Letter from Bonn, in: The Guardian vom 28. 8. 1971; Nawrocki, Weltläufiger Diplomat mit hartem Kern, in: Die Zeit vom 2. 10. 1970.

[39] Die folgenden Angaben nach: Annuaire diplomatique et consulaire, Paris 1975, S. 1062 f. und dem persönlichen Gespräch mit Jean Sauvagnargues am 12. 2. 1985. Siehe auch: Delarue, Jean Sauvagnargues: le „Couve de Giscard", in: Le Monde vom 30. 5. 1974; L'Aurore vom 29. 5. 1974: Jean Sauvagnargues: Priorité pour l'Allemagne.

mit den Verhandlungen zum EVG- und Deutschlandvertrag befaßt[40]. Weiterhin für den Bereich Mitteleuropa verantwortlich, gehörte Sauvagnargues 1955/56 dem Kabinett von Außenminister Antoine Pinay an. Als stellvertretender Verhandlungsleiter war er 1956 maßgeblich an den Verhandlungen zum Saar-Abkommen beteiligt[41]. Sauvagnargues' Amtszeit in Bonn dauerte bis zu seiner Ernennung zum Außenminister der Regierung Giscard d'Estaings im Mai 1974.

Sauvagnargues, der seit 1962 Botschafter in Tunesien gewesen war, beantwortete die Frage, ob seine Ernennung zum Botschafter in der Bundesrepublik im Zusammenhang mit den Berlin-Verhandlungen erfolgt sei, mit der Bemerkung, seine Versetzung nach Bonn sei noch während der Präsidentschaft General de Gaulles geplant worden – mithin zu einem Zeitpunkt, als die westlichen Alliierten erste Sondierungen unternahmen[42]. Tatsächlich mochte Sauvagnargues zum Zeitpunkt der Berlin-Verhandlungen als der beste und erfahrenste Deutschland-Experte des französischen Außenministeriums gelten, auch wenn ihn in den vorangegangenen Jahren vor allem afrikanische Fragen beschäftigt hatten.[43].

Sauvagnargues' Vertrautheit mit Deutschland und der Berlin-Problematik brachte es mit sich, daß ihm das Außenministerium bzw. die ihm direkt vorgesetzte Europa-Abteilung bei der Verhandlungsführung weitgehend freie Hand ließen. Einem in den fünfziger Jahren an der Ausarbeitung des Deutschlandvertrages Beteiligten, so der Europa-Direktor Claude Arnaud im Rückblick, habe man die Bedeutung der Vier-Mächte-Rechte und -Verantwortlichkeiten nicht erklären müssen[44]. Infolgedessen habe Sauvagnargues von der Europa-Abteilung, deren Leiter Arnaud zur Zeit der Entstehung des Deutschlandvertrages an der französischen Botschaft in Bonn als Erster Sekretär tätig gewesen war, jederzeit die ihm genehmen Verhandlungsdirektiven zu erwirken vermocht[45]. Der amerikanische Verhandlungsführer Kenneth Rush bestätigte Sauvagnargues' relative Unabhängigkeit vom Quai d'Orsay: „Ich glaube, er hatte großen Einfluß im Außenministerium, und er benutzte ihn, um mehr Flexibilität herauszuholen."[46]

Ganz anders war die Situation von Rush, dem nicht nur zwei schriftliche Direktiven des National Security Council mit auf den Verhandlungsweg gegeben worden waren, sondern auf dessen „Anbindung" auch das State Department achtete[47]. Dort verfolgte insbesondere der Assistant Secretary for European Affairs, Martin J. Hillenbrand, assistiert vom Country Director for Germany, James Sutterlin, den Verhandlungsverlauf[48].

40 Seydoux, La politique extérieure, in: La nouvelle Revue des Deux Mondes (1974), S. 150–156.

41 Lahr, Zeuge von Fall und Aufstieg, S. 246 ff.

42 Persönliches Gespräch mit Jean Sauvagnargues am 12. 2. 1985.

43 Siehe die Beurteilung durch Seydoux: „On ne pouvait choisir un meilleur connaisseur de l'Allemagne que Jean Sauvagnargues." In: Ders., Dans l'intimité franco-allemande, S. 176. Das Urteil Rushs: „Er war wirklich ein Deutschlandexperte, wahrscheinlich der hervorragendste im französischen Außenministerium." In: Rush, Interview im Deutschen Fernsehen vom 26. 3. 1980, S. 3.

44 Persönliches Gespräch mit Claude Arnaud am 13. 2. 1988.

45 Persönliches Gespräch mit Guy de Commines am 15. 12. 1987.

46 Rush, Interview im Deutschen Fernsehen vom 26. 3. 1980, S. 3. Vgl. Abrassimow, West-Berlin – gestern und heute, Berlin (DDR) 1981, S. 88.

47 Wilfrid L. Kohl, The Nixon-Kissinger Foreign Policy System and US-European Relations. Patterns of Policy Making, in: World Politics Nr. 1 (1975), S. 26; John P. Leacacos, Kissinger's Apparat, in: Foreign Policy Nr. 5 (1971/1972), S. 26 f.

48 Martin J. Hillenbrand, Berlin: Politische Situation, Sicherheit und symbolische Bedeutung, in: Ders. (Hrsg.), Die Zukunft Berlins, Berlin 1981, S. 13–56; sowie Hillenbrands Besprechung von Catudal, The Diplomacy of the Quadripartite Agreement on Berlin, in: Orbis Nr. 3 (1978), S. 755–758.

Streckenweise wurde das State Department allerdings durch Sicherheitsberater Kissinger überspielt. Rush konnte sich darüber hinaus auch durch einen direkten persönlichen Kontakt zu Präsident Nixon Rückhalt verschaffen. Während die amerikanische Verhandlungsposition mitunter durch divergierende Auffassungen der verschiedenen beteiligten Bürokratien und Entscheidungsträger beeinträchtigt wurde, bestand auf französischer Seite der deutliche Vorteil, daß Botschafter Sauvagnargues seine Verhandlungslinie weitgehend selbst bestimmen und ohne Komplikationen in Paris durchsetzen konnte.

4. Die Abstimmung mit der Bundesregierung

Während die Bundesregierung in den Verhandlungen mit Moskau und Warschau die Westmächte auf dem laufenden hielt, mußte der Informationsfluß bei den Berlin-Verhandlungen die umgekehrte Richtung nehmen, da die Bundesregierung aufgrund des Vier-Mächte-Status der Stadt daran nicht direkt beteiligt sein konnte. Die rechtliche Grundlage für diese Konsultationen bildete der Deutschlandvertrag, dessen Berlin betreffender Artikel festlegt: „(1) Die Drei Mächte werden die Bundesrepublik hinsichtlich der Ausübung ihrer Rechte in bezug auf Berlin konsultieren. (2) Die Bundesrepublik ihrerseits wird mit den Drei Mächten zusammenwirken, um es ihnen zu erleichtern, ihren Verantwortlichkeiten in bezug auf Berlin zu genügen."[49]

In den Hauptphasen der Berlin-Verhandlungen bestand ein ununterbrochener Kontakt zwischen der Bundesregierung und den westlichen Verhandlungsdelegationen. Brandt hatte nach eigenen Angaben „zahlreiche Gespräche" mit den Botschaftern; ihm zufolge hatte die Zusammenarbeit „eine Intensität gewonnen, wie sie es bis dahin kaum jemals gegeben hat"[50]. Ähnlich urteilten übereinstimmend auch die beteiligten westlichen Botschafter: Rush erklärte nach Beendigung der Verhandlungen, „daß die Zusammenarbeit zwischen den drei Alliierten und der Bundesregierung während der Verhandlungen gar nicht hätte besser sein können. Sie war ausgezeichnet. Und wurde während der Verhandlungen immer besser"[51]. Der britische Botschafter Sir Roger Jackling lobte im Rückblick die Entwicklung eines „ausgezeichneten Koordinationsmechanismus für die Handhabung von Problemen im Zusammenhang mit der Ostpolitik und den Berlin-Gesprächen"[52].

Auf der politischen Ebene kam den Besprechungen der drei westlichen Botschafter mit dem Staatssekretär im Bundeskanzleramt und Berlin-Beauftragten der Bundesregierung, Egon Bahr, entscheidende Bedeutung zu. Bahr war während der gesamten Dauer der Berlin-Verhandlungen ihr Hauptansprechpartner; Beratungen fanden immer dann statt, sobald sich die Notwendigkeit ergab. Auch auf der Ebene der Direktoren, d. h. der Leiter der Europa-Abteilungen in den jeweiligen Außenministerien, wurden die Berlin-Verhandlungen zu einem wichtigen Konsultationsgegenstand („Senior Bonn Group"). Zentraler Tagesordnungspunkt waren die gerade in Gang gekommenen Berlin-Gespräche erstmals bei einem Treffen der Abteilungsleiter Martin J. Hillenbrand (USA), David Bendall (Großbritannien) und Claude Arnaud (Frankreich) mit Staatssekretär Ferdinand

[49] Vertrag über die Beziehungen zwischen der Bundesrepublik Deutschland und den Drei Mächten vom 26. 5. 1952 in der Fassung vom 23. 10. 1954, in: BGBl., Teil II, 31. 3. 1955, S. 305 ff.

[50] Brandt, Begegnungen und Einsichten, S. 514 und S. 512.

[51] Rush, Interview mit der Bild-Zeitung vom 9. 9. 1971, S. 13.

[52] Sir Roger Jackling, Interview mit der Süddeutschen Zeitung vom 10. 11. 1971.

Duckwitz und weiteren Beamten des Auswärtigen Amtes am 8. und 9. Mai 1970 in Bonn[53]. Der Vorbereitung der Wiederaufnahme der Verhandlungen nach der Sommerpause diente die folgende Zusammenkunft am 18. und 19. September 1970 in Bonn. Die bundesdeutsche Seite war diesmal durch den Direktor der Politischen Abteilung des Auswärtigen Amtes, Berndt von Staden, sowie zeitweise durch den neuen Staatssekretär Paul Frank vertreten[54]. Vor der entscheidenden Phase der Berlin-Verhandlungen fand ein weiteres Treffen zwischen den vier Direktoren und ihren Berlin-Experten am 17. und 18. Mai 1971 in London statt[55]. Zusätzlich wurden die halbjährlichen NATO-Ratstagungen zu Konsultationsgesprächen genutzt.

Auf der operativen Ebene war es wiederum die Bonner Vierergruppe, in der die Feinabstimmung zwischen der Bundesregierung und den drei Westmächten vorgenommen wurde[56]. Ihrer Entstehung im Gefolge des Chruschtschow-Ultimatums von 1958 gemäß, war das Berlin-Problem ihr ureigenstes Arbeitsgebiet; über die Vierergruppe war die Bundesregierung bei den Verhandlungen unmittelbar assoziiert. Chef der Bonner Delegation war der Leiter des Referats „Außenpolitische Fragen, die Berlin und Deutschland als Ganzes betreffen", Günther van Well. Als ständige Mitglieder gehörten ihr die Beamten Hans Otto Bräutigam (stellvertretender Referatsleiter), Gerold von Braunmühl und Hermann Freiherr von Richthofen (detachiert aus dem Völkerrechtsreferat) an sowie als Vertreter Berlins der Leitende Senatsrat beim Berliner Senator für Bundesangelegenheiten, Günther Meichsner. Weitere Fachleute des Auswärtigen Amtes, insbesondere der Leiter des Referats „Völkerrecht und Staatsverträge", Dedo von Schenck, wurden je nach Sachlage hinzugezogen. Bei besonders heiklen Punkten schaltete sich auch Egon Bahr in die Beratungen auf dieser Expertenebene der Botschaftsräte Jonathan Dean (USA), Christopher Audland (Großbritannien) und René Lustig (Frankreich) ein. Als ungewöhnlich wurde empfunden, daß auch der französische Botschafter Jean Sauvagnargues einmal unvermittelt zu einer Sitzung der Vierergruppe erschien, die sowohl in Bonn als auch in Berlin tagte. In diesem Forum wurden den deutschen Vertretern „sämtliche Aufzeichnungen" der Diskussionen der Westmächte mit der sowjetischen Seite zugänglich gemacht[57].

Die Zusammenarbeit erstreckte sich auch auf die gemeinsame Suche nach Formulierungen, so daß sich - einem französischen Beteiligten zufolge – bei der Vorbereitung des westlichen Vertragsentwurfs vom 5. Februar 1971 der Völkerrechtsreferent Hermann Freiherr von Richthofen den „Kopf darüber zerbrechen" mußte, „wo die Kommata und die Höflichkeitsfloskeln zu setzen seien". In der Endphase der Vier-Mächte-Verhandlungen arbeiteten van Well und sein Stab direkt im ehemaligen „Allied Travel Office" des Berliner Kontrollratsgebäudes. Auf diese Weise wurde eine ständige, auch punktuelle

[53] FR vom 9. 5. 1970: Bonn klärt Berlin-Haltung ab; FR vom 11. 5. 1970: Übereinstimmung in der Ostpolitik.

[54] Le Monde vom 16. 9. 1970: Les trois Occidentaux vont coordonner leur attitude avec Bonn sur Berlin; SZ vom 19./20. 9. 1970: Vorgespräche für nächste Berlin-Runde; La Croix vom 20. 9. 1970: Les trois Occidentaux préparent la 7e conférence quadripartite sur Berlin.

[55] Der Spiegel vom 14. 6. 1971: Mal was schreiben; La politique étrangère de la France Nr. 1 (1971), S. 25.

[56] Persönliche Gespräche mit Dr. Hans Otto Bräutigam am 3. 7. 1987, Günther Meichsner am 24. 3. 1988, Dr. Hermann von Richthofen am 17. 12. 1985 und Günther van Well am 13. 11. 1987.

[57] Jonathan Dean, The Quadripartite Agreement on Berlin in the Context of Past and Future East-West Relations, in: Richard L. Merritt/Anna J. Merritt (Hrsg.), Living with the Wall. West Berlin 1961–1985, Durham (N.C.) 1985, S. 79–85, hier: S. 83.

Absprache über einzelne Vertragsformulierungen zwischen den Vertretern der drei Westmächte und der Bundesregierung ohne Zeitverlust gewährleistet. François Plaisant, der nach René Lustig zweithöchste französische Diplomat in der Vierergruppe, betonte rückblickend die enge Zusammenarbeit mit dem Auswärtigen Amt: „Genauso wie die sowjetischen Diplomaten vorgaben, sie diskutierten jeden Punkt der Verhandlungen mit ihren Freunden aus der DDR, so diskutierten wir jeden Punkt zu viert mit Günther van Well und den anderen vor und häufig nach den Verhandlungssitzungen.“[58]

Die Unterbringung der bundesdeutschen Berlin-Experten im Kontrollratsgebäude war ein sinnfälliger Ausdruck der Tatsache, daß Bonn in der Praxis zur fünften Verhandlungsmacht aufgerückt war. Allerdings wurde die räumliche Nachbarschaft aus statusrechtlichen Gründen und aus Furcht, die Sowjetunion könne die DDR auf ähnliche Weise aufwerten, vor der Öffentlichkeit geheimgehalten. Falls die sowjetische Seite von der unmittelbaren Anwesenheit bundesdeutscher Diplomaten wußte, so gab sie dies zumindest nicht zu erkennen[59].

5. Die Arbeitsweise bei den Vier-Mächte-Verhandlungen

Die Abstimmung zwischen der Bundesregierung und den Westmächten funktionierte nicht zuletzt deshalb so gut, weil auch die Botschaftsräte sowie deren Mitarbeiter unmittelbar an den Verhandlungen beteiligt waren. Zum einen begleiteten sie von Anfang an ihre jeweiligen Botschafter zu den Hauptverhandlungen mit dem sowjetischen Botschafter Abrassimow. Zum anderen bildeten sie, indem sie sich ihrerseits mit gleichrangigen sowjetischen Vertretern trafen (nämlich mit dem Abgesandten des Moskauer Außenministeriums Juli Kwizinski und dem Botschaftsrat an der sowjetischen Mission in Ost-Berlin, Boris Hotulew), eine zweite Verhandlungsebene. Den Entschluß, die Botschaftsräte unmittelbar an den Verhandlungen zu beteiligen, faßten die vier Botschafter während ihrer Zusammenkunft am 30. September 1970. Eine Woche später hielten die Botschaftsräte ihre erste gemeinsame Sitzung ab[60]. Die Häufigkeit ihrer Treffen richtete sich ganz nach dem Verhandlungsstand auf der Ebene der Botschafter. In der letzten Verhandlungsphase im Sommer 1971 kamen die Botschaftsräte sogar täglich zu ganztägigen Besprechungen zusammen. Das deutet darauf hin, daß auf dieser Ebene ein Großteil der Sach- und Formulierungsarbeit geleistet wurde. Nach dem Vorbild der Botschafter war es überdies Praxis geworden, daß reihum jeweils die Expertengruppe eines westlichen Landes ein bilaterales Arbeitsessen mit den beiden sowjetischen Diplomaten hatte. Nach Angaben eines französischen Beteiligten war dies die Gelegenheit, „mit Ideen zu spielen, Versuchsballons zu starten, ohne zur Formulierung überzugehen“[61].

Die Arbeit, die die Botschaftsräte im Schatten der offiziellen Sitzungen leisteten, trug entscheidend zum Erfolg der Gespräche bei. Jonathan Dean arbeitete nach übereinstimmendem Urteil deutscher Beteiligter wichtige Konzepte aus; Christopher Audland wird als der beste „Verhandlungstaktiker“ bezeichnet; René Lustig habe durch „großes Ein-

[58] Persönliches Gespräch mit François Plaisant am 13. 2. 1985. Günther van Well im persönlichen Gespräch am 13. 11. 1987: „Praktisch sind die Drei bei jeder Formulierung, die neu diskutiert wurde, zu uns gekommen und haben mit uns darüber konsultiert.“

[59] Persönliches Gespräch mit Günther van Well am 13. 11. 1987.

[60] Interne Chronologie der französischen Botschaft.

[61] Persönliches Gespräch mit François Plaisant am 13. 2. 1985.

fühlungsvermögen" in die gegensätzlichen Positionen den Fortgang der Verhandlungen erleichtert. Lustig sei dabei von „geringerer Rigidität" gewesen als die französische Diplomatie im allgemeinen; „negative Tendenzen" aus Paris habe er „abgefedert". In Juli Kwizinski – nicht in Botschafter Abrassimow – wird von Diplomaten des Auswärtigen Amtes übereinstimmend der eigentlich wichtige Mann auf sowjetischer Seite gesehen. Er sei es gewesen, der regelmäßig mit den entscheidenden Anweisungen aus Moskau gekommen sei, als „politischer Kopf" Beweglichkeit und Kreativität in der Ausarbeitung eigener Vorschläge bewiesen habe und somit „einer der Architekten des Vier-Mächte-Abkommens" geworden sei[62]. Den westlichen Delegationen gehörten neben den Diplomaten der Bonner Vertretungen auch die Politischen Gesandten ihrer Berliner Militärmissionen an – für Frankreich Philippe Legrain, für die USA David Klein[63].

Anders als bei den Gesprächen der Botschafter war auf der Ebene der Botschaftsräte die Verhandlungssprache Deutsch, formuliert wurde hier wie dort auf Englisch. Dies hatte zum einen seinen Grund darin, daß der sowjetische Vertreter Hotulew keine andere Fremdsprache als Deutsch beherrschte. Zum anderen mag hinzugekommen sein, daß man auf der Expertenebene auf Dolmetscher verzichten wollte, keine Delegation jedoch die Muttersprache einer anderen Delegation zu verwenden bereit war[64]. Die französischen Diplomaten sahen in der Verwendung der deutschen Sprache einen Vorteil, da ihre Delegation die einzige gewesen sei, die sich in ihr problemlos habe ausdrücken können[65]. Auf der Ebene der Botschafter benutzte jede Delegation grundsätzlich ihre Muttersprache, in einer späteren Verhandlungsphase wechselte Sauvagnargues jedoch ins Englische, um den nicht-simultanen Übersetzungsvorgang abzukürzen[66].

Nach den Plenarsitzungen trafen sich die vier Botschafter auf Anregung Kenneth Rushs regelmäßig im kleineren Rahmen zu einem gemeinsamen Essen[67]. Von nicht geringer Bedeutung waren darüber hinaus zusätzliche Treffen jeweils eines westlichen Botschafters mit dem sowjetischen Vertreter Abrassimow; diese sind zumindest für Rush und für Botschafter Sauvagnargues belegt[68]. Abrassimow selbst spricht von „zahlreichen Begegnungen" mit Rush und gibt an, eine „ebensolche Zusammenarbeit" auch mit Sauvagnargues gehabt zu haben[69].

Von amerikanischer Seite wird außerdem dem von Sicherheitsberater Kissinger eingerichteten „back-channel" entscheidende Bedeutung zugemessen. An dieses parallele

[62] Persönliche Gespräche mit Günther van Well am 13. 11. 1987 und Dr. Alfred Blumenfeld am 23. 3. 1988.

[63] Schriftliche Mitteilung von Philippe Legrain vom 13. 5. 1987.

[64] Ein wichtiger Beteiligter des Auswärtigen Amtes stellte die Vermutung an, daß Kwizinski in der Akzeptierung des Gebrauchs der deutschen Sprache und in der separaten Anfertigung der russischen Version des Vertragstextes – neben dem Vorteil, unabhängig von den westlichen Verhandlungspartnern Regie über den russischen Text führen zu können – möglicherweise auch ein Mittel sah, Verhandlungskompromisse oder -zugeständnisse selbst gegenüber dem eigenen Außenministerium zu kaschieren. Der russische Text fiel, wie sich später zeigen sollte, sehr viel „härter" aus als die englische und die französische Version.

[65] Persönliches Gespräch mit François Plaisant am 13. 2. 1985. René Lustig – 1980 verstorben – stammte aus Lothringen.

[66] Persönliches Gespräch mit Jean Sauvagnargues am 12. 2. 1985.

[67] Siehe die Zitierung Rushs in: Catudal, The Diplomacy of the Quadripartite Agreement on Berlin, S. 103.

[68] Rush, Interview im Deutschen Fernsehen vom 26. 3. 1980, S. 14 und S. 16. Persönliches Gespräch mit Jean Sauvagnargues am 12. 2. 1985.

[69] Abrassimow, West-Berlin – gestern und heute, S. 89f.

Kommunikationsnetz waren, neben Kissinger selbst, ab Mai 1971 der sowjetische Botschafter in Bonn, Valentin Falin, Staatssekretär Bahr sowie Kenneth Rush angeschlossen. Von französischer Seite dagegen wird diesen „channel-negotiations" - wie im übrigen auch von beteiligten Beamten des Auswärtigen Amtes – ein weit geringerer Stellenwert eingeräumt[70]. Hervorstechendes Merkmal der Berlin-Verhandlungen, so Botschafter Sauvagnargues, sei gerade die „hervorragende Teamarbeit" zwischen den westlichen Vertretern gewesen, und dies sowohl auf der Ebene der Botschafter wie auch auf der Ebene der Experten. Im Gegensatz zu den rückblickenden Darstellungen Kissingers und Rushs seien „alle wichtigen Punkte" auf der Ebene der vier Botschafter im Berliner Kontrollratsgebäude verhandelt worden[71]. In demselben Sinne äußerte sich kurz nach Abschluß der Berliner Verhandlungen auch der britische Botschafter Sir Roger Jackling: „Meiner Ansicht nach war das Besondere an den Verhandlungen nicht etwa, daß irgendein Land eine spezielle Rolle spielte, sondern vielmehr die Tatsache, daß der ganze Ablauf von einer erstklassigen Teamarbeit zwischen den Alliierten selber sowie bei den Konsultationen mit der Bundesregierung und dem Senat geprägt war."[72]

6. Die einzelnen Etappen der Vier-Mächte-Verhandlungen

Die Konfrontation der Grundsatzpositionen (März bis September 1970)

Die Erwartungen an die am 26. März 1970 in Berlin aufgenommenen Botschaftergespräche waren zunächst nicht allzu hoch geschraubt[73]. In Paris wie in den anderen westlichen Hauptstädten erinnerte man sich daran, daß die früheren Bemühungen, das Berlin-Problem einvernehmlich mit der Sowjetunion zu entschärfen, durchweg gescheitert waren[74]. Wie nicht anders zu erwarten, stießen bereits in der Eröffnungssitzung die gemeinsame westliche und die sowjetische Auffassung in der Frage aufeinander, ob ganz Berlin oder lediglich West-Berlin Objekt der kommenden Verhandlungen sein sollte. Infolgedessen fehlte im knappen Kommuniqué auch jede Angabe zum Gegenstand des zweieinhalbstündigen ersten „Gedankenaustausches"[75]. Der Verlauf der nächsten Verhandlungsrunden schien diese Zurückhaltung voll zu bestätigen. In den sechs Vollsitzungen bis zur Sommerpause (26. März, 28. April, 14. Mai, 9. Juni, 30. Juni, 21. Juli) beschränkten sich die Delegationsleiter darauf, abwechselnd ihre Thesen zur Berlin-Frage darzustellen. Nach Angaben von François Seydoux, der nach der zweiten Sitzung durch Jean Sauvagnargues abgelöst wurde, sprachen sich die drei westlichen Botschafter untereinander ab. Die grundsätzlichen Ausführungen eines Botschafters wurden jeweils durch Stellungnahmen der anderen Delegationsleiter ergänzt[76].

[70] Persönliche Gespräche mit Jean Sauvagnargues am 12. 2. 1985 und François Plaisant am 13. 2. 1985; Gespräche im Auswärtigen Amt am 15. 4. 1985.

[71] Persönliches Gespräch mit Jean Sauvagnargues am 12. 2. 1985.

[72] Jackling, Interview mit der Süddeutschen Zeitung vom 10. 11. 1971.

[73] Für die folgende Darstellung, die vor allem den französischen Beitrag untersucht, wurde eine 6seitige Chronologie ausgewertet, die Botschaftsrat René Lustig Ende 1971 für den internen Gebrauch erstellte.

[74] Persönliches Gespräch mit Jean Sauvagnargues am 12. 2. 1985; Rush, Interview im Deutschen Fernsehen vom 26. 3. 1980, S. 2f.; Vernant, Berlin dans le flux?, in: Revue de Defense nationale Nr. 3 (1970), S. 442–447; Tatu, Les représentants des Quatre ont repris leurs entretiens sur Berlin, in: Le Monde vom 27. 3. 1970.

[75] Siegler, Dokumente zur Deutschlandfrage, Bd. VI, S. 213.

[76] Seydoux, Dans l'intimité franco-allemande, S. 173 f.

Aus den gegensätzlichen Statements ergab sich, daß die Westalliierten die Anerkennung der Vier-Mächte-Oberhoheit für ganz Berlin forderten und besonderen Wert auf eine sowjetische Garantie für den Zugang nach Berlin legten, während die Sowjetunion weiterhin darauf bestand, daß (Ost-)Berlin die Hauptstadt der DDR sei und damit volle Souveränitätsrechte über die Transitwege nach Berlin besitze[77]. Nach Darstellung Abrassimows weigerten sich die drei westlichen Botschafter in dieser Gesprächsphase noch, die DDR bei ihrem offiziellen Namen zu nennen. Er habe aus diesem Grunde die Sitzung wiederholt demonstrativ unterbrochen, was auf seine Partner „ernüchternd" gewirkt habe[78].

Einen Tag vor der vierten Gesprächsrunde traf Sauvagnargues am 8. Juni 1970 mit Abrassimow zu einem Mittagessen in Ost-Berlin zusammen[79]. Am 21. Juli 1970 legten die drei westlichen Botschafter erstmals ein Papier vor. Darin faßten sie ihre in den ersten fünf Verhandlungsrunden zur Sprache gebrachten Vorstellungen über eine Berlin-Regelung zusammen[80]. Nach dieser ersten Gesprächsphase bestand in Paris – wie auch in Washington und London – weiterhin nur begrenzte Hoffnung, überhaupt zu einer annehmbaren Einigung zu gelangen[81]. Der Beginn von „wirklichen Verhandlungen" stand noch bevor.[82]. Bundeskanzler Brandt monierte den schleppenden Gesprächsverlauf in einer Kabinetts-Sondersitzung am 7. Juli, in der er den westlichen Alliierten eine Mitschuld an den Verzögerungen gab: „Die drei Westmächte wüßten offenbar bisher nicht genau, worüber sie eigentlich verhandeln sollten. (...) Die Bundesregierung müsse daher ihre Verbündeten auf Trab bringen."[83]

Zunächst jedoch wurden die Gespräche unterbrochen. In der zweimonatigen Sommerpause sollte der Abschluß des deutsch-sowjetischen Vertrages abgewartet werden. Auf den engen Zusammenhang zwischen einer Ratifizierung des am 12. August 1970 von Brandt unterzeichneten Moskauer Vertrages und einer befriedigenden Berlin-Regelung hatte die Bundesregierung sowohl vor als auch nach dem Vertragsabschluß in Moskau wiederholt hingewiesen („Berlin-Junktim")[84]. Diese Koppelung entsprach einem Kerngedanken der deutschen Ostpolitik, wonach die Sowjetunion nach der territorial konkretisierten Gewaltverzichtserklärung der Bundesrepublik die Sicherheit und Lebensfähigkeit West-Berlins zu garantieren habe[85]. Die Zuordnung West-Berlins zum Bund, so hatte bereits Egon Bahr gegenüber Gromyko deutlich gemacht, gehöre zu den von sowjetischer Seite an-

[77] Interne Chronologie der französischen Botschaft.

[78] Abrassimow, Westberlin – gestern und heute, S. 86f.: „Es bedurfte etwa eines halben Jahres, bis Rush, Sauvagnargues und Jackling nicht mehr zusammenfuhren, wenn von der Deutschen Demokratischen Republik gesprochen wurde, ja, bis sie auch selbst diese offizielle Bezeichnung zu verwenden begannen."

[79] Renfordt, Sauvagnargues bei Abrassimow, in: FAZ vom 8. 6. 1970.

[80] Interne Chronologie der französischen Botschaft.

[81] Weisenfeld, Sowohl als auch, in: Die Zeit vom 24. 7. 1970. Siehe auch den Kommentar Rudolf Augsteins, der jeglichen Fortschritt bei den Verhandlungen ausschloß und daher die Trennung des Berlin-Problems von der Ostpolitik (zu deren Rettung) forderte: Das Hindernis, in: Der Spiegel vom 29. 6. 1970.

[82] Rush in einer Rede am 1. 7. 1970 vor der amerikanischen Handelskammer in Berlin: „Wir hoffen nach wie vor, daß die Konfrontation wirklichen Verhandlungen weichen möge." Zit. nach: Die Welt vom 2. 7. 1970: Rush betont Bindungen Berlins an Bundesrepublik.

[83] So zitiert Baring aus internen Aufzeichnungen, in: Machtwechsel, S. 328.

[84] Zum Berlin-Junktim siehe: Ebenda, S. 322–332.

[85] Martin Kreile, Zum gegenwärtigen Stand der Ostpolitik der Bundesregierung, in: Texte zur Deutschlandpolitik, Bd. 6, S. 25–32; zuerst in: FAZ vom 3. 7. 1970; Sommer, Berlin ist der Prüfstein, in: Die Zeit vom 2. 10. 1970.

zuerkennenden Realitäten. Von der Unterzeichnung des Moskauer Vertrages erwartete die Bundesregierung demzufolge, daß er die Berlin-Verhandlungen „fördern" werde[86].

Am 23. September 1970 liefen die Berlin-Verhandlungen wieder an[87]. Die Westalliierten unterbreiteten eine kürzere, überarbeitete Fassung ihres Papiers vom Juli, in dem die Grundlagen eines möglichen Abkommens umrissen wurden. Der Schwerpunkt lag dabei auf der Betonung der Verantwortlichkeit der Vier Mächte für den Zugang nach Berlin sowie auf der Feststellung der Kompetenz der drei Westmächte, das Ausmaß der Bundespräsenz in West-Berlin zu bestimmen[88]. Auch die sowjetische Seite übergab am 23. September ein Thesenpapier, in dem die grundsätzlichen Positionen der Sowjetunion zusammengefaßt waren: die Zugangsfrage könne nur von den beiden souveränen deutschen Staaten geregelt werden; West-Berlin sei ein Teilstück der früheren sowjetischen Zone und bestenfalls einer Sonderverwaltung unterstellt; Ost-Berlin sei die Hauptstadt der DDR[89]. Entsprechend skeptisch fielen die Reaktionen der Westmächte aus[90].

Die eine Woche später folgende siebte offizielle Gesprächsrunde markiert für die französische Seite im nachhinein einen gewissen Einschnitt: Nachdem die vorangegangenen Sitzungen – so Jean Sauvagnargues – den Charakter eines „dialogue de sourds" gehabt hätten, habe sich am 30. September erstmals der Beginn von wirklichen Verhandlungen abgezeichnet[91]. Während der offiziellen Plenarsitzung schlug der sowjetische Botschafter vor, ein „begrenztes Abkommen" abzuschließen, da man sich auf eine „definitive Lösung" nicht einigen könne[92]. Bei dem anschließenden gemeinsamen Mittagessen forderte Abrassimow die Westmächte auf, ein neues Papier vorzulegen; er selbst wolle ebenfalls Neues präsentieren. Nach französischer Darstellung war es bei dieser Gelegenheit der Botschafter Frankreichs, der einen für das Zustandekommen des Berlin-Abkommens wesentlichen Vorschlag unterbreitete[93]: Ausgehend von der Überlegung, daß das Gegenüberstellen von gegensätzlichen Thesen durch die Arbeit an einem gemeinsamen Text abgelöst werden sollte, regte Sauvagnargues als vorläufige Einigungsformel an, daß die Vier Mächte künftig „ungeachtet der jeweiligen rechtlichen und politischen Konzeptionen", aber „auf der Basis unserer gemeinsamen Verantwortlichkeiten", handeln sollten[94]. Darüber hinaus schlug Sauvagnargues die Gliederung des anzustrebenden Abkommens in zwei Teile vor, wodurch die entgegengesetzten Positionen hinsichtlich des Verhand-

[86] So Brandt am 14. 8. 1970 vor der Bundespressekonferenz, in: Texte zur Deutschlandpolitik, Bd. 6, S. 102.

[87] Die Berlin-Regelung, S. 259. Die Botschafter selbst trafen sich an diesem Tag nicht. Der zunächst geheimgehaltene Austausch von Papieren erfolgte durch Vertreter. Siehe: Der Tagesspiegel vom 2. 10. 1970: Berlin-Papiere schon vor dem Botschafter-Treffen ausgetauscht.

[88] Interne Chronologie der französischen Botschaft.

[89] Interne Chronologie der französischen Botschaft; Abrassimow, Westberlin – gestern und heute, S. 90 (dort Anm. 24).

[90] Delcour, Moscou reste sur ses positions, in: Le Monde vom 2. 10. 1970; Die Zeit vom 2. 10. 1970: Um Berlins Zukunft; Die Welt vom 2. 10. 1970: London spricht von Dreiteilung Deutschlands; Le Monde vom 3. 10. 1970: Les réactions des Occidentaux à la récente note soviétique restent réservées; NZZ vom 3. 10. 1970: Beschleunigung der Vierergespräche über Berlin; Der Spiegel vom 5. 10. 1970: An der Schwelle.

[91] Persönliches Gespräch mit Jean Sauvagnargues am 12. 2. 1985.

[92] Interne Chronologie der französischen Botschaft.

[93] Ebenda, ergänzt durch die persönlichen Gespräche mit Jean Sauvagnargues am 12. 2. 1985 und François Plaisant am 13. 2. 1985.

[94] Interne Chronologie der französischen Botschaft („sans préjudice des conceptions juridiques et politiques respectives", aber „sur la base de nos responsabilités communes").

lungsgegenstandes (Berlin oder West-Berlin) aufgehoben würden. Die Verwendung der Bezeichnung „Westsektoren" würde das Prinzip des Vier-Mächte-Status der gesamten Stadt unberührt lassen. Der erste Teil des Abkommens sollte demnach Bestimmungen über die Beendigung der Spannungen in und um (ganz) Berlin enthalten. Der zweite Teil würde praktische Maßnahmen betreffend „die Westsektoren" regeln, und zwar auf drei Gebieten: Zugang, Kommunikation zwischen den Bewohnern Berlins, Bundespräsenz. Hier kam erstmals der stufige Aufbau des späteren Abkommens zur Sprache. Sauvagnargues erörterte diese rechtliche Konstruktion am 1. Oktober bei einem Zweiertreffen mit Abrassimow in der französischen Residenz in Berlin-Waidmannslust[95].

Die Konkretisierung der Verhandlungen (Oktober – Dezember 1970)

Zunächst mußte es darum gehen, das noch keineswegs allseits akzeptierte zweiteilige Schema mit Inhalt zu füllen. Diese Arbeit sollten auf Beschluß der Botschafter vom 30. September die Expertengruppen unter der Leitung der Botschaftsräte leisten. Vor dem Hintergrund dieses wichtigen Verfahrensschrittes erklärte Außenminister Schumann am 1. Oktober vor dem Auswärtigen Ausschuß des Senats, die sowjetische Haltung lasse „eine Hoffnung auf Entspannung zu, was die Verbesserung der Lage Berlins betreffe"[96].

Auf ihrer ersten Sitzung am 7. Oktober 1970 fertigten die Botschaftsräte eine Liste von Punkten an, die in das zweiteilige Schema aufgenommen werden sollten[97]. Da in vielen Formulierungen zunächst keine Einigkeit erzielt werden konnte, bediente man sich als Hilfsmittel einer sogenannten „Drei-Kolumnen-Methode", die auf eine Idee René Lustigs zurückgehen soll[98]: In der linken Kolumne eines Blattes Papier oder einer Tafel wurden die von der westlichen Seite gewünschten Begriffe notiert (z. B. freier Zugang), in der rechten Kolumne die von der sowjetischen Seite geforderten (z. B. Transit). Sobald die entsprechende Einigungsformel gefunden war, wurde sie in die mittlere Spalte eingetragen[99]. Nach dem Urteil François Plaisants wurde durch das bloße Faktum der Etablierung einer solchen Liste bereits ein erster Schritt zur Festschreibung der sowjetischen Verantwortlichkeit getan [100]. Bei den Expertenverhandlungen im Oktober/November nahm das zweiteilige Schema weiter Gestalt an. Allerdings lehnte die sowjetische Seite dabei den Ausdruck „in und um Berlin" in der Überschrift für den ersten Teil ab[101].

Intensive diplomatische Aktivitäten zwischen den beteiligten Ländern schienen im Oktober 1970 immerhin zu bestätigen, daß auch die Sowjetunion am Abschluß eines Berlin-Abkommens ernsthaft interessiert war: Vom 6. bis 13. Oktober absolvierte Präsident Pompidou seinen ersten Staatsbesuch in der Sowjetunion. Der französische Präsident unterstrich dabei mehrfach die Bedeutung einer Berlin-Lösung für den gesamten Ent-

[95] Der Tagesspiegel vom 2. 10. 1970: Gespräch Sauvagnargues-Abrassimow; Willi Kinnigkeit, Die Excellenzen lächeln und schweigen, in: SZ vom 2. 10. 1970; La Croix vom 3. 10. 1970: Pour la première fois, des documents ont été échangé entre Occidentaux et Soviétiques; Le Monde vom 3. 10. 1970: Les réactions des Occidentaux à la récente note soviétique restent réservées.

[96] Ambassade de France, Service de Presse et d'Information Nr. 25 (1970); Le Monde vom 3. 10. 1970: M. Maurice Schumann manifeste un certain optimisme au sujet de Berlin.

[97] Interne Chronologie der französischen Botschaft.

[98] Persönliches Gespräch mit François Plaisant am 13. 2. 1985; Dreher, Ein weißes Blatt lag zwischen rechts und links, in: SZ vom 4./5. 9. 1971.

[99] Abrassimow, Westberlin – gestern und heute, S. 89.

[100] Persönliches Gespräch mit François Plaisant am 13. 2. 1985.

[101] Interne Chronologie der französischen Botschaft.

spannungsprozeß in Europa, insbesondere auch im Hinblick auf die mögliche Einberufung einer europäischen Sicherheitskonferenz[102]. Der sowjetische Außenminister Gromyko, begleitet von Botschafter Abrassimow, traf nach einer Zwischenstation in London am 22. Oktober zu einem längeren Gespräch mit Präsident Nixon in Washington zusammen. In bezug auf Berlin drängte der amerikanische Präsident insbesondere darauf, daß die sowjetische Seite die Frage des Zugangs als Verhandlungsthema akzeptierte. Laut Kenneth Rush ist dies danach auch geschehen[103]. Im Rahmen des ersten Besuches eines sowjetischen Außenministers in der Bundesrepublik konferierte Andrej Gromyko am 30. Oktober für einige Stunden mit Außenminister Scheel auf Schloß Kronberg im Taunus[104]. Später ist vermutet worden, der sowjetische Außenminister habe bei dieser Gelegenheit das faktische Bonner Berlin-Junktim endgültig als politische Tatsache akzeptiert[105].

Am Berliner Verhandlungstisch selbst war trotz der international günstigen Bedingungen ein entscheidender Durchbruch nicht zu verzeichnen. Da konkrete sowjetische Konzessionen ausblieben, erschien das Schicksal der Berlin-Gespräche noch immer als ungewiß[106]. Immerhin verkürzten sich gegen Ende des Jahres die Intervalle zwischen den einzelnen Botschafter-Zusammenkünften. Die Verhandlungsrunden acht bis zwölf fanden am 9. Oktober, 4., 16., 23. November und 10. Dezember 1970 statt. Am 4. November legte die sowjetische Seite ein Projekt vor, das aus westlicher Sicht kaum positive Ansatzpunkte bot und auch in seiner Struktur den früheren französischen Vorschlag unberücksichtigt ließ.[107]. Am Ende dieser neunten Gesprächsrunde wurde dennoch ein gemeinsames offizielles Kommuniqué veröffentlicht, das erstmals einen optimistischen Akzent setzte: „In bestimmten Aspekten, die für das von den vier Mächten gesuchte Abkommen wesentlich sind, wurden Fortschritte erzielt. Die Gespräche über andere wichtige Punkte werden fortgesetzt.“[108]

[102] Siehe etwa die französisch-sowjetische Deklaration vom 13. 10. 1970, in: Les relations franco-soviétiques, textes et documents 1965–1976, hrsg. von La Documentation française, Paris 1976, S. 84–89, hier: S. 85; NYT vom 8. 10. 1970: Accord on Berlin seen by Pompidou. Angesprochen auf die fehlende ausdrückliche Nennung des Namens „Berlin“ sagte Pompidou auf einer Pressekonferenz kurz vor seinem Abflug: „Das ist ein schwieriges Problem; weil ich von Berlin und die Russen von West-Berlin sprechen, haben wir vermieden, das Wort ins Communiqué zu nehmen. Deshalb sprechen wir von der Viererverantwortung, die für die Deutschen, vergessen Sie das nicht, ebenfalls Vorteile bringt. Es ist schwierig, jetzt juristische Formeln für etwas zu finden, auf das man sich 25 Jahre lang nicht geeinigt hat.“ Siegler, Dokumentation zur Deutschlandfrage, Bd. VI, S. 517.

[103] Rush, Interview mit der Bild-Zeitung vom 9. 9. 1971; FAZ vom 23. 10. 1970: Bonn begrüßt die Moskauer Äußerungen zur Berlin-Frage; Der Spiegel vom 9. 11. 1970: Notfalls zwingen; Gerhard Wettig, Die Sowjetunion, die DDR und die Deutschlandfrage, Stuttgart [2]1977, S. 88 f.

[104] FAZ vom 31. 10. 1970: Nach Scheels Gespräch mit Gromyko Zuversicht für Berlin; Der Spiegel vom 2. 11. 1970: Keine Witzchen.

[105] Carl-Christian Kaiser, Die Wende am vierzehnten Loch, in: Die Zeit vom 3. 9. 1971; Der Spiegel vom 9. 11. 1970: Notfalls zwingen; in diesem Sinne auch: Alfred Blumenfeld im persönlichen Gespräch am 23. 3. 1988.

[106] Tatu, Un test pour la politique de détente: Berlin, in: Le Monde vom 30. 10. 1970; Renfordt, Chruschtschow kannte die Berliner Rechtslage besser, in: FAZ vom 9. 12. 1970.

[107] Persönliches Gespräch mit François Plaisant am 13. 2. 1985. Die Datumsangabe bei: Abrassimow, Westberlin – gestern und heute, S. 90. Dort bezeichnet Abrassimow das sowjetische Papier als „Vorschläge für Westberlin“, im Gegensatz zu den späteren „Formulierungen für den Transit“, d. h. am 4. 11. wurde die Zugangsfrage noch nicht einbezogen.

[108] Text in: Texte zur Deutschlandpolitik, Bd. 6, S. 204; SZ vom 5. 11. 1970: Fortschritte bei den Berlin-

Auch die westlichen Alliierten hatten untereinander noch keine Übereinkunft über die rechtliche Konstruktion des Abkommens erreicht. Nach französischen Angaben fanden die englische und die amerikanische Verhandlungsseite das von Sauvagnargues unterbreitete Zwei-Stufen-Konzept „wenig überzeugend". So habe es im November/Dezember 1970 eine Tendenz gegeben, zur ursprünglichen amerikanischen Idee zurückzukehren, wonach – unter Verzicht auf ein vorheriges stabiles Rahmenabkommen – deutsch-deutsche Expertenkommissionen auf „Mandat" der Vier Mächte „praktische Regelungen" aushandeln sollten[109]. In diese Richtung zielten auch Ansätze der Bundesregierung. Der stellvertretende Regierungssprecher von Wechmar deutete nach einer Kabinettssitzung am 17. Dezember 1970 an, daß für Gespräche zwischen Bonn und Ostberlin über den Berlin-Verkehr eine Einigung der Vier Mächte über die Prinzipien des Berlin-Verkehrs genügen könnte und nicht unbedingt ein formeller Auftrag an die beiden deutschen Regierungen erforderlich sei[110].

Überlegungen der westlichen Botschafter gingen in dieser Phase dahin, anstelle eines einzigen Abkommens eine „Serie von Abkommen" abzuschließen, darunter auch eines direkt mit der DDR[111]. Gegen einen solchen Weg hatte die französische Seite jedoch entscheidende Bedenken, wie François Plaisant sich erinnert: „Unsere Sorge war natürlich, daß bei einem Abkommen mit der DDR die oberste Zuständigkeit der Vier Mächte verschwindet und es dann folglich keine Berufungsmöglichkeit mehr gibt im Falle von Schwierigkeiten, insbesondere beim Zugang."[112]

Mit der Beschränkung auf ein Abkommen, das lediglich die praktischen Maßnahmen aufzählte, die in ihrer Mehrzahl von der DDR zu ergreifen seien, würde, so die französische Position, die These von der souveränen Kompetenz der DDR bestätigt werden[113]. Für Abrassimow besaß dieses Schema somit natürlicherweise einige Attraktivität. Sauvagnargues machte aber auch bei der Bundesregierung und speziell bei Egon Bahr die Tendenz aus, dem deutsch-deutschen Dialog „Priorität" gegenüber der Übereinkunft der Vier Mächte einzuräumen[114]. In dieser Lage entstand auf französischer Seite die Idee, zur Verhinderung einer Aushöhlung der Vier-Mächte-Prärogativen die „praktischen Maßnahmen", die in der Tat deutsch-deutsche Diskussionen erforderlich machten, in eine Struktur von drei „Etagen" einzubinden, die die Ursprungs- und Endverantwortlichkeit der Vier Mächte unangetastet lassen würde. Von diesem Konzept suchte Botschafter Sauvagnargues in getrennten Gesprächen insbesondere seinen britischen und sowjetischen Kollegen zu überzeugen. Im einzelnen legte Sauvagnargues dabei besonderen Wert auf die folgenden Punkte: Unerläßlich seien verbindliche Bestimmungen, basierend auf den Vier-Mächte-Verantwortlichkeiten. Die Vier Mächte entscheiden über die praktischen Maßnahmen, deren Anwendung im Detail von den zuständigen deutschen Behörden ausgehandelt werden sollte. Die Vier Mächte könnten der DDR und der Bundesrepublik nicht die Kompetenz überlassen, nach einem bloßen „Mandat" die Fragen des Zugangs zu verhandeln. In diesem Falle hätte es die Sowjetunion leicht, jede Verant-

Gesprächen; Jean-Paul Picaper, Des progrès ont été réalisé sur certains aspects essentiels du problème de Berlin, déclare le communiqué, in: Le Monde vom 6. 11. 1970.

109 Interne Chronologie der französischen Botschaft.

110 SZ vom 18. 12. 1970: Brandt sieht Annäherung in Berlin; FAZ vom 18. 12. 1970: Botschafter über Berlin-Zugang einig?

111 Persönliches Gespräch mit François Plaisant am 13. 2. 1985.

112 Ebenda.

113 Interne Chronologie der französischen Botschaft.

114 Sauvagnargues, Le statut de Berlin, in: Défense nationale Nr. 11 (1987), S. 27–32.

wortung abzulehnen. Die Vier Mächte sollten dagegen die Regeln festlegen und anschließend die zwischen den Deutschen vereinbarten Detailbestimmungen bestätigen. Gegenüber Abrassimow wurde zusätzlich argumentiert, die Bekräftigung der Vier-Mächte-Rechte sei „das einzige Mittel, um einen exklusiven Dialog zwischen den beiden deutschen Staaten zu verhindern“[115].

Dieses letzte Argument war kein bloß taktischer Schachzug: Von französischer Seite wurde mit beträchlichen Bedenken registriert, daß auf Initiative Ost-Berlins Staatssekretär Bahr und DDR-Staatssekretär Michael Kohl am 27. November 1970 regelmäßige Gespräche aufnahmen[116]. Ohne die Vier-Mächte-Materie zu berühren, so versicherte die Bundesregierung, sollte dieser Meinungsaustausch allgemein über Fragen geführt werden, „deren Regelung der Entspannung im Zentrum Europas dienen würde und die für die beiden Staaten von Interesse sind“[117]. In der Folge konzentrierten sich die Gespräche auf Verkehrsfragen, wobei der DDR-Unterhändler offenkundig darauf drängte, auch Fragen des Berlin-Transits zu erörtern, um auf diese Weise noch vor Abschluß der Vier-Mächte-Verhandlungen den eigenen Souveränitätsanspruch zu untermauern. Von bundesdeutscher Seite wurde dies ausdrücklich abgelehnt, um den „Grundsatzvereinbarungen der Vier Mächte nicht vorzugreifen“[118]. Um dem insbesondere auf französischer Seite vorhandenen Argwohn entgegenzuwirken, sie könne unter Umständen doch auf die Forderung der DDR eingehen, bemühte sich die Bundesregierung sichtlich, die Bedeutung der Gespräche Bahr-Kohl herunterzuspielen. Andererseits sollte der in Erfurt und Kassel im Frühjahr 1970 auf Gipfelebene begonnene deutsch-deutsche Dialog auch nicht bedingungslos dem Gang der Berlin-Verhandlungen untergeordnet werden[119].

Diese Entwicklung hat die französische Diplomatie mit Sicherheit darin bestärkt, in allen Berlin betreffenden Fragen erneut auf dem absoluten Vorrang der Vier-Mächte-Kompetenzen zu insistieren. Obwohl Bahr und Kohl ausdrücklich nicht über Berlin-Fragen sprechen sollten, war die Kommentierung ihrer Verhandlungen in der französischen Presse mit einigem Argwohn durchsetzt. Der *Combat* hatte die Befürchtung, die Vier-Mächte-Runde könnte zu einer „chambre d’enregistrement“ absinken, während *Le Monde* die Gespräche Bahr-Kohl schlicht als ein Mittel bezeichnete, das der Bundeskanzler mit großem Geschick handhabe, um die Botschaftergespräche zu beschleunigen[120]. Auf amerikanischer und britischer Seite begegnete man dem einsetzenden innerdeutschen Dialog mit geringeren Vorbehalten.

In mancher Hinsicht aufschlußreich waren in diesem Zusammenhang die Ausführun-

[115] Interne Chronologie der französischen Botschaft.

[116] Zündorf, Die Ostverträge, S. 181. Zu den französischen Bedenken vgl. die Aussagen Sauvagnargues’ weiter unten.

[117] So das Kommuniqué der Bundesregierung vom 29. 10. 1970, in: Siegler, Dokumentation zur Deutschlandfrage, Bd. VI, S. 526; siehe dort auch die Seiten 527, 544 und 582.

[118] Bundeskanzler Brandt im Bericht zur Lage der Nation vom 28. 1. 1971, in: Texte zur Deutschlandpolitik, Bd. 7, S. 5–23, hier: S. 8; Renfordt, Das Berlin-Thema – für Alliierte und für Deutsche, in: FAZ vom 2. 11. 1970; Der Spiegel vom 23. 11. 1970: Jetzt runterspielen; Der Spiegel vom 18. 1. 1971: Zwei Grad plus; Der Spiegel vom 5. 4. 1971: Es wird kalt.

[119] Interview mit Egon Bahr: „Moskau bewies, daß es Entspannung will“, in: Der Spiegel vom 30. 8. 1971.

[120] Henri Daru, Berlin: les occidentaux pourraient accepter une „délégation de pouvoirs“ à la RFA, in: Combat vom 3. 11. 1970; Lucbert, Les Occidentaux ont présenté des propositions de compromis à la réunion des Quatre, in: Le Monde vom 10. 2. 1971.

gen des französischen Außenministers Schumann im Anschluß an ein Konsultationstreffen mit Außenminister Scheel am 2. November in Paris. Unter Bezugnahme auf eine vorherige Stellungnahme seines deutschen Amtskollegen zur Berlin-Frage meinte Schumann vor der Presse: „Herr Scheel hat zum Ausdruck bringen wollen, daß die Berlin-Angelegenheiten in erster Linie zur Kompetenz der Vier gehörten, und daß also unter ihnen klare Vereinbarungen notwendig seien – und nicht nur ein sehr allgemeines Abkommen – namentlich über die freien Zugangswege, die es in der Folge den Experten in Ostdeutschland, in Westdeutschland und denen des Senats von Berlin ermöglichen, ihrerseits praktische Schlußfolgerungen daraus zu ziehen und die Billigung der Vier zu erhalten, die deren Anwendung überwachen würden."[121]

Indem sich Maurice Schumann gleichsam zum Interpreten des Bundesaußenministers machte, demonstrierte er einerseits die deutsch-französische Übereinstimmung in der Berlin-Frage, zugleich verpflichtete er aber die Bundesregierung auf die französischen Vorstellungen über den Vertrag. Die Unterscheidung zwischen einem „sehr allgemeinen Abkommen" und „klaren Vereinbarungen", die von der Bundesregierung in dieser Form nie getroffen worden war, machte das französische Verlangen nach einer möglichst deutlichen Bestätigung der Vier-Mächte-Rechte kenntlich. Das zu erreichende Abkommen sollte hier „so präzis wie möglich" sein[122]. Schließlich deutete die Erklärung bereits die dreiteilige Struktur des Berlin-Abkommens an (Vier-Mächte-Vereinbarungen, deutsch-deutsche Folgeabkommen, Vier-Mächte-Schußprotokoll), die zu diesem Zeitpunkt auch auf westlicher Seite noch keineswegs endgültig akzeptiert war.

Drei Tage später, am 5. November 1970, formulierte Schumann in einer außenpolitischen Grundsatzrede vor der Nationalversammlung drei Leitideen zu den Verhandlungen über Berlin, die er als den „Knotenpunkt des gesamten Unternehmens" der Entspannungspolitik bezeichnete[123]: 1. Ein Arrangement über die Berlin betreffenden Probleme müsse notwendigerweise einen „pragmatischen Charakter" haben; die Vermeidung „unnützer juristischer Reserven" dürfe jedoch „nicht den Charakter des Vier-Mächte-Status der Stadt ändern oder seine Gültigkeit schwächen". 2. Damit das Berlin-Abkommen „klar und unangreifbar" sei, müsse es von den Vier Mächten abgeschlossen werden, die dann für die Umsetzung der Bestimmungen deutsche Experten hinzuzögen. 3. Künftige Streitfälle bei der Anwendung des Abkommens sollten von den Vier Mächten gemeinsam geschlichtet werden. Besonderen Wert legte Schumann auf die Feststellung, daß Frankreich nicht aus bloßem Eigeninteresse an der Vier-Mächte-Konstruktion festhalte: „Die Deutschen müßten die ersten sein, die Vier Mächte zu bitten, sich nicht von ihren Rechten zu trennen zugunsten von Organen, die in dieser Angelegenheit weder kompetent sind noch eine eigene Verantwortlichkeit besitzen. In Wirklichkeit, sprechen wir es ruhig aus, sind diese Rechte, die vor 25 Jahren entstanden sind, künftig zunächst und zuerst Pflichten."[124]

Trotz der nach außen hin häufig bekundeten Übereinstimmung zwischen der Bundesregierung und den westlichen Alliierten kam es zeitweise doch zu Dissonanzen über die

[121] Siegler, Dokumentation zur Deutschlandfrage, Bd. VI, S. 528 f.; Lucbert, Les positions de Paris et de Bonn sont „similaires" sur Berlin, in: Le Monde vom 4. 11. 1970.

[122] So Schumann nach Le Monde vom 6. 11. 1970: Des progrès ont été réalisés sur certains aspects essentiels du problème de Berlin, déclare le communiqué. Vgl.: Der Tagesspiegel vom 8. 11. 1970: Auftragsverhandlungen.

[123] J.O., A.N. vom 6. 11. 1970, S. 5182.

[124] Ebenda.

operative Verhandlungsführung. Im Gefolge der Unterzeichnung des deutsch-polnischen Vertrages am 7. Dezember 1970 in Warschau gab es verstärkte Anzeichen dafür, daß die Bundesregierung den Gang der Berlin-Verhandlungen wesentlich zu beschleunigen wünschte. In dieser Phase bestand eine gewisse Furcht, daß die in ihrer zeitlichen Dauer noch völlig unabsehbaren Vier-Mächte-Gespräche den geplanten Fortgang der Ostpolitik gefährden könnten[125]. Vermutungen über Differenzen in bezug auf das Verhandlungstempo hatte es bereits seit Anfang Oktober gegeben[126]. Unmittelbar veranlaßt durch den Abschluß des Warschauer Vertrages, wandte sich Bundeskanzler Brandt Mitte Dezember direkt an die Staats- und Regierungschefs der drei Westmächte[127]. In persönlichen Briefen an Nixon, Heath und Pompidou machte Brandt den Vorschlag einer prozeduralen Intensivierung der Berlin-Verhandlungen: Die Expertengruppen der vier Seiten sollten regelmäßig fünf Tage in der Woche, die Botschafter ein- oder zweimal wöchentlich konferieren. Die Berlin-Gespräche sollten auf diese Weise zu einer permanenten Konferenz umgestaltet werden oder zumindest einen konferenzartigen Charakter bekommen[128]. Aus der Sicht der Bundesregierung mochte die Einrichtung einer Konferenz auch den Rahmen bilden, der die parallele Aufnahme direkter Gespräche mit der DDR über den Berlin-Verkehr erlauben würde[129]. Egon Bahr bestätigte später das „Drängen" der Bundesregierung zu diesem Zeitpunkt. Sie sei in der Tat interessiert daran gewesen, daß ein Vier-Mächte-Abkommen „in einer überschaubaren Zeit und nicht in zehn Jahren" abgeschlossen würde, zumal der Moskauer Vertrag solange „auf Eis gelegt" gewesen sei[130]. Zur Beschleunigung der Berlin-Verhandlungen regte die Bundesregierung nicht nur an, die Abstände zwischen den Botschafter-Treffen zu verringern, sondern auch den Ost-West-Streit über die völkerrechtlichen Grundsatzpositionen betreffend die Lage Berlins auszuklammern, da abzusehen sei, daß er auch auf lange Sicht nicht zu lösen sei[131].

Zum Unbehagen der Bundesregierung mußte beitragen, daß sich gegen Jahresende 1970 bei Teilen der amerikanischen Regierung und des konservativen außenpolitischen Establishments offensichtlich die Skepsis gegenüber der deutschen Ostpolitik ver-

[125] Siehe z. B. die Interview-Äußerung Brandts hinsichtlich der Berlin-Verhandlungen: „Ich kann nur hoffen, daß alle Beteiligten ohne vermeidbaren Zeitverlust an der objektiv möglichen befriedigenden Lösung arbeiten werden." In: Der Spiegel vom 14. 12. 1970: Es wird eine Mehrheit dafür geben.

[126] NZZ vom 9. 10. 1970: Die westliche Position in den Berlin-Gesprächen.

[127] David Binder, Strain in US-Bonn Relations Reported, in: NYT vom 20. 12. 1970; Jacques M.-J. Ogliastro, Message du chancelier Brandt aux trois occidentaux, in: Le Figaro vom 22. 12. 1970; Wetz, M. Pompidou va répondre „incessament" au message de M. Brandt sur Berlin, in: Le Monde vom 23. 12. 1970; Le Monde vom 24. 12. 1970: M. Pompidou a répondu au message de M. Willy Brandt; NZZ vom 25. 12. 1970: Bonns Sorge um eine Berlin-Regelung; SZ vom 24.–27. 12. 1970: Bonn für Botschafter-Konferenz.

[128] Die Schreiben sind offiziell nicht veröffentlicht worden. Kissinger datiert den Brief an Nixon auf den 12. 12. und schreibt zu seinem Inhalt: „Hier drängte er (Brandt) – nicht ohne zwischen den Zeilen Kritik an uns zu üben – auf die Beschleunigung der Berlin-Verhandlungen. Er schlug vor, die Gespräche im Rahmen einer Dauerkonferenz zu führen. Dabei könnten wir nur durch eine aktive Beteiligung verhindern, daß die Berlin-Verhandlungen außer Kontrolle gerieten; jede andere Haltung könne dazu führen, daß entweder gefährliche Zugeständnisse gemacht werden müßten oder eine Berlin-Krise entstünde." In: Kissinger, Memoiren 1968–1973, S. 850.

[129] Insbesondere der SPD-Fraktionsvorsitzende Herbert Wehner drängte auf die Gespräche mit der DDR. Breitenstein, Tauziehen um ständige Konferenz, in: FR vom 24. 12. 1970.

[130] Persönliches Gespräch mit Egon Bahr am 26. 6. 1985.

[131] Ebenda.

stärkte. Die ehemaligen hohen Beamten und Regierungsmitglieder Dean Acheson, George W. Ball, Lucius D. Clay und John J. McCloy meldeten sich öffentlich zu Wort und kritisierten teilweise scharf die Ostpolitik Willy Brandts[132]. Die Washington-Reise des Chefs der Bundeskanzleramtes, Horst Ehmke, der am 21. Dezember mit Sicherheitsberater Kissinger zusammentraf, hatte das doppelte Ziel, den amerikanischen Bedenken entgegenzuwirken und gleichzeitig auf eine energische Fortführung der Berlin-Verhandlungen zu drängen[133]. Ehmke soll dabei argumentiert haben, der Zeitpunkt für ein rascheres Tempo sei günstig, denn der sowjetischen Führung sei am Zustandekommen eines Abkommens noch vor dem für April 1971 anberaumten 24. Parteitag der Kommunistischen Partei gelegen[134]. Ähnliche Überlegungen hegte Kissinger, der in einem Memorandum an Nixon schrieb: „Die Sowjets sorgen sich vielleicht erheblich darum, daß sie im März nicht den Parteikongreß veranstalten können, wenn ihre Westpolitik scheitert – kein Fortschritt in Berlin, keine Ratifizierung der Deutschland-Verträge, keine Aussicht auf Wirtschaftshilfe aus der Bundesrepublik Deutschland –, und wir halten die Schlüssel zu diesem immer komplexer werdenden Gewirr von Problemen in der Hand."[135]

Dem Drängen der Bundesregierung auf ein zügigeres Verhandlungstempo wurde, wie sich zeigen sollte, nicht entsprochen. Es kann vermutet werden, daß die amerikanische Regierung hieran auch deshalb nicht interessiert war, weil sie einen gewissen Gleichschritt mit den parallelen SALT-Verhandlungen wahren wollte, bei denen es noch nicht zum entscheidenden Durchbruch gekommen war[136]. Diese Einordnung der Berlin-Gespräche in die amerikanische Globalstrategie führte, da sie augenscheinlich auf das bundesdeutsche Interesse an einem baldigen Abschluß des Berlin-Abkommens keine Rücksicht nahm, bei der Bundesregierung zu einigen Irritationen[137].

In Paris reagierte man auf den Bonner Vorstoß nicht anders als in den beiden anderen

[132] Acheson hatte nach einer Unterredung der Vierergruppe im Dezember im Weißen Haus die Bundesregierung aufgefordert, das „verrückte Rennen nach Moskau" zu beenden. Robert Kleiman, Mr. Nixon and Berlin, in: NYT vom 4. 9. 1971; Binder, Strain in US–Bonn Relations Reported, in: NYT vom 20. 12. 1970. Eine Verteidigung der Ostpolitik unternahm daraufhin der ehemalige UN-Botschafter Arthur J. Goldberg: The Cold Warriors vs. Willy Brandt, in: NYT vom 5. 1. 1971. Ihm antwortete wiederum der Kritiker George Ball: A Reply to Arthur Goldberg, in: NYT vom 8. 1. 1971.

[133] Persönliches Gespräch mit Günther van Well am 13. 11. 1987; Hedrick Smith, US says Soviet Imperils Talks by Tactics in Berlin, in: The New York Times vom 22. 12. 1970; Hans Schuster, Unklarheiten über Berlin, in: SZ vom 23. 12. 1970; Der Spiegel vom 28. 12. 1970: Protest bei Bach.

[134] So nach „persönlichen Quellen": Morgan, Washington und Bonn, S. 256 (dort Anm. 64). In der Tat hatten etwa die Äußerungen, die Breschnew am 27. 11. 1970 in einer Grundsatzrede in Eriwan den Berlin-Verhandlungen widmete, als positives Zeichen gewertet werden können: „Wir sind der Meinung, daß die Gesundung der Lage im Zusammenhang mit Westberlin völlig erreichbar ist. Hierzu genügt es, daß alle interessierten Seiten guten Willen an den Tag legen und Beschlüsse ausarbeiten, die den Wünschen der Westberliner Bevölkerung entgegenkommen und den gesetzmäßigen Interessen und souveränen Rechten der DDR Rechnung tragen." Zit. nach: Siegler, Dokumentation zur Deutschlandfrage, Bd. VI, S. 548 f.

[135] Kissinger, Memoiren 1968–1973, S. 849.

[136] Nach dem Bericht Binders wurde diese Vermutung in der Umgebung des Bundeskanzlers angestellt: Binder, Strain in US–Bonn Relations Reported, in: NYT vom 20. 12. 1970. Ähnlich: Kleiman, Mr. Nixon and Berlin, in: NYT vom 4. 9. 1971. Vgl. auch das in der vorigen Fußnote zitierte Kissinger-Memorandum.

[137] Persönliches Gespräch mit Egon Bahr am 26. 6. 1985.

Hauptstädten: hinhaltend. Zunächst wurden weitere Präzisierungen gewünscht; auch Paris wollte sich letztlich nicht in die Verhandlungsführung hineinreden lassen. Pompidou setzte dem Drängen Bonns auch öffentlich einen Dämpfer auf, indem er in seiner Neujahrsansprache 1971 knapp erklärte, die Berlin-Frage sei „aufgebauscht" worden; es handele sich mehr um „eine Frage der Atmosphäre als des Prinzips"[138]. Der Kommentator des *Combat* machte, ähnlich wie derjenige von *Le Monde*, aus diesem Grunde bereits „deutsch-französische Wolken über Berlin" aus[139]. Vor diesem Hintergrund ist es sicherlich kein Zufall, daß verschiedene Mitglieder der Bundesregierung nunmehr begannen, das Junktim zwischen der Ratifizierung der Ostverträge und einem befriedigenden Berlin-Abkommen abzuschwächen. Konkret scheint es Überlegungen gegeben zu haben, zumindest den Warschauer Vertrag von der Junktim-Regelung auszunehmen[140]. Während man im Kanzleramt über das Junktim zumindest zeitweise „nicht ganz glücklich" war, wurde es vom Auswärtigen Amt und von FDP-Innenminister Hans-Dietrich Genscher weiter propagiert[141]. Auf französischer Seite hatte man inzwischen auch die Möglichkeit entdeckt, unter dem Zwang des faktischen Berlin-Junktims die Bundesregierung auf eine nach westalliierten Maßstäben „befriedigende" Berlin-Regelung festlegen zu können. In den Vier-Mächte-Verhandlungen sollte jedenfalls nicht der Preis zur Rettung der Ostverträge und womöglich der Bundesregierung gezahlt werden[142].

Die französische Vorlage vom 29. Dezember 1970 und der westalliierte Entwurf vom 5. Februar 1971

Der von Botschafter Sauvagnargues zunächst mündlich zur Diskussion gestellte Vorschlag eines Abkommens in drei „Etagen" wurde in den Weihnachtstagen 1970 von den französischen Delegationsmitgliedern zu einem Projekt ausgearbeitet und der amerikanischen und britischen Seite – nicht jedoch der sowjetischen – am 29. Dezember unterbreitet[143]. Der Text war keine französische oder westliche Positionsbeschreibung, sondern wurde in einer Anmerkung als „Minimal-Resultat" charakterisiert, das es in den Verhandlungen mit der Sowjetunion zu erreichen gelte. Im Verlauf des Januar 1971 berieten die Westmächte unter sich und mit der Bundesregierung über einen der sowjeti-

[138] Zit. in: SZ vom 7. 1. 1971: Pompidou: Berlin-Frage überbetont; Reifenberg, Pompidous pragmatischer Standpunkt in der Berlinfrage, in: FAZ vom 8. 1. 1971; Chalmers M. Roberts, Pompidou Remarks on Berlin Cause Concern in Washington, in: IHT vom 13. 1.1971.

[139] René Dabernat, Nuages franco-allemandes sur Berlin, in: Combat vom 7. 1. 1971; Wetz, Les propositions de M. Brandt pourraient traduire une certaine suspicion à l'égard des Occidentaux, in: Le Monde vom 25. 12. 1970; Kergorlay, M. Brandt veut faire sauter le „verrou" de Berlin, in: Le Figaro vom 24. 12. 1970; Frisch, Paris: Brandts Schreiben „höchst sonderbar", in: Stuttgarter Zeitung vom 24. 12. 1970.

[140] Willy Brandt am 14. 12. 1970: „Erst wenn die Lage Berlin gesichert ist, werden die geschlossenen Verträge voll zum Tragen kommen." Horst Ehmke am 24. 12. 1970: „Zwischen dem Zustandekommen einer befriedigenden Berlin-Regelung und der Ratifizierung des deutsch-polnischen Vertrags im Bundestag besteht kein Junktim". Beide Zitate nach: Der Spiegel vom 4. 1. 1971: „Dieses buchhalterische Junktim". Vgl. auch: Fred Luchsinger, Testfall Berlin, in: NZZ vom 13. 12. 1970.

[141] Persönliches Gespräch mit Ulrich Sahm am 13. 4. 1985.

[142] Fontaine, Pourquoi Berlin?, in: Le Monde vom 3. 12. 1970; FAZ vom 1. 12. 1970: Frankreich bekräftigt Vier-Mächte-Verantwortung für Berlin.

[143] Persönliches Gespräch mit François Plaisant am 13. 2. 1989. Der französische Vertragsentwurf, der für die vorliegende Studie ausgewertet wurde, ist bislang nicht veröffentlicht worden, auch seine Existenz findet sich – soweit ersichtlich – in keiner Abhandlung erwähnt.

schen Seite vorzulegenden gemeinsamen westlichen Vertragsentwurf. Der französische Text diente dabei, wie noch im Detail zu zeigen sein wird, als eine wichtige Grundlage.

Bei diesen Beratungen kostete es die französischen Diplomaten nach eigenen Angaben einige Mühe, die amerikanische und britische Seite von der Brauchbarkeit der komplizierten Konstruktion zu überzeugen. Diese hätten darin zunächst – so François Plaisant – „eine Erfindung des französischen Geistes“ gesehen[144]. Günther van Well bestätigte, die Amerikaner hätten „lange gezögert“, sich damit einverstanden zu erklären, daß man schon darangehe, mit Papieren zu arbeiten[145]. Der fertige westliche Vertragsentwurf wurde Kwizinski und Hotulew am 5. Februar 1971 übergeben. Diese Expertensitzung hätte ursprünglich schon drei Tage früher stattfinden sollen, war jedoch von westlicher Seite aus Protest gegen die seit Januar andauernden massiven Behinderungen auf den Zufahrtswegen nach Berlin, bei denen erstmals seit 1963 auch westalliierte Militärfahrzeuge gestoppt worden waren, für einige Tage aufgeschoben[146].

Im Folgenden werden der französische Vertragsentwurf vom 29. Dezember 1970 und die westliche Vorlage vom 5. Februar 1971 miteinander verglichen. Dies läßt zum einen Rückschlüsse auf Bedeutung und Tragweite des französischen Textes zu; zum anderen werden auch die Umrisse einer zu diesem Zeitpunkt von französischer bzw. westalliierter Seite für befriedigend angesehenen Berlin-Regelung deutlich[147].

Der französische Vertragsentwurf geht von einem Dreier-Konzept aus: dem Vier-Mächte-Abkommen im engeren Sinne sollen deutsch-deutsche Detailvereinbarungen folgen; in einem dritten Schritt sollen die Vier Mächte das gesamte Vertragswerk durch eine Schlußerklärung in Kraft setzen. Eine Präambel solle das Vertragswerk einleiten, in der sich die Vier Mächte ihrer Verhandlungsvollmachten versicherten und die Unantast-

[144] Persönliches Gespräch mit François Plaisant am 13. 2. 1985; ähnlich Jean Sauvagnargues am 12. 2. 1985. Die Rolle, die der französische Vertragsentwurf im Beratungsprozeß spielte, ließ sich durch das Befragen „neutraler“ deutscher Beteiligter nicht ermitteln, an die spezielle Vorlage bestand keine Erinnerung mehr. Van Well bestätigt jedoch, daß Sauvagnargues als erster auf die Erstellung eines Entwurfs gedrängt hat. Es ist anzunehmen, daß in der Folge auch von anderer Seite Papiere zur internen Diskussion vorgelegt wurden.

[145] Persönliches Gespräch mit Günther van Well am 13. 11. 1987.

[146] Nach Angaben Plaisants waren solche Verschiebungen „mehr als einmal“ vorgekommen. Siehe auch: Wetz, Bonn entend obtenir des occidentaux un soutien total à propos de Berlin, in: Le Monde vom 14. 1. 1971; Kergorlay, Poursuite du dialogue inter-allemand demain à Bonn; in: Le Figaro vom 14. 1. 1971; Le Monde vom 29. 1. 1971: M. Klaus Schütz reproche à la RDA de recourir aux „méthodes de la guerre froide“.

[147] Der westliche Vertragsentwurf ist bis heute nicht vollständig veröffentlicht worden. Durch Indiskretionen wurde er jedoch in wesentlichen Teilen bereits im Frühjahr 1971 bekannt. Nachdem die polnische Zeitung „Zycie Warszawy“ am 15. 4. 1971 Teile des späteren sowjetischen Vertragsprojektes veröffentlicht hatte, stellte Wolfgang Wagner unter dem Titel „Mit den Augen des Westens und des Ostens“ in den Ausgaben vom 28. 4. 1971 der Zeitungen „Hannoversche Allgemeine“, „Der Tagesspiegel“ (Berlin) und „Generalanzeiger“ (Bonn) einen Vergleich zwischen dem sowjetischen und dem auf diesem Wege erstmals in zusammenhängenden Auszügen bekanntwerdenden westlichen Vertragsentwurf an. Siehe auch: Wolfgang Wagner, Das Berlin-Problem als Angelpunkt eines Ausgleichs zwischen West und Ost in Europa, in: EA, Folge 11 vom 10. 6. 1971, S. 375–382. Die Zeitschrift „Quick“ besorgte am 4. 8. 1971 die Veröffentlichung von wesentlichen Teilen sowohl des westlichen Entwurfes vom 5. 2. 1971 als auch des sowjetischen Gegen-Entwurfes vom 26. 3. 1971 unter dem Titel: „Bonn will Berlin verschenken“. Nachdruck in: Dokumente zur Berlin-Frage 1967–1986, S. 180–188. Dem Autor lag der Text des westlichen Entwurfs in vollständiger französischer Fassung vor.

barkeit ihrer Rechtspositionen feststellen. Nach der französischen Vorlage handeln die vier Botschafter „in Ausübung der Vollmachten, die sie in Folge der von ihren Regierungen während und nach dem Zweiten Weltkrieg geschlossenen Abkommen innehaben", sowie „aufgrund der Rechte und Verantwortlichkeiten, die sie weiterhin ausüben". Dieser für die Vertragsanlage grundlegende Gedanke erscheint in dem gemeinsamen westlichen Entwurf in folgender Formulierung: „Die Botschafter haben die Rechte und Verantwortlichkeiten als Ausgangspunkt genommen, die ihre Regierungen in Folge des Ausgangs des Zweiten Weltkriegs innehaben, so wie sie sich niederschlagen in den Vier-Mächte-Abkommen und -Entscheidungen aus der Kriegs- und Nachkriegszeit bezüglich Berlins, und die nicht beeinträchtigt werden."

Dann folgt die Versicherung, daß die vier Botschafter „unbeschadet der rechtlichen Positionen ihrer Regierungen" bestrebt sind, „praktische Verbesserungen entsprechend den Wünschen der Bewohner zu erreichen". Geändert finden sich mithin Formulierungen, die Substanz ist im wesentlichen dieselbe. Ein Unterschied besteht darin, daß der französische Text jegliche nähere Bezeichnung des Vertragsgebietes vermeidet, während die Präambel der alliierten Vorlage Verbesserungen „in Berlin und Umgebung" als Zweck des Abkommens bestimmt[148]. Der entscheidende Rückgriff auf eine salvatorische Klausel, die die unterschiedlichen Rechtspositionen ausklammert (und bewahrt), um danach zu praktischen Regelungen überzugehen, ist bereits in der französischen Vorlage vorgezeichnet[149].

Nach der Präambel ist das eigentliche Abkommen im französischen Entwurf wiederum in drei Abschnitte unterteilt. 1. Allgemeine Bestimmungen; 2. Bestimmungen betreffend die Westsektoren; 3. Schlußbestimmungen. Der gemeinsame westalliierte Vertragsentwurf macht sich sowohl die Dreistufigkeit des Gesamtvertragswerkes wie auch die Dreigliedrigkeit des Abkommens im engeren Sinne zu eigen, wobei die Unterscheidung zwischen den „Allgemeinen Bestimmungen" und den auf die Berliner Westsektoren zu beziehenden Bestimmungen von besonderer Bedeutung ist, da sie Raum läßt für die westliche These von der Vier-Mächte-Verantwortung für Groß-Berlin. Im französischen Entwurf enthalten die „Allgemeinen Bestimmungen", die sich in der Intention der Westmächte auf das gesamte Berlin beziehen, drei Einzelpunkte: (1) Die Vier Mächte bemühen sich, jegliche Spannung „in der Region" zu verhindern; (2) sie enthalten sich jeglicher Androhung oder Anwendung von Gewalt und legen Streitfälle friedlich bei; (3) sie werden „die bestehende Lage" („la situation existante") nicht einseitig verändern und gegenseitig die Ausübung ihrer Verantwortlichkeiten erleichtern. Diese Bestimmungen finden sich auch im alliierten Entwurf vom 5. Februar 1971 wieder. Allerdings wird dort in Punkt 1 aus westlicher Sicht weitergegangen und die „Region" konkret – wie in der Präambel – als „Berlin und Umgebung" bezeichnet. In Punkt 2 nimmt der alliierte Entwurf zusätzlich Bezug auf Artikel 2 der Charta der Vereinten Nationen (allgemeiner Gewaltverzicht).

Die sich auf die Westsektoren beziehenden Bestimmungen des zweiten Teils des französischen Vertragsentwurfs sind in drei Abschnitte unterteilt: (1) Zugang; (2) Reise- und Kommunikationsmöglichkeiten der Bewohner der Westsektoren; (3) Bindungen

[148] Das endgültige Abkommen bezieht sich bewußt unklar wiederum auf „das betreffende Gebiet" – nach westlicher Auffassung ganz Berlin, nach östlicher Lesart nur West-Berlin.

[149] Kissinger zeigte sich noch im April 1971 überrascht, als ihm Bahr den „genialen" Vorschlag dieser Konstruktion machte. Kissinger, Memoiren 1968–1973, S. 880.

zwischen den Westsektoren Berlins und der Bundesrepublik. Die Zugangsbestimmungen sehen vor, daß der Verkehr von Personen und Waren zwischen den Westsektoren Berlins und der Bundesrepublik frei von jeglicher Beschränkung ist, alle Komplikationen auf den Zugangswegen zu vermeiden sind und sich die Kontrolle von Personen auf die Feststellung der Identität zu beschränken hat. Die Detailbestimmungen seien von den zuständigen deutschen Stellen festzulegen. Das Gros dieser Festlegungen findet sich im westalliierten Vorschlag. Auch die Wortwahl ist teilweise gleich oder unterscheidet sich nur unerheblich. Als ein nennenswerter Unterschied ist festzuhalten, daß der französische Entwurf vom „Transit" („transit") zwischen den Westsektoren und der Bundesrepublik spricht, während im alliierten Text von „Verkehr" („traffic") die Rede ist. In diesem Fall kommt der französische Vorschlag der sowjetischen Forderung nach dem Terminus „Transit" entgegen, der ein umgebendes souveränes Territorium suggeriert. Dies mag dadurch zu erklären sein, daß das französische Projekt eine Minimalposition zu beschreiben sucht, während der alliierte Entwurf den Charakter einer Verhandlungsgrundlage besitzt. Zusätzlich sieht der westalliierte Entwurf die Einrichtung einer Vier-Mächte-Kontaktstelle vor, bei der zukünftige Verkehrsbehinderungen zur Sprache gebracht werden sollen.

Hinsichtlich der „Reise- und Kommunikationsmöglichkeiten der Bewohner der Westsektoren" beschränkt sich der französische Entwurf auf die Feststellung, diese können „die umliegenden Gebiete" („les territoires limitrophes") zu Bedingungen besuchen, die nicht schlechter seien als diejenigen der Bewohner der Bundesrepublik. Der alliierte Entwurf nimmt diese Formel der Gleichstellung von Bundesbürgern und Berlinern auf, präzisiert jedoch, daß es sich bei den letzteren um „Einwohner mit festem Wohnsitz in den Westsektoren" handelt, wodurch z. B. ausländische Arbeitnehmer eingeschlossen werden. Als Bezeichnung für das zu besuchende Gebiet nennt der alliierte Text anstelle der „umliegenden Gebiete" den „Rest der Stadt". Somit wird zwar einerseits der Ganzheitscharakter Berlins betont, andererseits aber das nicht-Berliner Gebiet der DDR ausgeschlossen und erst im Anhang II als „Umgebung der Stadt" („les environs de la ville") mit aufgenommen. Dagegen sind in der alliierten Vorlage die Einrichtung von zusätzlichen Übergangspunkten sowie die Entwicklung u. a. der Telephon- und Telegraphenverbindungen im Hauptvertragstext erwähnt, während diese Punkte in der französischen Vorlage im Anhang erscheinen. Ohne Entsprechung im französischen Text ist die Feststellung im alliierten Entwurf, daß das Problem der Exklaven durch Gebietsaustausch geregelt wird.

Bei den Bestimmungen über die „Bindungen zwischen den Westsektoren Berlins und der Bundesrepublik" legt der französische Vertragsentwurf das entscheidende Gewicht auf die „oberste Gewalt", die die Drei Mächte in den Westsektoren ausüben. Die Drei Mächte erklären sodann, „daß sie die Aussetzung der Artikel der Berliner Verfassung vom 1. Dezember 1950 beibehalten und beibehalten werden. Sie werden mit der BRD Vereinbarungen über die Vorkehrungen treffen im Hinblick auf die Tatsache, daß die Westsektoren kein Land der BRD bilden, aber mit dieser besondere Bindungen unterhalten, die für ihre Lebensfähigkeit notwendig sind. Die Regierung der UdSSR erklärt, daß sie diese nicht behindern wird."

An diesen Bestimmungen ist abzulesen, daß der entscheidende Akzent dem Sonderstatus West-Berlins zukommt (die suspendierten Artikel der Berliner Verfassung erklären Berlin zu einem Land der Bundesrepublik) und erst in einem zweiten Schritt die „besonderen Bindungen" zur Bundesrepublik Erwähnung finden. Die Festlegung der für die

Lebensfähigkeit Berlins notwendigen Maßnahmen (etwa das Ausmaß der Bundespräsenz) soll weitgehend den Westalliierten vorbehalten bleiben. Eine im Anhang des französischen Entwurfs vorgesehene Note der Regierungen der drei Westmächte an die Regierung der Sowjetunion gibt hierzu nähere Präzisierungen. Der gemeinsame westalliierte Text verweist hinsichtlich der „Beziehungen" zwischen den Westsektoren und der Bundesrepublik ausschließlich auf die Bestimmungen in Anhang III.

Dem französischen Entwurf zufolge sollen dem Berlin-Abkommen zwei Annex-Noten beigegeben werden: eine Note der Regierung der Sowjetunion an die Regierungen der drei Westmächte über die Modalitäten des Zugangs zu den Westsektoren sowie eine Note der Regierungen der drei Westmächte an die Regierung der Sowjetunion bezüglich der „Bindungen" („liens") zwischen der Bundesrepublik und Berlin. Die sowjetische Note enthält nach diesem Entwurf u. a. die folgenden Präzisierungen: (1) der zivile Verkehr auf der Schiene vollzieht sich ohne Behinderungen; (2) die Bedingungen des Personenverkehrs werden den Notwendigkeiten in Qualität und Quantität angepaßt; (3) es werden Schnellzugverbindungen eingerichtet; (4) Verkehrsmittel auf der Schiene, der Straße und auf den Wasserwegen können verplombt werden; (5) auf den Straßen werden zusätzliche Kontrollpunkte eröffnet; (6) die Kontrollen beschränken sich in jedem Fall auf eine einfache Identifizierung. Bei einem Vergleich dieser Punkte mit den entsprechenden Bestimmungen der sowjetischen Note im westalliierten Entwurf vom 5. Februar, die dort als Annex I figuriert, ergibt sich weitgehende Übereinstimmung. Die Formulierungen sind dort etwas ausführlicher, die Abfolge der Regelungen ist etwas anders organisiert, doch ergeben sich dadurch keine ins Gewicht fallenden inhaltlichen Unterschiede. Es fehlt lediglich der gesonderte Hinweis auf die Schnellzugverbindungen. Zusätzlich ist vorgesehen, daß die DDR jährlich von der Bundesrepublik eine Pauschale für die Benutzung der Zugangswege erhalten soll.

Die im französischen Entwurf vorgesehene Note der Westmächte läßt sich wie folgt zusammenfassen: (1) Die Lebensfähigkeit der Stadt erfordert die „Beibehaltung der bestehenden Bindungen" zwischen den Westsektoren Berlins und der Bundesrepublik. Die Bundesregierung besitzt in der Stadt „Verbindungsbehörden" unter der Leitung eines „Bevollmächtigten des Bundes in Berlin". (2) Die Drei Mächte autorisieren die Bundesregierung, die Interessen der Bevölkerung der Berliner Westsektoren im Ausland zu repräsentieren und den Bewohnern der Westsektoren im Auftrag der Drei Mächte Bundespässe auszustellen. (3) Die Drei Mächte entscheiden über die Zulassung von internationalen Konferenzen in ihren Sektoren. Die Bewohner dieser Sektoren können sich Organisationen und Verbänden der Bundesrepublik anschließen sowie an deren internationalen Veranstaltungen teilnehmen. (4) Die Verfassungsorgane der Bundesrepublik (der Bundespräsident, der Kanzler, das Kabinett, der Bundestag und der Bundesrat in Plenarsitzungen) führen keine offiziellen Verfassungsakte in den Westsektoren aus. Sitzungen von Kommissionen und Fraktionen sind zugelassen, um Themen zu behandeln, die nach Auffassung der Drei Mächte die Westsektoren betreffen.

Im gemeinsamen westalliierten Entwurf fand sich im Annex, was im französischen Text als einseitige Erklärung der drei Westmächte direkt im Vertrag festgelegt wird: nämlich daß die drei Westsektoren kein „Land" der Bundesrepublik bilden, von ihr nicht regiert werden und in diesem Sinne die entsprechenden Artikel des Grundgesetzes und der Berliner Verfassung suspendiert bleiben. Deutlich behalten sich die drei Westmächte auch nach dem Wortlaut des alliierten Entwurfs das Recht vor, Natur und Ausmaß des Verhältnisses zwischen den Westsektoren und der Bundesrepublik zu bestimmen. Sie befürworten „besondere Bindungen" („des liens spéciaux"). Darüber hinaus finden sich u. a. folgende Präzisierungen: neben dem Bundestag und dem Bundesrat tritt auch die Bundesversammlung nicht in Berlin zusammen; der Bevollmächtigte des Bundes repräsentiert die Bundesregierung bei den drei Westmächten sowie beim Berliner Senat; die Einladungen zu internationalen Konferenzen und Ausstellungen werden von der Bundesrepublik im Einvernehmen mit dem Senat ausgestellt; es wird nicht ausdrücklich erwähnt, daß Kommissionen und Fraktionen des Bundestages in den Westsektoren tagen können; dagegen wird explizit die Einbeziehung der Westsektoren in internationale Verträge und Abkommen der Bundesrepublik vorgesehen, sofern die Drei Mächte ihre Zustimmung dazu geben. Neben diesen beiden Annexnoten zum Zugang und zu den Bindungen zwischen dem Bund und Berlin sieht der alliierte Entwurf eine zweite sowjetische Note vor, in der das Besuchsrecht der ständigen Bewohner der Westsektoren „in der Umgebung der Stadt" aus humanitären wie aus touristischen Gründen festgelegt wird. Zudem soll – auch dies eine Ergänzung des französischen Entwurfs – der Teltow-Kanal für die Schiffahrt freigegeben werden.

Sowohl der französische wie der gemeinsame westalliierte Entwurf sehen im dritten Teil vor, daß die vier Botschafter nach dem Abschluß der innerdeutschen Folgevereinbarungen deren Konformität mit dem Rahmenabkommen erklären und das gesamte Vertragswerk in Ausübung ihrer Vier-Mächte-Rechte und -Verantwortlichkeiten in Kraft setzen sollen.

Der Gesamtüberblick ergibt, daß der am 5. Februar 1971 überreichte westalliierte Vertragsentwurf sowohl in seiner Konstruktion wie in seinen inhaltlichen Bestimmungen viele Gemeinsamkeiten mit der französischen Vorlage vom 29. Dezember 1970 aufweist. Einige Details sind bis in Formulierungen hinein identisch. Der westalliierte Entwurf ist formal stärker ausgearbeitet und in manchen Bestimmungen präziser, auch vollständiger. Die inhaltlichen Unterschiede beschränken sich auf Nuancen. In der Frage des Status von West-Berlin legt der französische Entwurf den Akzent stärker auf die Oberhoheit der drei Westmächte. Die Regelung der Besuchsmöglichkeiten der West-Berliner im Ostteil der Stadt und in der DDR nimmt im westalliierten Projekt einen größeren Raum ein. Beide Vorlagen legen im Ganzen gesehen das Schwergewicht auf Bestimmungen, die einen reibungslosen Zugang nach Berlin gewährleisten sollen. Eine künftig verminderte „demonstrative Bundespräsenz" soll gegen die vertraglich festgelegte Außenvertretung Berlins in allen zivilen Bereichen, inklusive des konsularischen, durch Organe der Bundesrepublik „eingetauscht" werden. Die Idee des mehrstufigen Gefüges des Abkommens ist wesentlich von französischer Seite eingeführt worden; für ihre Durchsetzung hat sich in der Folge auf der Ebene der Vierergruppe René Lustig „stark engagiert" und „wohl auch die entscheidenden Punkte gemacht"[150].

Die französisch-amerikanischen Differenzen über den Beitrag der „channel-negotiations"

Nach Unterbreitung des westlichen Vertragsentwurfs stagnierten die Berlin-Gespräche in den Monaten Februar und März 1971. Auf Botschafter- wie auf Expertenebene kritisierten die sowjetischen Delegierten den westlichen Entwurf, ohne zunächst konstruktive Gegenvorschläge zu entwickeln[151]. Sie wollten in dieser Zeit, so der französische Ein-

[150] Persönliches Gespräch mit Günther Meichsner am 24. 3. 1988.
[151] Interne Chronologie der französischen Botschaft.

druck, „nichts tun“[152]. Zeitungsberichte sprachen hingegen zumindest hinsichtlich des 14. Treffens der Botschafter am 8. Februar, der ersten Zusammenkunft nach der Vorlage des Entwurfs, von einem „kooperativen Geist“[153]. Die Kürze des Intervalls bis zum 15. Treffen am 18. Februar schien dies zu bestätigen. Am Tag zuvor empfing Sauvagnargues den sowjetischen Botschafter Abrassimow in seinem Dienstsitz in West-Berlin[154]. Kurz vor der 16. Verhandlungsrunde am 9. März traf Egon Bahr mit den drei westlichen Botschaftern zu einem Meinungsaustausch in Berlin zusammen. Offensichtlich forderte er bei dieser Gelegenheit von den Westalliierten mehr „Flexibilität“, damit so bald wie möglich die deutsch-deutschen Verhandlungen über die Folgevereinbarungen beginnen könnten[155].

Die rückblickend skeptische Beurteilung dieser Verhandlungsphase durch beteiligte französische Diplomaten hängt unmittelbar mit dem Umstand zusammen, daß sich Kissinger um diese Zeit aktiv in die Berlin-Verhandlungen einschaltete. Im Februar 1971 richtete Kissinger einen Kommunikationskanal ein, der ihn über einen amerikanischen Marineoffizier in Frankfurt mit Egon Bahr und Kenneth Rush verbinden sollte[156]. Darüber hinaus stand Kissinger in enger Verbindung mit dem sowjetischen Botschafter Anatol Dobrynin in Washington, während Bahr und Rush ihrerseits zunächst Kontakt mit Abrassimow hielten, ab Mai 1971 vor allem mit dem neuen sowjetischen Botschafter in Bonn, Valentin Falin[157]. Durch diesen „Kanal“ wurde das amerikanische Außenministerium streckenweise kurzgeschaltet, nicht jedoch, wie Kissinger wohl annahm, auch das deutsche Auswärtige Amt[158].

Der amerikanische Sicherheitsberater und Dobrynin hatten am 10. Februar erstmals über den Stand der Berlin-Verhandlungen konferiert. Bei weiteren Begegnungen, insbesondere im Februar und März, machte die amerikanische Seite u. a. Vorschläge für die Regelung der Zugangsfrage. Dies geschah laut Kissinger auf der Basis der gemeinsamen westlichen Vorlage vom 5. Februar[159]. Etwas später, nach einem ersten Treffen zwischen Bahr, Falin und Rush am 10. Mai 1971, seien, so Kissinger, „die wichtigsten Verhandlungen im Rahmen dieses Forums geführt und bei Stockungen von Dobrynin und mir wieder in Gang gebracht“ worden[160]. Zwar relativiert Kissinger die Bedeutung seines „channels“: „Es war nicht immer ganz eindeutig, wie viele Kanäle es überhaupt gab und wer der Hauptunterhändler war.“[161] Aber indem er die eigentliche Verhandlungsrunde der vier Botschafter in Berlin kaum erwähnt, läßt er sie als bloße Staffage erscheinen. Auch Kenneth Rush mißt den Parallelverhandlungen entscheidende Bedeutung zu. Unabhän-

[152] Persönliches Gespräch mit François Plaisant am 13. 2. 1985.

[153] Lucbert, Les Occidentaux ont présenté des propositions de compromis à la réunion des Quatre, in: Le Monde vom 10. 2. 1971; Quercy, Moscou ne veut pas „lâcher“ Brandt, in: Combat vom 16. 2. 1971.

[154] La politique étrangère de la France Nr. 1 (1971), S. 13.

[155] Kergorlay, Le peu de progrès des négociations provoque l'impatience des dirigeants ouest-allemands, in: Le Figaro vom 10. 3. 1971. Vgl. die entgegengesetzte Überschrift vom Vortag: Ders., Berlin: Soudain optimisme en Allemagne sur les chances d'un règlement, in: Le Figaro vom 9. 3. 1971.

[156] Kissinger, Memoiren 1968–1973, S. 86 f.

[157] Falin war auch zuvor in seiner Funktion als Leiter der für den deutschsprachigen Raum zuständigen III. Europäischen Abteilung im sowjetischen Außenministerium eng mit Fragen der deutschen Ostpolitik befaßt; bei den deutsch-sowjetischen Verhandlungen 1970 war er Stellvertreter Gromykos.

[158] Schmid, Henry Kissinger und die deutsche Ostpolitik, S. 18.

[159] Kissinger, Memoiren 1968–1973, S. 877 ff.

[160] Ebenda, S. 881.

[161] Ebenda, S. 880.

gig vom westlichen Vertragsentwurf, den er für „nicht gut genug“ hielt, habe er selbst insgeheim einen Text mit Abrassimow bzw. Falin ausgehandelt[162]. In der letzten Verhandlungsphase sei es dann nur noch darum gegangen, daß die nicht ins Bild gesetzten Botschafter Frankreichs und Großbritanniens den bereits fertiggestellten Entwurf akzeptierten.

Auf französischer Seite besteht eine vollkommen andere Auffassung von der Bedeutung und den Auswirkungen dieser Parallel-Verhandlungen: Zum einen wird deren materieller Umfang als gering eingeschätzt. Die eigentlichen „channel-negotiations“ seien, so Sauvagnargues, Verhandlungen zwischen Egon Bahr und Valentin Falin und zum Teil Kenneth Rush gewesen. Dabei sei jedoch „in Wirklichkeit nichts gemacht“ worden[163]. Auch seien die Auswirkungen der Parallelverhandlungen weitgehend kontraproduktiv gewesen. Sie hätten die Angelegenheit „verkompliziert“ und seien in der entscheidenden Frage der sowjetischen Verantwortung für den Zugang nach Berlin sogar „in die verkehrte Richtung“ gelaufen.

Nach dem Urteil François Plaisants habe sich Kissinger in seinen Gesprächen mit dem sowjetischen Botschafter Dobrynin „an der Nase herumführen lassen“. Die sowjetische Seite habe den direkten Kontakt mit den USA angestrebt, um das Ergebnis dann den anderen Beteiligten „auferlegen“ zu können[164]. Aus französischer Sicht ist dies der Hauptgrund dafür, daß die Berlin-Verhandlungen nach der Unterbreitung des westlichen Entwurfs ins Stocken geraten sind: Die Sowjetunion habe die Ergebnisse der Parallel-Kontakte abwarten wollen. Dieser Annahme liegt die Auffassung zugrunde, daß Amerikaner und Deutsche hinsichtlich der sowjetischen Zugangsgarantie tatsächlich konzessionsbereiter gewesen seien: Kissinger aus relativem Desinteresse an diesen Detailfragen, Egon Bahr, um das deutsch-deutsche Element zu Lasten der Vier-Mächte-Kompetenz zu stärken. Drei Monate, so François Plaisant, seien durch die Parallel-Kontakte im Endeffekt „verlorengegangen“: die Zeit vom 5. Februar bis zum 5. Mai[165].

Sauvagnargues sieht das einzig positive Ergebnis der „channel-negotiations“ darin, daß dort die Formel gefunden worden sei, derzufolge die Bindungen zwischen der Bundesrepublik und Berlin nicht nur „aufrechterhalten“, sondern auch „entwickelt“ werden können[166]. Als dieser Begriff am Berliner Verhandlungstisch plötzlich aufgetaucht sei, habe er überhaupt erst bemerkt, daß Parallel-Verhandlungen geführt worden seien. Von amerikanischer Seite sei er darüber nicht informiert worden. Auch die Frage der Zulassung eines sowjetischen Generalkonsulats in West-Berlin, so räumt Sauvagnargues zutreffenderweise ein, sei großenteils bei den Parallel-Verhandlungen erörtert worden. Auch die beteiligten Beamten des Auswärtigen Amtes halten Kissingers Einschätzung der

[162] Rush, Interview im Deutschen Fernsehen vom 26. 3. 1980, S. 10. Dieses Urteil muß überraschen, wenn man es mit Kissingers eigener Bewertung vergleicht, nach der der Entwurf vom 5. Februar dem endgültigen Vertragstext „in den wichtigsten Teilen entsprach“. Kissinger, Memoiren 1968–1973, S. 883. Dies ist als Indiz dafür zu werten, daß Kissinger und Rush die Bedeutung ihrer Parallel-Verhandlungen doch überschätzten. Vgl. auch: Schmid, Henry Kissinger und die deutsche Ostpolitik, S. 19.

[163] Persönliches Gespräch mit Jean Sauvagnargues am 12. 2. 1985.

[164] Persönliches Gespräch mit François Plaisant am 13. 2. 1985; er verwendete hier den deutschen Ausdruck.

[165] Ebenda.

[166] Persönliches Gespräch mit Jean Sauvagnargues am 12. 2. 1985.

Bedeutung des „back-channels“ für weit übertrieben[167]. Bahr dagegen macht keine grundsätzlichen Bedenken gegen Kissingers Darstellung geltend. Allerdings ist zu berücksichtigen, daß es offensichtlich gerade Teil seiner Strategie gewesen war, Kissinger in die Berlin-Verhandlungen persönlich einzubinden und ihn im Glauben der „Vaterschaft“ des Abkommens zu wiegen, um seiner ausschlaggebenden Zustimmung sicher sein zu können: „Wir wollten das ja nicht ohne ihn machen. Wir waren ja interessiert daran, daß er dabei ist, wir waren ja interessiert daran, daß er zum Schluß sagt: Ich bin mit ein Vater. Für den Erfolg gibt es bekanntlich viele Väter. Wir wollten jedenfalls, daß er mit ein Vater ist.“[168]

Der sowjetische Vertragsentwurf vom 26. März 1971

Während der 17. Verhandlungsrunde am 26. März 1970 legte Botschafter Abrassimow einen sowjetischen Entwurf für das Berlin-Abkommen vor[169]. Er bestand im wesentlichen aus einer Zusammenstellung der bekannten sowjetischen Positionen und wurde daher von den drei Westmächten und der Bundesregierung mit Skepsis aufgenommen. Jedoch wurde als positives Zeichen vermerkt, daß der sowjetische dem westlichen Entwurf vom 5. Februar zumindest in der Dreistufigkeit des Aufbaus entsprach. Die Differenzen zur westlichen Berlin-Vorlage bestanden vor allem in den folgenden Punkten: Während der westliche Entwurf in den allgemeinen Bestimmungen „Berlin und Umgebung“ direkt als Vertragsobjekt bezeichnete, war im sowjetischen Text lediglich die Rede von „dem Gebiet, dessen Situation während der Verhandlungen geprüft wurde“. Damit sollte offengelassen werden, ob sich der Vertrag auf ganz Berlin oder, wie von der Sowjetunion ursprünglich gefordert, nur auf die Westhälfte der Stadt beziehen würde. In der Frage des Zugangs sah der sowjetische Entwurf vor, daß die sowjetische Regierung die drei Westmächte lediglich darüber unterrichten würde, daß die DDR zum Abschluß von Vereinbarungen „mit den interessierten Parteien“ bereit sei. Damit lehnte die Sowjetunion eine eigene Verantwortung für den ungehinderten Zugang ab und bekräftigte die volle Souveränität der DDR. Der zivile Verkehr sollte nach der „international üblichen Prozedur“ abgewickelt werden (zügige Abfertigung, Plombierung der Transporte durch den Absender, Kontrolle lediglich der Begleitpapiere). Bei den Bindungen West-Berlins an die

[167] Persönliche Gespräche mit Dr. Gerold von Braunmühl und Dr. Dieter Kastrup am 15. 4. 1985 und Günther van Well am 13. 11. 1987. Auf amerikanischer Seite stellte auch der damalige politische Gesandte der amerikanischen Militärregierung in Berlin, David Klein, das „peripheral maneuvering“ Kissingers und Rushs in Frage, das vor allem deren eigenen „ego needs“ gedient habe. In: Merritt/Merritt (Hrsg.), Living with the Wall, S. 89f. Mit kritischen Anmerkungen zu Kissinger auch das ehemalige Mitglied des National Security Council: Raymond L. Garthoff, Détente and Confrontation. American-Soviet Relations from Nixon to Reagan, Washington 1985, S. 120; sowie vor allem auf der Grundlage eigener Interviews: Hersh, The Price of Power, S. 415–422.

[168] Persönliches Gespräch mit Egon Bahr am 26. 6. 1985.

[169] Der sowjetische Entwurf wurde in Auszügen am 15. 4. 1971 von der polnischen Zeitung Zycie Warszawy veröffentlicht, unter (offensichtlich fadenscheiniger) Berufung auf „glaubwürdige politische Kreise in Brüssel“. Siehe: Le Monde vom 17. 4. 1971: Un journal polonais révèle les détails du document soviétique sur Berlin; Der Spiegel vom 19. 4. 1971: So weit reizen; Sommer, Noch Pferdefüße, in: Die Zeit vom 23. 4. 1971; Wolfgang Wagner verglich den sowjetischen Entwurf erstmals mit dem Wortlaut des westlichen Projekts in den Ausgaben vom 28. 4. 1971 der Tageszeitungen Tagesspiegel, Hannoversche Allgemeine, Bonner Generalanzeiger: Mit den Augen des Westens und des Ostens. Vgl. auch: Ders, Das Berlin-Problem als Angelpunkt eines Ausgleichs zwischen Ost und West in Europa, in: EA, Folge 11 vom 10. 6. 1971, S. 375–382; Carl-Christian Kaiser, „Zwischenstand“ in Berlin, in: Die Zeit vom 7. 5. 1971.

Bundesrepublik ging der sowjetische Entwurf über die westalliierte Formulierung, West-Berlin sei kein „Land" der Bundesrepublik, hinaus, und stellte fest, Berlin sei kein „Teil" der Bundesrepublik. Daneben sah der sowjetische Text nur ein einziges Verbindungsbüro der Bundesregierung in West-Berlin vor, das in der Realität – so die westliche Befürchtung – den Charakter einer Botschaft annehmen könnte; in der westlichen Vorlage war die Zahl der Verbindungsbüros im Prinzip nicht begrenzt. Einig waren sich die Vier Mächte allerdings darin, daß West-Berlin nicht von der Bundesrepublik regiert werde.

Im Hinblick auf die Präsenz des Bundes in Berlin sollten über die von den Westmächten vorgeschlagene Regelung hinaus neben dem Bundestag, dem Bundesrat, dem Bundeskabinett und der Bundesversammlung nach sowjetischer Vorstellung auch Ausschüsse und Fraktionen nicht mehr in Berlin tagen dürfen. Der Bestimmung, wonach Organe des Bundes keine amtlichen Akte in Berlin vornehmen dürften, folgte im sowjetischen Entwurf die Formel, daß ihnen auch „andere Tätigkeiten" untersagt seien, „die eine Ausweitung ihrer Zuständigkeit auf Berlin (West) bedeuten oder sich in seine Angelegenheiten einmischen oder das Territorium von Berlin (West) gegen die Interessen anderer Staaten benutzen würden". Die Außenvertretung West-Berlins, die die Westmächte außer in Sicherheitsfragen ganz der Bundesrepublik überlassen wollten, war im sowjetischen Entwurf dreigeteilt: Sie sollte erstens stattfinden durch den Berliner Senat gegenüber der DDR; zweitens durch die Bundesrepublik bei konsularischen und zivilrechtlichen Fragen (bei nicht-politischen Verträgen nach Maßgabe der Zustimmung der jeweiligen Vertragspartner), und drittens durch die Westmächte in politischen und Sicherheitsfragen.

In der Frage der Verbesserung der innerstädtischen Verbindungen einschließlich des Besuchsverkehrs verwies das sowjetische Papier grundsätzlich auf die zwischen den beiden deutschen Staaten zu treffenden Vereinbarungen. Besuche im Ostteil der Stadt sollten jedoch sowohl aus humanitären wie aus touristischen Motiven möglich sein. Im Anhang V ihres Entwurfes forderte die Sowjetunion die von den Westmächten bis dahin nicht vorgesehene Eröffnung eines sowjetischen Generalkonsulats in West-Berlin. Die Westmächte sollten außerdem generell zusichern, daß „die Interessen der Sowjetunion in Berlin (West) gebührend respektiert werden".

Insgesamt zeigte sich die Sowjetunion vergleichsweise flexibel in den Fragen der technischen Abwicklung des Berlin-Verkehrs (ohne jedoch ausdrücklich ihre eigene Verantwortlichkeit anzuerkennen) sowie bezüglich der Besuchsmöglichkeiten für West-Berliner im Ostteil der Stadt. Besonders starr war ihre Haltung in den Problembereichen der Bundespräsenz sowie der Außenvertretung Berlins. Es zeichnete sich jedoch ab, daß die Sowjetunion dem im westalliierten Entwurf eingeschlagenen Weg der Ausklammerung der Status-Fragen zu folgen bereit war und sich auf die Verfolgung ihrer Positionen in den praktischen Fragen beschränkte.

Die sowjetische Forderung nach Einrichtung eines Generalkonsulates in West-Berlin, die in einer frühen Phase – jedoch nicht von Anfang an – erhoben worden war, stieß insbesondere auf amerikanischer Seite zunächst auf energischen Widerstand[170]. Botschafter Rush, der für sich in Anspruch nahm, „von Anfang an" der Meinung gewesen zu sein, daß diese Forderung „in Ordnung" war[171], präzisierte später, „hardliners" im State

[170] Sauvagnargues spricht von einer „strikten amerikanischen Opposition" („une opposition américaine farouche"). Persönliches Gespräch mit Jean Sauvagnargues am 12. 2. 1985.

[171] Rush, Interview im Deutschen Fernsehen vom 26. 3. 1980, S. 12. Rush weiter: „Da wir von der Sowjetunion dramatische Positionsveränderungen hinsichtlich West-Berlins verlangten, mußten wir meiner Meinung nach auch ein gewisses Entgegenkommen zeigen."

Department, im Defense Department und in der CIA sowie der Nationale Sicherheitsrat seien gegen die sowjetische Präsenz in West-Berlin gewesen[172]. In der Sommerpause 1970 erklärte auch der Regierende Bürgermeister von Berlin, Klaus Schütz, die Einrichtung eines sowjetischen Generalkonsulats löse „erhebliche Zweifel am Berlin-Status" aus. Seine Meinung könne sich jedoch ändern, „wenn die Sowjetunion unsere Bindungen an die Bundesrepublik anerkennt"[173]. Weder der französische noch der westalliierte Vertragsentwurf hatten irgendeine Form sowjetischer Präsenz in West-Berlin vorgesehen. Doch schließlich führte die in der sowjetischen Vorlage vom 26. März erneut enthaltene Forderung nach einem Generalkonsulat auf westlicher Seite zu Überlegungen, unter welchen Bedingungen dem entsprochen werden könne. Die Befürworter einer konsularischen Vertretung argumentierten u. a., die Tatsache, daß die Sowjetunion um die Zulassung des Konsulats bei den drei Westmächten nachsuche, sei gerade als eine Anerkennung ihrer Oberhoheit in West-Berlin zu werten[174].

Nach der durch Indiskretion bekanntgewordenen positiven Stellungnahme Egon Bahrs bei einer Unterredung mit Henry Kissinger am 23. April 1971 in Washington[175] wurde in der innenpolitischen Auseinandersetzung gegen die Bundesregierung der Vorwurf erhoben, sie dränge die westlichen Alliierten in dieser Frage zu Konzessionen. Botschafter Rush trat einer solchen Darstellung nach dem Ende der Verhandlungen entschieden entgegen: „Ich muß ganz ehrlich sagen, daß die Bundesregierung uns zu keiner Zeit zu irgend etwas gedrängt hat. Das sowjetische Generalkonsulat in West-Berlin ist eigentlich erst im Laufe der Verhandlungen zum Gesprächsthema geworden."[176] Auch Botschafter Sauvagnargues bestätigte rückblickend, die Übereinkunft zur Einrichtung des sowjetischen Generalkonsulats sei im wesentlichen ein Ergebnis der Parallel-Verhandlungen gewesen; er habe in der Zulassung der sowjetischen Vertretung „keinen Nachteil" gesehen[177].

Vier Tage nach der Vorlage des sowjetischen Entwurfes ging Breschnew in seiner Eröffnungsrede vor dem 24. Parteitag der KPdSU (30. März bis 9. April 1971) auch auf die Berlin-Problematik ein. Er erklärte, daß die Verhandlungen „zum Vorteil aller interessierten Seiten, darunter auch der West-Berliner Bevölkerung selbst, erfolgreich zum Abschluß gebracht" werden könnten, „wenn die USA, Frankreich und England ebenso wie wir die Alliiertenabkommen über den Sonderstatus von West-Berlin respektieren, wenn sie die souveränen Rechte der DDR als eines unabhängigen sozialistischen Staates respektieren"[178]. Der vergleichsweise gemäßigte Tonfall, der besondere Hinweis auf die

[172] Zitierung Rushs in: Hersh, The Price of Power, S. 419f. Danach gestand Rush im August 1971 das Generalkonsulat ohne Abstimmung mit dem State Department zu.

[173] Zitiert nach: Der Spiegel vom 14. 9. 1970: Gegengeschäft.

[174] Siehe das Interview mit Egon Bahr in: Der Spiegel vom 30. 8. 1971: Moskau bewies, daß es Entspannung will; Gaus, West-Berlin und das Generalkonsulat, in: Der Spiegel vom 2. 8. 1971; Annamarie Doherr, In West-Berlin ist Moskau längst vertreten, in: FR vom 10. 8. 1971.

[175] Die Zeitschrift „Quick" veröffentlichte eine Zusammenfassung der vertraulichen Gesprächsäußerungen Bahrs vom 23. 4. 1971: Wilfried Ahrens, Anstatt im Westen für Berlin zu kämpfen, machte sich Egon Bahr bei unseren Freunden zum Anwalt Moskaus, in: Quick vom 4. 8. 1971. Siehe auch: Der Spiegel vom 2. 8. 1971: Mit Eselsohren.

[176] Rush, Interview mit der Bild-Zeitung vom 9. 9. 1971.

[177] Persönliches Gespräch mit Jean Sauvagnargues am 12. 2. 1985. Die Frage des sowjetischen Generalkonsulats fand auf französischer Seite offenbar kein allzu großes Interesse. In der 6seitigen Verhandlungschronologie der französischen Botschaft findet dieses Problem keine Erwähnung.

[178] Zit. nach: Siegler, Dokumentation zur Deutschlandfrage, Bd. VII, S. 116f.

Interessen der West-Berliner sowie die Tatsache, daß West-Berlin nunmehr (lediglich) ein nicht näher bezeichneter „Sonderstatus" zugeschrieben wurde, den es ja auch aus westalliierter Sicht besaß, markierten eine gewisse Änderung gegenüber früheren Äußerungen.

Die personelle Veränderung in der DDR-Führung konnte wenig später als ein weiteres günstiges Vorzeichen für den Verlauf der Berlin-Verhandlungen gewertet werden: Am 3. Mai 1971, einen Monat nach dem Parteitag der sowjetischen KP, trat Walter Ulbricht, angeblich aus gesundheitlichen Gründen, als Erster Sekretär des ZK der SED zurück. Mit hoher Wahrscheinlichkeit war dieser Führungswechsel von sowjetischer Seite veranlaßt worden, da sich Ulbricht offensichtlich allzu hartnäckig der sowjetischen Öffnung gegenüber dem Westen im allgemeinen sowie den sich abzeichnenden sowjetischen Konzessionen beim Berlin-Abkommen im besonderen widersetzt hatte[179]. Ulbrichts Nachfolger Erich Honecker konnte zwar nicht als Vertreter einer „weichen Linie" gelten[180], er sperrte sich jedoch nicht gegen den Wunsch der Sowjetunion, auch um den Preis der Modifizierung der eigenen Position mit den Westmächten in der Berlin-Frage zu einer Einigung zu kommen.

Indessen drückte die Bundesregierung weiter auf das Verhandlungstempo. Ungewöhnlichen Ausdruck fand dies in einem Zeitschriftenbeitrag, der auf einer von Günther van Well redigierten Kabinettsvorlage basierte und von Regierungssprecher Rüdiger von Wechmar unter dem Pseudonym „Wieland Deutsch" in der FDP-Publikation *Liberal* plaziert wurde[181]. Darin wurde unter anderem der Vorschlag gemacht, in den Vierergesprächen „zuerst Fragen des Zugangs und des innerstädtischen Verkehrs" zu erledigen, „um damit für diese Bereiche ein alliiertes ‚Dach' zu schaffen und für innerdeutsche Detailverhandlungen das oft zitierte ‚grüne Licht' zu geben". In dieser Verfahrensweise, bei der die Vier Mächte ihre Beratungen über andere Fragen „parallel" fortsetzen sollten, wurde eine Möglichkeit gesehen, „die Verhandlungen zügiger als bisher voranzutreiben". Der Realisierung dieses Vorschlages stand allerdings das französische Bestreben entgegen, vor deutsch-deutschen Gesprächen über Berlin zunächst die Gesamtheit der von den Vier Mächten zu regelnden Fragen zu lösen. Der Artikel verwies außerdem auf die divergierenden Rechtsauffassungen der Bundesrepublik und der drei Westmächte zur Lage Berlins, um vor illusionären Erwartungen hinsichtlich der erreichbaren Regelungen vor allem in den Bereichen Zugehörigkeit und Bundespräsenz zu warnen.

Der Verhandlungsdurchbruch im Mai 1971

Der Mai 1971 sollte den eigentlichen Durchbruch in den Verhandlungen bringen. Insbesondere in der zentralen Frage des Zugangs nach Berlin bewegte sich die Sowjetunion auf eine Anerkennung ihrer diesbezüglichen Verantwortlichkeit zu. Bereits im April hatte Botschafter Abrassimow während eines Essens in der Residenz des französischen Botschafters eingeräumt, die Sowjetunion sei in der Tat in Sachen des Zugangs „verantwort-

[179] Peter C. Ludz, Continuity and Change since Ulbricht, in: Problems of Communism (1972), S. 56–67; Wettig, Die Sowjetunion, die DDR und die Deutschlandfrage 1965–1976, S. 101–104.

[180] Siehe seine Rede vom 3. 5. 1971 vor dem ZK der SED, in: Siegler, Dokumentation zur Deutschlandpolitik, Bd. VII, S. 131 f.

[181] Persönliches Gespräch mit Günther van Well am 13. 11. 1987; Wieland Deutsch, Schwierigkeiten einer Berlin-Regelung, in: Liberal Heft 5 (1971), S. 324–330. Siehe auch: Rolf Zundel, Wieland Deutsch oder Boris Russ?, in: Die Zeit vom 18. 6. 1971; Der Spiegel vom 14. 6. 1971: Mal was schreiben.

lich“[182]. Einen weiteren Hinweis auf die Modifizierung der sowjetischen Haltung brachte Anfang Mai 1971 die Reise von Außenminister Schumann nach Moskau. Von französischer Seite wird diesem Arbeitsbesuch im nachhinein keine geringe Bedeutung beigemessen, ohne daß freilich behauptet würde, bei dieser Gelegenheit habe die Sowjetunion endgültig ihre Verantwortung für den störungsfreien Berlin-Zugang anerkannt[183]. Vielmehr habe Außenminister Gromyko „in ziemlich zweideutiger Weise“ unterstrichen, daß die Sowjetunion sich ihrer Verantwortung nicht entziehen wolle, „um zu gewährleisten, daß die Praxis in der Frage des Zugangs mit den Bestimmungen des zukünftigen deutsch-deutschen Abkommens übereinstimmt“[184]. Unmittelbar nach seinen Gesprächen mit Gromyko erklärte Schumann auf einer Pressekonferenz in Moskau: „Die Präzisierungen, die mir Gromyko gegeben hat, haben bei mir das Gefühl erweckt, daß ein Abkommen (über Berlin) nicht unmöglich ist.“[185]

Einige Wochen später, bei dem Konsultationstreffen am 28. Mai 1971 in Bonn, berichtete Schumann seinem deutschen Amtskollegen Scheel optimistisch von einer hinsichtlich der Berlin-Frage „veränderten Atmosphäre“ in Moskau und einer weniger harten Haltung“ Gromykos. Auch bei Ministerpräsident Kossygin habe er den Wunsch gespürt, „die Dinge vorangehen zu lassen“[186]. Im Gegenzug zu der von ihm positiv gewerteten sowjetischen Haltung hatte Schumann in Moskau einer baldigen Zusammenkunft der Botschafter der an einer europäischen Sicherheitskonferenz interessierten Länder in Helsinki zugestimmt.

Die zweite Maihälfte bildete eine besonders intensive Arbeitsphase auf der Expertenebene. Am 13. Mai begannen die Botschaftsräte, vergleichbare Formeln aus dem alliierten Vertragsentwurf und aus dem sowjetischen Projekt zusammenzustellen, um so versuchsweise zu einem gemeinsamen Vertragstext zu gelangen[187]. Ende des Monats akzeptierte die sowjetische Seite das Prinzip einer vertraglichen Festlegung („règle agréée“), die ihre Verantwortung für den Zugang nach West-Berlin bestimmte[188]. Seit Vorlage des sowjetischen Entwurfs am 26. März hatten sich die vier Botschafter nur dreimal getroffen (am 16. April, am 7. und am 25. Mai 1971), doch wurden gerade in dieser Zeit wichtige Fortschritte gemacht. Nach der 20. Sitzung am 25. Mai erklärte Sauvagnargues vor Journalisten, die Verhandlungen seien „in eine konkrete Phase“ eingetreten und könnten sogar bald in „eine vielleicht entscheidende Phase“ übergehen[189]. Später bestätigte auch Rush, im Mai habe die Sowjetunion das lange erwartete Zugeständnis hinsichtlich ihrer Verantwortlichkeit für den Zugang gemacht[190]. Am 31. Mai schließlich

[182] Interne Chronologie der französischen Botschaft.

[183] Persönliche Gespräche mit Jean Sauvagnargues am 12. 2. 1985 und François Plaisant am 13. 2. 1985.

[184] Interne Chronologie der französischen Botschaft: „M. Gromyko souligne, de manière assez ambigue, auprès de M. Schumann, en visite à Moscou, que l'URSS n'entend pas se soustraire à ‚ses responsabilités pour assurer que la pratique en matière d'accès sera conforme aux clauses du futur accord interallemand‘.“

[185] Zit. nach: Josef Riedmiller, Berlin-Regelung nicht unmöglich, in: SZ vom 9. 5. 1971; Die Welt vom 8. 5. 1971: Freier Berlin-Zugang bleibt Angelpunkt; FAZ vom 10. 5. 1971: Paris mit weniger Bonner Rechten in Berlin einverstanden; Weisenfeld, Mitbringsel aus Moskau, in: Die Zeit vom 14. 5. 1971.

[186] Schwoebel, MM. Scheel et Schumann sont parvenus à un accord sur Berlin et l'Europe, in: Le Monde vom 30. 5. 1971.

[187] Interne Chronologie der französischen Botschaft.

[188] Ebenda.

[189] Tatu, Un progrès serait intervenu entre les „Quatre“ sur Berlin, in: Le Monde vom 27./28. 5. 1971.

[190] Rush, The Berlin Agreement: An Assessment, in: The Atlantic Community Quarterly by 1 (1972), S. 58: „In May 1971, there was finally a move on the Soviet side to undertake a Soviet commitment

legten die Experten den Botschaftern einen ersten, nahezu vollständigen gemeinsamen Vertragsentwurf vor; an den noch strittigen Stellen war er mit Alternativformulierungen versehen, enthielt aber auch noch weiße Stellen und erklärende Fußnoten[191]. Im Monat Juni bemühten sich die Botschaftsräte, die noch bestehenden Differenzen beizulegen.

Die Fortschritte am Berliner Verhandlungstisch fielen zeitlich zusammen mit intensiven Bemühungen um einen Ost-West-Ausgleich auf internationaler Ebene. In einer Rede am 14. Mai 1971 in Tiflis hatte Breschnew die sowjetische Bereitschaft in Aussicht gestellt, die von den NATO-Staaten vorgeschlagenen Gespräche über Truppenreduzierungen in Mitteleuropa aufzunehmen („Signal von Tiflis")[192]. Sechs Tage später machte Nixon die überraschende Mitteilung, daß bei den amerikanisch-sowjetischen SALT-Verhandlungen[193] Fortschritte erzielt worden seien. Bundeskanzler Brandt sah sich durch diese Entwicklung veranlaßt, bei einer Tagung der Nuklearen Planungsgruppe der NATO am 25. Mai in Mittenwald zu warnen: Diese neuen Aussichten dürften nicht als „Vorwand" dazu dienen, die Berlin-Verhandlungen „mit weniger Entschlossenheit" fortzuführen[194]. Der Fortgang der amerikanisch-sowjetischen Entspannungsbemühungen befreite die Bundesregierung offensichtlich nicht völlig von der Sorge, die Berlin-Gespräche könnten als Objekt im Bilateralismus der Supermächte Schaden nehmen. Die aus Bonner Sicht zwiespältige Eingliederung der Vier-Mächte-Verhandlungen in die amerikanische Globalpolitik wurde von Kissinger mit allerdings positiven Vorzeichen indirekt bestätigt: Er, Kissinger, habe nach dem SALT-Durchbruch vom 20. Mai die Berlin-Gespräche „wieder anlaufen" lassen[195]. Zuvor hatte Botschafter Rush laut Kissinger ein für den 19. Mai angesetztes Berlin-Gespräch abgesagt, um die amerikanische Unzufriedenheit mit der sowjetischen Taktik bei den SALT-Gesprächen zu demonstrieren[196]. Im nächsten Verhandlungsabschnitt hingegen habe Rush „zu treiben" begonnen, da der amerikanische Präsident vor dem von ihm angestrebten Gipfeltreffen mit Breschnew das Berlin-Abkommen abgeschlossen sehen wollte[197]. Denn so wie Kissinger die Berlin-Gespräche mit den SALT-Verhandlungen verknüpft hatte, so band die sowjetische Seite die Gipfelbegegnung an eine vorherige Berlin-Regelung[198].

Schumann und Scheel sprachen nach ihren Konsultationsgesprächen am 28. Mai in Bonn von „Tauwetter", das mit dem Besuch Schumanns Anfang Mai in Moskau eingesetzt habe[199]. Botschafter Sauvagnargues gab bei diesem Treffen einen Bericht über den Stand der Berlin-Verhandlungen, und von deutscher Seite wurden die Außenminister

that access to and from the Western Sectors would be unimpeded. From that time onward, the pace of the negotiations accelerated."

[191] Interne Chronologie der französischen Botschaft.

[192] Redeauszug in: Archiv der Gegenwart, 19. 5. 1971, S. 16264.

[193] Danach wollten sich die Verhandlungspartner im Jahr 1971 auf die Begrenzung von Raketenabwehrsystemen konzentrieren (Anliegen der Sowjetunion), um in einem zweiten Schritt eine Vereinbarung über die Begrenzung der strategischen Offensivwaffen zu erreichen (vordringliches amerikanisches Anliegen). Text der Mitteilung Präsident Nixons in: EA, Folge 22 vom 25. 11. 1971, D 533 f. Siehe auch: Kissinger, Memoiren 1968–1973, S. 861–875.

[194] Zit. nach: Kergorlay, M. Brandt rappelle avec force: Berlin ne doit pas être laissé à l'écart d'une détente Est-Ouest, in: Le Figaro vom 26. 5. 1971.

[195] Kissinger, Memoiren 1968–1973, S. 881.

[196] Ebenda.

[197] Persönliches Gespräch mit Egon Bahr am 26. 6. 1985.

[198] Kissinger, Memoiren 1968–1973, S. 886.

[199] Die Zeit vom 4. 6. 1971: Vorrang für Berlin.

über die Arbeit der Botschaftsräte informiert[200]. Die Ministerratstagung der NATO am 3. und 4. Juni 1971 in Lissabon nahm „mit Befriedigung" zur Kenntnis, daß die Berlin-Verhandlungen in eine „aktive Phase" getreten waren. Sollte sich eine befriedigende Regelung erreichen lassen, so wollte man mit der aktiven Vorbereitung einer europäischen Sicherheitskonferenz beginnen. Das Kommuniqué verlautete, die Außenminister hofften, „daß vor ihrem nächsten Zusammentreffen die Berlin-Verhandlungen zu einem erfolgreichen Abschluß gelangt sind und sodann multilaterale Gespräche mit dem Ziel aufgenommen werden können, zu einer Konferenz über Sicherheit und Zusammenarbeit in Europa zu führen"[201].

Nach nur zwei Botschaftertreffen im Juni kamen die Verhandlungsdelegationen im Juli erstmals zu vier Plenarsitzungen zusammen (am 8., 16., 22. und 30. Juli). Dabei ging es um Lösungen für die nach der Vorarbeit auf Expertenebene verbliebenen Differenzen[202]. Ende Juli lag schließlich ein gemeinsamer Vertragsentwurf vor, der sich über die Gesamtheit der Verhandlungsthemen erstreckte[203]. Ehe in einer letzten Verhandlungsetappe nach Kompromissen für die noch offenen Probleme des Zugangs, der Bundespräsenz und der Außenvertretung West-Berlins gesucht werden konnte, bemühte sich der amerikanische Botschafter Rush, den Lauf der Verhandlungen zu bremsen. Er handelte dabei auf direkte Anweisung Kissingers, der die Reaktion der Sowjetunion auf die sich anbahnende amerikanisch-chinesische Annäherung abwarten wollte. Kissinger hatte sich im Juli zu einem geheimen Besuch in Peking aufgehalten, und am 15. Juli war zur Überraschung der Weltöffentlichkeit ein Besuch des amerikanischen Präsidenten in der Volksrepublik China für Anfang 1972 angekündigt worden[204]. Botschafter Rush bestätigte später, er habe „doch kein Berlin-Abkommen abschließen (können), und dann kommt plötzlich die Sache mit China (...)"[205]. Nach offizieller amerikanischer Lesart erfolgte diese für Außenstehende kaum erkennbare Verzögerung, um zu verhindern, daß die Sowjetunion die amerikanisch-chinesische Annäherung nach einem Vertragsabschluß in Berlin als Vorwand benutzen könnte, „neue Krisen vom Zaun zu brechen"[206]. Dafür nahm die amerikanische Regierung bewußt das Risiko einer Gefährdung der Berlin-Verhandlungen in Kauf: Die Sowjetunion-Experten im Nationalen Sicherheitsrat erwarteten überwiegend eine „feindliche" Reaktion der Sowjetunion nach dem Bekanntwerden der amerikanisch-chinesischen Annäherung[207]. Während in einigen Bereichen der internationalen Politik in der Tat eine Verhärtung des sowjetischen Kurses festgestellt werden

[200] NZZ vom 30. 5. 1971: Ansporn und Risiken für die Ostpolitik Bonns.
[201] Text in: EA, Folge 14 vom 25. 7. 1971, D 350–354, hier: Punkt 9. Siehe auch: Der Spiegel vom 7. 6. 1971: Goldener Oktober.
[202] Der Spiegel vom 19. 7. 1971: Über die Bühne.
[203] Interne Chronologie der französischen Botschaft.
[204] Kissinger, Memoiren 1968–1973, S. 882. Auch Rush selbst war nicht über den Hintergrund der Anweisung Kissingers informiert, „die letzte Verhandlungsrunde auf einen Zeitpunkt nach dem 15. Juli (zu) verschieben". Kissinger spricht von einer für den amerikanischen Botschafter „unverständlichen Anweisung", in: Ebenda. Zum Kontext der amerikanisch-chinesischen Annäherung siehe u. a.: Christian Hacke, Die Ära Nixon-Kissinger 1969–1974, Stuttgart 1983, S. 44–78.
[205] Rush, Interview im Deutschen Fernsehen vom 26. 3. 1980, S. 15.
[206] Kissinger, Memoiren 1968–1973, S. 882.
[207] Ebenda, S. 815 und S. 882. Morgan weist darauf hin, daß nach seinen „persönlichen Informationen" in diesem Zeitraum „die Verantwortlichen in Washington ihre Bemühungen um ein Berlin-Abkommen verdoppelten, um den Verdacht zu entkräften, eine Annäherung mit Peking würde notwendigerweise die Entspannungsbemühungen gegenüber Moskau unterbrechen". Morgan, Washington und Bonn, S. 203.

konnte[208], sollten sich für die Berlin-Verhandlungen keine negativen Folgen ergeben. Die Frage, ob und inwieweit sich die amerikanisch-chinesische Kontaktaufnahme im Gegenteil sogar förderlich auf die sowjetische Kompromißbereitschaft auswirkte, ist nur spekulativ zu beantworten; Kissinger sieht dies für gegeben an[209]. Allerdings waren auch nach seiner Darstellung die entscheidenden Verhandlungsfortschritte bereits in den „backchannel"-Gesprächen von Mitte Mai bis Mitte Juli erzielt worden. Sauvagnargues, der zum damaligen Zeitpunkt nicht über die Motive der amerikanischen Verzögerungstaktik informiert war, machte Rush in dieser Phase den Vorwurf, die Verhandlungen nicht energisch genug voranzutreiben[210].

Die Endphase und der Abschluß der Verhandlungen am 23. August 1971

Die letzte Verhandlungsetappe sollte ab Dienstag, 10. August 1971, in mehreren „Marathon-Sitzungen" absolviert werden. Für den ersten Tag nahmen sich die Botschafter die offensichtlich leichter zu lösenden Fragen der Besuchsmöglichkeiten für West-Berliner in Ost-Berlin sowie der Verbesserung der Kommunikationsmöglichkeiten zwischen den beiden Teilen der Stadt vor[211]. Abrassimow erklärte nach der Sitzung vor Journalisten, man sei „zwei große Schritte weitergekommen"[212]. Mühsamer gestalteten sich anscheinend die Verhandlungen am 11. und 12. August, in denen es um die „wirklich schweren Fragen" des Zugangs und der Bindungen ging[213]. Da die endgültige Einigung auf sich warten ließ und die nächste Verhandlungsrunde erst auf den 16. August angesetzt wurde, klang in Pressekommentaren bereits Enttäuschung über den schleppenden Verlauf an[214]. Uneins waren sich die vier Botschafter weiterhin in der genauen Definition der sowjetischen Zugangsverantwortlichkeit sowie in den Fragen der Vertretung West-Berlins in internationalen Organisationen, der Ausgabe von Bundespässen für West-Berliner und über die Bedingungen der Zulassung des sowjetischen Generalkonsulats in West-Berlin. Von französischer Seite wird betont, man habe außerdem großes Gewicht darauf gelegt, die „Allgemeinen Bestimmungen" des ersten Vertragsteiles, die nach westlicher Intention auf ganz Berlin zu beziehen waren, genügend auszustaffieren und ihnen damit Gewicht zu geben[215].

[208] Hierzu ist insbesondere der am 9. 8. 1971 abgeschlossene sowjetisch-indische Freundschaftsvertrag zu zählen, der Indien die notwendige Rückendeckung für den späteren Krieg mit Pakistan gab. Diese Folge deutet Kissinger selbst an: Memoiren 1968–1973, S. 815 f. Zu den „Kosten" der amerikanisch-chinesischen Annäherung siehe auch: Gebhard Schweigler, Von Kissinger zu Carter. Entspannung im Widerstreit von Innen- und Außenpolitik 1969–1981, München/Wien 1982, S. 88–94.

[209] Kissinger, Memoiren 1968–1973, S. 815: „Bei anderen Verhandlungen, die seit Monaten festgefahren schienen, zeigten sich ganz plötzlich gewisse Fortschritte, so etwa bei den Berlin-Verhandlungen und den Gesprächen über die Vermeidung eines unbeabsichtigten Krieges mit Kernwaffen."

[210] Persönliche Gespräche mit Jean Sauvagnargues am 12. 2. 1985 und François Plaisant am 13. 2. 1985.

[211] Rush, Interview im Deutschen Fernsehen vom 26. 3. 1980, S. 16 f.

[212] FAZ vom 11. 8. 1971: Heute Fortsetzung des Berlin-Gesprächs; SZ vom 11. 8. 1971: Intensiveres Berlin-Gespräch.

[213] Rush, Interview im Deutschen Fernsehen vom 26. 3. 1980, S. 17; NZZ vom 13. 8. 1971: Das 29. Berlingespräch.

[214] Le Figaro vom 13. 8. 1971: Les représentants des quatre „Grands" n'ont pu parvenir à un accord sur le problème de Berlin; FAZ vom 13. 8. 1971: Hoffnungen auf rasche Berlin-Regelung enttäuscht; Tatu, Le „marathon" des Quatre sur Berlin n'a pas été décisif, in: Le Monde vom 14. 8. 1971; Massip, Une négociation difficile, in: Le Figaro vom 14. 8. 1971; Der Spiegel vom 16. 8. 1971: Nicht verheiratet, aber fest verlobt.

[215] Persönliches Gespräch mit Jean Sauvagnargues am 12. 2. 1985 und interne Chronologie der französischen Botschaft.

Die letzten ganztägigen Sitzungen, die in diesen Bereichen zu einer Einigung führen sollten, fanden am 16., 17. und 18. August statt. In der Frage der Fixierung der sowjetischen Verantwortlichkeit für den Zugang nach Berlin gab es nach französischen Angaben auch unterschiedliche Akzentuierungen zwischen der französischen Delegation auf der einen und der amerikanischen und der britischen Delegation auf der anderen Seite[216]. Ende Juli war Verhandlungsstand, daß die Sowjetunion zwar eine Formel akzeptieren wollte, die auf ihre oberste Verantwortlichkeit für den Zugang hinwies, jedoch sollte diese Formel mit einer „Konsultations- und Zustimmungsklausel" in bezug auf die DDR versehen sein: Danach würde die Sowjetunion im Abkommen erklären, daß sie „nach Konsultationen und mit Zustimmung der DDR" die Garantie für einen unbehinderten Zugang nach West-Berlin übernähme. Nach Angaben von Sauvagnargues wurde diese einschränkende Klausel sowohl von amerikanischer und britischer Seite wie auch von Egon Bahr akzeptiert[217]. Er selbst habe sich jedoch strikt dagegen gewandt, da diese Formel „den Wert des Abkommens vollkommen zerstört" hätte, insofern sie der „Ausdruck einer Souveränität der DDR über den Zugang" gewesen wäre. Sein „ständiges Thema" in zahlreichen Gesprächen mit Abrassimow sei es gewesen, der sowjetischen Seite nicht zuletzt ihr Eigeninteresse an einer alleinigen Verantwortlichkeit nahezubringen. Er habe dabei gesagt: „‚Es liegt nicht im Interesse der Sowjetunion, der Deutschen Demokratischen Republik die Verantwortung für den Zugang zu übertragen. Das hieße, ihr den Finger am Abzug zu überlassen, d. h. die Möglichkeit, ganz allein eine Krise zu inszenieren.'"[218] Offensichtlich hatte Sauvagnargues damit jedoch zunächst keinen Erfolg.

Auch in der Schlußphase der Verhandlungen bestand der französische Botschafter darauf, diese Konsultationsklausel nicht akzeptieren zu können. In den drei letzten Verhandlungstagen, in denen Sauvagnargues turnusmäßig den Vorsitz führte, sprach er sich mit seinem amerikanischen und britischen Kollegen ab, daß diese ihm zumindest nicht widersprechen würden, wenn er seine Einwände – angeblich im Namen der Westmächte – aufrechterhielt. Nachdem er Abrassimow am 16. August erklärt habe, er könne das Abkommen mit der bewußten Formel nicht unterschreiben, so Sauvagnargues, sei dieser auch tatsächlich, ohne irgendwelche Rücksprache zu halten, von seiner starren Position abgegangen. Auf die französische Forderung hin sei zunächst die Formel, die Regierung der Sowjetunion „erkläre", daß der Transitverkehr nicht behindert würde, durch das bindendere „garantiere" ersetzt worden. Am nächsten Tag erklärte Abrassimow dann aber, er könne das Wort „garantieren" doch nicht akzeptieren. Auf Insistieren der französischen Delegation einigte man sich schließlich darauf, zum „erklären" zurückzukehren, aber im Gegenzug die Konsultationsformel aus dem Hauptteil des Abkommens herauszunehmen und in die von der Sowjetunion zu zeichnende Anlage zu verweisen[219]. Die

[216] Für die folgenden Aspekte: Persönliche Gespräche mit Jean Sauvagnargues am 12. 2. 1985 und François Plaisant am 13. 2. 1985 sowie die interne Chronologie der französischen Botschaft. Detaillierte Angaben enthält zudem ein diplomatisches Telegramm Sauvagnargues' aus London vom 16. 4. 1980: L'Ambassadeur de France en Grande-Bretagne à son Excellence Monsieur Jean François-Poncet, Ministre des Affaires Etrangères. Sauvagnargues reagierte damit auf das Interview Rushs im Deutschen Fernsehen vom 26. 3. 1980 (Kopie im Besitz des Verfassers). Die Angaben aus den genannten Quellen stimmen überein.

[217] Sauvagnargues, Le statut de Berlin, S. 31.

[218] Persönliches Gespräch mit Jean Sauvagnargues am 12. 2. 1985.

[219] Im endgültigen Abkommenstext lautet der entscheidende Passus zum Transitverkehr: „Die Regierung der Union der Sozialistischen Sowjetrepubliken erklärt, daß der Transitverkehr von zivilen Personen und Gütern zwischen den Westsektoren Berlins und der Bundesrepublik Deutschland auf

von den Vier Mächten gemeinsam getragenen „règles agréées" blieben somit frei von jeglicher Bezugnahme auf deutsche Instanzen. Günther van Well sieht darin eine „große Leistung" der Franzosen: In einem Moment, da sich die Verhandlungen bereits in Richtung auf ein Garantiesystem bewegten, das die DDR einbezogen hätte, sei Sauvagnargues „fest geblieben" und habe durchgesetzt, daß die Zugangsgarantie allein auf den originären Besatzungsrechten der Vier Mächte basiert[220].

In den letzten Verhandlungstagen hielt sich auch Gromyko in Ost-Berlin auf und übernahm praktisch die sowjetische Verhandlungsführung[221]. Abrassimow mußte mehrfach Sitzungen unterbrechen und zu Konsultationen mit Gromyko nach Ost-Berlin fahren[222]. So wurde z. B. die 30. Verhandlungsrunde am 16. August für zwei Stunden ausgesetzt[223]. Gleichwohl waren die westlichen Botschafter überrascht von der „außerordentlichen Eile", die Abrassimow nunmehr an den Tag legte: So habe er einmal brüsk angekündigt, man müsse noch in derselben Woche zu Ende kommen. Sauvagnargues hielt es rückblickend nicht für völlig ausgeschlossen, daß dieses „merkwürdige" Verhalten im Zusammenhang mit der amerikanisch-chinesischen Annäherung stand[224]. Günther van Well meinte: „Wir merkten, die sowjetische Führung hatte entschieden: Das Abkommen muß jetzt abgeschlossen werden. Deshalb kamen eben zuletzt noch günstige Ergebnisse zustande."[225]

Während der 31. Verhandlungsrunde am 17. August schaltete sich Bundeskanzler Brandt – offenbar fernschriftlich – direkt in die Gespräche ein[226]. Er insistierte insbesondere auf der Festlegung, daß West-Berliner künftig mit Bundespässen auch in die Staaten Osteuropas reisen können sollten. Laut Brandt, der in dieser Angelegenheit zuvor auch einen Brief an Breschnew geschrieben hatte, war dies von den Westmächten nicht als ein „besonders wichtiger Punkt" angesehen worden[227]. In der Sitzung vom 17. August erhielt der amerikanische Botschafter auch ein Fernschreiben seines Außenministers, in dem er Rush zum sofortigen Abbruch der Verhandlungen aufforderte. Es hieß, Rush habe seine Direktiven verletzt und seine Verhandlungsführung könne nicht länger akzeptiert wer-

Straßen, Schienen- und Wasserwegen durch das Territorium der Deutschen Demokratischen Republik ohne Behinderungen sein wird, damit er in der einfachsten und schnellsten Weise vor sich geht, und daß er Begünstigungen erfahren wird." Der Einleitungssatz zur Anlage I (Transitverkehr) lautet: „Die Regierung der Union der Sozialistischen Sowjetrepubliken hat die Ehre, unter Bezugnahme auf Teil II Abschnitt A des Vier-Mächte-Abkommens vom heutigen Tage und nach Konsultationen und in Übereinkunft mit der Regierung der Deutschen Demokratischen Republik den Regierungen der Französischen Republik, des Vereinigten Königreiches und der Vereinigten Staaten von Amerika folgendes mitzuteilen: (es folgen die konkreten Regelungen). Zit. nach: Die Berlin-Regelung, S. 158 und S. 161. Für eine Interpretation siehe: Zündorf, Die Ostverträge, S. 133 f. und S. 141 f.

220 Persönliches Gespräch mit Günther van Well am 13. 11. 1987.

221 Der Besuch Gromykos wurde von der DDR gemeldet, nicht jedoch sein Zusammenhang mit den Berlin-Verhandlungen: Neues Deutschland vom 20. 8. 1971: Über den Besuch A. A. Gromykos in Berlin.

222 Persönliches Gespräch mit Günther van Well am 13. 11. 1987.

223 Le Monde vom 18. 8. 1971: Les entretiens à Quatre sur Berlin.

224 Persönliches Gespräch mit Jean Sauvagnargues am 12. 2. 1985.

225 Persönliches Gespräch mit Günter van Well am 13. 11. 1987.

226 Rush, Interview im Deutschen Fernsehen vom 26. 3. 1980, S. 17.

227 Brandt, Begegnungen und Einsichten, S. 514 f.; Ders., Erinnerungen, S. 231. Im Berlin-Abkommen sieht das „Vereinbarte Verhandlungsprotokoll I" vor, daß West-Berliner mit einem Bundespaß nach Osteuropa reisen können, der mit dem Stempel „ausgestellt in Übereinstimmung mit dem Viermächte-Abkommen vom 3. September 1971" versehen ist.

den[228]. Im Bewußtsein, sich in allen Belangen mit Nixon und Kissinger abgesprochen zu haben – wovon Außenminister Rogers offensichtlich nicht unterrichtet war –, insistierte Rush jedoch darauf, die Verhandlungen zu Ende führen zu können, und kündigte dem Außenministerium fernschriftlich eine spätere Erklärung an[229].

Nach einer weiteren Sitzung am 18. August war der Text des Berlin-Abkommens fertig. Die letzten Details wurden bei einem abschließenden Treffen am 23. August in der Residenz des amerikanischen Botschafters in Berlin-Dahlem geklärt. Der einzige Punkt, über den sich die vier Botschafter nicht hatten einigen können, ging über die eigentliche Verhandlungsmaterie hinaus: Es handelte sich um die Frage der Anfertigung einer verbindlichen deutschen Übersetzung des Abkommens[230]. Im Anschluß an diese 33. Zusammenkunft veröffentlichten die vier Botschafter ein knappes Kommuniqué, in dem es hieß, man habe sich auf den Textentwurf eines Gesamtabkommens geeinigt, „das sie ihren Regierungen zur Prüfung vorlegen werden"[231].

Der französische Ministerrat billigte den Text auf seiner Sitzung vom 25. August nach ausführlichen Erläuterungen durch Außenminister Schumann[232]. Die Regierungen in Washington und London erteilten in ähnlicher Weise ihre Zustimmung[233]. Die ursprünglich für den 2. September 1971 angekündigte Unterzeichnung des Berlin-Abkommens mußte um einen Tag verschoben werden. Hauptgrund dafür waren die Schwierigkeiten der Vertreter der beiden deutschen Staaten, sich auf eine gemeinsame Übersetzung des Vertragstextes zu einigen[234].

[228] Rush, Interview im Deutschen Fernsehen vom 26. 3. 1980, S. 18. Kissinger schreibt, Rogers habe Rush „für zweiwöchige Konsultationen" nach Washington zurückbeordert. Kissinger, Memoiren 1968–1973, S. 884.

[229] Der Rückruf Rushs war letztlich auf inner-administrative Divergenzen und Rivalitäten zurückzuführen, eine Folge der partiellen Kurzschließung des US-Außenministeriums. Rush konnte sich am 27. 8. bei einem Besuch in San Clemente des Rückhaltes von Präsident Nixon versichern. Siehe: Kissinger, Memoiren 1968–1973, S. 884 f.

[230] Rush, Interview im Deutschen Fernsehen vom 26. 3. 1980, S. 18.

[231] Siegler, Dokumentation zur Deutschlandfrage, Bd. VII, S. 162 f. Siehe auch die Pressekommentare: Massip, Un point de départ?, in: Le Figaro vom 24. 8. 1971; Etienne Fajon, Le poids des réalités, in: L'Humanité vom 24. 8. 1971; Le Combat vom 24. 8. 1971: L'accord sur Berlin dégage la voie pour une large détente en Europe; Le Monde vom 25. 8. 1971: Un „tumeur" guéri; Nicolas Benckiser, Die Garantie der Vier, in: FAZ vom 25. 8. 1971; Sommer, Ein Vertrag der Vernunft, in: Die Zeit vom 27. 8. 1971; Tatu, Le règlement le plus important depuis le traité autrichien, in: Le Monde vom 31. 8. 1971; Grosser, Un double pont, in: Le Monde vom 7. 9. 1971; Heinz Abosch, Les accords de Berlin renforcent la position de M. Brandt, in: Le Monde diplomatique Nr. 210 (1971), S. 11.

[232] Le Monde vom 27. 8. 1971: M. Scheel: la période d'insécurité (...).

[233] Englischer, französischer und russischer Text in: Dokumente zur Berlin-Frage 1967–1986, S. 191 ff. Französischer Text außerdem in: Le Monde vom 3. 9. 1971 und in: La politique étrangère de la France Nr. 2 (1971), S. 96–104.

[234] Le Monde vom 4. 9. 1971: Les ambassadeurs des Quatre devaient signer vendredi l'accord sur Berlin; Cramer, Die Unterzeichnung verzögert sich, in: FAZ vom 3. 9. 1971. Als offizieller Grund für die Verschiebung wurde eine gesundheitliche „Indisposition" Rushs angegeben, was von den Beobachtern für eine rein „diplomatische Krankheit" gehalten wurde. Rush bestätigte allerdings später: „Auch wenn es keine Schwierigkeiten gegeben hätte, eine gemeinsame deutsche Übersetzung des Abkommens herzustellen, hätte ich sagen müssen: Ich kann an diesem Tag nicht unterschreiben." Interview mit der Bild-Zeitung vom 9. 9. 1971. Bundesdeutsche Beteiligte halten Rushs Ausfall rückblickend dennoch für ganz überwiegend „diplomatisch" bedingt.

7. Die Auseinandersetzungen um die deutsche Übersetzung

Eine autorisierte deutsche Übersetzung des Berlin-Abkommens konnte – darin waren sich alle Beteiligten einig – keine vierte offizielle Fassung neben den allein gültigen englischen, französischen und russischen Versionen sein. Sie sollte lediglich die Verwendung eines einheitlichen Textes im Verkehr zwischen der Bundesrepublik und der DDR gewährleisten. Die deutsch-deutschen Auseinandersetzungen um die Anfertigung dieser verbindlichen Übersetzung wurden unmittelbar nach Unterzeichnung des Vier-Mächte-Abkommens bekannt. Die DDR-Nachrichtenagentur ADN verbreitete einen am 4. September auch vom Zentralorgan *Neues Deutschland* abgedruckten Text, der in einigen nicht unwichtigen Punkten vom Wortlaut der in der Bundesrepublik veröffentlichten Version abwich. Bis zur Publikation der Memoiren Kissingers im Jahre 1979 war jedoch nicht bekannt, daß sich die französische Delegation der Realisierung einer verbindlichen deutschen Übersetzung energisch widersetzt hatte. Das Faktum als solches wird heute von französischer Seite anerkannt. Jedoch dementierte Sauvagnargues die ihm von Kissinger unterstellten Motive. Kissinger stellte den Vorgang folgendermaßen dar: „Die Franzosen weigerten sich, die Russen dazu zu drängen, die Ostdeutschen zur Anerkennung des offiziellen Textes zu zwingen. Während der Debatte stürmte der französische Botschafter Jean Sauvagnargues wütend aus dem Sitzungssaal. Die Franzosen hatten sich auf den Standpunkt gestellt, Deutsch dürfe hier nicht als offizielle Sprache zugelassen werden. Für die Franzosen mag das vielleicht herzerwärmend gewesen sein, es war aber doch recht eigenartig, wenn man bedenkt, daß es hier um eine in erster Linie deutsche Frage ging."[235]

Diese Darstellung blieb bei der Veröffentlichung der Memoiren zunächst unwidersprochen; allzu bekannt war die mitunter sehr legalistische Einstellung der französischen Diplomatie. Die behauptete Weigerung Sauvagnargues', Deutsch als „offizielle Sprache" zuzulassen, hatte angesichts des oft allzu demonstrativen Pochens auf die Siegerrechte durch Frankreich einige Glaubwürdigkeit für sich. Sauvagnargues selbst stellte seine Beweggründe allerdings anders dar. Ihm zufolge sei der Wunsch nach einer deutschen Übersetzung in der allerletzten Verhandlungsphase von Egon Bahr in der Vierergruppe geäußert worden[236]. Kenneth Rush hingegen betonte, er habe während der Verhandlungen des öfteren auf die Notwendigkeit einer deutschen Version aufmerksam gemacht, da ihm „von Anfang an klar" gewesen sei, „daß ein Abkommen, das die DDR, die Berliner und die Bundesrepublik berührt, auch in deutscher Sprache vorliegen muß". Die Sowjetunion habe dies jedoch kategorisch abgelehnt[237]. Nach einem Bericht des ‚*Spiegel*' soll bereits am 19. Juli 1971 der Entwurf einer deutschen Übersetzung des in wesentlichen Teilen schon fertiggestellten Abkommens der sowjetischen Seite übergeben worden sein. Das Vorhaben wurde jedoch zunächst nicht weiter verfolgt, was, wie ein „Bonner Staats-

[235] Kissinger, Memoiren 1968–1973, S. 885.

[236] Alle Zitierungen Sauvagnargues' nach den beiden persönlichen Gesprächen am 12. und 27. 2. 1985. Bahr bestätigt, daß er „zu einem relativ frühen Zeitpunkt der Schlußphase" auf die deutsche Übersetzung gedrungen habe und bei einem ersten deutsch-deutschen Textvergleich „rund 70 Abweichungen" festgestellt worden seien. Persönliches Gespräch mit Egon Bahr am 26. 6. 1985. Siehe auch: Brandt, Begegnungen und Einsichten, S. 514: „Wir bestanden auf dem Versuch einer gemeinsamen deutschen Übersetzung der amtlichen englischen, französischen und russischen Texte. Ohne diese Mühe, die alles noch einmal aufhielt, würde es später mehr ‚Anlässe' zu unterschiedlicher Interpretation gegeben haben."

[237] Rush, Interview im Deutschen Fernsehen vom 26. 3. 1980, S. 19.

sekretär" erklärt haben soll, an der „Besatzer-Mentalität" gelegen habe, „die bei den ganzen Verhandlungen immer wieder anklang, nach dem Motto: Wir sind hier unter uns, und die Deutschen interessieren uns nicht so sehr"[238].

Es ist anzunehmen, daß, nachdem Egon Bahr noch einmal den Wunsch der Bundesregierung nach einer deutschen Übersetzung vorgebracht hatte, die amerikanische Seite sich dieses Anliegen zu eigen machte. Rush besaß, nachdem er Ende August Präsident Nixon in San Clemente Bericht erstattet hatte, sogar die Vollmacht, die Unterzeichnung des Berlin-Abkommens vom Vorhandensein einer verbindlichen deutschen Übersetzung abhängig zu machen[239]. Diese Bedingung sollte von amerikanischer Seite auch tatsächlich aufrechterhalten werden. In einem ersten Anlauf konnte allerdings selbst Kissinger mit einer entsprechenden Forderung beim sowjetischen Botschafter in Washington, Dobrynin, nicht durchdringen. Die Sowjetunion blieb bei ihrer kategorischen Ablehnung[240].

Von Anfang an stieß das amerikanische Drängen jedoch auch auf französischen Widerstand. Sofort nachdem das Übersetzungsvorhaben aufgekommen sei, so Jean Sauvagnargues, habe er sich diesem widersetzt, weil zumindest ein Wort von der Bundesrepublik und der DDR unterschiedlich übersetzt werden würde: das englische „ties" würde „Bindungen" und „Verbindungen" ergeben. Als der amerikanische Botschafter seinen französischen Kollegen einige Tage vor der Vertragsunterzeichnung anrief, um ihm mitzuteilen, daß die amerikanische Seite die Übereinkunft über die deutsche Übersetzung zur Bedingung für die Unterzeichnung machen würde, erwiderte Sauvagnargues, er werde sich diesem Vorhaben nicht widersetzen, allerdings auch nichts dafür unternehmen. Sauvagnargues' Motive lassen sich wie folgt zusammenfassen: Im Gegensatz zu Kissingers Darstellung sei er nicht aus statusrechtlichen Gründen gegen eine deutsche Übersetzung gewesen. Wenn diese in objektiver Weise hätte angefertigt werden können, so der damalige französische Botschafter, wäre er völlig einverstanden gewesen. Nach Lage der Dinge wäre jedoch mit dem Versuch einer verbindlichen deutschen Übersetzung, wie François Plaisant formulierte, „die Büchse der Pandora" geöffnet worden[241]. Sauvagnargues im Rückblick: „Ich lehnte es nicht ab, daß es einen Text auf Deutsch geben sollte, ich lehnte eine Methode ab, die der Deutschen Demokratischen Republik die Möglichkeit gab, wieder zum Teil das zu zerstören, was wir gemacht haben."[242]

Eine zwischen den Vertretern der beiden deutschen Staaten auszuhandelnde deutsche Fassung hätte „der DDR die Möglichkeit eröffnet, auf den Vertrag über die Übersetzung einzuwirken, zumindest zu versuchen, ihn umzubiegen". Es wäre vollkommen ummöglich gewesen, so Sauvagnargues weiter, die Sowjetunion etwa zu veranlassen, ihrerseits auf die DDR einzuwirken, den Begriff „Bindungen" zu akzeptieren. Nachdem die Sowjetunion der DDR bereits eingeschränkte Souveränitätsrechte auf den Zugangswegen zugemutet habe, wäre diese weitere Konzession undenkbar gewesen. Im übrigen sei die östliche Übersetzung der Ausdrücke „ties", „liens" und „sviazy" mit „Verbindungen" nicht vollkommen unvertretbar; das französische und das englische Wort seien zwar „stark", der russische Ausdruck könne jedoch beides bedeuten.

238 Der Spiegel vom 6. 9. 1971: Da greift der Bahr in die Wunden.

239 Rush, Interview im Deutschen Fernsehen vom 26. 3. 1980, S. 20. Siehe auch den Auszug aus einem Brief Rushs in: Catudal, The Diplomacy of the Quadripartite Agreement on Berlin, S. 182 f.

240 Rush, Interview im Deutschen Fernsehen vom 26. 3. 1980, S. 20.

241 Persönliches Gespräch mit François Plaisant am 13. 2. 1985.

242 Persönliches Gespräch mit Jean Sauvagnargues am 12. 2. 1985.

Die Schwierigkeiten der deutsch-deutschen Übersetzungsverhandlungen schienen Sauvagnargues' frühzeitige Warnungen zu bestätigen. Dennoch veranlaßte er seine Mitarbeiter René Lustig und François Plaisant, sich an diesen Auseinandersetzungen zu beteiligen[243]. Letztlich hatte auch die Sowjetunion – wohl unter dem amerikanischen Druck – stillschweigend eingewilligt, daß sich Vertreter der beiden deutschen Staaten eigenverantwortlich um eine gemeinsame Übersetzung bemühen konnten. Auf bundesdeutscher Seite wurden diese Verhandlungen vom Vortragenden Legationsrat Hans Otto Bräutigam geführt, der zusammen mit dem Völkerrechtsexperten des Auswärtigen Amtes, Hermann Freiherr von Richthofen, sowie drei Übersetzern vom 1. September an mehrmals nach Ost-Berlin fuhr, um im dortigen Außenministerium mit dem Leiter der 6. Europäischen Abteilung, Karl Seidel, Formulierungen abzusprechen[244]. Über den Fortgang der Bemühungen wurden die drei westlichen Alliierten laufend durch Ministerialdirigent van Well unterrichtet, der von West-Berlin aus die Verbindung aufrechterhielt.

Nach Angaben von Rush gab es am 2. September noch insgesamt 76 Punkte, in denen sich die bundesdeutsche von der DDR-Übersetzung unterschied[245]. Diese konnten in der Nachtsitzung vom 2. zum 3. September 1971 so weit reduziert werden, daß – aus der Sicht der Bundesregierung – im wesentlichen noch die Termini „Bindungen", „Durchgangsverkehr" sowie die Formulierung, West-Berlin sei kein „konstitutiver Teil" der Bundesrepublik, als Differenzen übrigblieben. Die DDR bestand auf den Ausdrücken „Verbindungen", „Transit" und der Feststellung, West-Berlin sei kein „Bestandteil" der Bundesrepublik. Am Vormittag des 3. September einigte man sich auf die Termini „Bindungen" und „Transitverkehr" sowie auf die durch den englischen Ausdruck ergänzte Formel, West-Berlin sei „kein Bestandteil (constituent part)" der Bundesrepublik. Die bundesdeutsche Verhandlungsdelegation fuhr im Besitz einer in allen Punkten abgeklärten gemeinsamen deutschen Übersetzung nach West-Berlin zurück[246]. Die drei westlichen Botschafter wurden von dieser Übereinkunft telephonisch durch Ministerialdirigent van Well unterrichtet[247]. Der amerikanische Botschaftsrat Jonathan Dean und sein sowjetischer Kollege Juli Kwizinski überprüften den Text und erhoben keine Einwände[248]. Bei diesem Kenntnisstand erfolgte gegen 13 Uhr am 3. September 1971 die Unterzeichnung des Berlin-Abkommens durch die vier Botschafter der Siegermächte.

Als der Vorsitzende dieser letzten Sitzung betonte Jean Sauvagnargues in seiner abschließenden Erklärung noch einmal, daß die offiziellen Versionen des Abkommens ausschließlich die französischen, englischen und russischen seien. Der sowjetische Botschafter, so Sauvagnargues rückblickend, habe ihm dabei lebhaft zugestimmt[249]. Der Vertragstext, den ADN am 3. September um 17.47 Uhr veröffentlichte, war freilich die

[243] Persönliches Gespräch mit François Plaisant am 13. 2. 1985.

[244] Siehe die Darstellung Scheels in einer Fragestunde des Deutschen Bundestages am 23. 9. 1971 nach einer Frage des Abgeordneten Dr. Marx, in: Stenogr. Berichte, 6. Wp., S. 7915 ff.; Appel, Östliche Prestige-Politik nutzt westliche Panne, in: SZ vom 17. 9. 1971

[245] Rush, Interview im Deutschen Fernsehen vom 26. 3. 1980, S. 21.

[246] Persönliche Gespräche mit Dr. Hans Otto Bräutigam am 3. 7. 1987 und Dr. Hermann von Richthofen am 17. 12. 1985.

[247] Rush, Interview im Deutschen Fernsehen vom 26. 3. 1980, S. 21 sowie persönliches Gespräch mit Jean Sauvagnargues am 12. 2. 1985.

[248] Welt am Sonntag vom 19. 9. 1971: Kollege Kwizinski nahm den Text ab.

[249] Persönliches Gespräch mit Jean Sauvagnargues am 12. 2. 1985; Picaper, Une querelle d'Allemands, in: Le Monde vom 5./6. 9. 1971.

östliche Fassung der deutschen Übersetzung. Erneut wurde das zwischen der Bundesrepublik und West-Berlin bestehende Verhältnis als „Verbindungen" bezeichnet, die Westsektoren seien zudem kein „Bestandteil" der Bundesrepublik. Des weiteren sprach die DDR vom „Vierseitigen Abkommen" über Berlin, die Bundesregierung vom „Vier-Mächte-Abkommen"[250]. Die DDR bestritt nicht, daß es zuvor eine deutsch-deutsche Einigung auch in diesen Punkten gegeben hatte. Sie nahm die vorzeitige Veröffentlichung des Vertragstextes in der Bundesrepublik durch dpa, aus der die zuvor noch bestehenden Differenzen hervorgingen, jedoch zum Anlaß, sich nicht mehr an die gemeinsame Vereinbarung gebunden zu fühlen[251]. Vor diesem Hintergrund erklärte Regierungssprecher Ahlers die Haltung der DDR zum Ausdruck eines „Positions- und Prestigekampfes"; erfahrungsgemäß ließen sich solche Schwierigkeiten mit „Geduld und Festigkeit überwinden"[252]. Wie sich zeigen sollte, hielt die DDR jedoch an ihrer Übersetzungsversion fest[253].

Für die amerikanische Seite blieb die negative französische Haltung in der Frage einer verbindlichen deutschen Übersetzung bis zuletzt unverständlich. Nach der Veröffentlichung der Kissinger-Memoiren erklärte Botschafter Rush in einem im März 1980 vom Deutschen Fernsehen ausgestrahlten Interview, er werde die französische Weigerung „wohl nie begreifen": „Wie dem auch sei, ich kann mir nicht vorstellen, daß sich Sauvagnargues querlegte. Ich glaube vielmehr, das französische Außenministerium legte diese Marschroute fest, vielleicht um damit die Beziehungen zur Sowjetunion zu verbessern. Jackling teilte meine Meinung."[254]

In der Tat vermag ein Teil der französischen Begründung für die Ablehnung, nämlich die vorhersehbaren Probleme wegen der Begriffe „Bindungen"/„Verbindungen", nicht zu überzeugen. Doch ist zu berücksichtigen, daß gemäß der anfänglichen Vereinbarung zwischen den Vier Mächten die eigentlichen Verhandlungen zunächst der Abfassung eines Vertragstextes in englischer Sprache galten. Auch für die gleichberechtigten offiziellen französischen und russischen Versionen waren also (theoretisch) Übersetzungen anzufertigen. Selbstverständlich hatten die französische und sowjetische Delegation parallel zu den Verhandlungen ständig einen Vertragstext in ihrer Sprache auf dem neuesten Stand gehalten. Die notwendige Schlußabstimmung zwischen den drei Textversionen sollte schließlich einige Mühe bereiten[255]. Besonders schwierig gestaltete sich die Übersetzung des russischen Textes. Er war ganz offensichtlich von sowjetischer Seite aus taktischen Gründen bis wenige Wochen vor Verhandlungsende zurückgehalten worden, um in der Schlußphase – unter Zeitdruck – die eigenen Formulierungen durchsetzen zu können. Ein bundesdeutscher Beteiligter bezeichnete dies als „eine der größten Verhand-

[250] Text in: Neues Deutschland vom 4. 9. 1971: Vierseitiges Abkommen.

[251] Siehe das Interview mit Conrad Ahlers vom 10. 9. 1971 im Norddeutschen Rundfunk, in: Siegler, Dokumentation zur Deutschlandfrage, Bd. VII, S. 209 ff.

[252] Ebenda, S. 211; dpa hatte den Vertragstext zwar vereinbarungsgemäß erst auf ein Zeichen des Regierungssprechers freigegeben, aufgrund der frühzeitigen Textspeicherung zunächst jedoch mit Lücken an den bis zuletzt strittigen Stellen. Siehe: Appel, Östliche Prestige-Politik nutzt westliche Panne, in: SZ vom 17. 9. 1971.

[253] Ministerium für Auswärtige Angelegenheiten der DDR/Ministerium für Auswärtige Angelegenheiten der UdSSR (Hrsg.), Das Vierseitige Abkommen über Westberlin und seine Realisierung. Dokumente 1971–1977, Berlin (DDR) 1978.

[254] Rush, Interview im Deutschen Fernsehen vom 26. 3. 1980, S. 20.

[255] Persönliche Gespräche mit François Plaisant am 13. 2. 1985 und Dr. Hans Otto Bräutigam am 3. 7. 1987.

lungskrisen" überhaupt. Diese negative Erfahrung mag die französische Delegation in ihrer Ablehnung einer erneuten gemeinsamen Übersetzungsarbeit – diesmal zur Erstellung des deutschen Textes – bestärkt haben. Die Probleme bei der Anfertigung der Übersetzungen müssen jedoch im Verhältnis zur Bedeutung des Verhandlungsgegenstandes und zu der in 18 Verhandlungsmonaten geleisteten Arbeit gesehen werden: Die Übertragung in die deutsche Sprache ließ zwar komplizierte Auseinandersetzungen erwarten, daran aber hätte die Sowjetunion die Gesamtverhandlungen gewiß nicht noch scheitern lassen. In buchstäblich letzter Minute hatten sich die deutschen Unterhändler ja auch bereits auf einen gemeinsamen Text geeinigt. Lediglich der herrschende Zeitdruck und der damit verbundene Umstand, daß sich die westlichen Botschafter nicht allerletzte Klarheit über das Vorhandensein und die beiderseitige volle Akzeptierung der gemeinsamen deutsch-deutschen Übersetzung verschafften, eröffneten der DDR die Möglichkeit, nachträglich von der erzielten Übereinkunft abzurücken. Allerdings ist auch in Rechnung zu stellen, daß der DDR hierfür offensichtlich jeder Anlaß recht war. In den letzten strittigen Punkten war sie an keiner endgültigen Einigung interessiert[256]. Der Zeitdruck war erheblich durch die Tatsache verstärkt worden, daß der amerikanische Botschafter seine Forderung nach einer deutschen Übersetzung nicht nur gegenüber der östlichen Seite erheben mußte, sondern mit ihr auch im sichtbaren Dissens zum französischen Botschafter stand. Nachdem die Unterzeichnung des Vier-Mächte-Abkommens bereits hinausgezögert und auf Betreiben Rushs schließlich um noch einen Tag verschoben worden war, schien auch der äußerste zeitliche Spielraum erschöpft.

Rushs Vermutung, daß die französische Ablehnung eines deutschen Textes mit dem Wunsch zusammenhing, die Beziehungen zur Sowjetunion zu verbessern, erscheint eher abwegig. Sie gibt vor allem einen Hinweis auf die amerikanischen Schwierigkeiten, das französische Status-Denken nachzuvollziehen. Von Botschafter Sauvagnargues wird Rushs Verdacht selbstverständlich ebenso bestritten wie der Gedanke, er habe überhaupt auf Pariser Weisung gehandelt. Sauvagnargues' schriftliche Erklärung, der Wunsch nach einer offiziellen deutschen Übersetzung sei „ein letzter Versuch Bahrs gewesen, den innerdeutschen Aspekt hervorzukehren", ist dagegen vielsagend[257]. Sie verweist letztlich doch auf die status-rechtliche Bedeutung. Die französische Delegation hatte darüber hinweggesehen, daß nur eine gemeinschaftliche Forderung der drei Westalliierten der Erstellung einer autorisierten deutschen Übersetzung den notwendigen zeitlichen und politischen Spielraum hätte verschaffen können. Auf sich hinziehende deutsch-deutsche Auseinandersetzungen wollte sich Frankreich nicht einlassen.

8. Die Inkraftsetzung am 3. Juni 1972 und die Vier-Mächte-Erklärung vom 9. November 1972

Unmittelbar nach Unterzeichnung des Vier-Mächte-Abkommens wurden auf zwei Ebenen die deutsch-deutschen Folgeverhandlungen aufgenommen. Bei den Gesprächen

[256] Persönliche Gespräche mit Dr. Hermann von Richthofen am 17. 12. 1985 und Günther van Well am 13. 11. 1987.

[257] In seinem Telegramm vom 16. 4. 1980 als Botschafter in London an Außenminister Jean François-Poncet schreibt Sauvagnargues: „L'Affaire de la ‚Traduction allemande' (...) a été une dernière tentative de M. Bahr pour mettre en évidence ‚l'aspect interallemand'. J'en ai aussitôt prédit l'échec et ai refusé d'y être associé (sans recevoir à ce sujet d'instruction particulière du Département)."

zwischen den Staatssekretären Bahr und Kohl ging es um die mit Berlin zusammenhängenden Verkehrsfragen, während die Probleme des Reise- und Besuchsverkehrs sowie der Berliner Exklaven zwischen dem Chef der Berliner Senatskanzlei, Ulrich Müller, und dem Staatssekretär im DDR-Außenministerium, Günter Kohrt, verhandelt wurden[258]. Die Unterzeichnung des „Transitabkommens" sowie der beiden Berliner Vereinbarungen über „Erleichterungen und Verbesserungen des Reise- und Besucherverkehrs" und die „Regelung der Frage der Enklaven durch Gebietsaustausch" am 17. Dezember in Bonn bzw. am 20. Dezember 1971 in Ost-Berlin öffnete den Weg zur Inkraftsetzung des Gesamtvertragswerkes[259]. Die Westmächte erklärten sich nunmehr bereit, „jederzeit" das Vier-Mächte-Schlußprotokoll zu unterzeichnen, wohingegen die sowjetische Seite hinhaltend formulierte, der Zeitpunkt werde „noch festgelegt werden"[260]. Dies war der sichtbare Ausdruck des faktischen sowjetischen „Gegen-Junktims", nach dem das Berlin-Abkommen erst nach vorheriger Ratifizierung des Moskauer und des Warschauer Vertrages durch den Deutschen Bundestag Gültigkeit erlangen sollte. Knapp zwei Wochen nach der Annahme der Ostverträge im Bundestag setzten die Außenminister der vier Siegermächte schließlich mit der Unterzeichnung des Schlußprotokolls am 3. Juni 1972 im ehemaligen Berliner Kontrollratsgebäude das Vier-Mächte-Abkommen in Kraft[261].

Am 23. Oktober 1972 trafen dort erneut Vertreter der Vier Mächte zu Beratungen zusammen. Ziel der neuerlichen Verhandlungen war eine Erklärung über den Fortbestand der Vier-Mächte-Rechte und -Verantwortlichkeiten nach einer im Gefolge des deutsch-deutschen Grundlagenvertrages zu erwartenden Aufnahme der beiden deutschen Staaten in die Vereinten Nationen. Auch diese Gespräche lieferten ein plastisches Beispiel für die französische Wachsamkeit in Fragen der überkommenen Siegerrechte. Den westlichen Alliierten lag an der Feststellung, daß ein möglicher UN-Beitritt in keiner Weise die fortbestehenden alliierten Rechte in bezug auf Deutschland als Ganzes tangieren würde. Die Sowjetunion, ausgehend von der These der vollen Souveränität der DDR, war naturgemäß an einer solchen Erklärung nicht interessiert und stimmte der Aufnahme der Verhandlungen erst nach einigem Zögern zu[262]. Nach Darstellung des französischen Verhandlungsführers Jean Sauvagnargues präsentierten der neue amerikanische Botschafter in Bonn, Martin J. Hillenbrand, und der sowjetische Vertreter in Ost-Berlin, Michael Jefremow, gleich zu Beginn der Gespräche eine Formel, über die sich im Vorfeld bereits der amerikanische Außenminister Kissinger und sein sowjetischer Kollege Gromyko verständigt hatten. Danach sollte die Zulassung der beiden deutschen Staaten

[258] Zundel, Klippen im deutschen Dialog, in: Die Zeit vom 10. 9. 1971; Der Spiegel vom 6. 12. 1971: Wir nehmen auf eure Gefühle Rücksicht.

[259] Wortlaut der Vereinbarungen in: Die Berlin-Regelung, S. 13-48, S. 67–84 und S. 85–93; Sommer, Nicht jeder Teil ist Glanz, in: Die Zeit vom 17. 12. 1971.

[260] Erklärungen in: Siegler, Dokumentation zur Deutschlandfrage, Bd. VII, S. 355.

[261] Erklärungen der vier Außenminister vom 3. 6. 1972 in: Bulletin vom 6. 6. 1972 Nr. 82, S. 1125–1128. Siehe insgesamt auch die beiden Analysen aus französischer Sicht: Daniel Colard, L'accord quadripartite sur Berlin du 3 septembre 1971, in: Revue générale de droit international public Nr. 2 (1972), S. 401–444; Ménudier, Le règlement de Berlin, in: Fondation Nationale des Sciences Politiques/ Centre d'Etudes de Relations Internationales (Hrsg.), Conflits et coopération entre les Etats 1971: prélude à un nouvel ordre international?, Paris 1973, S. 161–188.

[262] Wetz, Les Quatre examinent à Berlin-Ouest les modalités du maintien de leurs responsabilités, in: Le Monde vom 24. 10. 1972; IHT vom 23. 10. 1972: Big Powers to Open Talks on Responsibility for Berlin; Herbert von Borch, Vier-Mächte-Gespräche in West-Berlin, in: SZ vom 23. 10. 1972; FAZ vom 23. 10. 1972: Die vier Botschafter beraten über ihre Rechte in Deutschland.

zur UNO die „Frage“ der Vier-Mächte-Rechte und -Verantwortlichkeiten nicht berühren[263].

Diese unverbindliche Formulierung, die nichts über den tatsächlichen Fortbestand der alliierten Rechte aussagte, indem sie diese zur bloßen „Frage“ erklärte, war von der Sowjetunion gewünscht und von amerikanischer Seite akzeptiert worden. Die französische Delegation erhob dagegen sofort entschiedenen Einspruch. Ein Zurückgehen hinter die im Vier-Mächte-Abkommen direkt oder implizit getroffenen Aussagen zu den alliierten Rechten war für sie nicht akzeptabel[264]. In der Tat vermochte sich die französische Seite durchzusetzen. Nach insgesamt neun Verhandlungsrunden war die „Erklärung der Vier Mächte“ am 5. November 1972 fertiggestellt[265]. Am 9. November, einen Tag nach der Paraphierung des deutsch-deutschen Grundlagenvertrages, wurde ihr Wortlaut in Washington, Moskau, London und Paris bekanntgegeben. Danach stimmen die Regierungen der Vier Mächte überein, „daß sie die Anträge auf Mitgliedschaft in den Vereinten Nationen, wenn diese durch die Bundesrepublik Deutschland und die Deutsche Demokratische Republik gestellt werden, unterstützen werden, und stellen in diesem Zusammenhang fest, daß diese Mitgliedschaft die Rechte und Verantwortlichkeiten der Vier Mächte und die bestehenden diesbezüglichen vierseitigen Regelungen, Beschlüsse und Praktiken in keiner Weise berührt.“[266]

Entgegen manchen Erwartungen nahm die Vier-Mächte-Erklärung nicht ausdrücklich Bezug auf die Vertretung West-Berlins in den Vereinten Nationen und beließ es damit bei der Bestimmung des Berlin-Abkommens, wonach die außenpolitische Vertretung West-Berlins mit Ausnahme von Status- und Sicherheitsfragen durch den Bund erfolgt[267]. Der französische Botschafter fand mit der Erklärung bestätigt, „daß wir (die Alliierten) immer noch zuständig sind für eine endgültige Regelung der deutschen Frage“. Es liege den Westmächten daran, „einen Funken der Hoffnung wachzuhalten“[268]. In der Tat verstand Bonn die Akzeptierung der Souveränitätsbeschränkung, die die Bekräftigung der Vier-Mächte-Rechte und -Verantwortlichkeiten für Deutschland als Ganzes beinhaltete, als den Preis für die letzte Klammer um die Nation[269].

[263] Persönliches Gespräch mit Jean Sauvagnargues am 12. 2. 1985 sowie mit François Plaisant am 13. 2. 1985; Bestätigung des Gesamtvorgangs durch Diplomaten des Auswärtigen Amtes.

[264] Siehe auch: Wetz, Les Quatre accélèrent les conversations préliminaires au „traité fondamental“ entre Bonn et Berlin-Est, in: Le Monde vom 28. 10. 1972.

[265] La politique étrangère de la France Nr. 2 (1972), S. 23; SZ vom 6. 11. 1972: Gespräche der vier Mächte beendet; NZZ vom 7. 11. 1972: Abschluß der Berliner Botschaftergespräche.

[266] Bulletin vom 11. 11. 1972 Nr. 157, S. 1884. Französisch in: La politique étrangère de la France Nr. 2 (1972), S. 136. Siehe auch: Gretel Spitzer, Four-power statement opens way for two Germanies to join UN, in: The Times vom 10. 11. 1972; SZ vom 10. 11. 1972: Hilfreiche Erklärung.

[267] Zum Hintergrund siehe auch den Beitrag des Berliner Justizsenators Horst Korber: Bonn muß West-Berlin vertreten, in: FAZ vom 27. 10. 1972.

[268] Interview Sauvagnargues' am 23. 11. 1973 im Westdeutschen Rundfunk II, in: Kommentarübersicht des Presse- und Informationsamtes der Bundesregierung, S. 29.

[269] Hermann von Richthofen, Der Beitritt der beiden deutschen Staaten zu den Vereinten Nationen und der Viermächte-Vorbehalt in bezug auf Deutschland, in: Der Diplomat. Eine Festschrift zum 70. Geburtstag von Hans von Herwarth, Ingolstadt 1974, S. 240–247.

9. Die deutsche Ostpolitik und das Vier-Mächte-Abkommen über Berlin im Urteil Jean Sauvagnargues'

Sauvagnargues[270] kann als derjenige Franzose gelten, der seinerzeit wohl am besten mit den Einzelheiten der deutschen Ostpolitik vertrtaut war und der am Zustandekommen des Berlin-Abkommens einen erheblichen Anteil hatte. In ihrer grundsätzlichen Tendenz decken sich die Äußerungen Sauvagnargues' weitgehend mit den Bewertungen anderer französischer Politiker, die zu Beginn der siebziger Jahre mit den deutschen Problemen befaßt waren. Sauvagnargues' Gesamturteil über Konzeption und Realisierung der deutschen Ostpolitik ab 1969 fällt ganz überwiegend positiv aus. Insgesamt sei dies eine „vernünftige Politik" gewesen und aus der Erkenntnis entstanden, daß die Teilung Deutschlands in absehbarer Zeit nicht durch eine Wiedervereinigung aufgehoben werden könne. Die Aufgabe der Hallstein-Doktrin und des Widerstandes gegen die Anerkennung der Existenz eines zweiten deutschen Staates habe es ermöglicht, die Konsequenzen der Teilung zu mildern. Die Anerkennung habe die Möglichkeit eröffnet, die Kontakte zwischen den beiden deutschen Staaten zu entwickeln: „Es ist vollkommen legitim, daß eine Bundesregierung sagt, sie wünscht, daß sich die Kontakte mit dem anderen deutschen Staat entwickeln und daß die Einheit der deutschen Nation bewahrt wird. Es liegt auf der Hand, daß Deutschland, die Deutschen sich nicht abfinden können mit der Teilung ihres Landes, das ist ganz normal und klar."

Mit dieser Einschätzung stellt sich Sauvagnargues in die Reihe derjenigen Franzosen, die zum einen das Festhalten an der deutschen Einheit als ein „vollkommen legitimes Anliegen" und zum anderen die ab 1969 betriebene Ost- und Deutschlandpolitik als eine geeignete Strategie betrachten, diese Option auch langfristig aufrechtzuerhalten. Die neue Ostpolitik sei „das genaue Gegenteil der endgültigen Anerkennung" der deutschen Teilung gewesen. Da ohne Anerkennung der gegebenen Tatsachen eine Verringerung der Spannungen in Europa unmöglich gewesen sei, habe hierin ein erster notwendiger Schritt bestanden. Die deutsche Ostpolitik habe darüber hinaus im übergreifenden europäischen Interesse gelegen, da es sich auch darum gehandelt habe, die Teilung Europas zu entschärfen. Für Sauvagnargues liegt darin eine Entsprechung der deutschen Ostpolitik zur Entspannungspolitik General de Gaulles, der es ebenfalls darum gegangen sei, die Frontstellung innerhalb Europas zu beenden.

Sauvagnargues räumt ein, daß es in Frankreich mitunter eine gewisse „Verärgerung" über Brandts erfolgreichen direkten Dialog mit der Sowjetunion gegeben habe. Diese Reaktion sei jedoch vollkommen absurd gewesen. Ähnlich wie Maurice Schumann[271] hält auch Sauvagnargues für die absehbare Zeit eine Einigung zwischen der Bundesrepublik und der Sowjetunion über eine staatliche Vereinigung der beiden deutschen Staaten für ausgeschlossen. Dem stehe die Funktion der DDR für den gesamten Ostblock entgegen, die für die Sowjetunion ein unverzichtbarer „Sicherheitsriegel" sei, der in keinem denkbaren Tauschgeschäft aufgegeben werde.

Den deutsch-sowjetischen Vertrag vom 12. August 1970 hält Sauvagnargues für „kein Meisterwerk der Diplomatie", es sei jedoch schwierig, einen Vertrag zu beurteilen, an dessen Aushandlung man selbst nicht teilgenommen habe. Spezifische Einwände oder Bedenken macht Sauvagnargues nicht geltend. Der Moskauer Vertrag sei erst zusammen

[270] Quellen sind die beiden persönlichen Gespräche am 12. und 27. 2. 1985.

[271] Persönliches Gespräch mit Maurice Schumann am 17. 12. 1984.

mit dem Berlin-Abkommen „gut" geworden; zwischen den beiden Verträgen besteht für Sauvagnargues ein unlösbarer Zusammenhang: „Man muß anerkennen, daß das Berlin-Abkommen nicht zustande gekommen wäre, wenn es nicht den Vertrag mit Moskau gegeben hätte, das ist sicher. Es ist gewiß, daß das Berlin-Abkommen nur dank der Ostpolitik abgeschlossen werden konnte."

Das Bonner Berlin-Junktim bewertet Sauvagnargues rückblickend uneingeschränkt positiv. Damit finden Vermutungen, gerade der französische Botschafter habe dieser Konstrukton kritisch gegenübergestanden, weil dadurch auch auf die westliche Position in den Berlin-Verhandlungen Druck ausgeübt worden sei, keine Bestätigung[272]. Sauvagnargues meint dazu: „Sicherlich wurde das Berlin-Abkommen zum einen dank des ‚Junktims' erreicht, zum anderen auch dank des ‚linkage', das von Kissinger zwischen den verschiedenen Verhandlungen insgesamt hergestellt worden war. Das steht außer Zweifel."

Über die Aussichten, zu einem positiven Abschluß der Verhandlungen zu gelangen, sei er vom Zeitpunkt der Etablierung des Junktims an sehr optimistisch gewesen. Die zeitliche Abfolge zwischen dem früh abgeschlossenen Moskauer Vertrag und den erst danach richtig einsetzenden Berlin-Verhandlungen sei eine „gute Sache" gewesen. Nicht die Westmächte seien dadurch unter Erfolgszwang gesetzt worden: „Das setzte die Russen unter Druck, weil sie die Ratifizierung wünschten, und da die Ratifizierung dem Berlin-Abkommen untergeordnet war, erhielt das Berlin-Abkommen einen Impuls." Diese positive Einschätzung der Funktion des Berlin-Junktims der Bundesregierung teilt auch der dritte Mann der französischen Delegation in Berlin, François Plaisant[273].

Von französischer Seite wird betont, daß es unter den westlichen Siegermächten Frankreich gewesen sei, das während der Berlin-Verhandlungen am striktesten auf der vollen Respektierung der Vier-Mächte-Rechte bestanden habe. Die alliierten Rechte in Berlin seien, so Sauvagnargues, „wesentlich für die Sicherheit Berlins, und da die Sicherheit Berlins gleichbedeutend mit dem Frieden in Europa ist, ist sie sehr wichtig". Obwohl die Wortwahl schwankt, wird der Akzent deutlich auf die „Verantwortlichkeiten" der Westmächte in Berlin gelegt, nicht auf ihre Rechte. Nicht aus Eigeninteresse, so Sauvagnargues, bestand Frankreich auf der ungeschmälerten Fortdauer der Viermächte-Konstruktion, sondern in erster Linie zur Wahrung der deutschen und Berliner Interessen. Der Wiedervereinigungsvorbehalt, den die Bundesrepublik in den Ostverträgen geltend gemacht habe, und das Fortbestehen der Verantwortlichkeiten der Vier Mächte

[272] Schmid, Entscheidung in Bonn, S. 260f.; Schmid beruft sich bei der Erwähnung der Kritik Sauvagnargues' auf eine Information von Dr. Alois Mertes. Auch mir gegenüber stellte Mertes die Haltung Sauvagnargues' wie folgt dar: „Zu einem Zeitpunkt, als die Westmächte im Gespräch mit der Sowjetunion waren oder es wieder aufnehmen wollten, hat er (der Moskauer Vertrag, A. W.) in die Substanz der Vertragsmaterie – so meinte Sauvagnargues – eingegriffen." Persönliches Gespräch mit Dr. Alois Mertes am 20. 12. 1984. Siehe auch: Moersch, Kursrevision, S. 212: „Nicht alle diplomatischen Vertreter der Westalliierten reagierten begeistert auf solche Mitteilungen des Bundeskanzlers und des Außenministers (zum Junktim; A. W.). Einige westliche Diplomaten fühlten sich öffentlich unter Druck gesetzt. Sie argwöhnten, daß die Spitzen der sozial-liberalen Koalition den Westalliierten via Berlin die Schuld für ein mögliches Scheitern der Bonner Ostverhandlungen in die Schuhe schieben möchten."

[273] Persönliches Gespräch mit François Plaisant am 13. 2. 1985. Rush seinerseits bezeichnete das Junktim als einen „ausgezeichneten Schachzug". Er bestätigte allerdings die skeptischere Einschätzung Kissingers: „Ich glaube, das Außenministerium war mit dem Junktim mehr einverstanden als Henry." Rush, Interview im Deutschen Fernsehen vom 26. 3. 1980, S. 5.

seien „zwei Seiten derselben Medaille". Zwar erkenne man die Realität der Existenz zweier deutscher Staaten an, gleichzeitig werte man dies jedoch nicht als eine „definitive internationale Regelung des deutschen Problems". Durch die Bestätigung der Vier-Mächte-Rechte im Berlin-Abkommen sei die Situation – dieser Ausdruck kehrt immer wieder – „verriegelt" worden („ça a verrouillé la situation"). „Der wichtige Punkt ist, daß die ‚Verriegelung' durch die Vier-Mächte-Rechte eine ‚Verriegelung' zur Öffnung ist, die deutlich macht, daß es im Geist der Unterzeichner und der französischen Regierung so etwas wie eine ‚offene Möglichkeit' gibt. Die deutsche Frage ist nicht endgültig geregelt." Darüber hinaus hatte der Fortbestand der Vier-Mächte-Rechte in Berlin aus französischer Sicht auch eine Bedeutung für die westeuropäische Sicherheit: Dadurch würden die USA in Berlin gehalten. Das amerikanische Engagement aber verhindere die Schaffung einer Sonderzone in Mitteleuropa.

Zu den Differenzen mit Egon Bahr in bezug auf die grundsätzliche Anlage des Berlin-Abkommens bemerkt Sauvagnargues – ähnlich wie Michel Jobert[274] –, Bahr sei offensichtlich ein deutscher „Nationalist", der, obwohl im Rahmen der Politik der Bundesregierung handelnd, in der Ost- und Deutschlandpolitik langfristig weitergehende Ziele verfolgt habe als der Bundeskanzler. Sauvagnargues räumt allerdings ein, daß dies eine Vermutung sei; auch habe er seine Bedenken gegenüber Bahr nicht offen ausgesprochen. Bei den häufigen Besprechungen mit Bahr während der Berlin-Verhandlungen seien divergierende Auffassungen jedoch deutlich geworden. Der ehemalige französische Botschafter wirft Bahr vor, ursprünglich in der Betonung der alliierten Siegerrechte „eine Art Blockade" gesehen und daher versucht zu haben, diese Rechte an verschiedenen Punkten zu unterlaufen und zurückzudrängen. Es habe eine „Tendenz" gegeben, „das Abkommen über Berlin auf ein Abkommen zwischen den beiden deutschen Staaten zu reduzieren". Nach Bahrs Vorstellung war das Berlin-Abkommen so anzulegen, daß die beiden deutschen Staaten über praktische Maßnahmen zur Verbesserung der Lage Berlins verhandeln und das Ergebnis anschließend von den Vier Mächten „absegnen" lassen sollten („avec la bénédiction des Quatre"). Wenn aber die praktischen Maßnahmen, die notwendigerweise von der DDR zu ergreifen gewesen wären, ganz in den Vordergrund gerückt worden wären, ohne ausreichend in einen Vier-Mächte-Rahmen eingebettet zu sein, hätte dies laut Sauvagnargues die Abschwächung der alliierten Rechte und Verantwortlichkeiten bedeutet: „Bahr trieb seinen Wunsch nach innerdeutschen Kontakten bis zu einem Punkt, an dem es gefährlich werden konnte und auch wirklich war."

Nach der Konzeption Egon Bahrs wäre es beispielsweise nicht möglich gewesen, eine offizielle Garantie der Sowjetunion für den ungehinderten Zugang nach Berlin zu erhalten. Bahr, so Sauvagnargues, habe eine solche Konzession der Sowjetunion vielleicht „gar nicht gewünscht"; bei Verwirklichung der Konzeption Bahrs wäre der DDR die Kontrolle über die Situation zugefallen. Schon zwischen Oktober 1970 und Januar 1971 habe Bahr direkte Verhandlungen mit der DDR auch über Berlin-Fragen aufnehmen wollen. Da auch die Haltung der amerikanischen Regierung zunächst darauf hinausgelaufen sei, bloße praktische Maßnahmen ohne besondere Betonung der Vier-Mächte-Rechte und -Verantwortlichkeiten anzustreben, habe er – Sauvagnargues – viel Zeit damit zugebracht, die Amerikaner zu veranlassen, „zu verhindern, daß Bahr über den Transit verhandelt, bevor wir das Viererabkommen abgeschlossen haben". Auch Bahrs Vorschlag einer offiziellen deutschen Übersetzung sieht Sauvagnargues in dieser Per-

[274] Persönliches Gespräch mit Michel Jobert am 8. 8. 1984.

spektive: „Die Affaire der ‚deutschen Übersetzung' (...) war ein letzter Versuch von Herrn Bahr, den innerdeutschen Aspekt hervorzukehren."[275]

In der Bewertung der Gesamtproblematik unterscheidet Sauvagnargues zwischen den Auffassungen von Brandt und Bahr. Brandt habe ihm nach Abschluß der Verhandlungen ausdrücklich für sein Insistieren auf den Vier-Mächte-Kompetenzen und insbesondere für sein Drängen auf eine sowjetische Garantie des freien Zugangs nach Berlin in der letzten Verhandlungsphase gedankt. Er sei sich dagegen nicht sicher, ob auch Egon Bahr ihm gedankt hätte. Sauvagnargues meint, Bahrs langfristige Zielvorstellung sei die Schaffung einer „Sonderzone" in Mitteleuropa gewesen, was gleichbedeutend gewesen wäre mit dem Beginn der Neutralisierung und dem Abzug der amerikanischen Truppen. In einem innerdeutschen Dialog mit dieser Zielrichtung erblickte Sauvagnargues eine Gefahr und den einzigen potentiell kritischen Punkt der deutschen Ostpolitik insgesamt. Die klare Bestätigung der Vier-Mächte-Verantwortung durch das Berlin-Abkommen habe diese Gefahr teilweise entschärft: „Ich meine, daß das, was ich in Berlin gemacht habe, eine gewisse Gefahr beseitigt hat. Die möglichen Gefahren, d. h. sich zu fixieren auf einen exklusiven Dialog DDR-BRD, diese Gefahren bestehen wirklich."

Sauvagnargues' Bedenken hinsichtlich der zeitweise unzureichenden Respektierung der Vier-Mächte-Rechte durch die Bundesregierung wurden in Frankreich weitgehend geteilt. So heißt es in den Memoiren von Sauvagnargues' Vorgänger als Botschafter in Bonn, François Seydoux: „Aus Versehen oder getrieben von dem Instinkt, dritte Staaten, welche immer es auch seien, vom deutschen Territorium fernzuhalten", habe es einen Moment den Anschein gehabt, als weiche die Bundesrepublik vom richtigen Wege ab, indem sie sich anschickte, „mit dem anderen Deutschland ein Verkehrsabkommen (abzuschließen), von dem einige Bestimmungen die Siegerrechte beeinträchtigt hätten". Maurice Schumann habe persönlich an Außenminister Scheel geschrieben, um ihn diesbezüglich zu warnen[276].

Aufschlußreich für die französische Sensibilität in diesem Bereich ist auch die Tatsache, daß sich eine der wenigen öffentlichen Äußerungen Pompidous, die als Anzeichen eines Vorbehaltes gegenüber einem bestimmten Aspekt der deutschen Ostpolitik zu werten ist, gleichfalls auf die Haltung der Bundesregierung zu den Verhandlungen über Berlin bezog. Drei Wochen nach Unterzeichnung des Berlin-Abkommens erklärte Pompidou auf einer Pressekonferenz vom 23. September 1971: „Was die Beziehungen mit dem Osten betrifft, so glaube ich vor allem, daß Westdeutschland den Wunsch hat, wie der Bundeskanzler sich ausgedrückt haben soll, sich zu emanzipieren, d. h. die Hände frei zu haben, wozu Frankreich ihm übrigens das Beispiel gegeben hat. Es hat im übrigen zu einem gewissen Zeitpunkt geglaubt, daß dies leichter wäre, als es in Wirklichkeit ist. Die deutsche Regierung war, so schien mir in einem bestimmten Moment, versucht, eine Lösung der Berlin-Frage einzig und allein in einem innerdeutschen Gespräch zu suchen. Dann wurde sie sich bewußt, daß die Lösung eines Vier-Mächte-Abkommens bedurfte."[277]

Auch wenn diese Äußerung eingebettet war in eine klare Befürwortung der gesamten Entspannungsbemühungen der Bundesregierung (eine „schwierige und mutige" Politik),

[275] Telegramm des französischen Botschafters in Großbritannien, Jean Sauvagnargues, vom 16. 4. 1980 an Außenminister Jean François-Poncet.

[276] Seydoux, Dans l'intimité franco-allemande, S. 173.

[277] Zit. nach: La politique étrangère de la France Nr. 2 (1971), S. 123.

so war sie doch von unzweifelhafter Deutlichkeit. Indem Pompidou ganz offensichtlich über die tatsächlichen Pläne und Vorhaben der Bundesregierung hinauszielte – wohl zu keinem Zeitpunkt strebte die Bundesregierung eine Berlin-Regelung ausschließlich mit der DDR an –, bezeugte er einmal mehr die besondere Hellhörigkeit gegenüber etwaigen Gefahren, die aus französischer Sicht von einem deutsch-deutschen Dialog ausgehen konnten.

Egon Bahr sieht die Dinge natürlich ganz anders. Er verwahrt sich dagegen, den Vier-Mächte-Status nicht genügend berücksichtigt zu haben oder gar deutsch-deutsche Übereinkünfte zu dessen Lasten angestrebt zu haben: „Das Vier-Mächte-Abkommen markierte erstmals nach dem Kriege den Punkt, an dem eine Deutschland betreffende Vereinbarung der Vier Mächte nicht zustande kommen konnte, ohne daß die beiden deutschen Staaten eine Zusatzvereinbarung, nämlich das Transitabkommen, schlossen. Die Konstruktion war mir von Anfang an klar, sie wurde von französischer Seite nicht so schrecklich gern gesehen, mußte aber der Logik und den Realitäten folgend akzeptiert werden. Natürlich lag auch mir daran, die originären Rechte der Vier-Mächte nicht anzutasten. Ich habe zum Beispiel nie den Versuch gemacht, den Luftverkehr mit einzuschließen. Der Vier-Mächte-Rahmen blieb immer der entscheidende."[278]

Aus diesen Bemerkungen ist auch Bahrs Genugtuung herauszulesen, daß eine Berlin-Vereinbarung der vier Siegermächte nicht mehr ohne deutsche Beteiligung möglich war. Bahr war und ist ein Politiker, der an der deutschen Souveränitätsbeschränkung „leidet" und sie unter den gegebenen Realitäten nur als „notwendiges Übel" akzeptiert; er war deshalb entschlossen, die Marge unterhalb der Grenze der Vier-Mächte-Verantwortlichkeit voll auszunutzen, und es lag nahe, daß Frankreich diese Grenze im Einzelfall anders zog als die Bundesregierung. Sauvagnargues zufolge ist das schließlich erreichte Berlin-Abkommen „am Anfang völlig unvorstellbar" und „unendlich viel besser gewesen als das, was man hatte erhoffen können". In den zwei wesentlichen Punkten habe sich der Westen mit seiner Auffassung durchgesetzt: Zum einen sei die Vier-Mächte-Verantwortung für ganz Berlin ohne jede Einschränkung bestätigt worden. Zum anderen habe die Sowjetunion ihre Verantwortung in diesem Rahmen anerkannt, die sie seit 1949 bestritten habe. Dieses positive Resultat bedeute allerdings auch, daß die westliche Seite bei der Anwendung des Abkommens „ihren Vorteil nicht zu weit treiben" dürfe: „Wenn man die Decke zur einen Seite zieht, werden sie die Russen zur anderen Seite ziehen. Man muß es also mit Mäßigung interpretieren."

Sauvagnargues gibt damit zu erkennen, daß es auf westlicher Seite wiederum Frankreich gewesen ist, das auch nach Abschluß des Abkommens auf eine volle Respektierung des Vier-Mächte-Status von Berlin durch die Bundesregierung gedrungen hat. Während der Regierung Brandt sah Sauvagnargues die Vier-Mächte-Hoheit in Berlin insbesondere durch Überlegungen in Frage gestellt, das Stimmrecht der Berliner Abgeordneten im Deutschen Bundestag zu erweitern, aber auch durch die Absicht, das neue Bundesamt für Umweltschutz in West-Berlin zu errichten. Die Erweiterung des Stimmrechts der Berliner Abgeordneten, die nach der Bundestagswahl 1972 vom Regierenden Bürgermeister, Klaus Schütz, und von der neuen Bundestagspräsidentin Annemarie Renger, angeregt worden war, führte am 5. Januar 1973 zu einem offiziellen Protest der Sowjetunion

[278] Schriftliche Mitteilung von Egon Bahr vom 19. 6. 1985.

in London, Paris und Washington und Bonn[279]. Zwar hätte ein derartiger Schritt auch nach französischer Auffassung nicht im Einklang mit dem Vier-Mächte-Abkommen gestanden[280], aber die sowjetische Demarche, die einem Veto gleichkam, enthob die Westmächte der Notwendigkeit, selbst eine deutliche öffentliche Erklärung abzugeben. Während die französische Regierung offiziell schwieg, erklärte ein Sprecher des Washingtoner State Departments am 9. Januar 1973 knapp, die drei Westmächte glaubten nicht, „daß die Abgeordneten Stimmrechte im Bundestag besitzen sollten"[281]. Danach wurde das Projekt von bundesdeutscher Seite zunächst nicht mehr weiterverfolgt[282].

Auch der von Innenminister Genscher lancierte Plan zur Einrichtung des Bundesamtes für Umweltschutz in West-Berlin[283] stieß nicht nur auf den Protest der Sowjetunion[284], sondern auch auf erhebliche Bedenken der französischen Regierung, die in Washington und London geteilt wurden[285]. Trotz einiger Zweifel auch im Auswärtigen Amt setzten Brandt und Scheel das einmal bekanntgewordene Vorhaben schließlich durch[286]. Sauvagnargues berichtet, er habe während der Auseinandersetzungen um das erweiterte Stimmrecht und das Umweltbundesamt in seiner Residenz Schloß Ernich „Seminare" gehalten, um bundesdeutschen Politikern auseinanderzusetzen, man solle das Berlin-Abkommen nicht „strapazieren": „Wir haben unsere Zeit damit verbracht, zu warnen: Die spektakulären Manifestationen der ‚Bindungen' und der Bundespräsenz in Berlin können unnütze Schwierigkeiten provozieren. Unnütz deshalb, weil die ‚Bindungen' im Abkommen bekräftigt werden." Helmut Schmidt, so betont Sauvagnargues, sei derjenige deutsche Politiker gewesen, der diese Auffassung am besten verstanden habe[287]. Im Hinblick auf die Anwendung des Berlin-Abkommens von östlicher Seite räumt Sauvagnargues zwar ein, die Sowjetunion habe in der Frage der Außenvertretung West-Berlins durch die Bundesrepublik einen „superminimalistischen" Standpunkt bezogen, die Regelung des Zugangs nach Berlin habe allerdings „makellos" funktioniert.

[279] Wetz, Moscou aurait rappelé son opposition au droit de vote des députés berlinois, in: Le Monde vom 9. 1. 1973; Norman Crossland, Russia gives warning over W-Berlin MPs, in: The Guardian vom 9. 1. 1973; John M. Goshko, Russians Protest Bonn Plan for W. Berlin, in: The Herald Tribune vom 9. 1. 1973; Dan van der Vat, Moscow move to stop Berlin getting full voting rights in Bonn, in: The Times vom 9. 1. 1973; Johannes Gross, Das Stimmrecht der Berliner, in: FAZ vom 6. 6. 1972.

[280] Wetz, En faisant une démarche auprès des Occidentaux Moscou démontre sa volonté de faire respecter le statut de Berlin, in: Le Monde vom 10. 1. 1973.

[281] IHT vom 10. 1. 1973: US won't back Berlin vote move.

[282] Picaper, Le bourgmestre ne songe pas „pour le moment" à demander le „droit de vote" à Bonn, in: Le Monde vom 12. 1. 1973.

[283] Moersch, Kursrevision, S. 221 f.

[284] Die sowjetische Erklärung vom 10. 9. 1973 und der folgende Notenwechsel in: Dokumente zur Berlin-Frage 1967–1986, S. 452 ff. Siehe auch das Interview mit Wadim W. Sagladin in: Der Spiegel vom 12. 11. 1973: Bonns politische Präsenz in Berlin verringern; Schütz, Nicht dem sowjetischen Druck nachgeben, in: FAZ vom 1. 4. 1974; Baudoin Bollaert, La querelle de Berlin rebondit, in: Le Figaro vom 26. 7. 1974; François Mathieu, L'installation d'un office de la RFA viole l'accord quadripartite, in: L'Humanité vom 29. 7. 1974; Der Spiegel vom 29. 7. 1974: Von der Liste abhaken; Le Monde vom 2. 8. 1974: Encore Berlin (Bulletin).

[285] Nach einem Bericht des Spiegel hat die französische Regierung vor der Reise Präsident Pompidous in die Sowjetunion im März 1974 zumindest um einen Aufschub der bevorstehenden Bonner Entscheidung gebeten. Der Spiegel vom 24. 6. 1974: Kneift gewaltig; Ottfried Hennig, Die Bundespräsenz in West-Berlin, Köln 1976, S. 97 ff.

[286] Persönliches Gespräch mit Günther van Well am 13. 11. 1987.

[287] Vgl. auch Schmidts Interview mit der Welt vom 14. 8. 1974.

VI. Die Reaktionen der Öffentlichkeit

1. Meinungsumfragen

Die im folgenden herangezogenen demoskopischen Umfragen sollen weiteren Aufschluß über das französische Deutschlandbild Ende der sechziger und Anfang der siebziger Jahre geben. Das besondere Interesse gilt Erhebungen bezüglich der Haltung zur „deutschen Frage" bzw. „Wiedervereinigung" sowie zur Einschätzung der neuen deutschen Ostpolitik und ihren Konsequenzen; letztere war allerdings nicht umfassend und systematisch Gegenstand französischer Meinungsumfragen.

Den fortgeschrittenen Stand der deutsch-französischen Aussöhnung belegte im April 1968 eine Untersuchung der SOFRES. Ein gewisses Unbehagen über die Macht und das Gewicht des deutschen Nachbarn war dabei deutlich erkennbar, aber gleichzeitig bestand für die Befragten kein Zweifel daran, daß die Bundesrepublik ebenso Bestandteil des künftigen Europa sei wie die übrigen Mitglieder der damaligen Sechsergemeinschaft[1]. Bemerkenswert ist, daß die Deutschen in dieser Umfrage als den Franzosen sehr ähnlich eingestuft wurden. Ein Drittel der Befragten gab an, es sei die deutsche Lebensweise, die der französischen am nächsten komme; die italienische Lebensweise nannten 28 Prozent, die englische fünf, die amerikanische vier. Gut die Hälfte der Befragten (53 Prozent) war der Meinung, daß die Deutschen nunmehr „ehrliche Europäer sind, in die man Vertrauen haben kann". Solche Zahlen verweisen darauf, daß die deutsch-französische Annäherung zu Ende der sechziger Jahre auf einer soliden Basis in der öffentlichen Meinung ruhte.

Allerdings war das Vertrauen in die Bundesrepublik nicht unbegrenzt. Mit der Aussage: „Es ist unmöglich, daß Deutschland eines Tages wieder eine Gefahr für Frankreich wird", erklärten sich nach derselben Umfrage 40 Prozent einverstanden, 38 Prozent äußerten sich skeptisch, 22 Prozent hatten keine Meinung. Mißtrauen bestand in allen Altersklassen und über alle sozialen und politischen Unterschiede hinweg. Als Tendenz war jedoch sichtbar, daß das Deutschlandbild in der Regel bei den jüngeren Franzosen zumal mit höherer Bildung sowie bei denjenigen, die sich politisch dem Zentrum und der gemäßigten Rechten zuzählten, positiver ausfiel als im Durchschnitt[2]. Ein widersprüchliches Bild ergaben auch die Antworten zum Themenkomplex der deutschen Wiedervereinigung. Einerseits erklärten sich 43 Prozent mit der Aussage einverstanden: „Das politische Europa wird nur zu verwirklichen sein, wenn Westdeutschland die Existenz

[1] Alain Lancelot/Pierre Weill, Les Français et l'unification politique de l'Europe, d'après un sondage de la SOFRES, in: Revue Française de Science Politique Nr. 1 (1969), S. 145–170. Es wurde ein repräsentativer Querschnitt von 2000 Personen über 15 Jahren zwischen dem 10. und 20. 4. 1968 befragt.

[2] Siehe auch: Manfred Koch, Das Deutschlandbild im Ausland, Bad Godesberg 1968, S. 42–45; sowie die bislang wohl umfangreichste bilaterale Erhebung zum Bild des jeweiligen Nachbarn in: Der Spiegel vom 21. 11. 1977 und 28. 11. 1977.

Ostdeutschlands akzeptiert und auf die Wiedervereinigung Deutschlands verzichtet haben wird"; 23 Prozent waren damit nicht einverstanden, 34 Prozent äußerten keine Meinung. Andererseits gab es auch eine deutliche Mehrheit für die Aussage: „Die anderen Länder des politischen Europa sollten Westdeutschland helfen, die Einheit Deutschlands zu verwirklichen." Damit erklärten sich 48 Prozent einverstanden, 22 Prozent waren dagegen und 30 Prozent hatten keine Meinung. Diese Widersprüche sowie der jeweils hohe Anteil Unentschiedener scheinen darauf hinzuweisen, daß zum Problem der deutschen Frage kein festgefügtes Meinungsbild bestand. Offenbar wurde die deutsche Teilung als etwas historisch Anomales empfunden, ihre Überwindung jedoch zugleich als nicht im französischen und europäischen Interesse liegend eingestuft.

Eine Ende 1967/Anfang 1968 unter Federführung des Instituts für Demoskopie in Allensbach durchgeführte Untersuchung erlaubt einen Vergleich der französischen Haltung zur deutschen Frage mit der Haltung in anderen westlichen Ländern[3]: In Frankreich (51 Prozent) nicht anders als in den USA, in Großbritannien, Belgien, den Niederlanden, Norwegen und Dänemark sprach sich eine klare Mehrheit für den Verbleib der ehemaligen deutschen Ostgebiete bei Polen aus; lediglich Minderheiten von neun Prozent (Dänemark) bis 14 Prozent (USA, Niederlande) votierten für deren „Rückgabe", wobei der französische Wert (12 Prozent) im Durchschnitt lag. Auffallend hoch war in allen Ländern der Anteil derjenigen, die keine Meinung bzw. keine Antwort äußerten; in Frankreich lag er bei 37 Prozent und damit leicht über dem Mittelwert. Die Frage, ob die Wiedervereinigung „unterstützt" werden solle, befürworteten 42 Prozent der befragten Franzosen, 37 Prozent der Briten und 32 Prozent der Amerikaner. Dagegen sprachen sich 24 Prozent der Franzosen, jedoch 44 Prozent der Briten und 42 Prozent der Amerikaner aus. 34 Prozent der Franzosen äußerten keine Meinung, während in Großbritannien nur 19 Prozent und in den USA nur 26 Prozent unschlüssig waren. Außer in Frankreich ergab sich auch in Belgien, in den Niederlanden und in Norwegen eine relative Mehrheit für die Unterstützung einer deutschen Wiedervereinigung.

Spürbar veränderte Ergebnisse erbrachte eine zweite Allensbach-Umfrage vom Februar/März 1969[4]: Nach nur etwa einem Jahr zeigte sich ein sprunghafter Anstieg zugunsten einer Wiedervereinigung. Nach Ansicht von je 56 Prozent Franzosen und Amerikanern sowie 52 Prozent Briten sollte eine solche Forderung unterstützt werden. Allerdings gibt die Erhebung auch die ausgeprägten französischen Sorgen wieder, daß ein wiedervereinigtes Deutschland ein zu mächtiger Nachbar werden könnte: Ein knappes Drittel der Franzosen (30 Prozent) hielt die Chancen für einen dauerhaften Frieden in Europa nach einer Wiedervereinigung für „weniger günstig"; 42 Prozent hielten sie für „günstiger". Und 60 Prozent Franzosen glaubten, ein wiedervereinigtes Deutschland würde „eine zu große Militärmacht" werden, in den USA lag der Prozentsatz bei nur 28 Prozent, in Großbritannien bei 44 Prozent. Ebenfalls 60 Prozent Franzosen befürchteten im Falle der Wiedervereinigung ein „wirtschaftlich zu mächtiges" Deutschland (gegen 22 Prozent). Auch diese Sorge wurde in den USA und in Großbritannien weit weniger geteilt (20 bzw. 46 Prozent). Die Allensbacher Studie zeigte, daß das Urteil gegenüber der Frage der deutschen Wiedervereinigung in den westlichen Ländern nicht

[3] Zahlenangaben nach: Erich Peter Neumann, Furcht vor der Wiedervereinigung? Umfragen in sieben Ländern, in: Die politische Meinung Heft 3 (1969), S. 95–102. In Frankreich wurde im Februar und März 1968 ein repräsentativer Querschnitt von 2300 Personen befragt.

[4] Ergebnisse ebenda. In Frankreich befragte das Institut ‚COFRECMA' einen repräsentativen Querschnitt von 2250 Personen im Alter von über 15 Jahren.

stabil war und innerhalb kurzer Zeitspannen erheblichen Schwankungen unterliegen konnte. Ein insbesondere in Frankreich hoher Anteil von Unentschiedenen zeugte von einiger Unsicherheit im Urteil. Während sich eine relative Mehrheit der Franzosen für die Unterstützung einer deutschen Wiedervereinigung aussprach, hegte eine absolute Mehrheit gleichzeitig die Sorge, in diesem Fall würde Deutschland wirtschaftlich wie militärisch zu mächtig werden.

Daß positive Umfrageergebnisse zum Problem der deutschen Wiedervereinigung mit Vorsicht zu bewerten sind, bestätigen auch Resultate des Institut Français d'Opinion Publique (IFOP)[5]:

„Glauben Sie, daß Frankreich ein Interesse daran hat, daß es zur Wiedervereinigung Deutschlands kommt?"

	Oktober 1967	14.–20. Oktober 1969	4.–9. April 1970
Ja	38%	32%	28%
Nein	35%	37%	37%
Ohne Angabe	27%	31%	35%

Die Zahlen zeigen vor allem, daß ein steigender Prozentsatz in einer für das deutsch-französische Verhältnis so wichtigen Frage keine Meinung hatte[6]. Doch heißt dies nicht, daß die deutsche Wiedervereinigung 1970 für ein künstliches Problem gehalten wurde, wie die Antworten auf eine entsprechende Frage des IFOP zeigen:

„Glauben Sie, daß die Bemühungen um die Wiedervereinigung Deutschlands Chancen haben, innerhalb der nächsten zehn Jahre zum Ziel zu gelangen?"

Zu einer vollen Wiedervereinigung	13%
Zu einer gewissen Wiedervereinigung	33%
Zu keinem Ergebnis	19%
Ohne Angabe	35%

Knapp die Hälfte der Befragten erwartete somit für die siebziger Jahre spürbare Fortschritte im Hinblick auf eine deutsche Wiedervereinigung. Hingegen waren im Juli 1970 lediglich 14 Prozent Bundesbürger davon überzeugt (gegen 66 Prozent bei 20 Prozent Enthaltungen), daß sie „es noch erleben" würden, „daß sich Ost- und Westdeutschland wiedervereinigten"; 66 Prozent verneinten dies, 20 Prozent waren unentschieden[7]. 1973 waren sich nur zwei Prozent Bundesdeutsche „sicher", daß es in absehbarer Zeit ein wiedervereinigtes Deutschland geben werde; sieben Prozent meinten, es werde „vermutlich"

[5] Die beiden folgenden Fragestellungen und Ergebnisse nach: Sondages Nr. 1/2 (1970), S. 112.

[6] Bis zurück in die fünfziger Jahre ergeben sich wechselnde, im ganzen knappe Mehrheiten „für" bzw. „gegen" die deutsche Wiedervereinigung; siehe die Angaben in: George H. Gallup (Hrsg.), The Gallup International Public Opinion Polls, France 1939, 1944–1975, New York 1976, hier: Bd. I, S. 184f. (1955), S. 261 (1959), S. 454 (1965), S. 518 (1966); Bd. II, S. 651 (1968). (Zit. als: Gallup, France; in Frankreich führte das IFOP-Institut die Umfragen für Gallup durch.)

[7] Zahlenangaben nach: Elisabeth Noelle/Erich Peter Neumann, Jahrbuch der Öffentlichen Meinung 1968–1973, Allensbach/Bonn 1974, hier: S. 506. Befragt wurden 2000 Personen im Alter von über 16 Jahren.

zu einer Wiedervereinigung kommen[8]. Dieser Unterschied zu den französischen Erwartungen war kein zufälliges oder vorübergehendes Phänomen. Auch in den achtziger Jahren schätzten die Franzosen die Möglichkeit einer Wiedervereinigung im Ganzen deutlich höher ein als die Bundesdeutschen selbst. Darin ist gleichsam die empirische Basis der deutsch-französischen Divergenz in der Einschätzung der Ost- und Deutschlandpolitik der Regierung Brandt zu sehen. Die Tatsache, daß für einen großen Teil der Franzosen die deutsche Wiedervereinigung zumindest nicht gänzlich außerhalb der Möglichkeiten lag, ist eine Erklärung ihrer Sorge, die Bundesrepublik könne dieses Ziel durch Entrichtung eines politischen „Preises" zu erreichen versuchen.

Willy Brandt besaß seit Beginn seiner Kanzlerschaft in Frankreich große Popularität. Bereits im Oktober 1969 hatte ein Drittel der Franzosen von ihm eine positive Meinung („sehr gut" oder „eher gut"). Brandt lag damit deutlich vor dem noch amtierenden Kurt-Georg Kiesinger (25 Prozent positive Meinung)[9]. Im Verlauf seiner Kanzlerschaft stieg Brandts Popularitätskurve weiter an: Im Januar 1971 hatten 42 Prozent der Befragten vom deutschen Bundeskanzler eine „eher gute" oder „sehr gute" Meinung[10]; nur vier Prozent sagten „eher schlecht" oder „sehr schlecht", 54 Prozent machten keine Angabe. Im Dezember 1972 erklärte ein Fünftel der Franzosen, die Tatsache, daß Willy Brandt Bundeskanzler geworden sei, habe ihre Meinung über Deutschland im positiven Sinne verändert[11].

Als herausragendes politisches Ereignis war auch der Abschluß des Moskauer Vertrages Gegenstand einer demoskopischen Umfrage. Ende August 1970 hatten 59 Prozent Franzosen vom Abschluß des deutsch-sowjetischen Abkommens „gehört"[12], und von der Gesamtheit der Befragten antworteten auf die Frage[13]:

„Würden Sie sagen, daß die Unterzeichnung dieses Vertrages eher einen Erfolg für die Bundesrepublik oder für die Sowjetunion darstellt?"

Einen Erfolg für die Bundesrepublik	18%
Einen Erfolg für die Sowjetunion	14%
Weder für den einen noch für den anderen	10%
Ohne Angabe	58%

Die Befragten äußerten sich nur sehr vorsichtig und sahen insgesamt weder in der Sowjetunion noch in der Bundesrepublik einen deutlichen „Gewinner" des Moskauer Vertrages. Angesichts eines punktuellen Ereignisses der internationalen Beziehungen, das Frankreich zudem nicht direkt betraf, konnte der hohe Anteil von Enthaltungen nicht

[8] Umfrage des Emnid-Instituts; zitiert nach: FAZ vom 17. 8. 1973: Immer weniger glauben an die Wiedervereinigung; Le Monde vom 18. 8. 1973: 9% seulement des Allemands croient à une réunification. Zu den Wandlungen der deutschen Einstellungen zur Wiedervereinigung siehe: Gebhard Schweigler, Nationalbewußtsein in der BRD und der DDR, Düsseldorf 1973, S. 121–145, bes. S. 128; Klaus von Beyme, National Consciousness and Nationalism: The Case of the Two Germanies, in: Canadian Review of Studies in Nationalism Nr. 2 (1986), S. 227–248.

[9] Sondages Nr. 1/2 (1970), S. 113 (Erhebung 14.–20. 10. 1969).

[10] Sondages Nr. 1/2 (1971), S. 171 (Erhebung 12.–19. 1. 1971).

[11] Gallup, France, Bd. II, S. 949.

[12] Gallup, France, Bd. II, S. 813.

[13] Sondages Nr. 1/2 (1971), S. 169 ff. Die Umfrage wurde vom 21. bis 28. 8. 1970 im Auftrag der Zeitschrift *'L'Express'* bei einem repräsentativen Querschnitt von 1588 Personen durchgeführt. Vgl.: L'Express vom 5. 10. 1970.

verwundern. Die Aufschlüsselung nach politischen Präferenzen zeigte, daß allein die Wähler der Kommunistischen Partei im deutsch-sowjetischen Vertrag einen Erfolg der Sowjetunion sahen (27 Prozent gegen 22 Prozent), während 40 Prozent Wähler der „Républicains Indépendants" das Abkommen als einen Erfolg der Bonner Politik werteten. Ein im ganzen deutlich positives Bild des Abkommens ergibt sich aus den Antworten auf die Zusatzfrage:

„Ist dieser Vertrag Ihrer Meinung nach förderlich oder hinderlich für ..."

	Förderlich	Hinderlich	Ohne Angabe
die Entspannung zwischen Ost und West, den Frieden	48%	5%	47%
die Wiedervereinigung Deutschlands	36%	10%	54%
die europäische Einigung	36%	8%	56%
das internationale Prestige Frankreichs	19%	11%	70%

Der deutsch-sowjetische Vertrag wurde wie selbstverständlich als Teil der Entspannung zwischen Ost und West gewertet. Aufschlußreich ist, daß ihm über ein Drittel der Befragten positive Auswirkungen sowohl auf die deutsche Wiedervereinigung wie auf die europäische Einigungspolitik zusprachen. Über die Hälfte der Befragten enthielt sich zwar eines Urteils, die relative Mehrheit in beiden Fällen war jedoch deutlich. Bezogen auf diejenigen, die vom Moskauer Vertrag zumindest „gehört" hatten, waren 53 Prozent bzw. 52 Prozent der Meinung, das Abkommen begünstige sowohl die deutsche Wiedervereinigung wie auch die europäische Einigung.

In der Rangfolge der wichtigsten außenpolitischen Ereignisse des Jahres 1970 nannten die Franzosen die deutsche ostpolitische Öffnung an dritter Stelle, nach dem Waffenstillstand zwischen Indien und Pakistan sowie den nahöstlichen Flugzeugentführungen[14]. Eine einhellige Wertschätzung der Ostverträge ergab eine Meinungsumfrage vom Dezember 1972, als 72 Prozent der Befragten die von der Bundesregierung geschlossenen „Gewaltverzichtsabkommen mit der Sowjetunion und Polen" begrüßten; 59 Prozent verneinten und nur 12 Prozent bejahten die Frage, ob ihnen diese Verträge „gefährlich" erschienen[15]. Auch das Urteil über das Berlin-Abkommen war positiv. Während 57 Prozent meinten, es werde „den Frieden in Europa stärken", waren drei bzw. vier Prozent der Meinung, es werde den kommunistischen Staaten nützen bzw. die westlichen Staaten hätten zu viele Konzessionen gemacht[16].

Auch nach Abschluß der Kernphase der deutschen Ostpolitik rangierte in den Augen der Franzosen das Ziel der Wiedervereinigung für die Bundesdeutschen weiter ganz oben. Einer vom *L'Express* im Herbst 1973 veröffentlichten Umfrage zufolge meinten 52 Prozent, der Wiedervereinigung seien die Deutschen am engsten verbunden; erst mit großem Abstand folgten der „Aufbau Europas" (18 Prozent) sowie die „Allianz mit den Amerikanern" (sieben Prozent) und die „Entspannung mit den Russen" (sechs Prozent)[17]. Ein uneinheitliches Bild ergaben die Antworten auf die Frage, ob die Westdeutschen zum

[14] Gallup, France, Bd. II, S. 831.
[15] Gallup, France, Bd. II, S. 948.
[16] Ebenda.
[17] L'Express vom 24. 9. 1973: Sondage: l'Allemagne vue par les Français. Die Umfrage wurde von der SOFRES durchgeführt.

Zwecke der Wiedervereinigung bereit seien, „die Atlantische Allianz zu verlassen und sich den Ländern des Ostens anzunähern". 23 Prozent Franzosen glaubten, die Deutschen seien bereit, diesen Preis zu zahlen, 38 Prozent verneinten dies, und 39 Prozent waren unentschieden. Allerdings war das Vertrauen inzwischen gewachsen, denn nur noch 27 Prozent Franzosen glaubten jetzt, Deutschland könne eines Tages wieder eine „Gefahr für Frankreich" werden (1971 dachten dies noch 41 Prozent), und dies, obwohl deutliche Mehrheiten die Bundesrepublik sowohl wirtschaftlich als auch politisch für „stärker" als Frankreich hielten und selbst militärisch als genauso stark einschätzten[18].

Die verfügbaren französischen Umfrageresultate zur deutschen Ostvertragspolitik lassen keinen Zweifel daran zu, daß diese – gestützt auf die ungewöhnliche Popularität Brandts – bei einer klaren Mehrheit der Franzosen auf Verständnis und Zustimmung traf, wenngleich in ihr eher ein Schritt zur Wiedervereinigung Deutschlands gesehen wurde als eine Zementierung der Teilung.

2. Die Kommentierung in der Presse

Auch die Analyse der Berichte und Kommentare der wichtigen französischen Zeitungen und Zeitschriften zu Anliegen, Inhalt und Umsetzung der neuen deutschen Ostpolitik zeigt, daß Frankreich auf die deutschen Initiativen überwiegend positiv reagierte. Unterschiede in der Bewertung beschränkten sich in der Regel auf Nuancen, die ein im ganzen bemerkenswert homogenes Meinungsbild kaum beeinträchtigten. Generell wurde in der Normalisierung des Verhältnisses der Bundesrepublik zu den osteuropäischen Staaten und in der staatlichen Anerkennung der DDR der Vollzug einer überfälligen politischen Notwendigkeit erkannt. Die Vokabel „Ostpolitik" fand schnell Eingang in den französischen Sprachgebrauch, worin die Anerkennung der Spezifität des Bonner diplomatischen Vorgehens und der Konzentration auf das praktisch Mögliche und Erreichbare zu sehen ist.

Ihre engagiertesten publizistischen Anhänger hatte die Ostpolitik in *Le Monde* sowie den Wochenzeitschriften *L'Express* und *Le Nouvel Observateur.* Spiegelte sich in diesen einflußreichen, der linken Mitte zuzuordnenden Publikationen eine gewisse natürliche Sympathie für die Politik der sozialliberalen Bundesregierung, so machte die im ganzen zustimmende Kommentierung auch in Zeitungen konservativen Zuschnitts wie im *Figaro,* in der katholischen *La Croix* und im gaullistischen Parteiblatt *La Nation* deutlich, daß das positive Echo die innerfranzösischen Parteigrenzen überschritt. Die spezifische Bewertung der deutschen Ostpolitik hing natürlich auch von der jeweiligen Einschätzung der Möglichkeiten des Ost-West-Entspannungsprozesses ab. Eine im ganzen optimistischere Haltung von *Le Monde* hob sich hier von einer skeptischeren Linie des *Figaro* ab, dessen außenpolitische Kommentierung von den Beiträgen Raymond Arons geprägt wurde. Am deutlichsten im Zeichen der traditionellen Furcht vor einem politisch und wirtschaftlich übermächtigen Deutschland stand die Kommentierung des linksunabhängigen *Combat.* Das kommunistische Parteiorgan *L'Humanité* machte sich die Positionen der Sowjetunion und der DDR in einem Maße zu eigen, daß zu keinem Problemkreis eine spezifische Haltung der französischen Kommunisten erkennbar wurde.

Die Neuordnung der Bonner Deutschland- und Ostpolitik setzte nach Meinung des

[18] Ebenda.

Deutschland-Spezialisten von *Le Monde,* Paul-Jean Franceschini, dem „Absurden und Heuchlerischen" in den Thesen der bundesdeutschen Politik der Vergangenheit ein Ende. Der „offizielle Traum" von den Grenzen von 1937, der Alleinvertretungsanspruch, die Weigerung, die Wirklichkeit anzuerkennen, seien die Bestandteile einer überkommenen und nunmehr „aufgegebenen Fiktion" gewesen[19]. Der sich aus der größeren Selbständigkeit der deutschen Politik ergebenden künftigen Gewichtsverschiebung zwischen Bonn und Paris gewann der Politologe Maurice Duverger auch positive Seiten ab, indem er erklärte, daß es nur „gesund" sei, wenn Deutschland und Frankreich „einen ihrem Gewicht entsprechenden Einfluß" ausübten[20]. Im Maßstab der Nachkriegssituation markierte der Abschluß des deutsch-sowjetischen Vertrages für *Le Monde* das Ende der „Ära der Illusionen und der Revanche"[21] und nichts weniger als eine „Wende in der Geschichte Europas"[22]. Dabei bedeutete die deutsch-sowjetische Annäherung für den Chefredakteur von *Le Monde,* André Fontaine, eher eine Rückkehr zur historischen Normalität als den Beginn einer gänzlich neuen geschichtlichen Epoche: „Die scheinbar unversöhnlichsten Konflikte finden eines Tages zu einem Ausgleich. (...) Man hatte sich allzusehr daran gewöhnt, in Deutschland und Rußland natürliche und immerwährende Feinde zu sehen. Im ganzen genommen waren die Schicksale dieser beiden Länder häufiger miteinander verbunden als in Gegnerschaft."[23]

In der Perspektive des *Figaro* erschien die mit dem Moskauer Vertrag vorgenommene Anerkennung des territorialen Status quo zunächst als ein Erfolg der Sowjetunion, die das Ziel verfolge, „ihre 1945 in Richtung Westen erreichten Gewinne zu konsolidieren"[24]. Doch auch bei dieser negativen Einschätzung der Gesamtsituation lautete der Tenor der ostpolitischen Kommentierung, Brandt habe eine Politik gewählt, „die früher oder später unvermeidlich war"[25]. Raymond Aron meinte dazu: „Angesichts des Mangels an Möglichkeiten, die Wirklichkeit zu verändern, warum sollte man sie nicht anerkennen mit der Hoffnung, daß die Anerkennung auf lange Sicht den Wandel eher herbeiführt als die Verweigerung?"[26]

In unterschiedlicher Stärke fanden sich in allen Zeitungen Spuren der Sorge, auf lange Sicht könnten sich die deutsch-sowjetischen und die deutsch-deutschen Beziehungen verselbständigen. Dennoch kamen häufig angestellte Vergleiche mit dem Rapallo-Vertrag von 1922 ganz überwiegend zu dem Schluß, daß eine Wiederholung solcher Entwicklungen in absehbarer Zukunft ausgeschlossen sei[27]. Vielen französischen Beobachtern schienen die Optionen der Bundesrepublik in den siebziger Jahren aber offensichtlich doch nicht so festgelegt zu sein, als daß sich die Frage eines Anknüpfens an Traditionen der Vorkriegszeit von selbst verboten hätte. Ein Beispiel für das untergründige Mißtrauen vieler Kommentatoren ist ein Leitartikel des *Combat,* in dem die Erwartung ausgesprochen wurde, die Bundesrepublik werde nach dem Moskauer Vertrag eine Politik „gemäß ihrer geographischen Lage" verfolgen: „Sie wird nicht der Versuchung

[19] Franceschini, La fiction abandonnée, in: Le Monde vom 20. 3. 1970; Ders., De la réunification à la „nation allemande", in: Le Monde vom 27. 12. 1969.
[20] Maurice Duverger, L'heure de l'Allemagne?, in: Le Monde vom 7./8. 6. 1970.
[21] Le prix d'un accord, in: Le Monde vom 13. 8. 1970 (Bulletin).
[22] Un pari gagné, in: Le Monde vom 8. 8. 1970 (Bulletin).
[23] Fontaine, Deux destins liés, in: Le Monde vom 9./10. 8. 1970.
[24] Kergorlay, Reconnaître les réalités, in: Le Figaro vom 8./9. 8. 1970.
[25] Aron, Le bien-aimé et le mal aimé, in: Le Figaro vom 29. 11. 1972.
[26] Ebenda.
[27] Aron, La nouvelle Europe, in: Le Figaro vom 11. 8. 1970.

widerstehen können, in subtiler Weise auf der Schaukel zwischen ihren westlichen Bindungen und ihren östlichen Hoffnungen zu spielen. Das ist nicht Rapallo: aber die Bundesrepublik wird nun davon träumen, das Scharnier zu sein, um das herum die europäische Einheit sich bildet. Ausgestattet mit immensen wirtschaftlichen Ressourcen, politisch gut ausgerüstet, so wird sie künftig allein mit dem Land im Dialog stehen, das noch immer die Schlüssel Osteuropas in der Hand hat."[28]

Das „Rapallo-Trauma" trat allerdings nur in wenigen Einzelfällen ganz deutlich hervor[29]. Für sich genommen zeigte die konstante Erinnerung aber immerhin an, daß deutsche Politik nach wie vor auch an der Vergangenheit gemessen wurde, mehr noch, daß die Nachkriegsentwicklung mitnichten als das vollständige Ende alter Kontinuitäten gewertet wurde.

Einigkeit bestand bei den Kommentatoren darüber, daß die Bundesrepublik mit der im Warschauer Vertrag ausgesprochenen Anerkennung der Oder-Neiße-Grenze den späten und unvermeidlichen Preis für die Verbrechen Nazi-Deutschlands an Polen bezahlte. *Le Monde* hatte seine besondere Unterstützung für die Anerkennung der Westgrenze Polens schon im April 1970 dadurch zum Ausdruck gebracht, daß eine der seltenen kritischen Anmerkungen zur deutschen Ostpolitik in die Frage gekleidet wurde, ob sich Brandt im Rahmen seines Neuansatzes nicht sofort deutlicher zur Anerkennung der Oder-Neiße-Grenze hätte bekennen können[30]. Verständnis für die diesbezüglichen bundesdeutschen Schwierigkeiten suchte Alfred Grosser zu wecken, indem er wiederholt die Aufgabe der ehemaligen deutschen Ostgebiete mit der schmerzhaften Trennung Frankreichs von Algerien verglich. Es sei immer schwierig, Texte zu vergessen, die einem recht gäben (gemeint waren das Potsdamer Abkommen und der Deutschlandvertrag), und auch die Ungerechtigkeit hinzunehmen, trotz der Mitschuld Stalins am Überfall auf Polen als einziger Schuldiger bestraft zu werden. Nichtsdestoweniger hielt Grosser den Warschauer Vertrag für „unvermeidlich" und riet der CDU/CSU-Opposition, sich – ähnlich wie die SPD 1959 nachträglich die Westpolitik Adenauers akzeptiert habe – auf die Annahme der Ostpolitik einzustellen[31].

Eher selten waren französische Analysen, die den Verlust der deutschen Ostgebiete auch unter Berücksichtigung der deutschen Perspektive zu würdigen suchten. Die Anerkennung der polnischen Westgrenze wurde weithin für eine solch bare Selbstverständlichkeit gehalten, daß der historische Kontext ihrer Entstehung und ihrer Folgen offenbar kaum mehr aufgehellt zu werden verdiente. Hinsichtlich der Anerkennung des territorialen Status quo durch die Bundesregierung waren alle Presseorgane sehr einmütig der Auffassung, daß – wie Brandt selbst es formuliert hatte – mit den Verträgen „nichts verloren"gehe, „was nicht längst verspielt worden war"[32]. Der Verzicht auf die ehemaligen Ostgebiete, so der Kommentar der gaullistischen *La Nation,* sei angesichts der Realitäten in Europa „eher eine moralische denn eine wirkliche Konzession"[33].

[28] Bonn et Moscou renoncent à la force, in: Combat vom 8./9. 8. 1970.
[29] Paul Stehlin (Abgeordneter des Zentrums), Les Pactes germano-soviétiques, in: L'Aurore vom 11. 8. 1970.
[30] Vers un accord entre Bonn et Varsovie, in: Le Monde vom 27. 4. 1970 (Bulletin); Brandt a signé à Varsovie la reconnaissance de la frontière Oder-Neisse, in: Combat vom 8. 12. 1970.
[31] Grosser, Les traités et les institutions, in: Le Monde vom 20. 5. 1972; ders., Le traité de Varsovie, in: Le Monde vom 26. 11. 1970.
[32] Fernsehansprache Brandts aus Moskau vom 12. 8. 1970, in: Bulletin vom 17. 8. 1970 Nr. 109, S. 1100.
[33] La Nation vom 8. 12.1970: L'Allemagne et la Pologne vont pouvoir vivre ensemble.

Über die schwierigen innenpolitischen Bedingungen der Ostpolitik, ihre langwierige Vorgeschichte in den sechziger Jahren sowie die vielfältigen Widerstände und Auseinandersetzungen wurde in der französischen Presse kaum berichtet. Es kann nicht überraschen, daß für die französische Öffentlichkeit die Subtilitäten der „deutschen Frage" und zumal der einzelnen vertraglichen Vereinbarungen hinter das grundlegende Faktum des bundesdeutschen Ausgleichs mit dem Osten – und hier vor allem mit der Sowjetunion – zurücktraten. Allerdings trugen die allzu schnelle Verkürzung der Perspektive auf das Ergebnis und der anschließende rasche Übergang zu mehr oder weniger fundierten Betrachtungen über die neuen Aussichten der Deutschen in Europa erheblich dazu bei, daß das Bild einer strategisch angelegten und dynamisch umgesetzten Diplomatie entstehen konnte, die lediglich längst lästig gewordenen Ballast abwerfe und der Bundesrepublik politisch wie wirtschaftlich eine blühende Zukunft eröffne. Allzu leicht konnte so der Abschluß der Ostverträge den Anschein einer plötzlichen dramatischen Wendung erhalten, da der windungsreiche, mitunter qualvolle Prozeß des Bewußtseinswandels, deren Produkt die Ostpolitik war, nicht angemessen berücksichtigt wurde.

In Frankreich wurde die neue deutsche Ostpolitik in starkem Maße unter sicherheitspolitischen Gesichtspunkten bewertet und als eine Modifikation der bisherigen Kräftekonstellation in Europa verstanden. Die Bundesrepublik, so hieß es, habe Frankreich als wichtigsten westeuropäischen Partner der Sowjetunion verdrängt, sei zum Hauptakteur europäischer Politik nach Osten wie nach Westen aufgestiegen und habe zudem noch den Anspruch auf eine spätere politische Einheit Deutschlands aufrechterhalten. Denn die staatliche Anerkennung der DDR wurde nicht als das Ende der „deutschen Frage" verstanden, vielmehr als Ausweg aus einer Sackgasse, als Ausgangsposition für eine langfristige Wiederannäherung zwischen den beiden deutschen Staaten. Schon zu Beginn der Ostpolitik formulierte Alfred Grosser, die Anerkennung des zweiten deutschen Staates sei „der einzig mögliche Weg zur Verwirklichung der Idee, daß es noch weiterhin eine deutsche Nation gibt"[34]. Die Umstände des Empfangs Willy Brandts in Erfurt im März 1970 wurden gemeinhin als Ausdruck eines ungebrochenen deutschen Nationalgefühls gewertet: „Der begeisterte Sturm von 2000 Deutschen auf einen Kanzler, den sie nie gesehen haben, beweist einem beunruhigten Europa, daß die Teilung Deutschlands nicht für eine irreversible Tatsache genommen werden kann."[35] Auch in den späteren Phasen der Ostvertragspolitik fand sich immer wieder die Einschätzung, die vertragliche Anerkennung des Status quo sei nur als ein – wenngleich zeitlich unbefristetes – Zwischenstadium konzipiert; letztes Ziel der deutschen Politik bleibe unbeirrt die Wiedervereinigung[36].

Das Ansehen und Vertrauen, das Willy Brandt in allen politischen Lagern genoß, erleichterte ganz wesentlich die Umstellung der öffentlichen Meinung Frankreichs auf eine auch ostpolitisch selbständige Bundesrepublik. In einem umfassenden Sinne sorgte die durchgängige Sympathie für Brandt für eine wesentliche Konsolidierung des Bildes vom neuen Deutschland. Auch der *Figaro* vertrat die Meinung, Brandts spezifische Konzeption der deutschen Ostpolitik habe dazu geführt, daß sich „Deutschland heute in

[34] Grosser, Deux dialogues avec les communistes, in: Le Monde vom 2. 1. 1970; Ders., L'ébauche de nouveaux patriotismes, in: Le Monde vom 17./18. 1. 1971.

[35] Pierre Doublet, La poignée de main d'Erfurt, in: L'Express vom 23. 3. 1970.

[36] Hubert-Rodier, La naissance officielle des deux Allemagnes, in: La Nation vom 8. 11. 1972; René Dabernat, L'Allemagne pense toujours à l'unité, in: Combat vom 22. 6. 1973; Lucbert, Réunifier l'Allemagne ou les Allemands?, in: Le Monde vom 5. 9. 1973.

gewisser Weise von den Verbrechen des III. Reichs reingewaschen sieht"[37]. Beispielhaft für die zeitweilige Bewunderung Willy Brandts war der Kommentar von Françoise Giroud, die den Kniefall des Bundeskanzlers im Warschauer Getto als das „in seiner Bedeutung wichtigste Ereignis des Jahres 1970" hervorhob: „Angesichts der Tumulte, der Krisen und der Täuschungen eines Jahres, das allen anderen glich, ist es dieses Bild, nur dieses Bild, das man festhalten möchte. Ein Mann auf den Knien im Nebel."[38]

Ein immer wiederkehrendes Merkmal der Kommentierung der französischen Presse war die zum Teil eklatante Überschätzung der ökonomischen Möglichkeiten der Bundesrepublik. Dies galt im besonderen im Hinblick auf die durch die Ostpolitik angeblich geöffneten Schleusen des Osthandels und des innerdeutschen Austausches. Dem in den sechziger Jahren weit gediehenen Handelsaustausch zwischen der Bundesrepublik und der Sowjetunion wurde eine entscheidende Vorreiterrolle bei der Anbahnung der politischen Annäherung zugeschrieben. Nicht selten erschien die deutsche Ostpolitik somit als Geschäft, in dem die Bundesrepublik die Anerkennung des Status quo gegen den vielversprechenden Zugang zu den Märkten des Ostens eintauschte[39]. Selbst in der seriösen Zeitung *Le Monde* war die Prognose einer drohenden „Germanisierung" der osteuropäischen Länder zu lesen, die in etwa der ökonomischen „Japanisierung" eines Teils der südostasiatischen Staaten entsprechen werde: „Die wichtigen Firmen der Bundesrepublik werden eine sogenannte vereinfachte Produktserie herausbringen, die in massiver Weise zu einem niedrigen Preis auf diese neuen Märkte exportiert werden könnte. (...) Kurz, die politische Klasse, die gegenwärtig in Bonn an der Macht ist, und verschiedene Wirtschaftskreise bereiten einen Sprung nach vorn in Richtung Osteuropa vor."[40]

Sicherlich erwartete sich die deutsche Wirtschaft von der Entspannungspolitik eine spürbare Förderung des Ost-West-Handels. Auch gehörte die Steigerung des Handelsaustausches zu den allgemeinen politischen Hoffnungen, die die Entspannung begleiteten – und die sich später nur sehr begrenzt erfüllen sollten. Die Furcht vor einer bundesdeutschen wirtschaftlichen Hegemonie über Osteuropa, einer „Rückeroberung alter Märkte" im Zuge eines nunmehr ungehinderten „Wirtschaftsimperialismus", wie sie in nicht wenigen französischen Kommentaren zum Ausdruck kam, war jedoch auch zu Beginn der siebziger Jahre schon ein Zeichen für fehlendes Augenmaß. Die enge Verknüpfung der Ostpolitik mit einem angeblichen wirtschaftlichen „Drang nach Osten", wie sie in den französischen Medien hergestellt wurde, rührte nicht zuletzt aus der Übertragung des traditionellen französischen Musters, demzufolge der Staat bzw. die Regierung bei großen Außenhandelsprojekten die Funktion des Wegbereiters übernimmt. Dem entsprach die Vorstellung, gute politische Beziehungen seien entscheidend für eine Steigerung bilateraler Handelsbeziehungen. Allerdings hatte sich bereits in den fünfziger und sechziger Jahren erwiesen, daß die Entwicklung des Osthandels der einzelnen westeuropäischen Länder zwar auch mit politischen Präferenzen der Sowjetunion zusam-

[37] Kergorlay, Trois étapes: Erfurt, Moscou, Varsovie, in: Le Figaro vom 21. 10. 1971.

[38] Françoise Giroud, Une seule image, in: L'Express vom 28. 12. 1970; Les „seigneurs" humiliés, in: Le Nouvel Observateur vom 21. 12. 1970; Franceschini, Le mendiant de Varsovie, in: Le Monde vom 22. 10. 1971.

[39] Sylvain Wickham, Les méthodes d'approche de la RFA dans son ouverture à l'Est, in: Le Figaro vom 27./28. 5. 1972; Lacontre, M. Brejnev espère tirer des avantages économiques et politiques de la mésentente entre la France et la RFA, in: Le Figaro vom 18./19. 9. 1971.

[40] Dabernat, L'engrenage, in: Le Monde vom 19. 12. 1970.

menhing, insgesamt aber wirtschaftlichen Kriterien die größere Bedeutung zukam[41]. Das unmittelbare und ungleich wichtigere Anliegen der Aussöhnung mit den osteuropäischen Nachbarn und – vor allem im deutsch-deutschen Rahmen – der Zusammenführung der Menschen wurde gegenüber den bisweilen ins Kraut schießenden Spekulationen über die wirtschaftlichen Interessen deutlich vernachlässigt. Nicht der Kleine Grenzverkehr, die deutsch-deutschen Telefonschaltungen oder die verbesserten Besuchsmöglichkeiten bewegten Phantasie und Neugier der französischen Medien, sondern die angeblichen Großprojekte von Krupp oder Siemens zur Erschließung Sibiriens.

Trotz des hohen Stellenwertes der DDR im Gesamtkontext der Bonner Ostpolitik rückten Politik und Lebenswirklichkeit des zweiten deutschen Staates nicht wirklich in das Blickfeld der französischen Presse. Dieses Desinteresse stand im umgekehrten Verhältnis zu den so häufig angestellten Überlegungen zur Zukunft der deutschen Frage. Angesichts eines als wenig sympathisch empfundenen „roten Preußen" behielt die Bundesrepublik nicht nur das Monopol auf die Bezeichnung „Allemagne", sondern verblieb auch allgemein im Rang des „eigentlichen" Deutschlands. Zwar wurde die DDR zur nicht geringen Verblüffung bisweilen als einer der führenden Industriestaaten der Welt bezeichnet, doch im übrigen tauchte der zweite deutsche Staat lediglich als Gegenspieler der Bonner Ostpolitik auf, zudem als Land des staatlich organisierten Spitzensports[42]. Nicht zuletzt wohl aus Verständnis für den ostpolitischen Ansatz der Bundesregierung machten sich auch Zeitungen des linksliberalen Spektrums zumindest in redaktionellen Beiträgen über lange Zeit die Forderung nach Anerkennung der DDR durch Frankreich durchaus nicht zu eigen. Erst Mitte 1972 gab *Le Monde* langsam diese Zurückhaltung auf und fragte in einem Leitartikel, wann sich Paris dazu entscheide, „die Realität dieses Staates anzuerkennen"[43]. Lediglich *L'Humanité* hatte die Berichterstattung über die deutsche Ostpolitik von Beginn an zu einer Kampagne zugunsten der Anerkennung der DDR gemacht[44].

Vielfach hieß es, nach zwei Jahrzehnten notgedrungener Zurückhaltung und Selbstbeschränkung seien die Deutschen nun bereit, ihre nationalen Ziele ohne – falsche – Hemmungen zu verfolgen. Eine Bundesrepublik „ohne Komplexe" schicke sich zu einer selbstbewußten Außenpolitik an. In der Überschätzung des Selbständigkeitsdrangs der Deutschen wurde ganz offensichtlich verkannt, daß sich die Bundesrepublik noch auf absehbare Zeit mit einer begrenzten Rolle im internationalen System zufriedenzugeben gedachte. Mit Ausnahme der *L'Humanité* sahen die Zeitungen aller politischen Tendenzen in einer intensivierten europäischen Einigungspolitik das probate Mittel, um die Bundesrepublik von etwaigen Versuchungen einer Schaukelpolitik zwischen Ost und West abzuhalten. Bisweilen wurde selbstkritisch auf diesbezügliche Versäumnisse in der französischen Politik unter de Gaulle hingewiesen. Die in den fünfziger Jahren praktizierte Strategie der Anbindung der Bundesrepublik an den Westen zwecks besserer Kontrolle hatte angesichts einer international „erwachsen" gewordenen Bundesrepublik

[41] Siehe die vergleichenden Statistiken bei: Schulz, Moskau und die europäische Integration, S. 226–237; Angela Stent, From Embargo to Ostpolitik, Cambridge 1981, S. 139 und S. 245.

[42] Jean-Claude Buguin, C'est la caserne, in: L'Express vom 23. 8. 1971; Sandoz, Les sous-entendus d'Erfurt, in: Le Nouvel Observateur vom 23. 3. 1970; ders., Walter Ulbricht, le dernier des staliniens, in: Le Nouvel Observateur vom 14. 12. 1970.

[43] Le Monde vom 31. 5. 1972: Les deux grands et le vieux continent (Bulletin).

[44] Jacques Denis, La France doit reconnaître la République Démocratique Allemande, in: L'Humanité vom 11. 4. 1970; Yves Moreau, Reconnaître la RDA, in: L'Humanité vom 21. 9. 1971.

nichts von ihrer Aktualität verloren. Ein weiterhin parzelliertes Europa hingegen, so warnte André Fontaine, müsse zwangsläufig deutsche außenpolitische Alleingänge zur Folge haben: „Wenn nicht zuvor eine enge Verständigung in Europa erreicht wird, so wäre es ein Wunder, wenn Deutschland nicht mit seiner fantastischen materiellen und finanziellen Macht zu einer Schaukelpolitik zurückkehren würde, die zweimal bereits die Welt in ihr Verderben gestürzt hat."[45] Vor diesem Hintergrund wurde einhellig das klare westeuropäische Engagement der Bundesregierung als Gegengewicht zur ostpolitischen Aktivität verstanden und begrüßt.

Im ganzen war die neue Ostpolitik, auf die sich das Deutschlandinteresse der französischen Medien in diesen Jahren vor allem konzentrierte, in der Perspektive Frankreichs mehr als nur ein wichtiges Kapitel deutscher Außenpolitik. Sie erschien als Schritt zur Anerkennung der deutschen Geschichte und ihrer Konsequenzen, zur Bereitschaft, die Folgen der Vergangenheit ganz zu tragen. Und sie ermöglichte die endgültige „Rehabilitierung" Deutschlands – so wurde der symbolische Sinn der Verleihung des Friedensnobelpreises an Willy Brandt 1971 verstanden. Die Ostpolitik erschöpfte sich in dieser Bewertung nicht in begrüßenswerten Gewaltverzichts- und Grenzanerkennungsverträgen; sie wurde darüber hinaus als der Durchbruch des „besseren" Deutschland gewertet. Durch die Politik Willy Brandts, so das Resümee vieler positiver Kommentare, hätten sich die Deutschen „mit sich selbst ausgesöhnt und mit der Welt"[46]. Mit der Aufgabe einer illusionär gewordenen Wiedervereinigungspolitik gewann die Bundesrepublik an Selbständigkeit und Handlungsspielraum hinzu, erfüllte aber mit der Klärung ihres Verhältnisses zum zweiten deutschen Staat wie zu den osteuropäischen Ländern auch eine grundlegende Voraussetzung für eine gemeinsame Politik mit ihren westeuropäischen Partnerländern. Der nunmehr politisch „normalisierten" Bundesrepublik erwuchsen damit aber auch neue Aufgaben: „Reich, mächtig, respektiert, ihrer selbst und ihres Schicksals sicher, so kann die Bundesrepublik nun – mit Phantasie und Mut – dieser ‚europäischen Ordnung' dienen, die Deutschland unter Hitler zu sehr gepriesen und zu sehr erniedrigt hatte, um jemals hoffen zu können, die beiden Wörter wieder zusammenzufügen."[47]

[45] Fontaine, L'autre triangle.
[46] Henri de Turenne, Les armes du Chancelier, in: L'Express vom 27. 11. 1972.
[47] Franceschini, Le chancelier de la confiance, in: Le Monde vom 21. 11. 1972.

Zusammenfassung

In offiziellen Stellungnahmen ließ die französische Regierung keinen Zweifel daran, daß sie die deutsche Ostpolitik nachhaltig unterstützte. Die Entfaltung einer deutschen Ostpolitik wurde als ein Vorgang der Normalisierung empfunden; mit der Annahme der territorialen und politischen Realitäten vollzog Bonn aus Pariser Sicht eine unvermeidlich gewordene Konsequenz. Es ist davon auszugehen, daß Paris auch in den Konsultationen mit Bonn zu keinem Zeitpunkt unmittelbar Bedenken wegen einzelner Aspekte der Ostpolitik äußerte. Frankreich hatte schon wegen des Beispiels, das es nach eigenem Selbstverständnis seit de Gaulle in der Détente-Politik gegeben hatte, auch kaum eine andere Möglichkeit, als die Bonner Ostpolitik öffentlich und ausdrücklich gutzuheißen: „Wir konnten nicht", so Michel Jobert, „die Détente allen unseren europäischen Partnern empfehlen und dann schlecht finden, daß sie das machten, was auch wir machten, sobald sie die Gelegenheit dazu hatten. Aber ich sage: Sobald sie die Gelegenheit dazu hatten. Es ist möglich, daß es unser Wunsch war, daß sie dazu nicht so bald Gelegenheit bekamen. (...) Wir wollten nicht, daß sich die Bewegung überstürzt. Aber sobald die Bewegung begann, mußten wir ihr zustimmen."[1]

Auch die Aufnahmen geregelter Beziehungen zwischen den beiden deutschen Staaten begrüßte die französische Regierung, weil sie – nicht anders als die übrigen westlichen Regierungen – an einem Abbau der Spannungen in Europa interessiert war. Bei einem um die Kräftebalance in Europa besorgten Pompidou konnte die Ostpolitik sicherlich auch deshalb kein Mißfallen erregen, weil sie auch die Hinnahme der deutschen Teilung und der Grenzen in Europa als Ergebnis der Entwicklung nach dem Zweiten Weltkrieg bedeutete.

Andererseits ist nicht zu übersehen, daß die ostpolitischen Aktivitäten Bonns in mittel- und langfristiger Perspektive auch Skepsis auslösten. Sie bezog sich auf die Frage, ob die Ostpolitik nur zu einer begrüßenswerten Normalisierung des Verhältnisses zu den osteuropäischen Staaten führen oder darüber hinaus eine unkontrollierbare Dynamik entfalten würde, die eine Annäherung zwischen der Bundesrepublik und der DDR zur Folge haben konnte. Pompidou hatte keine Veranlassung und konnte kein Interesse daran haben, diese bohrenden Fragen an die Öffentlichkeit zu tragen. Alle Anzeichen deuten jedoch darauf hin, daß sie die im Grundsatz positive Reaktion in allen Phasen begleiteten. Die unterschwelligen Reserven hatten mit Form und Inhalt der Ostverträge nur wenig zu tun. Sie waren vielmehr fester Bestandteil der nicht als endgültig gelöst empfundenen deutschen Frage, und Pompidou war der letzte, der sich aus einer historisch geprägten skeptischen Sicht zu lösen vermochte. „Ich habe ihn sagen gehört: ‚Ich bin nicht von Deutschland besessen', das beweist, daß er es doch etwas war. Der Präsident war immer über das deutsche Problem beunruhigt", so bestätigte etwa Jean-René Bernard, der 1973/74 als stellvertretender Generalsekretär des Elysées ein enger Mitarbeiter

[1] Persönliches Gespräch mit Michel Jobert am 8. 8. 1984.

Pompidous war[2]. Außenpolitische Diskussionen mit dem Staatspräsidenten mündeten regelmäßig in einer Erörterung der deutschen Frage, ganz gleich mit welchem Thema das Gespräch begonnen hatte[3].

Während in der Bundesrepublik kaum ein Zweifel daran bestand, daß die Ostverträge den bestehenden territorialen und politischen Status quo in Europa für praktisch nicht begrenzte Zeit anerkannten und die damalige innenpolitische Opposition gegen den „Ausverkauf" deutscher Interessen Sturm lief, war für den französischen Staatspräsidenten das Problem der Wiedervereinigung keineswegs ad acta gelegt. Der verantwortliche Außenminister Maurice Schumann erklärte im Hinblick auf Pompidous Einschätzung wörtlich: „Er fragte sich, ob Bundeskanzler Brandt die Ostpolitik nicht als einen Schritt in Richtung auf die Wiedervereinigung betrachtete."[4]

Die französische Sorge ergab sich aus der Ungewißheit, ob die Bundesrepublik nicht versucht sein könnte, parallel zur Verständigung mit dem Osten, ihre Westbindung zu lockern oder preiszugeben, um so in Moskau Fortschritte auf dem Weg zur Überwindung der deutschen Teilung zu erwirken. Paris ließ sich deshalb im Oktober 1970 in Moskau bestätigen, daß die Sowjetunion selbst unter neutralistischen Vorzeichen kein Interesse an einem Zusammengehen der beiden deutschen Staaten habe. Dies galt der französischen Regierung als zusätzliche Versicherung neben den Beteuerungen der Bundesrepublik, die Westbindung sei für sie unverzichtbar.

In der französischen Regierung bestand offensichtlich die Neigung, die neue Ostpolitik als die buchstabengetreue Anwendung von Egon Bahrs Konzept vom „Wandel durch Annäherung" aus dem Jahr 1963 mit dem Endziel der Wiedervereinigung zu sehen[5], ohne zu berücksichtigen, daß die Planer dieser Politik die seitdem beträchtlich enger gewordenen Möglichkeiten Bonner Deutschland- und Ostpolitik erkannt und dementsprechend ihre Ziele auf die Etablierung gutnachbarlicher Beziehungen zurückgesteckt hatten. Die Formel von „zwei Staaten in einer Nation", in deren Zeichen die neue Deutschlandpolitik stand, war dem ganz von französischen Nationalvorstellungen geprägten Pompidou nicht ganz geheuer. Sie mochte in seinen Augen wohl einen Zwischenzustand, doch keine Regelung auf lange Sicht beschreiben. Das Ausklammern des Ziels der Wiedervereinigung aus der praktischen Politik hatte so für Pompidou nichts Beruhigendes, da er dieser Wendung letztlich nicht traute. Paradoxerweise bezog sich das französische Mißtrauen gerade auf die deutschen Politiker, die zu Beginn der sechziger Jahre als erste verstanden hatten, daß es „vorerst keine Chance der Wiedervereinigung der Deutschen in West und Ost mehr gab"[6] – auf Brandt etwa, den ersten deutschen Bundeskanzler, der in seiner Regierungserklärung auf das Stichwort „Wiedervereinigung" verzichtete, oder auf Egon Bahr, der von einer zeitlich unabsehbaren

[2] Im Gespräch mit Stéphane Rials, in: Rials, Les idées politiques du Président Georges Pompidou, S. 136.

[3] Kissinger, Memoiren 1968–1973, S. 455; Ullmann, Zwischen Skepsis und Vertrauen. Vom Zwiespalt der französischen Deutschlandpolitik 1950–1988, in: Dokumente H. 6 (1988), S. 456–462, hier: S. 459.

[4] Persönliches Gespräch mit Maurice Schumann am 17. 12. 1984; Sandoz, Ein unterschwelliges Trauma, in: Deutsches Allgemeines Sonntagsblatt vom 13. 9. 1987.

[5] Rede Bahrs in Tutzing vom 15. 7. 1963, in: Dokumente zur Deutschlandpolitik, IV. Reihe, Bd. 9/2, S. 572–575.

[6] Löwenthal, Als Architekt der Ostpolitik einen Platz in der Geschichte, in: Hannoversche Allgemeine vom 17. 12. 1988.

„Koexistenz auf deutsch“, die „schrecklich und schwierig“ sein werde, sprach[7]. Die in der französischen Reaktion permanent mitschwingende Auffassung, die deutsche Ostpolitik habe – zugespitzt gesagt – die Wiedervereinigung doch nicht gänzlich abgeschrieben, also stelle sie Sinn und Zweck dieser Politik dar, ist symptomatisch für das Unbehagen an der deutschen Frage.

„Wenn Deutschland die Ostpolitik vervollkommnen will“, so Jobert, „geht dies zwangsläufig über eine neutralistische Haltung. (...) Wenn ich Deutscher wäre, hätte ich seit langem verstanden, daß es sich dabei um eine Tausch-Operation handelt: Sich vorarbeiten, sobald man kann, vor allem nicht die Nasenspitze zeigen, und all dies verbindet sich mit einer neutralistischen Vorgehensweise.“[8] Diese Tendenz, in der neuen deutschen Ostpolitik weniger den Verzicht als die angeblich neuen Perspektiven für eine Wiederherstellung der Einheit wahrzunehmen, rechnete Alfred Grosser bereits 1973 den „deutschen Komplexen der französischen Politik“ zu[9]. So wurde es insgesamt zum Kennzeichen der Pariser Reaktion, daß sie sich – wie Brandt resümierte – „mit erheblichen Schwankungen zwischen sanftem Verständnis und wilder Spekulation“ bewegte[10].

Die Regierung Pompidous reagierte im ganzen deutlich skeptischer als die französische Öffentlichkeit. Die Vorstellungen des französischen Präsidenten blieben stark den im 19. Jahrhundert entwickelten Kategorien der Gleichgewichtspolitik verhaftet. Mit Mißtrauen begegnete er allen Bewegungen, die dazu geeignet sein konnten, den Status quo in Europa zu gefährden. Die größte Gefahr wäre aus seiner Sicht durch eine amerikanisch-sowjetische Übereinkunft über Europa heraufbeschworen worden, mit der Folge eines Rückzuges der USA.

Wie das französische Nachkriegskonzept der Einbindung der Bundesrepublik in den Gesamtverband des Westens, so war auch die von Pompidou verfolgte Politik der Ausbalancierung der Bundesrepublik nicht von Vertrauen in die Deutschen geleitet. Die Einsicht in die Notwendigkeit einer engen deutsch-französischen Kooperation ging in dieser traditionellen Sichtweise parallel mit der Vorstellung von einer fortdauernden, mehr oder wengier verdeckten „Kraftprobe“ zwischen den beiden Ländern. Die Konsequenz daraus war, daß der Übergang von einer Strategie des Austarierens der Kräfte zu einer in die Zukunft weisenden Politik europäischer Solidarität von der französischen Regierung nur ansatzweise vollzogen wurde[11]. Hier blieb eine spürbare Inkohärenz der französischen Politik bestehen: Trotz der Furcht vor den „incertitudes allemandes“, vor einer Abkehr der Bundesrepublik von Westeuropa, vor einem deutschen Versuch, aus der „Mittellage“ Politik zu machen, konnte sich die Pariser Regierung nicht zu einer offensiven europäischen Einigungspolitik entschließen. Nach der Erweiterung der EG-Sechsergemeinschaft und der Halbniederlage im Referendum von 1972 schien die Regierung Pompidou ihren europäischen Elan aufgebraucht zu haben; nach 1973 stand die Außenpolitik wieder mehr im Zeichen der Tradition. Das Erbe de Gaulles war noch allzu präsent, als daß entschlossenere Schritte hätten getan werden können.

Die Anflüge von Mißtrauen bestimmten freilich kaum je die offizielle Politik der französischen Regierung. Das, was politisch zählte, war die konstante offizielle Solidarität mit dem Bonner Vorgehen. Die Verhandlungen mit der Sowjetunion und den anderen

[7] Bahr in seiner zweiten Tutzinger Rede vom 11. 7. 1972, in: DA Nr. 8 (1973), S. 865–873.
[8] Persönliches Gespräch mit Michel Jobert am 8. 8. 1984.
[9] Grosser, Les complexes allemands de la politique française, in: Le Monde vom 22. 8. 1973.
[10] Brandt, Erinnerungen, S. 189.
[11] Weisenfeld, Europa – Vom „Gleichgewicht“ zur Solidarität, in: Merkur H. 3 (1981), S. 229–236.

osteuropäischen Ländern hatten jederzeit die Rückendeckung durch alle drei Westmächte, und zu keinem Zeitpunkt stand die Zustimmung Frankreichs ernsthaft in Frage; Pompidou vermied es auch tunlichst, sich in die innenpolitischen Debatten der Bundesrepublik verstricken zu lassen. Seine Reserven verleiteten ihn nicht zu dem geringsten Zeichen des Einverständnisses oder der Sympathie mit der internen bundesdeutschen Opposition gegen den Kurs der neuen Ostpolitik. Bezeichnend für die französische Haltung war ferner, daß sich Paris trotz mancherlei innenpolitischer Pressionen mit der Anerkennung der DDR so viel Zeit ließ, wie die Bundesregierung gewünscht hatte. Als Druckmittel gegen Bonn war das Verhältnis zur DDR tabu.

Die Teilnahme an den Berliner Vier-Mächte-Verhandlungen gab Frankreich die Möglichkeit, die ostpolitische Öffnung der Bundesregierung aktiv zu begleiten. Für die Berlin-Gespräche war eine ungewöhnlich lange abwartend-tastende Eingangsphase kennzeichnend; in ihr kam die Notwendigkeit, Berlin in den Ost-West-Normalisierungsprozeß mit einzubeziehen, und die starke Unsicherheit, in welcher Form und mit welchen inhaltlichen Regelungen dies geschehen könnte, zutage. Dabei wurde frühzeitig deutlich, daß für Frankreich eine möglichst weitgehende Bestätigung der Vier-Mächte-Rechte unabdingbar war. Paris erblickte darin das geeignete Mittel, um – neben der Wahrung des eigenen Ranges – auch die Sowjetunion zu binden und in ihren Verpflichtungen zu halten. In einem gewissen Kontrast zum Pragmatismus der amerikanischen und britischen Seite verfügte die französische Delegation mit der Vier-Mächte-Konstruktion über ein festes Konzept, in das sich alle Sachregelungen einzufügen hatten. Daß sich dieses Konzept schließlich durchsetzte, ist zu einem erheblichen Maße dem hartnäckigen französischen Festhalten an dieser Verhandlungslinie zuzuschreiben.

Die Bedeutung der Bestätigung der Vier-Mächte-Konstruktion ergibt sich aus dem Vergleich mit früheren westlichen Überlegungen zur Regelung des Berlin-Zugangs, etwa der „Agententheorie" des amerikanischen Außenministers Dulles (1958), die DDR-Kontrolleure als Beauftragte („agents") der Sowjetunion akzeptiert hätte, oder dem 1961/62 verschiedentlich ventilierten Plan zur Errichtung einer internationalen Zugangsbehörde[12]. Die Bekräftigung des Vier-Mächte-Rahmens bildete somit durchaus kein selbstverständliches Ergebnis und war von den Westalliierten zu Beginn der Verhandlungen auch nicht unbedingt erwartet worden. Die französischen Verdienste waren hier groß, wie auch Egon Bahr rückblickend einräumte: „Ich glaube, daß der französische Anteil, sagen wir auf dem Gebiete der völkerrechtlichen Konstruktion, in den Verhandlungen beträchtlich gewesen ist; daß die politische Grundstruktur im wesentlichen in den Verhandlungen zwischen den Amerikanern und den Russen und der Bundesrepublik zustande gekommen ist. In der juristischen Ausformulierung hatte Frankreich, insbesondere Sauvagnargues, einen bemerkenswerten Anteil."[13]

Bei aller Penibilität war der französische Verhandlungsbeitrag zugleich sehr konstruktiv. Das französische Vertragsprojekt vom Dezember 1970 belegt, daß die französische Delegation bereits zu einem sehr frühen Zeitpunkt die schließlich realisierte Konstruktion ins Auge gefaßt hatte. Für Sauvagnargues war nur eine Berlin-Regelung akzeptabel, die die Vier Mächte „handelnd auf der Grundlage ihrer Vier-Mächte-Rechte und -Verantwortlichkeiten" sowie „unbeschadet ihrer Rechtspositionen" abschlossen. Auf eine

[12] Bender, Neue Ostpolitik, S. 62f.; Pressekonferenz Dulles' vom 26. 11. 1958 in Washington, in: Dokumente zur Deutschlandpolitik, IV. Reihe, Bd. 1/1, S. 144–150.

[13] Persönliches Gespräch mit Egon Bahr am 26. 6. 1985.

ähnliche salvatorische Formel zur Überwindung nicht zu vereinbarender Standpunkte – daran ist zu erinnern – war bereits bei den vom Berliner Senat mit Ost-Berlin ausgehandelten Passierschein-Abkommen zu Beginn der sechziger Jahre zurückgegriffen worden. Um die Sowjetunion zumindest in gewissem Maße auf den Rahmen des „alten" Vier-Mächte-Status festzulegen, bedurfte es gewiß nicht nur des französischen „Juridismus", sondern der gemeinsamen Anstrengungen der Westmächte, wobei den Vereinigten Staaten natürlicherweise ein besonderes Gewicht zukam.

Der zentrale Verhandlungsort war nach allgemeiner Meinung tatsächlich das Kontrollratsgebäude in Berlin. Eine Vielzahl weiterer punktueller und kontinuierlicher Gesprächskontakte begleitete die Viererverhandlungen, half bei der genaueren Bestimmung von Kompromißlinien, bereitete die Lösung von Einzelproblemen vor, diente der Durchsetzung besonderer Anliegen. Die größte Bedeutung hatten die Gespräche Bahr-Falin und Rush-Falin in Bonn und die Kontakte Sauvagnargues-Abrassimow, Frank-Falin sowie die Abstimmungen Bahrs mit dem sicherheitspolitischen Berater Breschnews, Alexandrow. Wie groß die Bedeutung von informellen Gesprächen, vertraulichen Treffen und Kontakten im einzelnen gewesen ist, wird im Detail kaum mehr aufzuschlüsseln sein. Die von Kissinger seinem eigenen Draht zu Dobrynin beigemessene entscheidende Funktion wird von allen übrigen Verhandlungsbeteiligten jedenfalls stark relativiert, obwohl unbestritten ist, daß auch bei diesen Kontakten einzelne Regelungen vorbesprochen wurden. Einen Überblick über die Parallelkontakte der anderen Beteiligten besaßen auch die Hauptakteure selbst nicht[14]. Die Tatsache, daß die vielfältigen Einzelbemühungen letztlich zusammengeführt werden konnten, ist einer permanenten Koordinations- und Abstimmungsarbeit zuzuschreiben, die bis dato nicht ihresgleichen hatte.

Bei einer ausführlichen Darstellung der Berlin-Verhandlungen wird man vor allem die zentrale Rolle Egon Bahrs zu berücksichtigen haben. Er war auf allen Ebenen präsent – außer am Kontrollratstisch selbst – und speiste die Vorstellungen der Bundesregierung in den Verhandlungsprozeß ein. Er bediente sich dabei namentlich der amerikanischen Kontakte, vor allem zu Kissinger und Botschafter Rush, und seine Vorstellungen kollidierten dabei verschiedentlich mit der vorsichtigen, auf voller Wahrung aller Rechtspositionen bedachten französischen Linie. Das Maß der bundesdeutschen Mitwirkung mag überraschen; grundsätzlich war sie aber durch die politische Einbindung der Berlin-Problematik in die gesamte Ostpolitik unumgänglich geworden. An diese aktive, mitunter drängende Rolle der Bundesregierung mußten sich auch die drei Westmächte erst gewöhnen, die noch im Februar 1970, als Bahr im Verlaufe seiner Gespräche mit Gromyko auch die Lage Berlins anschnitt, ihre „Sorge" geäußert hatten, so Brandt, „wir könnten ihre Verhandlungsposition schwächen"[15].

Die besondere „legalistische" Haltung Frankreichs läßt sich ohne Zweifel deuten als Engagement zur politischen Sicherung Berlins, die in der gegebenen Lage nur auf einer Vier-Mächte-Grundlage möglich war. Gleichzeitig erscheint sie aber auch als Kompensierung machtpolitischer Defizite und als Sicherung von Mitspracherechten in deutschen Angelegenheiten. Diese Haltung, d. h. die sehr genaue Wahrung der Rechtspositionen, charakterisierte die französische Berlin-Politik auch in der Periode nach dem Vier-Mächte-Abkommen. Giscard d'Estaing hob während seines Berlin-Besuches Ende Okto-

[14] Kissinger, Memoiren 1968–1973, S. 884 (Fußnote).
[15] Brandt, Begegnungen und Einsichten, S. 512. Nach Vereinbarung der Vier-Mächte-Verhandlungen ließ Gromyko von sich aus dieses Thema gegenüber Bahr fallen.

ber 1979 – des ersten eines französischen Staatspräsidenten – die Sonderposition Frankreichs mit der Formel hervor: „Unsere Rechte sind Ihre Freiheit. Unsere Rechte sind Ihre Sicherheit."[16]

[16] Rede vom 29. 10. 1979 in der Berliner Staatsbibliothek, zit. in: Le Monde vom 30. 10. 1970 („Nos droits, c'est votre liberté. Nos droits, c'est votre sécurité."); Jacques Morizet, Faut-il actualiser le statut?, in: Documents Nr. 3 (1987), S. 58–67.

Quellen und Literatur

Interviewte Personen

Claude Arnaud
Gespräch am 13. Februar 1988 in Paris
1952 bis 1955 Premier secrétaire an der französischen Botschaft in Bonn; September 1969 bis 1972 Direktor der Europa-Abteilung, 1972 bis Februar 1975 stellv. Leiter der Politischen Abteilung im Quai d'Orsay; 1982 bis 1985 Botschafter in der Sowjetunion.

Klaus Arnsperger
Gespräch am 31. Oktober 1987 in Rom
1966 bis 1979 Korrespondent der Süddeutschen Zeitung in Paris.

Egon Bahr
Gespräche am 19. Dezember 1984 und am 26. Juni 1985 in Bonn; schriftliche Mitteilung vom 19. Juni 1985
1960 bis 1966 Leiter des Presse- und Informationsamtes des Landes Berlin; 1967 bis 1969 als Ministerialdirigent und „Botschafter zur besonderen Verwendung" Leiter des Planungsstabes des Auswärtigen Amtes; 1969 bis 1972 Staatssekretär im Bundeskanzleramt; 1972 bis 1974 Minister für besondere Aufgaben.

Jean-Michel Bing-Fromont
Gespräch am 27. Juli 1985 in Paris
1956 bis 1979 Angehöriger der französischen Botschaft in Bonn, seit 1967 als stellv. Konsul.

Dr. Alfred Blumenfeld
Gespräch am 23. März 1988 in Bonn
1967 bis 1972 Leiter des Referats Sowjetunion im Auswärtigen Amt; 1972 bis 1977 Generalkonsul in Leningrad.

Sigismund Freiherr von Braun
Gespräch am 19. Dezember 1984 in Bonn
1968 bis 1970 sowie 1972 bis 1976 deutscher Botschafter in Paris; 1970 bis 1972 Staatssekretär im Auswärtigen Amt.

Dr. Gerold von Braunmühl
Gespräch am 15. April 1985 in Bonn
1967 bis 1971 Legationsrat im Deutschlandreferat des Auswärtigen Amtes; 1982 bis 1985 Leiter der Unterabteilung für Deutschland und Berlin sowie Osteuropa.

Dr. Hans Otto Bräutigam
Gespräch am 3. Juli 1987 in (Ost-)Berlin
1969 bis 1973 Vortragender Legationsrat im Deutschlandreferat des Auswärtigen Amtes; 1974 bis 1977 stellv. Leiter, 1982 bis 1988 Staatssekretär und Leiter der Ständigen Vertretung der Bundesrepublik bei der DDR.

Guy de Commines
Gespräch am 15. Dezember 1987 in Paris
1968 bis 1971 Ministre-conseiller an der französischen Botschaft in Bonn.

Maurice Couve de Murville
Gespräch am 22. Mai 1985 in Paris
1956 bis 1958 französischer Botschafter in der Bundesrepblik; 1958 bis 1968 Außenminister; 1968 bis 1969 Premierminister.

Maurice Deshors
Gespräch am 23. Juni 1987 in Paris
1967 bis 1969 Deuxième conseiller, 1969 bis 1972 Premier conseiller an der französischen Botschaft in Bonn; 1981 bis 1986 Botschafter bei der Regierung der DDR.

Dr. Christian Feit
Gespräch am 22. Dezember 1987 in Bonn
1969 bis 1974 Politischer Gesandter an der deutschen Botschaft in Paris.

André Fontaine
Gespräch am 24. Juni 1985 in Paris
Seit 1947 Journalist bei „Le Monde"; 1951 Ressortchef Ausland, 1969 Chefredakteur, seit 1985 Direktor.

Dr. Paul Frank
Gespräch am 31. Oktober 1985 in Breitnau/Schwarzwald; schriftliche Mitteilung vom 12. Februar 1985
1968 bis 1970 Leiter der Politischen Abteilung I im Auswärtigen Amt; 1970 bis 1974 Staatssekretär; 1974 bis 1979 Chef des Bundespräsidialamtes; 1981 bis 1982 Koordinator für die deutsch-französische Zusammenarbeit.

Alfred Frisch
Gespräch am 15. Dezember 1987 in Paris
Seit 1946 Korrespondent verschiedener deutscher Zeitungen (Allgemeine Zeitung, Rheinischer Merkur, Stuttgarter Zeitung) und Rundfunkanstalten (Deutsche Welle, Saarländischer Rundfunk) in Paris.

Henri Froment-Meurice
Gespräch am 13. November 1984 in Paris
1968 bis 1969 Premier conseiller an der französischen Botschaft in Moskau; 1979 bis 1981 Botschafter in Moskau; 1982 bis 1984 Botschafter in der Bundesrepublik.

Götz Freiherr von Groll
Gespräch am 19. Januar 1985 in Paris
1971 bis 1977 Referatsleiter für Fragen der Allgemeinen Ost-West-Beziehungen im Auswärtigen Amt; 1981 bis 1985 Gesandter an der deutschen Botschaft in Paris; seit 1985 Leiter Geschäftsbereich Auswärtige Angelegenheiten beim Bevollmächtigten der Bundesregierung in Berlin.

Prof. Léo Hamon
Gespräch am 9. Dezember 1984 in Paris
1969 bis 1972 als „Secrétaire d'Etat auprès du Premier ministre" Sprecher der französischen Regierung.

Dr. Niels Hansen
Gespräch am 22. Juni 1987 in Brüssel
Ab 1968 im Auswärtigen Amt Referatsleiter nördliches Mittelmeer; 1970 bis 1973 Leiter der Refe-

rate Europäische politische Integration sowie Frankreich und Benelux; seit 1985 Leiter der Ständigen Vertretung bei der NATO in Brüssel.

Dr. Axel Herbst
Gespräch am 21. Dezember 1984 in Bonn
1969 bis 1973 Leiter der „Abteilung für Handelspolitik, Entwicklungspolitik und Europäische wirtschaftliche Integration“ im Auswärtigen Amt; 1976 bis 1983 Botschafter in Paris.

Michel Jobert
Gespräch am 8. August 1984 in Paris
1963 bis 1966 stellvertretender Leiter, 1966 bis 1968 Leiter des Kabinetts des Premierministers Georges Pompidou; unter der Präsidentschaft Pompidous von 1969 bis 1973 Secrétaire général de la présidence de la République; 1973 bis 1974 Außenminister; 1981 bis 1983 Ministre d'Etat für den Außenhandel.

Dr. Dieter Kastrup
Gespräch am 15. April 1985 in Bonn
1980 Referatsleiter „Außenpolitische Fragen, die Berlin und Deutschland als Ganzes betreffen“; 1985 Unterabteilungsleiter; seit 1988 Ministerialdirektor und Leiter der Politischen Abteilung im Auswärtigen Amt.

Paul-Marie de La Gorce
Gespräch am 27. Juni 1987 in Paris
1972 bis 1974 Berater von Premierminister Pierre Messmer; seit 1971 außenpolitischer Kommentator im französischen Fernsehen; 1967 bis 1973 Mitglied des Comité Central der ‚Union des Démocrates pour la Ve République‘ (Gaullisten).

Jean Laloy
Gespräch am 28. März 1985 in Meudon/Paris
Begleiter de Gaulles bei dessen Moskau-Reise im Dezember 1944; in der Nachkriegszeit auf verschiedenen Posten in Deutschland; 1955 Ministre conseiller in Moskau; 1956 Abteilungsleiter für Europa im Quai d'Orsay; 1961 stellv. Leiter der Politischen Abteilung; 1964 „Diplomatischer Berater der Regierung“; 1968 bis 1974 Direktor der diplomatischen Archive, 1978 bis 1983 Koordinator für die französisch-deutsche Zusammenarbeit.

Dominique Lassus
Gespräch am 16. April 1985 in Bonn
1974 bis 1976 Troisième bzw. Deuxième secrétaire an der französischen Botschaft in Bonn; 1976 bis 1979 bei der französischen Militärregierung in Berlin; 1982 Deuxième conseiller in Bonn.

Philippe Legrain
Schriftliche Mitteilung vom 13. Mai 1987
1970 bis 1976 Conseiller politique bei der französischen Militärregierung in Berlin.

Prof. Dr. Werner Maihofer
Gespräch am 10. November 1987 in Florenz
1970 bis 1978 Mitglied des FDP-Präsidiums; 1972 bis 1974 Bundesminister für besondere Aufgaben; 1974 bis 1978 Bundesminister des Innern.

Günther Meichsner
Gespräch am 24. März 1988 in Bonn
1963 bis 1980 in der Berliner Senatsverwaltung für Bundesangelegenheiten; während der Berliner Vier-Mächte-Verhandlungen als Leitender Senatsrat der Landesvertretung Berlin Mitglied der Bonner Vierergruppe; 1981 bis 1986 Abteilungsleiter Deutschlandpolitik im Bundesministerium für Innerdeutsche Beziehungen.

Dr. Alois Mertes
Gespräch am 20. Dezember 1984 in Bonn
Ab 1969 Vortragender Legationsrat I im Auswärtigen Amt; seit 1972 Bundestagsabgeordneter der CDU; 1982 zunächst Parlamentarischer Staatssekretär, dann Staatsminister im Auswärtigen Amt.

Karl Moersch
Gespräch am 17. Juni 1987 in Ludwigsburg
1964 bis 1976 Bundestagsabgeordneter der FDP; 1970 bis 1974 Parlamentarischer Staatssekretär, 1974 bis 1976 Staatsminister im Auswärtigen Amt.

Dr. Bodo Morawe
Gespräch am 3. März 1987 in Paris
Seit 1970 Korrespondent des Westdeutschen und des Norddeutschen Rundfunks sowie verschiedener Zeitungen in Paris.

Jacques Morizet
Gespräch am 15. Dezember 1987 in Paris
1971 bis 1975 Ministre-conseiller, 1983 bis 1986 französischer Botschafter in Bonn.

François Plaisant
Gespräch am 13. Februar 1985 in Paris
1968 bis 1971 Premier secrétaire, 1971 bis 1973 Deuxième conseiller an der französischen Botschaft in Bonn; 1973/1974 Mitglied der KSZE-Delegation in Genf; 1984 bis 1987 Leiter der Europa-Abteilung im Quai d'Orsay.

Konrad Porzner
Gespräch am 16. Juni 1987 in Bonn
1962 bis 1981 sowie seit 1983 Bundestagsabgeordneter der SPD.

François Puaux
Gespräch am 27. November 1989 in Paris
1945/46 stellv. Conseiller politique des französischen Oberkommandierenden in Deutschland; 1957/58 Premier conseiller an der Botschaft in Bonn; 1964 Leiter der Europa-Abteilung im Quai d'Orsay; 1967/68 stellv. Leiter der Politischen Abteilung; 1972 bis 1974 Direktor der Politischen Abteilung; 1975 bis 1981 Botschafter in Italien.

Jean-Bernard Raimond
Gespräch am 28. November 1988 in Rom
1969 Chargé de mission, 1970 bis 1973 Conseiller technique im Secrétariat de la présidence de la République, in dieser Eigenschaft diplomatischer Berater Pompidous; 1980 bis 1983 Botschafter in Warschau; 1983 bis 1986 Botschafter in Moskau; 1986 bis 1988 Außenminister.

Dr. Hermann Freiherr von Richthofen
Gespräch am 17. Dezember 1985 in Bonn
1970 bis 1974 Referent im Völkerrechtsreferat im Auswärtigen Amt; 1975 bis 1978 Referatsleiter an der Ständigen Vertretung in (Ost-)Berlin; 1978 bis 1980 Leiter des Deutschland- und Berlinreferats; 1980 bis 1986 Leiter des Arbeitsstabes Deutschlandpolitik im Bundeskanzleramt; 1986 Leiter der Politischen Abteilung des Auswärtigen Amtes; 1988 Botschafter in London.

François de Rose
Gespräch am 12. März 1987 in Paris
1970 bis 1974 Ständiger Vertreter Frankreichs bei der NATO in Brüssel.

Prof. Joseph Rovan
Gespräch am 20. Mai 1985 in Paris

1968 bis 1986 Professor für „Civilisation allemande“ an den Universitäten Paris-Vincennes und Paris III/Sorbonne-Nouvelle.

Dr. Ulrich Sahm
Gespräch am 13. April 1985 in Bodenwerder/Niedersachsen
1966 bis 1969 Ministerialdirigent und Leiter der Unterabteilung II A (Ost-West-Fragen) im Auswärtigen Amt; 1969 bis 1972 Ministerialdirektor im Bundeskanzleramt; 1972 bis 1977 Botschafter in Moskau.

Gérard Sandoz (Gustav Stern)
Gespräch am 25. März 1985 in Paris
Deutschlandspezialist der Zeitschrift „Le Nouvel Observateur“.

Jean Sauvagnargues
Gespräche am 12. und 27. Februar 1985 in Paris
1946 bis 1949 Leiter der politischen Abteilung im Kommissariat für deutsche Angelegenheiten; 1949 bis 1954 Unterdirektor für Mitteleuropa im Quai d'Orsay; 1970 bis 1974 Botschafter in Bonn; 1974 bis 1976 Außenminister.

Maurice Schumann
Gespräch am 17. Dezember 1984 in Paris; schriftliche Mitteilung vom 14. Januar 1985
Während des Krieges Sprecher des „Freien Frankreichs“ im BBC, London; 1945 Mitbegründer des „Mouvement des Républicains Populaires“; 1951 bis 1954 Staatssekretär im Außenministerium; 1959 bis 1962 sowie 1962 bis 1967 Vorsitzender des Auswärtigen Ausschusses der Nationalversammlung; 1969 bis 1973 Außenminister.

Klaus Schütz
Gespräch am 14. Dezember 1987 in Düsseldorf; schriftliche Mitteilung vom 12. Februar 1985
1966 bis 1967 Staatssekretär im Auswärtigen Amt; 1967 bis 1977 Regierender Bürgermeister von Berlin.

Dr. Walter Schütze
Gespräch am 9. März 1987 in Paris
Seit 1960 wissenschaftlicher Mitarbeiter des ‚Institut Français des Relations Internationales‘, Paris.

Eugen Selbmann
Gespräch am 21. Dezember 1987 in Bonn
Seit 1956 wissenschaftlicher Assistent, seit 1969 außenpolitischer Berater der SPD-Bundestagsfraktion.

Roger Seydoux
Gespräch am 22. November 1984 in Paris
1968 bis 1972 französischer Botschafter in der Sowjetunion.

Jean-Marie Soutou
Gespräch am 21. November 1989 in Paris
1961 bis 1962 Leiter der Europa-Abteilung im Quai d'Orsay; 1966 bis 1971 Generalinspekteur des diplomatischen Dienstes; 1971 bis 1975 Botschafter in Algerien; 1975/76 Botschafter bei der Europäischen Gemeinschaft; 1976 bis 1978 Generalsekretär des Außenministeriums.

Berndt von Staden
Gespräch am 20. Dezember 1984 in Bonn; schriftliche Mitteilung vom 16. April 1985
1970 bis 1973 Minsterialdirektor und Leiter der Politischen Abteilung im Auswärtigen Amt; 1973 bis 1979 Botschafter in den USA; 1981 bis 1983 Staatssekretär im Auswärtigen Amt.

Dr. Wolfgang Wagner
Gespräch am 28. Dezember 1984 in Hannover
Freier Journalist in Bonn; 1971 bis 1988 Chefredakteur der Hannoverschen Allgemeinen Zeitung; Herausgeber des Europa-Archivs.

Dr. Ernst Weisenfeld
Gespräch am 6. August 1984 in Paris
Seit 1951 Berichterstatter verschiedener deutscher Zeitungen in Paris; langjähriger Leiter des Frankreichstudios der ARD und Korrespondent von „Die Zeit".

Richard von Weizsäcker
Gespräch am 21. Dezember 1984 in Bonn
1969 bis 1981 Bundestagsabgeordneter der CDU; 1973 bis 1979 stellv. Vorsitzender der CDU/CSU-Bundestagsfraktion; seit 1984 Bundespräsident.

Günther van Well
Gespräch am 13. November 1987 in Bonn; schriftliche Mitteilung vom 20. August 1988
1967 bis 1971 Vortragender Legationsrat I und Leiter des Referats II A 1 „Außenpolitische Fragen, die Berlin und Deutschland als Ganzes betreffen" im Auswärtigen Amt; 1971 bis 1972 Ministerialdirigent und stellvertr. Leiter der Politischen Abteilung; 1972 Ministerialdirektor und Leiter der Politischen Abteilung 3; 1973 Leiter der Politischen Abteilung 2; 1977 bis 1981 Staatssekretär; 1981 bis 1984 Ständiger Vertreter bei den Vereinten Nationen in New York; 1984 bis 1987 Botschafter in Washington.

Gedruckte Quellen

Offizielle Publikationen, Dokumentensammlungen

Archiv der Gegenwart, Bonn/Wien/Zürich 1931 ff.
Berlin 1944–1972. Sélection de déclarations, notes et communiqués, in: Problèmes politiques et sociaux, hrsg. von der Documentation française, Paris 28.7.–4.8. 1972, Nr. 135 f., S. 4–77.
Die Berlin-Regelung. Das Viermächte-Abkommen über Berlin und die ergänzenden Vereinbarungen, hrsg. vom Presse- und Informationsamt der Bundesregierung, Bonn 1971
Bulletin, hrsg. vom Presse- und Informationsamt der Bundesregierung. Siehe u. a. die Sonderausgaben zum Moskauer Vertrag (17.8. 1970, Nr. 109), Warschauer Vertrag (8.12. 1970, Nr. 171), Viermächte-Abkommen über Berlin (3.9. 1971, Nr. 127), Grundlagenvertrag (8.11. 1972, Nr. 155) und Prager Vertrag (13.12. 1973, Nr. 163).
Dokumente zur Deutschlandpolitik, hrsg. vom Bundesministerium für innerdeutsche Beziehungen, V. Reihe: Vom 1. Dezember 1966 fortlaufend, Frankfurt 1984.
Dokumentation zur Deutschlandpolitik der Bundesregierung. Verträge und Vereinbarungen mit der DDR, hrsg. vom Presse- und Informationsamt der Bundesregierung, 10. veränderte Auflage Bonn 1984.
Dokumentation zur Ostpolitik der Bundesregierung. Verträge und Vereinbarungen, hrsg. vom Presse- und Informationsamt der Bundesregierung, 12. Aufl. Bonn 1988.
Dokumente zur Berlin-Frage 1944–1966, hrsg. vom Forschungsinstitut der Deutschen Gesellschaft für Auswärtige Politik, Bonn, in Zusammenarbeit mit dem Senat von Berlin, München 4. Aufl. 1987.
Dokumente zur Berlin-Frage 1967–1986, hrsg. für das Forschungsinstitut der Deutschen Gesellschaft für Auswärtige Politik in Zusammenarbeit mit dem Senat von Berlin von Hans Heinrich Mahnke, München 1987.
Europa-Archiv. Zeitschrift für internationale Politik, hrsg. von der Deutschen Gesellschaft für Auswärtige Politik, Bonn 1946 ff.
Journal Officiel: Assemblée nationale, Débats parlementaires, Paris.
Meissner Boris (Hrsg.): Moskau–Bonn. Die Beziehungen zwischen der Sowjetunion und der Bundesrepublik Deutschland 1955–1973. Dokumentation, 2 Bände, Köln 1975.

La politique étrangère de la France, textes et documents, hrsg. von der Documentation française in Verbindung mit dem Ministère des Affaires étrangères, Paris (halbjährlich).
Les relations franco-soviétiques (1958–1966). Notes et études documentaires, hrsg. von der Documentation française, Paris, 24. 6. 1966, Nr. 3302.
Les relations franco-soviétiques. Textes et documents 1965–1976, hrsg. vom Ministère des Affaires étrangères de la République Française und dem Ministère des Affaires étrangères de l' URSS, Paris 1976.
Siegler, Heinrich von (Hrsg.): Dokumentation zur Deutschlandfrage, 11 Bände, Bonn/Wien/Zürich 1961 ff.; Hauptbd. V: Von der Wiederaufnahme der Berlin-Diskussion, Januar 1968, bis zur Regierungserklärung Brandts, Oktober 1969 (1970); Hauptbd. VI: Von der Regierungserklärung Brandts, Oktober 1969, bis Ende 1970 (1972); Hauptbd. VII: Von Januar 1971 bis zum Inkrafttreten der Ostverträge, Juni 1972 (1972); Hauptbd. VIII: Vom Inkrafttreten der Ostverträge, Juni 1972, bis zum Besuch Brandts in den USA, Anfang Mai 1973 (1975); Hauptbd. IX: Von der 2. Beratung des Grundvertrages, Mai 1973, bis zur Rede Brandts vor der UN-Vollversammlung, September 1973 (1975); Hauptbd. X: Vom September 1973 bis zur Ratifizierung der Vereinbarungen mit Polen, März 1976 (1977); Bd. XI: Registerband.
Texte zur Deutschlandpolitik, Reihe I, 12 Bände. Bde. I und II hrsg. vom Bundesminsterium für gesamtdeutsche Fragen, Bde. III, IV und V sowie Bände 6 bis 12 hrsg. vom Bundesministerium für innerdeutsche Beziehungen, Bonn 1968 ff.
Verhandlungen des Deutschen Bundesrates. 5. Wp. 1965–1969, 6. Wp. 1969–1972. Stenographische Berichte, Bonn 1965 ff.
Das Vierseitige Abkommen über Westberlin und seine Realisierung. Dokumente 1971–1977, hrsg. vom Ministerium für Auswärtige Angelegenheiten der DDR und vom Ministerium für Auswärtige Angelegenheiten der UdSSR, Berlin (DDR) 1978.
Zehn Jahre Deutschlandpolitik. Die Entwicklung der Beziehungen zwischen der Bundesrepublik Deutschland und der Deutschen Demokratischen Republik 1969–1979. Bericht und Dokumentation, hrsg. vom Bundesministerium für innerdeutsche Beziehungen, Bonn 1980.

Memoiren, Artikel, Vorträge, Interviews beteiligter Politiker und Diplomaten

(Abweichend vom üblichen Verfahren werden Artikel und Aufsätze folgendermaßen zitiert: Titel der Zeitschrift, Heftnummer, Erscheinungsjahr.)

Allardt, Helmut: Moskauer Tagebuch. Beobachtungen, Notizen, Erlebnisse, Düsseldorf 1973.
Alphand, Hervé: L'étonnement d'être. Journal 1939–73, Paris 1977.
Bahr, Egon: Rede vom 15. Juli 1963 in der Evangelischen Akademie Tutzing, in: Dokumente zur Deutschlandpolitik, IV. Reihe, Bd. 9/2, S. 572–575.
Bahr, Egon: Fernsehinterview „Zu Protokoll". Staatssekretär Egon Bahr im Gespräch mit Günter Gaus, Sendung des Südwestfunks vom 4. 6. 1972, Manuskript.
Bahr, Egon: Rede vom 11. Juli 1973 in der Evangelischen Akademie Tutzing, in: DA 8 (1973) S. 865–873.
Bahr, Egon: „Wie Egon Bahr Deutschland neutralisieren will", in: Quick vom 27. 9. 1973.
Bahr, Egon: Dettmar Cramer: Gefragt: Egon Bahr, Bornheim 1975.
Bahr, Egon: Von Moskau über Helsinki nach Wien, in: DA 12 (1975), S. 1334–1340.
Bahr, Egon: Was wird aus den Deutschen? Fragen und Antworten, Reinbek/Hamburg 1982.
Brandt, Willy: Gemeinschaftsideale und nationale Interessen in der deutschen Außenpolitik, in: EA, Folge 12, 25. 6. 1964, S. 419–426.
Brandt, Willy: Entspannungspolitik mit langem Atem, in: Außenpolitik 8 (1967), S. 449–454.
Brandt, Willy: German Policy towards the East, in: Foreign Affairs 3 (1968), S. 476–486.
Brandt, Willy: Friedenspolitik in Europa, Frankfurt 1968.
Brandt, Willy: Plädoyer für die Vernunft. Deutsche Außenpolitik nach dem 21. August, in: Der Monat 245 (1969), S. 20–26.
Brandt, Willy: „La glace est encore fragile ...", (Interview) in: Michel Salomon, Faut-il avoir peur de l'Allemagne? Paris 1969, S. 85–102.
Brandt, Willy: Reden und Interviews 1968–1969, hrsg. vom Presse- und Informationsamt der Bundesregierung, Bonn o. J.
Brandt, Willy: Außenpolitik-Deutschlandpolitik-Europapolitik. Grundsätzliche Erklärungen während des ersten Jahres im Auswärtigen Amt, Berlin ²1970.

Brandt, Willy: Feste Verankerung der deutschen Ostpolitik in der westlichen Zusammenarbeit. Rede beim 5. Treffen der deutsch-französischen Handwerkskammern am 3.9.1970 in Hamburg, in: Bulletin vom 5.9.1970, S. 1225–1228.
Brandt, Willy: Bundeskanzler Brandt. Reden und Interviews, hrsg. vom Presse- und Informationsamt der Bundesregierung, Bonn 1971.
Brandt, Willy: Bundeskanzler Brandt. Reden und Interviews. Herbst 1969 bis Herbst 1971. Vorwort von Konrad Ahlers, Hamburg 1971.
Brandt, Willy: Der Wille zum Frieden. Perspektiven der Politik. Vorwort von Golo Mann, Hamburg ²1972.
Brandt, Willy: Germany's „Westpolitik", in: Foreign Affairs 3 (1972), S. 416–426.
Brandt, Willy: Reden und Interviews. Herbst 1971 bis Frühjahr 1973. Vorwort von Rüdiger von Wechmar, Hamburg 1973.
Brandt, Willy: Bundeskanzler Brandt. Reden und Interviews (II), hrsg. vom Presse- und Informationsamt der Bundesregierung, Bonn 1973.
Brandt, Willy: Begegnungen und Einsichten. Die Jahre 1960–1975, Hamburg 1976.
Brandt, Willy: Erinnerungen, Berlin 1989.
Couve de Murville, Maurice: Une politique étrangère 1958–1969, Paris 1971. (Deutsch: Außenpolitik 1958–1969, München 1973).
Dahrendorf, Ralf: Allemagne: jusqu'où ira l'ouverture à l'Est, in: Preuves 3 (1970), S. 24–30.
Dean, Jonathan: The Quadripartite Agreement on Berlin in the Context of Past and Future East-West Relations, in: Richard L. Merritt/Anna Merritt (Hrsg.), Living with the Wall. West Berlin 1961–1985, Durham, N. C. 1985, S. 79–84.
Dean, Jonathan: Berlin: Enduring Stability or Shaky Interim? In: The Washington Quarterly 3 (1987), S. 87–101.
Debré, Michel: Europe 1971: deux échecs – deux succès – deux épreuves – deux certitudes, in: Revue de Défense nationale 10 (1971), S. 1411–1431.
Debré, Michel: Une certaine idée de la France, Paris 1972.
Deutsch, Wieland (Rüdiger von Wechmar/Günther van Well), Schwierigkeiten einer Berlin-Regelung, in: Liberal 5 (1971), S. 324–330.
Duckwitz, Georg Ferdinand: Die Wende im Osten, in: Außenpolitik 11 (1970), S. 645–660.
Frank, Paul: Sicherheitsprobleme im Lichte des Moskauer Vertrags, in: EA, Folge 24, 25.12.1970, S. 867–876.
Frank, Paul: Entschlüsselte Botschaft. Ein Diplomat macht Inventur, Stuttgart ²1981.
Frank, Paul: Zeugen der Zeit. Paul Frank im Gespräch mit Ernst Weisenfeld, Sendung des Norddeutschen Rundfunks, III. Programm, am 13.7.1982, Manuskript.
Frank, Paul: Zwanzig Jahre deutsch-französischer Vertrag, in: Außenpolitik 1 (1983), S. 17–30.
Gaulle, Charles de: Discours et messages, 5 Bände, Paris 1970, Bd. I: Pendant la guerre (juin 1940–janvier 1946), Bd. II: Dans l'attente (février 1946-avril 1958), Bd. III: Avec le renouveau (mai 1958-juillet 1962), Bd. IV: Pour l'effort (août 1962-décembre 1965), Bd. V: Vers le terme (janvier 1966-avril 1969).
Gaulle, Charles de: Mémoires de Guerre, 3 Bände, Paris 1954/1956/1959, Bd. I: L'appel (1940–1942), Bd. II: L'unité (1942–1944), Bd. III: Le salut (1944–1946).
Gaulle, Charles de: Mémoires d'Espoir, 2 Bände, Paris 1970/1971, Bd. I: Le renouveau (1958–1962), Bd. II: L'effort (1962–...); (Deutsch: Memoiren der Hoffnung. Die Wiedergeburt 1958–1962, Wien/München/Zürich 1971).
Gaulle, Charles de: Interview mit Cyrus L. Sulzberger vom 14.2.1969: De Gaulle Foresaw Amity With the US, in: NYT vom 11.11.1970.
Gaulle, Charles de: Lettres notes et carnets, 6 Bände, Paris 1984–1986, Bd. I: 8 mai 1945–18 juin 1951, Bd. II: juin 1951–mai 1958, Bd. III: juin 1958–décembre 1960, Bd. IV: janvier 1961–décembre 1963, Bd. V: janvier 1964–.
Hillenbrand, Martin J.: Rezension von Honoré M. Catudal, The Diplomacy of the Quadripartite Agreement on Berlin, Berlin 1978, in: Orbis 3 (1978), S. 755–758.
Hillenbrand, Martin J: Zur rechtlichen Lage Berlins, in: Martin J. Hillenbrand (Hrsg.), Die Zukunft Berlins, Berlin 1981, S. 295–340.
Jackling, Roger: Ein ausgezeichneter Konsultationsmechanismus, Interview mit Reinhard Appel, in: SZ vom 10.11.1971.
Jobert, Michel: Mémoires d'avenir, Paris 1974.

Jobert, Michel: L'autre regard, Paris 1976.
Jobert, Michel: De l'Allemagne, in: Politique étrangère 1 (1979), S. 7–19.
Jobert, Michel: Die Einheit des deutschen Volkes ist ewig, in: Der Spiegel vom 7. 9. 1987.
Kissinger, Henry A.: Memoiren 1968–1973, München 1979.
Kissinger, Henry A.: Memoiren 1973–1974, München 1982.
Maillard, Pierre: De Gaulle et l'Allemagne. Le rêve inachevé, Paris 1990.
Moersch, Karl: Kursrevision. Deutsche Politik nach Adenauer, Frankfurt 1978.
Morizet, Jacques: Faut-il actualiser le statut? in: Documents 3 (1987), S. 58–67.
Pompidou, Georges: Entretiens et discours 1968–1974, 2 Bände, Paris 1975.
Richthofen, Hermann von: Das Viermächte-Abkommen über Berlin, in: Evangelische Kommentare 10 (1971), S. 586/591.
Richthofen, Hermann von: Der Beitritt der beiden deutschen Staaten zu den Vereinten Nationen und der Vier-Mächte-Vorbehalt in bezug auf Deutschland, in: Der Diplomat. Eine Festschrift zum 70. Geburtstag von Hans von Herwarth, Ingolstadt 1974, S. 240–247.
Rush, Kenneth: Interview mit der Bild-Zeitung, in: Bild-Zeitung vom 9. 9. 1971: „Was geschieht, wenn Ost-Berlin das Abkommen mißbraucht?"
Rush, Kenneth: The Berlin Agreement: An Assessment, in: The Atlantic Community Quarterly 1 (Washington) (1972), S. 52–65; (Deutsch in: EA, Folge 3, 10. 2. 1972, D 54–59).
Rush, Kenneth: Vorwort zu Honoré M. Catudal, The Diplomacy of the Quadripartite Agreement on Berlin. A New Era in East-West Politics, Berlin 1978, S. 13–22.
Rush, Kenneth: Vorwort zu Honoré M. Catudal, A Balance Sheet of the Quadripartite Agreement on Berlin. Evaluation and Documentation, Berlin 1978, S. 21–30.
Rush, Kenneth: Interview im Deutschen Fernsehen vom 26. 3. 1980, (Interviewpartner: Erich Vogt). Manuskript des Senders Freies Berlin.
Sauvagnargues Jean, Le statut de Berlin, in: Défense nationale 11 (1987), S. 27–32.
Scheel, Walter: Willi Zirngibl, Gefragt: Walter Scheel, Bonn 1972.
Scheel, Walter: Reden und Interviews, 2 Bände, hrsg. vom Presse- und Informationsamt der Bundesregierung, Bonn 1974, Bd. I: 22. 10. 1969–25. 2. 1972, Bd. II: 10. 3. 1972–28. 3. 1974.
Schumann, Maurice: Rede vor der Nationalversammlung am 28. 4. 1970, in: J. O., A. N., 1969/1970, Bd. 2, S. 1320–1324 sowie S. 1355; (Deutsch in: EA, Folge 11, 28. 4. 1970, D 245–256).
Schumann, Maurice: Gespräch in der Sendereihe „Die Fernseh-Pressekonferenz" des Senders Freies Berlin am 27. 9. 1970, in: EA, Folge 21, 10. 11. 1970, D 507–512.
Schumann, Maurice: Rede vor der Nationalversammlung am 5. 11. 1970, in: J. O., A. N., 1970/1971, Bd. 2, S. 5181 ff. sowie S. 5220 ff.
Schumann, Maurice: Rede vor der Nationalversammlung am 16. 11. 1972, in: J. O., A. N., 1972/1973, Bd. 2, hier: S. 5274 sowie S. 5307.
Schumann, Maurice: Pour une détente offensive, in: Documents européens (Paris) 1974, S. 85–89.
Schumann, Maurice/Schmid, Carlo: Les relations franco-allemandes depuis 1945, in: Dialogues franco-allemands, Paris (France-Culture/Goethe-Institut) 1976, S. 11–31.
Schütz, Klaus: Berlin au coeur des négociations, in: Preuves 4 (1970), S. 30–38.
Seydoux, François: La politique étrangère, Monatlich Chronik in der „Revue des Deux Mondes".
Seydoux, François: Mémoires d'outre-Rhin, Paris 1975. (Deutsch: Beiderseits des Rheins. Erinnerungen eines französischen Diplomaten, Frankfurt 1975).
Seydoux, François: Dans l'intimité franco-allemande. Une mission diplomatique, Paris 1977. (Deutsch: Botschafter in Deutschland. Meine zweite Mission 1965–1970, Frankfurt 1978).
Teyssier, Jean Pierre: L'année 1973 dans la politique étrangère du président Pompidou, in: Politique étrangère 4/5 (1974), S. 473–504.

Ausgewählte Literatur

Bibliographien

Bibliographie zur Deutschlandpolitik 1941–1974, bearb. von Marie-Luise Goldbach u. a., hrsg. vom Bundesministerium für innerdeutsche Beziehungen, Frankfurt 1975.
Bibliographie zur Deutschlandpolitik 1975–1982, bearb. von Karsten Schröder, hrsg. vom Bundesministerium für innerdeutsche Beziehungen, Frankfurt 1983.

Deutsch-Französisches Institut (Hrsg.): Frankreich und Deutschland in den internationalen Beziehungen, Bibliographie 1963–1980, 2 Bände, München usw. 1983.
Deutscher Bundestag – Wissenschaftliche Dienste – Bibliographien: Die Ost- und Deutschlandpolitik der Bundesrepublik Deutschland 1969–1973, Auswahlbibliographie mit Annotationen, Nr. 40, zusammengestellt von Hannelore Reiche-Juhr, Bonn 1974.
Hoffmann, Johannes: Stereotypen, Vorurteile, Völkerbilder in Ost und West – in Wissenschaft und Unterricht. Eine Bibliographie, Wiesbaden 1986.
Menyesch, Dieter/Manac'h, Bérénice: France-Allemagne. Relations internationales et interdépendances bilatérales. Une bibliographie 1963–1982. / Deutschland-Frankreich. Internationale Beziehungen und gegenseitige Verflechtung. Eine Bibliographie 1963–1982, hrsg. vom Deutsch-Französischen Institut, Ludwigsburg. München/New York/London/Paris 1984.

Allgemeine Aspekte

Barnavi, Elie/Friedländer Saul (Hrsg.), La politique étrangère du Général de Gaulle, Paris 1985.
Calleo, David P./Morgan, Roger/Poidevin, Raymond/Voslensky, Michael: Geteiltes Land – halbes Land? Essays über Deutschland, Frankfurt/Berlin 1986.
Carmoy, Guy de: Les politiques étrangères de la France 1944–1966, Paris 1967.
Carmoy, Guy de: Die Außenpolitik Präsident de Gaulles in der Feuerprobe des Mai 1968 und des April 1969, in: EA, Folge 13, 10. 7. 1969, S. 465–474.
Carmoy, Guy de: Französische Außenpolitik unter Georges Pompidou, in: EA, Folge 19, 10. 10. 1970, S. 714–722.
Castagné, Jadwiga: Les relations franco-polonaises (1945–1972), Notes et études documentaires, hrsg. von der Documentation française, Paris, 25. 9. 1972, Nr. 3922.
Castellan, Georges/Lenoir, Roland: France – République Démocratique Allemande. 30 ans de relations, Paris 1978.
Chapsal, Jacques: La vie politique sous la Ve République, Paris ^{2}1984.
Cohen, Samy: La monarchie nucléaire. Les coulisses de la politique étrangère sous la Ve République, Paris 1986.
Deubner, Christian/Rehfeldt, Udo/Schlupp, Frieder: Deutsch-französische Wirtschaftbeziehungen im Rahmen der weltwirtschaftlichen Arbeitsteilung: Interdependenz, Divergenz oder strukturelle Dominanz?, in: Robert Picht (Hrsg.), Deutschland, Frankreich, Europa. Bilanz einer schwierigen Partnerschaft, München/Zürich 1978, S. 91–136.
Dokumente. Zeitschrift für übernationale Zusammenarbeit. Sonderheft: Die Deutsch-französischen Beziehungen seit 1963, hrsg. mit dem Deutsch-Französischen Jugendwerk, Köln/Bonn 1978.
Dokumente. Zeitschrift für übernationale Zusammenarbeit. Sonderheft: Die Information und die deutsch-französischen Beziehungen, Köln/Bonn 1979.
Duhamel, Olivier/Parodi, Jean-Luc: Images du communisme (I). La dégradation de l'image de l'Union Soviétique, in: Pouvoirs 21 (1982), S. 169–180.
Duroselle, Jean-Baptiste: La politique extérieure du général de Gaulle: Des résultats partielles et des échecs avérés, in: Le Monde diplomatique 201 (1970), S. 1 f.
Fontaine, André: What is French Policy? in: Foreign Affairs 1 (1966), S. 58–76.
Fontaine, André: Un seul lit pour deux rêves. Histoire de la „détente" (1962–1981), Paris 1981.
Fritsch-Bournazel, Renata: Rapallo: naissance d'un mythe, La politique de la peur dans la France du bloc national, Paris 1974. (Deutsch: Rapallo – ein französisches Trauma, Köln 1976).
Fritsch-Bournazel, Renata: Rapallo et son image en France, in: Documents 2 (1982), S. 3–12; (Überarb. in: Dokumente 3 (1982), S. 247–253: Rapallo – Eine hartnäckige Erinnerung an einen unvergleichlichen Augenblick).
Fritsch-Bournazel, Renata: Frankreich und der deutsche Nachbar 1944–1984, in: Außenpolitik 2 (1984), S. 152–162.
Fritsch-Bournazel, Renata: The Four Powers and Germany. The French View, in: Edwina Moreton (Hrsg.), Germany between East and West, Cambridge 1987, S. 64–82.
Garthoff, Raymond L.: Détente and Confrontation. American-Soviet Relations from Nixon to Reagan, Washington 1985.
Gerbet, Pierre: La construction de l'Europe, Paris 1983.
Görtemaker, Manfred: Die unheilige Allianz. Die Geschichte der Entspannungspolitik 1943–1979, München 1979.

Grosser, Alfred: La Quatrième République et sa politique extérieure, Paris [3]1972.
Grosser, Alfred: La politique extérieure de la Ve République, Paris 1965.
Grosser, Alfred: France and Germany: Divergent Outlooks, in: Foreign Affairs 1 (1965), S. 26–36. (Deutsch: Frankreich und Deutschland. Freundschaftliche Bindungen und unterschiedliche Interessen, in: Aus Politik und Zeitgeschichte, 1. 12. 1965, Nr. 48, S. 3–11).
Grosser, Alfred: Le Général de Gaulle et l'unité allemande, in: Le Monde vom 19. 7. 1966.
Grosser, Alfred: Paris und Bonn – Freundschaft im Widerspruch, in: Das 198. Jahrzehnt. Eine Teamprognose für 1970 bis 1980. Hrsg. u. eingel. von Claus Grossner u. a., Hamburg 1969, S. 79–95.
Grosser, Alfred: France and Germany: Less Divergent Outlooks?, in: Foreign Affairs 2 (1970), S. 235–244.
Grosser, Alfred: Das Bündnis. Die westeuropäischen Länder und die USA seit dem Krieg, München/Wien 1978.
Grosser, Alfred: Affaires extérieures. La politique de la France 1944–1984, Paris 1984. (Deutsch: Frankreich und seine Außenpolitik 1944 bis heute, München/Wien 1986).
Grosser, Alfred: France – Allemagne 1936–1986, in: Politique étrangère 1 (1986), S. 247–255.
Hacke, Christian: Die Ära Nixon-Kissinger 1969–1974. Konservative Reform der Weltpolitik, Stuttgart 1983.
Haftendorn, Helga: Sicherheit und Entspannung. Zur Außenpolitik der Bundesrepublik Deutschland 1955–1982, Baden-Baden 1983.
Hassner, Pierre: Entspannungspolitik à la française, in: Moderne Welt 3 (1967), S. 242–257.
Hassner, Pierre: Une France aux „mains libres", in: Preuves 204 (1968), S. 48–57.
Hassner, Pierre: L'Europe de la Guerre Froide à la Paix Chaude, in: Défense nationale 3 (1973), S. 35–54.
Hassner, Pierre: Desirability, Objectives and Possibilities of a Common Ostpolitik, in: Ieuan G. John (Hrsg.), EEC policy towards Eastern Europe, Westmead, Farnborough/Lexington 1975, S. 125–143.
Hassner, Pierre: Les politiques envers l'Est. Rivalités et convergences, in: Les politiques extérieures européennes dans la crise, Paris 1976, S. 57–80.
Hassner, Pierre: Frankreich, in: Eberhard Schulz (Hrsg.), Die Ostbeziehungen der Europäischen Gemeinschaft, München/Wien 1977, S. 171–188.
Hersh, Seymour: The Price of Power. Kissinger in the Nixon White House, New York 1983.
Hildebrand, Klaus: Von Erhard zur Großen Koalition 1963–1969, Stuttgart/Wiesbaden 1984.
Hildebrand, Klaus: Der provisorische Staat und das ewige Frankreich. Die deutsch-französischen Beziehungen 1963–1969, in: HZ 240 (1985), S. 283–311.
Hillgruber, Andreas: Deutsche Geschichte 1945–1982. Die „deutsche Frage" in der Weltpolitik, Stuttgart [4]1983.
Hoffmann, Stanley: De Gaulle et le monde: la scène et la piéce, in: Stanley Hoffmann, Essais sur la France. Déclin ou renouveau? Paris 1974, S. 315–382.
Kohl, Wilfrid L.: French Nuclear Diplomacy, Princeton 1971.
Kohl, Wilfrid L.: France and European Security: De Gaulle and After, in: William T. R. Fox, Warner R. Schilling (Hrsg.), European Security and the Atlantic System, New York/London 1973, S. 119–155.
Kolodziej, Edward A.: French International Policy under de Gaulle and Pompidou. The Politics of Grandeur, Ithaca/London 1974.
Lacouture, Jean: De Gaulle, Paris 1984/1986, Bd. 1: Le rebelle 1890–1944, Bd. 2: Le politique 1944–1959, Bd. 3: Le souverain 1959–1970.
La Gorce, Paul-Marie de: La France contre les empires, Paris 1969.
La Gorce, Paul-Marie de: Michel Jobert, in: Politique étrangère 1 (1986), S. 107–114.
Ledwidge, Bernard: De Gaulle, Paris 1984.
Legvold, Robert: The Franco-Soviet Rapprochement after de Gaulle, in: Survey 4 (1974), S. 67–93.
Legvold, Robert: France and Soviet Policy, in: Herbert J. Ellison (Hrsg.), Soviet Policy toward Western Europe, Seattle/London 1983, S. 61–90.
Link, Werner: Der Ost-West-Konflikt. Die Organisation der internationalen Beziehungen im 20. Jahrhundert, Stuttgart 1980.
Manfrass, Klaus (Hrsg.): Paris – Bonn. Eine dauerhafte Bindung schwieriger Partner, Sigmaringen 1984.

Ménudier, Henri: Die Rolle der Information in den deutsch-französischen Beziehungen, in: Robert Picht (Hrsg.), Deutschland, Frankreich, Europa. Bilanz einer schwierigen Partnerschaft, München/Zürich 1978, S. 307–349.

Ménudier, Henri: Das Deutschlandbild der Franzosen in den 70er Jahren. Gesammelte Aufsätze 1973–1980, Bonn 1981.

Morgan, Roger: Washington und Bonn. Deutsch-amerikanische Beziehungen seit dem Zweiten Weltkrieg, München 1975.

Mourin, Maxime: Les relations franco-soviétiques 1917–1967, Paris 1967.

Picht, Robert (Hrsg.): Deutschland, Frankreich, Europa. Bilanz einer schwierigen Partnerschaft, München/Zürich 1978.

Picht, Robert (Hrsg.): Das Bündnis im Bündnis. Deutsch-französische Beziehungen im internationalen Spannungsfeld, Berlin 1982.

Poidevin, Raymond/Bariéty, Jacques: Les relations franco-allemandes 1815–1975, Paris 1977. (Deutsch: Frankreich und Deutschland. Die Geschichte ihrer Beziehungen 1815–1975, München 1982).

Poidevin, Raymond: L'Allemagne et le monde au XXe siècle, Paris 1983. (Deutsch: Die unruhige Großmacht. Deutschland und die Welt im 20. Jahrhundert, Freiburg/Würzburg 1985).

Les politiques extérieures européennes dans la crise. Travaux et recherches de science politique, Nr. 43, Paris 1976.

Portelli, Hugues: La politique en France sous la Ve République, Paris 1987.

Rehfeldt, Udo: Französische Ostpolitik und sozioökonomische Interessen, in: Leviathan 3 (1974), S. 409–433.

Rials, Stéphane: Les idées politiques du Président Georges Pompidou, Paris 1977.

Rivau, Jean du: La dégradation des rapports franco-allemands, in: Etudes (1966), S. 291–305.

Rouanet, Pierre: Pompidou, Paris 1969.

Roussel, Eric: Georges Pompidou, Paris 1984.

Rühl, Lothar: Neue Ziele im Atlantischen Bündnis und die Fortsetzung der westlichen Entspannungsbemühungen nach Prag, in: Die Internationale Politik 1968–1969, München 1974, S. 318–347.

Rühl, Lothar: La politique militaire de la cinquième République, Paris 1976.

Saint Robert, Philippe de: Les Septennats interrompus, Paris 1977.

Schreiber, Thomas: Les relations de la France avec les pays de l'Est (1944–1980). Notes et études documentaires, hrsg. von der Documentation française, Paris 1980.

Schulz, Eberhard (Hrsg.): Die Ostbeziehungen der Europäischen Gemeinschaft. Von nationaler Politik zu gemeinsamer Verantwortung, München/Wien 1977.

Schulz, Eberhard: Die deutsche Nation in Europa. Internationale und historische Dimension, Bonn 1982.

Schütze, Walter: Das Ende der Ära de Gaulle, in: Die Internationale Politik 1968–1969, München 1974, S. 351–374.

Schütze, Walter: Frankreichs Außenpolitik im Wandel von de Gaulle zu Pompidou, in: EA, Folge 1, 10. 1. 1972, S. 11–20.

Schütze, Walter (Hrsg.): Frankreichs Verteidigungspolitik 1958–1983. Eine Dokumentation. Zusammengestellt und eingeleitet von Walter Schütze, Frankfurt 1983.

Schwarz, Hans-Peter (Hrsg.): Handbuch der deutschen Außenpolitik, München ^{2}1976.

Schwarz, Hans-Peter/Meissner, Boris (Hrsg.): Entspannungspolitik in Ost und West, Köln 1979.

Schwarz, Jürgen: Rückblick auf die Europapolitik de Gaulles, in: Geschichte in Wissenschaft und Unterricht 9 (1970), S. 517–539.

Schwarz, Jürgen: Die Europapolitik Frankreichs unter Georges Pompidou als Problem der westeuropäischen Gemeinschaftsbildung, Ebenhausen 1973.

Simonian, Haig: The Privileged Partnership: Franco-German Relations in the European Community 1969–1984, Oxford 1985.

Sirjacques, Françoise: Frankreich und die NATO, Frankfurt 1979.

Smouts, Marie-Claude: Du Gaullisme au néo-atlantisme: les incertitudes françaises, in: Les politiques extérieures européennes dans la crise, Paris 1976, S. 81–113.

Steinkühler, Manfred: Das jakobinische Deutschland. Frankreich und die DDR, in: DA 5 (1972), S. 467–480.

Tatu, Michel: Le triangle Washington-Moscou-Pékin et les deux Europe(s), Paris 1972.

Weed, Mary: Michel Jobert et la diplomatie française. L'image publique d'un homme secret, Paris 1988.
Weisenfeld, Ernst: Frankreichs Geschichte seit dem Krieg. Von de Gaulle bis Mitterrand, München ^{2}1982.
Willis, Frank Roy: France, Germany, and the New Europe 1945–1967, Stanford/London ^{2}1968.
Woyke, Wichard: Frankreichs Außenpolitik von de Gaulle bis Mitterrand, Opladen 1987.
Yost, David S.: La France et la sécurité européenne, Paris 1985.
Ziebura, Gilbert: Deutsch-Französischer Vertrag, in: Staatslexikon. Recht – Wirtschaft – Gesellschaft, hrsg. von der Görresgesellschaft, Freiburg ^{6}1969, 9. Bd., 1. Ergänzungsbd., Sp. 428–436.
Ziebura, Gilbert: Die deutsch-französischen Beziehungen seit 1945: Mythen und Realitäten, Pfullingen 1970.

Die neue deutsche Ostpolitik

Arndt, Claus: Die Verträge von Moskau und Warschau. Politische, verfassungsrechtliche und völkerrechtliche Aspekte, Bonn ^{2}1982.
Baring, Arnulf: Machtwechsel. Die Ära Brandt-Scheel, Stuttgart 1982.
Bender, Peter: Die Ostpolitik Willy Brandts oder Die Kunst des Selbstverständlichen, Reinbek/Hamburg 1972.
Bender, Peter: Neue Ostpolitik. Vom Mauerbau bis zum Moskauer Vertrag, München 1986.
Buchheim, Hans: Deutschlandpolitik 1949–1972. Der politisch-diplomatische Prozeß, Stuttgart 1984.
Griffith, William E.: Die Ostpolitik der Bundesrepublik Deutschland, Stuttgart 1981.
Jacobsen, Hans-Adolf: Mißtrauische Nachbarn. Zur Struktur der deutsch-sowjetischen Beziehungen 1955–1985, in: Manfred Funke, Hans-Adolf Jacobsen, Hans-Helmuth Knütter, Hans-Peter Schwarz (Hrsg.), Demokratie und Diktatur. Geist und Gestalt politischer Herrschaft in Deutschland und Europa. Festschrift für Karl Dietrich Bracher, Düsseldorf 1987, 424–443.
Jahn, Egbert/Rittberger, Volker (Hrsg.): Die Ostpolitik der Bundesrepublik. Triebkräfte, Widerstände, Konsequenzen, Opladen 1974.
Kaiser, Karl: Die neue Ostpolitik, in: Wolfram F. Hanrieder, Hans Rühle (Hrsg.): Im Spannungsfeld der Weltpolitik: 30 Jahre deutsche Außenpolitik (1949–1979), Stuttgart 1981, S. 233–250.
Kaiser, Karl: Das Jahrzehnt der Veränderungen. Die Deutschland- und Außenpolitik der Bundesrepublik 1960–1972, in: Politische Bildung 2 (1971) (Neubearbeitung 1984), S. 53–65.
Kaiser, Karl/Roggen, Peter: Die Ostpolitik der Bundesrepublik Deutschland im Rahmen der westlichen Entspannungspolitik, in: Die Internationale Politik 1970–1972, München 1978, S. 145–155.
Kreile, Michael: Osthandel und Ostpolitik, Baden-Baden 1978.
Link, Werner: Außen- und Deutschlandpolitik in der Ära Brandt 1969–1974, in: Karl Dietrich Bracher, Wolfgang Jäger, Werner Link, Republik im Wandel 1969–1974. Die Ära Brandt, Stuttgart/Mannheim 1986, S. 163–282.
Löwenthal, Richard: Vom kalten Krieg zur Ostpolitik, Stuttgart 1974; (auch in: Richard Löwenthal, Hans-Peter Schwarz (Hrsg.), Die Zweite Republik. 25 Jahre Bundesrepublik Deutschland. Eine Bilanz, Stuttgart 1974, S. 604–699).
Mahncke, Dieter: Der politische Umbruch in der Bundesrepublik Deutschland. Von der Großen Koalition zur SPD/FDP-Regierung, in: Die Internationale Politik 1968–1969, München 1974, S. 374–390.
Mahncke, Dieter: Abschluß der Neuordnung der Beziehungen zwischen der Bundesrepublik Deutschland und Osteuropa, in: Die Internationale Politik 1973–1974, München 1980, S. 193–216.
Noack, Paul/Eger, Reiner: Die Ostpolitik der Bundesrepublik Deutschland, in: Die Internationale Politik 1970–1972, München 1978, S. 155–186.
Schmid, Günther: Politik des Ausverkaufs? Die Deutschlandpolitik der Regierung Brandt/Scheel, München ^{2}1979.
Schmid, Günther: Entscheidung in Bonn. Die Entstehung der Ost- und Deutschlandpolitik 1969/1970, Köln ^{2}1980.
Schulz, Eberhard: Die Weiterentwicklung der deutschen Frage, in: Außenpolitische Perspektiven des westdeutschen Staates, Bd. 1: Das Ende des Provisoriums, München/Wien 1971, S. 158–175.
Schulz, Eberhard: Ostpolitische Optionen der Bundesrepublik Deutschland, in: Deutsche Gesell-

schaft für Friedens- und Konfliktforschung (Hrsg.), DGFK-Jahrbuch 1979/80: Zur Entspannungspolitik in Europa, Baden-Baden 1980, S. 231–244.
Stent, Angela: From Embargo to Ostpolitik. The Political Economy of West-German-Soviet Relations 1955–1980, Cambridge 1981. (Deutsch: Wandel durch Handel. Die politisch-wirtschaftlichen Beziehungen zwischen der Bundesrepublik Deutschland und der Sowjetunion, Köln 1983).
Tilford, Roger (Hrsg.): The Ostpolitik and Political Change in Germany, Farnborough, England/Lexington, Mass. 1975.
Zündorf, Benno (Antonius Eitel): Die Ostverträge. Die Verträge von Moskau, Warschau, Prag, das Berlin-Abkommen und die Verträge mit der DDR, München 1979.

Die deutsche Ostpolitik und die deutsche Frage aus französischer Sicht

Bariéty, Jacques: Les Français craignent-ils une dérive allemande?, in: France-Allemagne. Perceptions et stratégies nationales, hrsg. von der Fondation pour les Etudes de Défense National, Paris o. J., S. 5–16.
Delcour, Roland: Ein Fall von Schizophrenie. Deutsche Ostpolitik aus Pariser Sicht, in: Der Monat 263 (1970), S. 51–54.
Duverger, Maurice: L'heure de l'Allemagne?, in: Le Monde vom 7./8. 6. 1970.
Fontaine, André: Deux destins liés, in: Le Monde vom 9./10. 8. 1970.
Fritsch-Bournazel, Renata: La France et l'Ostpolitik: étapes et interrogations, in: Klaus Manfrass (Hrsg.), Paris-Bonn, Sigmaringen 1984, S. 260–265.
Grosser, Alfred: Le courage du chancelier Brandt, in: Le Monde vom 19. 3. 1970.
Grosser, Alfred: Une grande politique en péril. Après le voyage de M. Brandt à Moscou, in: Le Monde vom 24. 8. 1970.
Grosser, Alfred: Le traité de Varsovie, in: Le Monde vom 26. 11. 1970.
Grosser, Alfred: Les complexes allemands de la politiques française, in: Le Monde vom 22. 8. 1973.
Grosser, Alfred: Pour une „Ostpolitik" franco-allemande, in: Le Monde vom 22. 10. 1987.
Kiersch, Gerhard: Frankreichs Reaktion auf die westdeutsche Ostpolitik, in: Egbert Jahn, Volker Rittberger (Hrsg.), Die Ostpolitik der Bundesrepublik. Triebkräfte, Widerstände, Konsequenzen, Opladen 1974, S. 181–206.
Kolboom, Ingo: Das Problem der Franzosen mit der deutschen Identität. Frankreich und die deutsche Frage in Geschichte und Gegenwart, Berlin 1985.
Ménudier, Henri: Un an de gouvernement Willy Brandt, 2 Teile in: Etudes (1970), S. 533–547 und S. 637–655.
Ménudier, Henri: La „Ostpolitik" du chancelier Willy Brandt, in: L'Univers politique 1970, 3 (1971), S. 357–386.
Ménudier, Henri: Willy Brandt, home de paix, in: Etudes (1971), S. 643–658.
Ménudier, Henri: Deux Etats: une ou deux nations allemandes?, in: Documents 1 (1972), S. 13–28.
Ménudier, Henri: La politique à l'Est de la République Fédérale d'Allemagne (l'Ostpolitik). Notes et études documentaires, hrsg. von der Documentation française, Paris, 13. 9. 1976, Nr. 4311.
Ménudier, Henri: Frankreich und das deutsche Problem, in: DA 10 (1977), S. 1034–1050.
Ménudier, Henri: L'Ostpolitik, facteur de paix en Europe, in: Politique Internationale (Paris) 1 (1978), S. 211–221.
Ménudier, Henri: La France et le problème allemand, in: Revue Française de Science Politique 3 (1987), S. 358–370.
Ménudier, Henri: Die deutsche Frage aus der heutigen Sicht Frankreichs, in: Hannelore Horn, Siegfried Mampel (Hrsg.), Die deutsche Frage aus der heutigen Sicht des Auslandes, Berlin 1987, S. 25–50.
Poidevin, Raymond: Der unheimliche Nachbar. Die deutsche Frage aus französischer Sicht, in: David P. Calleo (u. a.), Geteiltes Land – halbes Land?, Frankfurt/Berlin 1986, S. 127–196.
Quercy, Roger: Deutsche Ostpolitik aus französischer Sicht, in: Dokumente 2 (1967), S. 95–98.
Robin, Gabriel: The German Problem Revisited, in: Atlantic Community Quarterly 3 (1983), S. 191–200.
Rovan, Joseph: La réunification des Allemagnes, ni actuelle, ni chimérique?, in: Documents 2 (1981), S. 6–17.
Schulz, Eberhard: Deutsche und französische Ostpolitik: Zehn Thesen, in: Klaus Manfrass (Hrsg.), Paris–Bonn, Sigmaringen 1984, S. 266–269.

Schulz, Eberhard/Danylow Peter: Bewegung in der deutschen Frage? Die ausländischen Besorgnisse über die Entwicklung in den beiden deutschen Staaten, Bonn ^{2}1985.

Schütze, Walter: Allemagne: réunification et „Ostpolitik“, in: Alain Joxe (Hrsg.), Demain la guerre? Colloque de l'Association française de recherches sur la paix, Paris 1981, S. 138–150.

Schütze, Walter: Angst vor Träumen an deutschen Kaminen. Das Offenhalten der Deutschen Frage setzt die deutsch-französische Freundschaft aufs Spiel, in: Vierteljahresschrift für Sicherheit und Frieden 2 (1985), S. 86–90.

Schwarz, Jürgen: Die Deutschlandfrage in der französischen Politik, in: DA 12 (1969), S. 1241–1253.

Ullmann, Marc: La peur de l'Allemagne, in: L'Express vom 13. 8. 1973, Nr. 1153; (überarb.: Pompidous Angst vor den Deutschen, in: Die Zeit vom 30. 11. 1973).

Vernant, Jacques: Le nouveau traité de Moscou, in: Revue de Défense nationale 10 (1970), S. 1501–1506.

Weisenfeld, Ernst: Ostpolitik und deutsche Frage: Französische Initiativen und deutsche Ostpolitik, in: Klaus Manfrass (Hrsg.), Paris-Bonn, Sigmaringen 1984, S. 247–259.

Weisenfeld, Ernst: Welches Deutschland soll es sein? Frankreich und die deutsche Einheit seit 1945, München 1986.

Ziebura, Gilbert: Neue deutsche Ostpolitik in Pariser Sicht, in: Dokumente 5/6 (1969), S. 367 f.; (auch in: Documents 6 (1969), S. 111 ff.: L'ouverture à l'Est dans l'optique de Paris).

Ziebura, Gilbert: Frankreichs und Deutschlands Ostpolitik – Konvergenz oder Divergenz?, in: Dokumente 1 (1971), S. 33–47.

Das Vier-Mächte-Abkommen über Berlin

Bark, Dennis: Agreement on Berlin. A Study of the 1970–72 Quadripartite Negotiations, Washington 1974.

Catudal, Honoré M.: The Diplomacy of the Quadripartite Agreement on Berlin. A New Era in East-West Politics, Berlin 1978.

Colard, Daniel: L'accord quadripartite sur Berlin du 3 septembre 1971, in: Revue générale de droit international public 2 (1972), S. 401–444.

Doehring, Karl/Ress, Georg: Staats- und völkerrechtliche Aspekte der Berlin-Regelung, Frankfurt 1972.

Dülffer, Jost: Berlin-Politik zwischen zweiter Berlin-Krise und Viermächte-Abkommen, in: Neue Politische Literatur 2 (1975), S. 225–235.

Francisco, Ronald A./Merritt, Richard L. (Hrsg.): Berlin Between Two Worlds, Boulder, Colo./London 1986.

Hacker, Jens: Die außenpolitische Resonanz des Berlin-Abkommens, in: Gottfried Zieger (Hrsg.), Zehn Jahre Berlin-Abkommen 1971–1981. Versuch einer Bilanz, Köln 1983, S. 217–252.

Landy, Pierre: Berlin et son statut, Paris 1983.

Mahncke, Dieter: Berlin im geteilten Deutschland, München/Wien 1973.

Ménudier, Henri: Le règlement de Berlin, in: FNSP/Centre d'Etudes des Relations Internationales (Hrsg.), Conflits et coopération entre les Etats 1971: Prélude à un nouvel ordre international?, Paris 1973, S. 161–188.

Merritt, Richard L./Merritt, Anna J. (Hrsg.): Living with the Wall. West Berlin 1961–1985, Durham, N. C. 1985.

Riklin, Alois: Das Berlinproblem. Historisch-politische und völkerrechtliche Darstellung des Viermächte-Status, Köln 1964.

Schiedermair, Hartmut: Der völkerrechtliche Status Berlins nach dem Viermächte-Abkommen vom 3. September 1971, Berlin/Heidelberg/New York 1975.

Vogt, Erich: The Role of Berlin and the Four-Power Negotiations in the Foreign Policy Process of the Nixon Administration, Diss. Freie Universität Berlin 1980.

Wagner, Wolfgang: Das Berlin-Problem als Angelpunkt eines Ausgleichs zwischen Ost und West in Europa. Die Berlin-Verhandlungen und die Aussichten der deutschen Ostpolitik, in: EA, Folge 11, 10. 6. 1971, S. 375–382.

Wettig, Gerhard: Die Rechtslage Berlins nach dem Viermächteabkommen aus sowjetischer Sicht, in: DA 4 (1974), S. 378–388.

Abkürzungen

AA	Auswärtiges Amt
ADAP	Akten zur Deutschen Auswärtigen Politik
ADN	Allgemeine Deutsche Nachrichtenagentur (DDR)
AFP	Agence France Press
BGBl.	Bundesgesetzblatt
CGT	Confédération Général du Travail
DGAP	Deutsche Gesellschaft für Auswärtige Politik (Bonn)
DA	Deutschland Archiv
dpa	Deutsche Presseagentur
EA	Europa-Archiv
FAZ	Frankfurter Allgemeine Zeitung
FNSP	Fondation Nationale des Sciences Politiques
FR	Frankfurter Rundschau
GWU	Geschichte in Wissenschaft und Unterricht
IFOP	Institut Français d'Opinion Publique
IHT	International Herald Tribune
J. O., A. N.	Journal Officiel de la République Française, Débats parlementaires, Assemblée Nationale
KSZE	Konferenz über Sicherheit und Zusammenarbeit in Europa
MBFR	Mutual Balanced Forces Reduction
NATO	North Atlantic Treaty Organization
NYT	New York Times
ORTF	Office de radiodiffusion-télévision française
PCF	Parti Communiste Français
PUF	Presses Universitaires de France
SALT	Strategic Arms Limitation Talks
SFB	Sender Freies Berlin
SOFRES	Société Française d'Enquête par Sondage
SZ	Süddeutsche Zeitung
UDR	Union des Démocrates pour la République
UdSSR	Union der Sozialistischen Sowjetrepubliken
VfZ	Vierteljahrshefte für Zeitgeschichte
WEU	Westeuropäische Union
Wp.	Wahlperiode
ZDF	Zweites Deutsches Fernsehen

Personenverzeichnis